Marco normativo de la UE para la transformación digital

Director

Eloy Velasco Núñez

LA LEY

LA LEY Soluciones Legales, S.A.
C/ Collado Mediano, 9
28231 Las Rozas (Madrid)
Tel: 91 602 01 82
e-mail: clienteslaley@aranzadilaley.es
https://www.laley.es

Primera edición: Mayo 2023

Depósito Legal: M-12983-2023
ISBN versión impresa: 978-84-19446-36-7
ISBN versión electrónica: 978-84-19446-37-4

Diseño, Preimpresión e Impresión: LA LEY Soluciones Legales, S.A.
Printed in Spain

Carlos Fernández Hernández
Responsable de contenidos del Diario La Ley Ciberderecho. PhD Candidate

José de la Mata
Magistrado-Juez, miembro nacional de España en Eurolust

Cristina Muñoz Aycuens
Ingeniera técnica en Informática

José Luis Piñar Mañas
Catedrático de Derecho Administrativo de la USP-CEU. Patrono de la Fundación Instituto Hermes. Of Counsel CMS Albiñana & Suárez de Lezo

Alicia Piñar Real
Directora de ESG de la Fundación Juan XXIII. Profesora de la Facultad de Derecho de la USP- CEU. Abogada

Ofelia Tejerina Rodríguez
Abogada. Presidenta Asociación de Internautas

Manuel Ruiz de la Lara
Magistrado-Juez de lo Mercantil en Madrid

Elvira Tejada
Fiscal de Sala del Tribunal Supremo coordinadora nacional contra la ciberdelincuencia

Ana Martín
Fiscal adscrita en la Fiscalía de Sala contra la criminalidad informática

Joaquín Delgado Martín
Magistrado Sala Penal de la Audiencia Nacional. Miembro de la Red Judicial de Expertos en Derecho UE (REDUE)

Eloy Velasco
Magistrado-Juez de la Audiencia Nacional

Julián García Marcos
Magistrado-Juez de la Audiencia Provincial de Gipuzkoa

Natalia Jiménez Jiménez
DPO del Canal de Isabel II

ÍNDICE SISTEMÁTICO

PRÓLOGO

«Sin la técnica el hombre no existiría ni habría existido nunca. Así, ni más ni menos». Hace más de medio siglo, Ortega y Gasset se planteaba ya en su obra «La meditación de la técnica» el papel de las novedades de la ciencia contemporánea y los conflictos que producían en las sociedades humanas *«nacidos, paradójicamente de la superabundancia de su propia eficiencia»*. Y es que, a medida que celebramos los beneficios de la innovación tecnológica, siempre ha surgido la necesidad de reflexionar sobre sus posibles efectos y desafíos.

¿Cómo podemos garantizar que los avances tecnológicos benefician a la humanidad en lugar de socavar la privacidad, la libertad y la dignidad humana?, ¿Cómo afronta Europa las ciberamenazas?, ¿Estamos preparados para responder ante el impacto de las neurotecnologías para los derechos digitales? Son algunas de las muchas cuestiones críticas, que tienen una profunda trascendencia para la humanidad y cuya respuesta implica reescribir, reinterpretar y crear nuevos marcos jurídicos. Desde la antigua Babilonia hasta las modernas democracias occidentales, la regulación ha sido indispensable para garantizar que el progreso tecnológico no se produzca a expensas de los derechos humanos y la justicia social.

Con el objetivo de sentar las bases para el futuro digital del continente, la Unión Europea ha ido adoptando un conjunto de normas que conforman el marco legal y que está basado en 3 pilares fundamentales: la tecnología en beneficio de las personas, una economía digital justa y competitiva, y una sociedad abierta, democrática y sostenible. Este marco jurídico tiene un objetivo ambicioso y complejo, ya que debe garantizar un equilibrio entre la seguridad jurídica necesaria y la promoción de la innovación y competitividad en este mundo cada vez más globalizado. Además, es fundamental que pueda adaptarse e interpretarse considerando las constantes creaciones tecnológicas que se producen a una velocidad sin precedentes, garantizando su aplicabilidad a futuro.

En este contexto, es innegable la relevancia de la obra «Marco normativo de la UE para la transformación digital» dirigida por Eloy Velasco, magistrado y juez experto en derecho tecnológico que ya en 2010 dedicó su tesis doctoral a los aspectos procesales de la delincuencia a través de Internet y nuevas tecnologías. Como director de la obra y autoridad en la materia, convoca a algunos de los juristas más destacados para analizar las cuestiones clave que están moldeando nuestro presente y futuro digital, y cómo la regulación puede contribuir a afrontarlas. Cada uno de los autores, con su experiencia y conocimiento, y con una visión inspiradora y profunda, nos guían a través de los principales aspectos que configuran la transformación digital en Europa. Examinan cuestiones tan espinosas como la estrategia de ciberseguridad, las responsabilidades de los nuevos actores en los servicios y mercados digitales, el papel de la personalidad y la identidad digital, la validez de la prueba electrónica, los delitos tecnológicos y protección frente a ellos, el nuevo marco normativo sobre los activos digitales o la inteligencia artificial, además de la Declaración de principios y derechos digitales de la UE.

De entre todos los temas que se abordan en esta obra, cabe destacar la reciente eclosión de la inteligencia artificial, que ha emergido como líder de esta revolución digital y que impacta de forma transversal en los demás ámbitos. Es especialmente remarcable la rapidez con la que la Unión Europea está respondiendo a este fenómeno mediante la propuesta de Reglamento de Inteligencia Artificial, que se encuentra en proceso final de aprobación al cierre de esta obra. Como no podía ser de otra forma, la aparición de esta tecnología ha generado multitud de reacciones. Desde el análisis de Europol sobre el potencial abuso de esta tecnología por parte de delincuentes, hasta las advertencias de las autoridades de protección de datos sobre los impactos potenciales en términos de seguridad, privacidad, transparencia y discriminación algorítmica. En 2021, el *Distributed AI Research Institute* fue pionero en la publicación del documento «*Stochastic Parrots*» alertando sobre las consecuencias profundas de la inteligencia artificial en lo que respecta a las condiciones laborales, el uso indebido de datos, el peligro para la libertad de información o la concentración de poder. A ese informe le ha seguido el Instituto *Future of Life* con una carta abierta firmada por más de 1000 investigadores pidiendo que se pausen las inteligencias artificiales avanzadas y llamando a la planificación y gestión cuidadosa con los recursos adecuados para evitar el desarrollo de modelos impredecibles.

Vemos por tanto que, en actual contexto histórico, el futuro de nuestra sociedad depende de la colaboración de todos los agentes implicados. Como juristas, tenemos un papel crucial en la adopción, aplicación y acompañamiento en el cumplimiento de las normas para garantizar la estabilidad y certidumbre y promover la justicia en el escenario digital. Este desafío exige que seamos innovadores y visionarios, aplicando los principios que han guiado la historia del derecho a los nuevos entornos que surgen día a día.

Y es precisamente el papel de esta obra, que ofrece un faro que nos guía en ello de forma clara y concisa. Se trata de una obra de referencia imprescindible para comprender el panorama con un juicio crítico y riguroso y nos inspira a explorar nuevas ideas y oportunidades.

Paula Ortiz López
Abogada y consultora en Derecho digital y políticas públicas

1.

EL NUEVO MARCO REGULATORIO DIGITAL DE LA UNIÓN EUROPEA (*)

Carlos Fernández Hernández
Responsable de contenidos del Diario La Ley Ciberderecho. PhD Candidate

(*) Este artículo es una versión ampliada y actualizada del originalmente publicado con el título «2023: Hacia el nuevo marco regulatorio digital actualizada y de Europa», en el especial *Innovación y Tendencias 2023,* editado por LA LEY en febrero de 2021, del que fuimos autores Eloy Velasco Núñez y yo mismo. Todos los posibles errores que aparezcan aquí son de mi exclusiva responsabilidad.

La Unión Europea está embarcada en un proceso de gran alcance, para disponer de una normativa que regule los principales aspectos del ámbito digital, desde unos principios muy concretos, representados por los valores europeos.

Se trata de un proyecto muy ambicioso, tanto en sus aspectos políticos como económicos, que combina elementos de carácter tecnológico, económico, geopolítico, medioambiental y éticos.

Sus principales propuestas se centran en los datos, las infraestructuras, la identidad digital, la industria y los chips, los mercados y servicios digitales, la inteligencia artificial, la ciberseguridad, la defensa y el espacio.

Todas esas propuestas están orientadas a diseñar un marco jurídico que se pretende adaptado a un contexto en permanente evolución, al que se aspira a dotar de un marco normativo que impulse un crecimiento alineado con los principios de la Unión.

Estos principios se han visto recientemente reforzados por la Declaración Europea sobre los Derechos y Principios Digitales, firmada por las tres instituciones europeas (Comisión, Consejo y Parlamento), el 15 de diciembre de 2022[(1)]. Una Declaración, iniciativa de la Comisión, que, si bien tiene carácter declarativo y, por tanto, no afecta al contenido de las normas jurídicas ni a su aplicación[(2)], plasma el compromiso de la UE con una transformación digital protegida, segura y sostenible que sitúe a las personas en el centro, en consonancia con los valores y los derechos fundamentales de la UE. Su texto, se indica en la misma, orientará a los responsables políticos y a las empresas que se ocupan de las nuevas tecnologías, mostrando a los ciudadanos que

---

(1) https://ec.europa.eu/newsroom/dae/redirection/document/92403. Para un análisis en profundidad de esta Declaración, vid., en esta misma obra «Aproximación a la Declaración Europea de Derechos y principios digitales para la década digital», de José Luis Piñar Mañas y Alicia Piñar Real.

(2) Considerando 10.

los valores europeos, así como los derechos y libertades consagrados en el marco jurídico de la UE, deben respetarse tanto en línea como fuera de línea.

El objetivo de este capítulo es presentar los principales factores que han provocado la puesta en marcha de este proceso, sus sucesivas etapas, el estado actual de su desarrollo (a abril de 2023) y sus perspectivas de evolución. Los aspectos más específicos de este proyecto serán objeto de un análisis en profundidad por el resto de autores de esta obra, a cuyos capítulos nos remitimos para un conocimiento más preciso.

INTRODUCCIÓN. DATOS, ALGORITMOS Y VALORES, EJES DEL FUTURO DIGITAL DE EUROPA

El 19 de febrero de 2020, la Comisión Europea que preside Ursula von del Leyen presentó la nueva estrategia europea del dato y la inteligencia artificial. Una estrategia orientada a llevar a cabo la transformación digital de la Unión «a la manera europea»: dando lugar a una sociedad potenciada por soluciones digitales firmemente arraigadas en unos valores comunes que enriquezcan la vida de todos[(3)].

Esta estrategia continúa la iniciada en 2015 por la Comisión presidida por Jean Claude Juncker, con el título de **Estrategia del Mercado Único Digital de 2015,** a la que nos referiremos brevemente más adelante.

La transformación que ahora se quiere llevar adelante, se basa, por un lado, en que toda persona «debe tener la oportunidad de prosperar, elegir libremente y con seguridad y participar en la sociedad, con independencia de su edad, género o extracción profesional» y, por otro lado, en ofrecer a las empresas «un marco que les permita nacer, crecer, compartir y utilizar datos, innovar y competir o cooperar en condiciones equitativas»[(4)].

Para llevar a cabo esta estrategia, la Comisión se centra en tres elementos esenciales: datos, algoritmos y valores europeos.

(3) Comunicación de la Comisión al Parlamento Europeo, al Consejo, al Comité Económico y Social Europeo y al Comité de las Regiones «Configurar el futuro digital de Europa», de 19.2.2020, COM(2020) 67 final, https://eur-lex.europa.eu/legal-content/ES/TXT/PDF/?uri=CELEX:52020DC0067&from=es

(4) Comunicación «Configurar el futuro digital de Europa», *cit.*

Según la Comisión Europea[5], los datos, ya sean de carácter personal[6] o no personal[7], no solo son «el fundamento del desarrollo económico», sino que, lo que parece más relevante, «modificarán la forma en que producimos, consumimos y vivimos». En particular, la disponibilidad de datos «es esencial» para la capacitación de unos sistemas de inteligencia artificial que están evolucionando rápidamente de la capacidad de reconocimiento de patrones y la generación de conocimientos al desarrollo de técnicas sofisticadas de predicción, que permiten una mejor toma de decisiones.

Los algoritmos, por su parte, son esas «piezas invisibles de código que constituyen los dientes y engranajes de la moderna era de las máquinas [y que hoy ya] forman parte de nuestra infraestructura moderna tanto como los puentes, los edificios y las fábricas»[8], pero que, a pesar de su reputación de imparcialidad, frecuentemente «reflejan objetivos e ideologías», «son opiniones integradas en matemáticas»[9].

Y los valores europeos, finalmente, constituyen el pilar fundamental sobre el que desarrollar la nueva normativa que debe regular todo este conjunto de nuevos ámbitos.

Como se ha explicado[10], el surgimiento y desarrollo de la sociedad digital, con dispositivos, servicios, aplicaciones y con la inteligencia artificial (IA), traspasa y afecta al entero funcionamiento y articulación de las relaciones sociales, políticas y económicas de la sociedad, ofreciendo unas importantes ventajas pero implicando también unos riesgos derivados de la alteración de la forma de desarrollarse y funcionar todos esos ámbitos, relaciones

(5) Comunicación de la Comisión al Parlamento Europeo, el Consejo, al Consejo Económico y Social Europeo y al Comité de las Regiones de 19 de febrero de 2020, *Una Estrategia Europea de Datos*, COM(2020) 66, § 2. ¿Qué está en juego?
https://eur-lex.europa.eu/legal-content/ES/TXT/PDF/?uri=CELEX:52020DC0066&from=EN
https://commission.europa.eu/strategy-and-policy/priorities-2019-2024/europe-fit-digital-age_es

(6) Definidos por el art. 4.1 del Reglamento (UE) 2016/679, de 27 de abril de 2016, Reglamento general de protección de datos.

(7) Definidos por el art. 3.1. del Reglamento (UE) 2018/1807, de 14 de noviembre de 2018, relativo a la libre circulación de datos no personales en la Unión Europea.

(8) Hanna Fry, *Hola mundo, Cómo seguir siendo humano en la era de los algoritmos,* Blackie Books, 2019, p. 3.

(9) Cathy O'Neil, *Armas de Destrucción Matemática. Cómo el Big Data aumenta la desigualdad y amenaza la democracia,* Capitán Swing, 2018, p. 31.

(10) de la Quadra-Salcedo Fernández del Castillo, T., «Retos, riesgos y oportunidades de la sociedad digital», en AA.VV, de la Quadra-Salcedo y Piñar Mañas (directores), *Sociedad digital y Derecho,* Ministerio de Industria, Comercio y Turismo, Red.es y Boletín Oficial del Estado, Madrid, 2018, pp. 63 y ss.

y derechos(11). Unos riesgos que se pueden traducir en la limitación de los derechos y libertades fundamentales, la alteración de las relaciones sociales, la alteración de funcionamiento del mercado y la alteración del propio sistema político.

En particular, advierte de la Quadra-Salcedo «La sociedad digital puede acabar provocando la puesta a disposición de unos pocos de unos instrumentos formidables de poder, dominación y control, incompatibles con los valores y principios superiores de nuestro ordenamiento: la libertad, la justicia, la igualdad y el pluralismo político».

Por ello, continúa este experto, además de potenciar al máximo, en beneficio de los ciudadanos, el desarrollo, uso y empleo de la sociedad digital con todos sus medios e instrumentos, la primera declaración que ha de hacerse ante la emergencia de la sociedad digital debe consistir en el doble compromiso doble de potenciar el uso de esos medios y, además, «de garantizar sin desfallecimiento todos los principios y valores fundamentales de nuestra convivencia (...), así como la dignidad de la persona humana con los derechos fundamentales que le son inherentes».

Y es que, como señaló en su momento Rodotà, las nuevas realidades producidas por la ciencia y la tecnología, hacen que la sociedad pida al derecho seguridad, más que protección. Hemos pasado de una época de «valores generalmente compartidos» a una situación de «politeísmo de valores» en la que aparece una «demanda de certeza a toda costa»(12).

Algo que resulta particularmente relevante ante la creciente importancia de los denominados algoritmos predictivos que «son las herramientas de las que dependemos cada vez más para dirigir nuestras instituciones, desplegar nuestros recursos y gestionar nuestras vidas»(13), a la vez que «poseen el poder

(11) En este sentido, no puede soslayarse que «"el contexto en el que se ejercitan los derechos humanos es el de una sociedad donde la Red ha devenido el símbolo emblemático de nuestra cultura, hasta el punto de que para designar el marco de nuestra convivencia se alude reiteradamente a expresiones tales como la "sociedad de la información", la "sociedad informatizada" o la "era de Internet". Las TIC y la NT, han propiciado nuevas formas de ejercicio de los derechos y pueden contribuir a un reforzamiento del tejido participativo de las sociedades democráticas». Pérez Luño, A.E., «Las generaciones de derechos humanos ante el desafío posthumanista», en AA.VV, de la Quadra-Salcedo y Piñar Mañas (directores), *Sociedad digital y Derecho,* cit., p. 146.

(12) Rodotà, S., *La vida y las reglas. Entre el derecho y el no derecho,* Trotta, Madrid, 2010, p. 12. Citado por Piñar Mañas, J.L., en «Identidad y persona en la sociedad digital», en AA.VV., de la Quadra-Salcedo y Piñar Mañas (directores), *Sociedad digital y Derecho,* cit., p. 105.

(13) Cathy O'Neil, op. cit., p. 31.

oculto de alterar lenta y sutilmente las pautas que dictaminan lo que significa ser humano»(14). Algo que, por ende, llevan a cabo mediante unas técnicas cuya «inescrutabilidad y exclusividad» son precisamente el foso que protege el castillo económico de los gigantes tecnológicos que los utilizan(15).

1. LA ESTRATEGIA DEL MERCADO ÚNICO DIGITAL DE 2015

El 6 de mayo de 2015 la Comisión presidida por Jean Claude Juncker presentaba su estrategia para la creación de un mercado único digital (MUD).

En esa Comunicación, se destacaba que «Las tecnologías de la información y la comunicación (TIC) ya no son un sector específico **sino el fundamento** de todos los sistemas económicos innovadores modernos» (el subrayado es nuestro).

Para crear ese MUD se plantean objetivos como disponer de unas normas de comercio electrónico transfronterizo fiables; evitar el bloque geográfico injustificado; impulsar la competitividad mediante la interoperabilidad o la normalización y singularmente, «construir una economía de datos», pues estos «son un catalizador para el crecimiento económico, la innovación y la digitalización en todos los sectores económicos, en particular para las PYME (y las empresas emergentes) y para la sociedad en su conjunto»(16).

Pero curiosamente, aunque en este documento se habla, genéricamente, de «teléfonos inteligentes», «sistemas de transporte inteligentes», «mediciones inteligentes (de energía)» y «servicio(s) inteligente(s)», no se menciona la inteligencia artificial, como un concepto diferenciado.

1.1. La revisión intermedia de la estrategia para un mercado único digital

Quizás por ello, la **revisión intermedia de la aplicación de la estrategia para un MUD** de 10 de mayo de 2017(17) añadió un nuevo punto 4.4, en el que bajo la rúbrica «Incrementar las inversiones en tecnologías e infraes-

(14) Hanna Fry, op. cit., p. 3.

(15) Shoshana Zuboff, *The age of surveillance capitalism, the fight for a human future at the new frontier of power,* Profile Books, 2019, p. 65.

(16) Como acertadamente subraya de la Quadra-Salcedo, la posición del Derecho, entendido como medio a través del cual se expresa la voluntad de lo que una comunidad considera que deben ser los criterios conforme a los cuales se organiza, debe ser la de favorecer, incentivar y sacar provecho de las tecnologías, instrumentos, programas y dispositivos que conforman el universo de la sociedad digital, *cit.*, p. 64.

(17) https://eur-lex.europa.eu/legal-content/ES/TXT/?uri=COM:2017:228:FIN
Previamente, el 19 de abril de 2016, la Comunicación de la Comisión al Parlamento Europeo, al Consejo, al Comité Económico y Social Europeo y al Comité de las Regiones

tructuras digitales» incluía un apartado «Construir capacidades de inteligencia artificial».

En este punto se indicaba que «La inteligencia artificial puede aportar importantes beneficios a nuestra sociedad y será un factor decisivo para el futuro crecimiento económico y de la productividad. El equipamiento de dispositivos y servicios con alguna forma de comportamiento inteligente puede hacerlos más adaptables y autónomos».

Por ello, concluía indicando que «La Unión Europea tiene que aprovechar sus puntos fuertes científicos e industriales, así como sus empresas emergentes innovadoras, para situarse en una posición de liderazgo en el desarrollo de tecnologías, plataformas y aplicaciones de inteligencia artificial».

1.2. Un hito en el camino: el Reglamento General de Protección de Datos de 2016

Publicado en el DOUE del 4 de mayo de 2016 y en vigor desde el 25 de ese mes, pero solo aplicable desde el 25 de mayo de 2018, el Reglamento UE 2016/679, constituye un hito ineludible en la configuración del Derecho digital europeo.

No solo por establecer un marco «sólido y coherente para la protección de datos en la Unión Europea», respaldado por una ejecución estricta(18), destinada a paliar la existencia de divergencias en la ejecución y aplicación de la anterior Directiva 95/46/CE(19), de forma que se garantice un nivel uniforme y elevado de protección de las personas físicas y eliminando los obstáculos a la circulación de datos personales dentro de la Unión(20). También por extender su ámbito de aplicación a los responsables o encargados no establecidos en la Unión cuando traten datos personales de interesados que se encuentran en la Unión(21), es decir,

«Digitalización de la industria europea Aprovechar todas las ventajas de un mercado único digital», COM(2016) 180 final, había destacado que «La convergencia de una serie de tecnologías está estimulando el cambio digital, en particular en la IoT, los macrodatos y la nube, la robótica y la inteligencia artificial y la impresión 3D».

(18) Considerando 7.

(19) Considerando 9.

(20) Considerando 10.

(21) Siempre que las actividades de tratamiento se refieran a la oferta de bienes o servicios a dichos interesados, independientemente de que medie pago (art. 3).

fuera de las fronteras de la Unión[22]. Y, además, por regular los derechos de los interesados frente a las decisiones que se basen únicamente en el tratamiento automatizado de sus datos personales y produzcan efectos jurídicos en él o le afecten significativamente de modo similar (art. 22), sentando con ello las primeras garantías de los ciudadanos ante la inteligencia artificial.

Se trata, como se ha indicado, de una norma que es «el pacto final resultante de la convergencia de múltiples tensiones políticas entre filosofías e intereses en el que han confluido grupos de presión de manera incesante y feroz, como probablemente no se ha producido en la tramitación de ningún otro Reglamento Europeo». Por ello, se vio obligado a adoptar decisiones no carentes de cierto riesgo, en un entorno movible y sin certezas suficientes, legislando sobre un futuro incierto[23].

En concreto, este nuevo modelo de protección de datos, destaca Cervera Navas, ha debido hacer frente no sólo a problemas que se podrían considerar como «tradicionales» (tales como la necesidad de armonizar las legislaciones nacionales, una mejor regulación de tratamientos transfronterizos en el interior de la Unión Europea o el espinoso asunto de las transferencias de datos personales a terceros países), sino a retos mucho más profundos. Y, de forma muy relevante, «la respuesta del legislador europeo a este interrogante y a otros similares de la revolución digital, ha sido la incorporación de novedades jurídicas en el nuevo modelo de los datos personales de la Unión Europea ... con preferencia por el sistema anglosajón del *common law* que se basa en la paulatina configuración del Derecho a través de los fallos de los tribunales que recaigan sobre situaciones concretas, frente a la confianza del Derecho occidental en un legislador omnisciente que anticipe y regule la totalidad de las situaciones que se produzcan en el futuro». De ahí, destaca

(22) Piñar Mañas ha subrayado la importancia de la «extraordinaria amplitud» del ámbito de aplicación del Reglamento, pues merced a ella «las más grandes empresas multinacionales que basan en el tratamiento de datos gran parte de su actividad (Google, Facebook, Amazon, Microsoft, LinkedIn, Yahoo!, y tantas otras) van a tener que adaptarse obligatoriamente al nuevo Reglamento Europeo». Una consecuencia «de un alcance y trascendencia hasta ahora desconocidos» y que inscribe en un proceso de globalización de la protección de datos que va consolidándose sin pausa en los últimos años y que resulta imprescindible para conseguir que la tutela de la protección de datos no se quede en meras palabras o buenas intenciones en la sociedad digital». Piñar Mañas, J.L., en «Identidad y persona en la sociedad digital», en AA.VV., de la Quadra-Salcedo y Piñar Mañas (directores), *Sociedad digital y Derecho,* cit., p. 110.

(23) López Calvo, J., «Una obra que acomete un exhaustivo, necesario y plural análisis del complejo marco establecido por el Reglamento y la Ley», en AA.VV., López Calvo, J. (coordinador), *La adaptación al nuevo marco de protección de datos tras el RGPD y la LOPDGDD*, Bosch, 2018.

este experto europeo, el principio de responsabilidad o rendición de cuentas *(accountability)*, que supone un giro copernicano con respecto a la legislación anterior. Con ella, la responsabilidad del cumplimiento de la norma se traslada ahora a los operadores, a los que se les exige una responsabilidad de resultados más que de medios[(24)].

Este trascendental cambio de enfoque en el Derecho europeo tendrá claro reflejo en muchas de las normas que van a conformar su regulación de las instituciones y figuras digitales.

1.3. La Resolución del Parlamento Europeo de 16 de febrero de 2017

Esta relevante Resolución, con recomendaciones destinadas a la Comisión sobre **normas de Derecho civil sobre robótica** (2015/2103(INL))[(25)], constituye, pese a su nombre, la primera orientación normativa de una institución europea sobre la inteligencia artificial[(26)]. Y es que, como hemos indicado anteriormente, hasta entonces, la inteligencia artificial había sido prácticamente ignorada por las políticas de la Unión[(27)].

Este informe fue elaborado por el comité de asuntos legales (JURI) del Parlamento Europeo, a partir de un informe elaborado a instancias de la Comi-

(24) Cervera Navas, L., El nuevo modelo europeo de protección de datos de carácter personal, en AA.VV., López Calvo, J. (coordinador), *La adaptación al nuevo marco de protección de datos tras el RGPD y la LOPDGDD, cit.*

(25) https://www.europarl.europa.eu/doceo/document/TA-8-2017-0051_ES.pdf Un estudio detallado de la misma en Aransay Alejandre, Ana María: «Antecedentes y propuestas para la regulación jurídica de los robots», en Barrio Andrés, Moisés (dir.), *Derecho de los Robots,* Wolters Kluwer-La Ley, 2018, p. 89 y ss.

(26) La identificación entre robótica e inteligencia artificial, fue una característica en los primeros tiempos siguientes a esta Declaración. Puede verse en Barrio Andrés: «Los robots y los sistemas de inteligencia artificial, que nosotros englobamos conjuntamente dentro del concepto de "robot" (o también "sistema robótico"), están entrando rápidamente en los entornos domésticos, empresariales y públicos». «Robots, inteligencia artificial y persona electrónica», en AA.VV., de la Quadra-Salcedo y Piñar Mañas (directores), *Sociedad digital y Derecho,* cit., pág. 113. Sin embargo, explica Vida Fernández, aunque se trata de fenómenos que se encuentran estrechamente relacionados «conviene distinguir la IA de la robótica». Los robots, explica, son dispositivos mecánicos dirigidos por circuitos electrónicos o programas informáticos que se caracterizan por su capacidad para desarrollar actuaciones físicas ... Sin embargo, ni los robots tienen que tener necesariamente IA (como es el caso de brazos robóticos industriales de cadenas de montaje), ni tampoco la IA se manifiesta exclusivamente en robots (como es el caso de los chatbots o asistentes de voz)». Vida Fernández, J., «Los retos de la regulación de la inteligencia artificial: algunas aportaciones desde la perspectiva europea», en AA.VV., de la Quadra-Salcedo y Piñar Mañas (directores), *Sociedad digital y Derecho,* cit., pág. 208-209.

(27) Como explica Sánchez del Campo Redonet, en marzo de 2012, la Comisión Europea habilitó una partida presupuestaria para financiar un proyecto llamado robolaw, «con el objetivo de elaborar un informe detallado con todas las cuestiones éticas y legales que plantean los robots, así como ofrecer orientaciones y principios que puedan guiar a los

sión Europea por un grupo de trabajo de la Scuola Superiore Sant´ Anna de Pisa, dirigido por la profesora Erica Palmerini, relativo a las cuestiones éticas y legales que plantean los robots.

El texto definitivo de la Resolución, en el que intervino como ponente la luxemburguesa Mady Delvaux, fue aprobado el 27 de enero de 2017.

En este documento, al que erróneamente se atribuyó la propuesta del reconocimiento de una personalidad jurídica robótica(28), se centra en cinco aspectos principales:

— **Una definición europea común de robots autónomos «inteligentes»**

Esta debería tener en cuenta las siguientes características: a) la capacidad de adquirir autonomía mediante sensores y/o mediante el intercambio de datos con su entorno (interconectividad) y el análisis de dichos datos; b) la capacidad de aprender a través de la experiencia y la interacción; c) la forma del soporte físico del robot; d) la capacidad de adaptar su comportamiento y acciones al entorno.

— **La elaboración de un registro europeo de los «robots inteligentes»**, basado en los criterios establecidos para la clasificación de los robots.

— **El establecimiento de un sistema de responsabilidad civil de los robots y de la inteligencia artificial** que deberá estar basado en una responsabilidad objetiva o en un criterio de gestión de riesgos y que, en todo caso, no debería limitar el tipo o el alcance de los daños y perjuicios que puedan ser objeto de compensación por el hecho de que los daños han sido causados por un agente no perteneciente a la especie humana.

---

reguladores europeos y nacionales cuando tengan que legislar sobre esta cuestión». La iniciativa, liderada por la profesora Erica Palmerini de la Scuola Superiore Sant´ Anna de Pisa, presentó su informe final en octubre de 2014. Este informe sirvió de base a un grupo de trabajo creado por el comité de asuntos legales (JURI) del Parlamento Europeo para abordar los temas legales relativos al desarrollo de la robótica y la inteligencia artificial, con un foco especial en la redacción de reglas de derecho civil sobre esta materia, del que hablaremos más adelante. Alejandro Sánchez del Campo Redonet, «Europa quiere regular a los robots», *Diario La Ley,* Sección Ciberderecho, 28 de febrero de 2017.

(28) Como explica Sánchez del Campo «el informe no se pronuncia en favor de esta opción sino que, en su apartado 59, requiere a la Comisión para que explore y analice las implicaciones de varias soluciones, entre ellas crear a largo plazo una personalidad jurídica específica para los robots, de forma que como mínimo los robots autónomos más complejos puedan ser considerados personas electrónicas responsables de reparar los daños que puedan causar, y posiblemente aplicar la personalidad electrónica a aquellos supuestos en los que los robots tomen decisiones autónomas inteligentes o interactúen con terceros de forma independiente». Sánchez del Campo Redonet, op. cit.

Este sistema podría incluir el establecimiento de un régimen de seguro obligatorio, que debería complementarse con un fondo para garantizar la compensación de los daños y perjuicios en los supuestos en los que no exista una cobertura de seguro.

— La Interoperabilidad de sistemas, el acceso al código fuente y los derechos de propiedad intelectual derivados de estos sistemas.

En particular, se prevé que el acceso al código fuente, a los datos de entrada y a los detalles de construcción debería estar disponible cuando fuera necesario, para investigar tanto los accidentes como los daños causados por «robots inteligentes», así como para velar por su funcionamiento, disponibilidad, fiabilidad, seguridad y protección continuados.

— Una Carta sobre robótica.

Curiosamente, uno de sus aspectos menos difundidos. La idea es que de formular propuestas legislativas relativas a la robótica, la Comisión debería tener en cuenta los principios recogidos en la Carta sobre robótica que acompaña a la propuesta y que incluye:

a) Un código de conducta ética para los ingenieros en robótica, que precisa que los investigadores en el campo de la robótica deberían comprometerse a adoptar una conducta estricta en materia de ética y de deontología, así como a respetar los principios de beneficencia (los robots deben actuar en beneficio del hombre); no perjuicio o maleficencia (doctrina de «primero, no hacer daño», en virtud del cual los robots no deberían perjudicar a las personas); autonomía (la capacidad de tomar una decisión con conocimiento de causa e independiente sobre los términos de interacción con los robots); y justicia (basada en una distribución justa de los beneficios asociados a la robótica y la asequibilidad de los robots utilizados en el ámbito de la asistencia sanitaria a domicilio y de los cuidados sanitarios).

Como hemos señalado en otro lugar[29], este documento parece reflejar un momento de cierta desorientación de una Unión Europea que, apenas comenzando a recuperarse de la gran crisis económica de 2008, parece asistir impresionada al gran crecimiento de la industria robótica norteamericana y china.

(29) Fernández Hernández, C., «La nueva estrategia europea sobre el dato y la inteligencia artificial. Foto fija de un diseño en evolución», *Revista de Derecho Digital e Innovación*, núm. 5, abril-junio 2020.

Como si estas, apoyadas en las grandes inversiones públicas y privadas en inteligencia artificial de ambos gigantes, amenazaran su debilitado mercado de trabajo con la llegada de miles de robots inteligentes. Ante ese escenario, la Unión parece reaccionar reivindicando su fortaleza económica y tecnológica, junto con la importancia de «los valores humanísticas intrínsecamente europeos y universales que caracterizan la contribución de Europa a la sociedad» (letra U).

Así parecen atestiguarlo los sucesivos documentos que emanan de las instituciones europeas a lo largo de los siguientes dos años:

— **Dictamen del Comité Económico y Social Europeo sobre la «Inteligencia artificial: las consecuencias de la inteligencia artificial para el mercado único (digital), la producción, el consumo, el empleo y la sociedad»** de 31 de mayo de 2017[30] (2017/C 288/01).

La **Cumbre Digital de Tallin, de septiembre de 2017**, organizada por la Presidencia estonia del Consejo en colaboración con el presidente del Consejo Europeo y la Comisión Europea, envió un claro mensaje sobre la necesidad de crear una Europa digital más fuerte y coherente[31].

— Muy poco después, las **Conclusiones de la Reunión del Consejo Europeo de 19 de octubre de 2017** EUCO 14/17[32] reflejan en su apartado «II. Europa Digital», que:

> «La digitalización brinda enormes oportunidades de innovación, crecimiento y creación de empleo, contribuirá a reforzar nuestra competitividad en el mundo y aumentará la diversidad creativa y cultural. Para aprovechar estas oportunidades es preciso afrontar colectivamente algunos de los desafíos que plantea la transformación digital y reconsiderar las políticas que se ven afectadas por la digitalización. El Consejo Europeo está dispuesto a hacer cuanto sea necesario para digitalizar Europa».

Y en su apartado 11 que, para construir con éxito una Europa digital, la UE necesita, en particular...

> «concienciarse de la urgencia de hacer frente a las nuevas tendencias, lo que comprende cuestiones como la inteligencia artificial y las tecnologías de cadena de bloques, garantizando al mismo tiempo un elevado nivel de protección de los datos, así como los derechos digitales y las normas éticas. El Consejo Europeo ruega a la

(30) https://eur-lex.europa.eu/legal-content/ES/TXT/PDF/?uri=CELEX:52016IE5369&from=BG
(31) https://www.consilium.europa.eu/es/meetings/eu-council-presidency-meetings/2017/09/29/
(32) https://www.consilium.europa.eu/media/21604/19-euco-final-conclusions-es.pdf

Comisión que, a principios de 2018, proponga un planteamiento europeo respecto de la inteligencia artificial y le pide que presente las iniciativas necesarias para reforzar las condiciones marco con el fin de que la UE pueda buscar nuevos mercados gracias a innovaciones radicales basadas en el riesgo y reafirmar el liderazgo de su industria».

A estos documentos van a seguir otros muy relevantes, en el ámbito de la inteligencia artificial, durante el siguiente año 2018.

El 10 de abril de 2018, veinticuatro Estados miembros, entre ellos España, se comprometieron a cooperar para garantizar, entre otros extremos que Europa sea competitiva en el panorama de la IA con una audacia inversora a la altura de su peso económico[(33)]. Esta propuesta fue aprobada por el Consejo Europeo en junio de 2018[(34)].

— El 25 de abril, la Comisión dirige una Comunicación al Parlamento Europeo, al Consejo Europeo, al Consejo, al Comité Económico y Social Europeo y al Comité de las Regiones, titulada **«Inteligencia artificial para Europa»**[(35)].

En ella, se parte de la idea de que «Lejos de ser ciencia-ficción, la inteligencia artificial (IA) forma ya parte de nuestras vidas». En consecuencia, en este documento la Comisión propuso un enfoque que sitúe a las personas en el centro del desarrollo de la IA (IA centrada en el ser humano), a la vez que alienta el uso de esta poderosa tecnología para ayudar a resolver los mayores desafíos del mundo: desde curar enfermedades hasta combatir el cambio climático y anticipar desastres naturales, hacer que el transporte sea más seguro luchar contra la delincuencia y mejorar la ciberseguridad.

En esta Declaración se contiene una primera definición de la IA[(36)].

— Y, finalmente, el 7 de diciembre de ese año, la Comisión dirige una Comunicación al Parlamento Europeo, al Consejo Europeo, al Consejo, al

(33) https://ec.europa.eu/digital-single-market/en/news/eu-member-states-sign-cooperate-artificial-intelligence

(34) https://www.consilium.europa.eu/media/35940/28-euco-final-conclusions-es.pdf

(35) COM(2018) 237. https://ec.europa.eu/transparency/regdoc/rep/1/2018/ES/COM-2018-237-F1-ES-MAIN-PART-1.PDF

(36) La IA no ha encontrado todavía una definición oficial estable. Quizás la más significativa sea la presentada el 8 de abril de 2019 por el Grupo de Expertos en IA de la Comisión Europea, *A definition of AI: Main capabilities and disciplines*, simultáneamente con la propuesta de directrices éticas para el desarrollo y uso de una Inteligencia Artificial (IA) confiable.

Comité Económico y Social Europeo y al Comité de las Regiones, con un **Plan coordinado sobre la inteligencia artificial** COM (2018) 795[37].

En este plan, el reconocimiento de la importancia de la IA es palmario desde su mismo inicio: «Al igual que la electricidad en el pasado, la inteligencia artificial (IA) está transformando nuestro mundo».

Por ello, alienta a los Estados miembros a desarrollar sus propias estrategias nacionales, a la luz del marco estratégico que ofrece el plan[38].

Con este se propone impulsar la cooperación público-privada mediante una asociación público-privada europea de IA; la mejora de la formación y capacitación en competencias digitales, la captación de más financiación para empresas emergentes y pequeñas y medianas empresas innovadoras; la creación de un espacio de datos europeo (para el que el RGPD es «es el ancla de confianza»); desarrollar directrices de ética con una perspectiva global y

El punto 2.6 de dicho plan estratégico preveía que un grupo independiente de expertos de alto nivel nombrado por la Comisión elaborara un proyecto de directrices de ética de la IA. Tras una primera versión preliminar de 18 de diciembre de 2018, que fue sometido a una amplia consulta a través de la Alianza Europea de IA, este Comité presentó sus **Directrices Éticas para una IA fiable** el 8 de abril de 2019[39].

Estas directrices pretenden establecer «un marco para lograr una IA fiable basada en los derechos humanos consagrados en la Carta de los Derechos Fundamentales de la Unión Europea, así como en la pertinente legislación internacional de derechos humanos» (§ 21). En particular se destaca el necesario respeto a la dignidad humana; la libertad individual, el respeto a la democracia, la justicia y el estado de derecho y la igualdad, no discriminación y solidaridad.

(37) https://ec.europa.eu/transparency/regdoc/rep/1/2018/ES/COM-2018-795-F1-ES-MAIN-PART-1.PDF

(38) El Gobierno español presentó la Estrategia Nacional de IA el 3 de diciembre de 2020. Su objetivo es generar un entorno de confianza para el desarrollo de una Inteligencia Artificial (IA) inclusiva, sostenible y que ponga a la ciudadanía en el centro. Prevé una inversión pública de 600 millones de euros en el período 2021-2023. Un análisis en Fernández Hernández, C., «El Gobierno presenta la Estrategia Nacional de Inteligencia Artificial», *Diario La Ley Ciberderecho*, 3 de diciembre de 2020.
A nivel autonómico, en diciembre de 2019 la Comunidad Valenciana presentó su Estrategia de Inteligencia Artificial (http://www.presidencia.gva.es/documents/80279719/169117420/Dossier_cas.pdf/88361b83-0e33-4b49-99c0-ad894ffc0f75 y el 18 de febrero Cataluña presentó igualmente la suya (https://politiquesdigitals.gencat.cat/ca/economia/catalonia-ai/).

(39) https://ec.europa.eu/digital-single-market/en/news/ethics-guidelines-trustworthy-ai

Este importante documento destaca que la fiabilidad es un requisito previo para que las personas y sociedades desarrollen, desplieguen y utilicen sistemas de IA, pues «si estos sistemas —y las personas que se encuentran detrás de ellos— no demuestran ser merecedores de confianza, pueden producirse consecuencias no deseadas que obstaculicen su adopción, impidiendo el logro de los enormes beneficios económicos y sociales que pueden acarrear los sistemas de IA» (§ 12). Y para que Europa pueda obtener esos beneficios, «nuestra visión consiste en establecer la ética como pilar fundamental para garantizar y expandir la IA fiable».

En este sentido, las Directrices definen la IA fiable como aquella que, a lo largo de todo el ciclo de vida del sistema, es: a) lícita (es decir, que garantiza el respeto de todas las leyes y reglamentos aplicables); b) ética (para que los sistemas de AI sean fiables, deben ser también éticos, lo que implica que es preciso garantizar que cumplan las normas éticas (§ 26)[(40)] y, c) robusta (los sistemas inteligentes deben funcionar de manera segura y fiable y para ello se deberían prever medidas de protección para evitar cualquier efecto adverso imprevisto (§ 27)).

Cada uno de estos componentes es en sí mismo necesario, pero no suficiente, para el logro de una IA fiable. Lo ideal es que todos ellos actúen en armonía y de manera simultánea.

Las directrices establecen también unos principios éticos que deben respetarse en el desarrollo, despliegue y utilización de los sistemas de IA fiable: a) respeto de la autonomía humana; b) prevención del daño; c) equidad y d) explicabilidad.

A su vez, estos principios se traducen en unos requisitos que deben cumplir los sistemas de IA fiables: 1. Acción y supervisión humanas; 2. Solidez técnica y seguridad; 3. Gestión de la privacidad y de los datos; 4. Transparencia; 5. Diversidad, no discriminación y equidad; 6. Bienestar social y ambiental, y 7. Rendición de cuentas, incluidas la auditabilidad, la minimización de efectos negativos y la notificación de estos.

(40) Destaca a este respecto Piñar Mañas la importancia de los principios generales del derecho en la perspectiva ética de la regulación de la tecnología: «el trílogo entre derecho, técnica y ética ha de traducirse también en el protagonismo que los principios han de tener en la regulación jurídica de la innovación y sus consecuencias sobre la identidad en la sociedad digital. En más de una ocasión he señalado que cuanto más novedoso, más concreto, más específico es un tema más hemos de acudir a los principios, al objeto de evitar la obsolescencia del derecho». Piñar Mañas, J.L., en «Identidad y persona en la sociedad digital», en AA.VV., de la Quadra-Salcedo y Piñar Mañas (directores), *Sociedad digital y Derecho, cit.*, p. 107.

Ese mismo día la Comisión publicó una Comunicación titulada **Building Trust in Human Centric Artificial Intelligence**(41) con el propósito de poner en marcha una amplia fase experimental de la estrategia europea y del plan coordinado, a fin de poner a prueba la aplicación práctica de la orientación ética para el desarrollo y el uso de la IA.

En este documento, además de recordar los siete requisitos de una IA fiable establecidos por el Grupo de Expertos, la Comisión destaca su voluntad de diseñar unas directrices sobre la IA de alcance global «Given the international interlinkages of AI development in terms of data circulation, algorithmic development and research investments».

2. LA ESTRATEGIA DE LA NUEVA COMISIÓN EUROPA

Sin embargo, llegado ese momento, concluyó el mandato del luxemburgués Jean Claude Juncker y se abrió el período sucesorio, en el que pronto destacó la candidatura de la alemana Ursula von der Leyen.

Esta incluyó en la Agenda política de su mandato (titulada «Una Unión que se esfuerza por lograr más resultados»(42)), un punto «3. Una Europa adaptada a la era digital» en el que asumía que «Los datos y la inteligencia artificial son los ingredientes de la innovación que pueden ayudarnos a encontrar soluciones para los retos sociales, desde la salud hasta la agricultura, desde la seguridad hasta la actividad industrial». Algo que requiere «encontrar nuestro modo europeo de equilibrar el flujo y el amplio uso de los datos, preservando al mismo tiempo un elevado nivel de privacidad, protección, seguridad y ética».

Por ello, además de comprometerse a velar por que se concedamos prioridad a las inversiones en inteligencia artificial, asumía dos importantes compromisos:

— «Durante mis primeros 100 días en el cargo, presentaré propuestas de legislación para un enfoque europeo coordinado sobre las implicaciones éticas y humanas de la inteligencia artificial».

— «Una nueva norma sobre servicios digitales mejorará nuestras normas de responsabilidad y seguridad para las plataformas, los servicios y los productos digitales y completará el mercado único digital».

(41) COM (2019) 168 https://ec.europa.eu/digital-single-market/en/news/communication-building-trust-human-centric-artificial-intelligence

(42) https://ec.europa.eu/commission/sites/beta-political/files/political-guidelines-next-commission_es.pdf

Pese a lo complejo que parecía el cumplimiento de este compromiso, von der Leyen, que tomó posesión como presidenta de la Comisión Europea el 1 de diciembre de 2019, presentó el 19 de febrero de 2020 la nueva estrategia europea del dato y la inteligencia artificial.

2.1. Fundamentos de la iniciativa europea

Diversos documentos de instituciones de la Unión Europea han ido configurando los antecedentes de esta revolución regulatoria, a la vez que definiendo el marco explicativo de los fines y logros que con esta profusa y nueva legislación se quiere conseguir.

Veamos los principales:

2.1.1. Comunicación de la Comisión, de 19 de febrero de 2020, «Configurar el futuro digital de Europa» (COM (2020) 67 final)[43]

El 19 de febrero de 2020 la presidenta de la Comisión Europea, Ursula von der Leyen, presentó la **Estrategia europea del dato y la inteligencia artificial**, una serie de propuestas para impulsar la transformación digital en la Unión, que se contienen en cuatro documentos, el primero de los cuales es esta Comunicación «Configurar el futuro digital de Europa».

En ella se indica que las soluciones digitales, como los sistemas de comunicación, la inteligencia artificial o las tecnologías cuánticas, pueden enriquecer nuestras vidas de muchas maneras. Pero los beneficios derivados de las tecnologías digitales no están exentos de riesgos y costes.

Por ello, continuaba, esta transformación social sustantiva exige una profunda reflexión a todos los niveles sociales sobre la manera en que Europa puede y podrá hacer frente mejor a estos riesgos y desafíos. Demandará un esfuerzo enorme, pero Europa tiene sin duda los medios para construir este mejor futuro digital para todos.

En definitiva, la Comisión quiere una sociedad europea potenciada por soluciones digitales que estén firmemente arraigadas en sus valores comunes y que enriquezcan la vida de todos.

De manera que se marca tres *objetivos fundamentales*: La tecnología al servicio de las personas; una economía justa y competitiva y una sociedad

(43) https://eur-lex.europa.eu/legal-content/ES/TXT/PDF/?uri=CELEX:52020DC0067&from=ES

abierta, democrática y sostenible. Cada uno de estos objetivos va a definir, a su vez, un amplio conjunto de actuaciones orientadas a alcanzarlos:

A. La tecnología debe ponerse al servicio de las personas

Se pretende que el desarrollo, despliegue y asimilación de la tecnología suponga una diferencia real para la vida cotidiana de las personas conllevando a una economía fuerte y competitiva que domine y configure la tecnología de una manera que respete los valores europeos.

Para su consecución de este objetivo, se definen como *acciones clave*:

— Un **Libro Blanco sobre la inteligencia artificial**, que establece las opciones para un marco legislativo aplicable a una IA fiable y un seguimiento en materia de seguridad, responsabilidad, derechos fundamentales y datos.

Este documento se publicó el mismo 19 de febrero de 2020 con el título oficial de *Libro Blanco sobre la inteligencia artificial, un enfoque europeo orientado a la excelencia y la confianza*, COM(2020) 65 final.

— La creación y el despliegue de unas **capacidades digitales conjuntas de vanguardia en los ámbitos de la inteligencia artificial, la cibercomputación, la supercomputación y la informática cuántica,** la comunicación cuántica y la cadena de bloques.

Este objetivo incluye la definición de unas estrategias europeas sobre la informática cuántica y la cadena de bloques, así como una revisión del Reglamento (UE) 2018/1488 del Consejo, de 28 de septiembre de 2018, por el que se crea la Empresa Común de Informática de Alto Rendimiento Europea (Reglamento EuroHPC).

— Una aceleración de las **inversiones en la conectividad de Gigabit** en Europa mediante una revisión de la Directiva 2014/61/UE, de 15 de mayo de 2014, sobre la reducción de los costes de la banda ancha; un plan de acción actualizado en materia de 5G y 6G y un nuevo programa de política del espectro radioeléctrico, para cuya consecución se desplegarán corredores de 5G para una movilidad conectada y automatizada, en particular corredores ferroviarios.

— Una **estrategia europea de ciberseguridad**, incluida la creación de una Unidad Conjunta de Ciberseguridad, una revisión de la Directiva sobre seguridad de las redes y los sistemas de información y un impulso al mercado único de la ciberseguridad.

A este respecto, en el verano de 2022, los colegisladores alcanzaron un acuerdo político para profundizar el marco legislativo de la UE a fin de reforzar la resiliencia de las entidades que explotan infraestructuras críticas.

En septiembre de 2022, la Comisión ha presentado una propuesta de nuevo Reglamento de Ciberseguridad (Propuesta de Reglamento del Parlamento Europeo y del Consejo sobre requisitos de ciberseguridad horizontal para los productos con elementos digitales y por el que se modifica el Reglamento (EU) 2019/1020, o Ley de Ciberresiliencia en terminología de la Unión).

Y en octubre de 2022, la Comisión consideró que la rápida evolución del panorama de amenazas derivadas de la invasión de Ucrania por parte de Rusia hacía necesario acelerar la aplicación de las nuevas normas. Estrategia que se ha traducido en la Recomendación del Consejo de 18 de octubre de 2022 2022/0338 (NLE)[44], sobre un enfoque coordinado de la Unión para reforzar la resiliencia de las infraestructuras críticas, que tiene por objeto maximizar y acelerar el trabajo para proteger las infraestructuras críticas en tres ámbitos prioritarios: preparación, respuesta y cooperación internacional. A tal fin, prevé un papel de apoyo y coordinación por parte de la Comisión para mejorar la preparación y la respuesta frente a las amenazas actuales más importante, así como una cooperación reforzada entre los Estados miembros y con terceros países vecinos. Debe darse prioridad a los sectores clave de la energía, la infraestructura digital, el transporte y el espacio.

Poco después, el DOUE del pasado 27 de diciembre ha publicado la Directiva (UE) 2022/2555 del Parlamento Europeo y del Consejo, de 14 de diciembre de 2022, relativa a las medidas destinadas a garantizar un elevado nivel común de ciberseguridad en toda la Unión, por la que se modifican el Reglamento (UE) 910/2014 y la Directiva (UE) 2018/1972 y por la que se deroga la Directiva (UE) 2016/1148 (conocida en español como Directiva SRI 2, por seguridad de las redes y sistemas de información y, en inglés como Directiva NIS 2 por la abreviatura de Network and Information Security (**NIS**)).

Finalmente, el 18 de abril de 2023 la Comisión presentó una Propuesta de Reglamento del Parlamento Europeo y del CONSEJO por el que se establecen medidas destinadas a reforzar la solidaridad y las capacidades de la Unión para detectar, prepararse y responder a las amenazas e incidentes de ciberseguridad (COM(2023) 209 final). Se trata de una norma destinada a

(44) https://eur-lex.europa.eu/legal-content/ES/TXT/PDF/?uri=CELEX:52022DC0551&from=EN

mejora las capacidades de detección y conocimiento de las amenazas e incidentes de ciberseguridad, estimular la preparación de las entidades críticas y reforzar la solidaridad, la gestión concertada de crisis y las capacidades de respuesta en todos los Estados miembros.

— Un **Plan de acción sobre la educación digital** para potenciar la alfabetización y las competencias digitales en todos los niveles educativos, reforzando la Agenda de Capacidades, para potenciar las competencias digitales en toda la sociedad, y de la Garantía Juvenil, para hacer hincapié especial en las capacidades digitales en las transiciones profesionales tempranas.

— Una iniciativa para mejorar las **condiciones laborales de los trabajadores de las plataformas**.

En diciembre de 2021 esta iniciativa se convirtió en la propuesta de Directiva del Parlamento Europeo y del Consejo, sobre la mejora de las condiciones de trabajo en las plataformas COM(2021) 762[(45)].

— Refuerzo de la **Estrategia de interoperabilidad de las administraciones públicas de la UE** para garantizar su coordinación y unas normas comunes para unos flujos de datos y servicios seguros y sin fronteras.

B. Una economía justa y competitiva

El segundo objetivo se dirige a configurar un mercado único sin fricciones, en el que las empresas, de todos los tamaños y de cualquier sector, puedan competir en igualdad de condiciones y desarrollar, comercializar y utilizar tecnologías, productos y servicios digitales a una escala que potencie su productividad y competitividad a nivel mundial, y en el que los consumidores puedan confiar en que se respeten sus derechos. Para lograrlo, se define como *acciones clave*:

— Una **Estrategia europea de datos** para hacer que Europa sea líder mundial en la economía ágil en el manejo de datos, en la que se anuncie un marco legislativo para la **gobernanza de los datos** y una **Ley de datos**.

Esta iniciativa se ha traducido en el Reglamento (UE) 2022/868 del Parlamento Europeo y del Consejo, de 30 de mayo de 2022, sobre gobernanza europea de datos (Reglamento de Gobernanza de Datos)[(46)] y en la Propuesta

(45) https://eur-lex.europa.eu/legal-content/ES/TXT/PDF/?uri=CELEX:52021PC0762&from=ES
(46) https://eur-lex.europa.eu/legal-content/ES/TXT/?uri=uriserv%3AOJ.L_.2022.152.01.0001.01.SPA&toc=OJ%3AL%3A2022%3A152%3ATOC

de Reglamento del Parlamento Europeo y del Consejo sobre normas armonizadas para un acceso justo a los datos y su utilización (Ley de Datos), de 23 de febrero de 2022 (COM(2022) 68 final)(47), que lo complementa estableciendo normas sobre el uso de los datos generados por los dispositivos de la Internet de las Cosas (IoT).

Así, mientras que el Reglamento de gobernanza crea los procesos y estructuras para facilitar los datos, la Ley de Datos aclara quién puede crear valor a partir de los datos y en qué condiciones.

— La evaluación y revisión de la **adecuación de las normas de competencia de la UE a la era digital** y la puesta en marcha de una investigación sectorial.

— Explorar, como parte del paquete de la Ley de servicios digitales, normas *ex ante* para garantizar que los **mercados caracterizados por la presencia de grandes plataformas con importantes efectos de red** que actúen como guardianes, sigan siendo equitativos y disputables para los innovadores, las empresas y los nuevos participantes.

Esta iniciativa se ha traducido en el nuevo Reglamento (UE) 2022/1925, de 14 de septiembre de 2022, sobre mercados digitales (Digital Markets Act)(48) y en el Reglamento (UE) 2022/2065, de 19 de octubre de 2022, relativo a un mercado único de servicios digitales y por el que se modifica la Directiva 2000/31/CE (Reglamento de Servicios Digitales)(49), publicado en el DOUE de 27 de octubre. Estas leyes (en la terminología de la Unión), tienen por objeto abordar los efectos sociales y económicos del sector tecnológico. Para ello, establecen normas claras que regulan, de acuerdo con los derechos y valores de la UE, el funcionamiento y la prestación de servicios por parte de estas empresas en la Unión.

El objetivo del DMA es contribuir al correcto funcionamiento del mercado interior estableciendo normas armonizadas que garanticen a todas las empresas, en toda la Unión, la equidad y la disputabilidad de los mercados en el sector digital donde haya guardianes de acceso, en beneficio de los usuarios profesionales y los usuarios finales. Para ello, establece obligaciones para las grandes plataformas en línea que ejercen como guardianes de acceso (*gatekeepers* en terminología europea), es decir, aquellas plataformas cuya posición dominante aboca a prácticamente todos los usuarios a utilizarlas,

(47) https://eur-lex.europa.eu/legal-content/ES/TXT/PDF/?uri=CELEX:52022PC0068&from=EN
(48) https://eur-lex.europa.eu/legal-content/ES/TXT/HTML/?uri=CELEX:32022R1925&from=ES
(49) https://eur-lex.europa.eu/legal-content/ES/TXT/PDF/?uri=OJ:L:2022:277:FULL&from=ES

en el mercado digital para velar por un entorno empresarial más justo y una mayor oferta de servicios para los consumidores.

— La propuesta de un paquete de **estrategia industrial** que plantee una serie de medidas destinadas a facilitar la transformación hacia una industria de la UE limpia, circular, digital y competitiva a escala mundial, con especial atención a las pymes y al fortalecimiento de la normativa del mercado único.

— La creación de un marco que permita una financiación digital apropiada, competitiva y segura, incluyendo, en particular, **propuestas legislativas sobre los criptoactivos y la ciber resiliencia y la resiliencia operativa digital en el sector financiero**, así como una estrategia hacia un **mercado de pagos integrado de la UE** compatible con soluciones y servicios de pagos digitales paneuropeos.

Las reformas que siguieron a la crisis financiera de 2008 reforzaron fundamentalmente la resiliencia financiera del sector financiero de la Unión y tuvieron por objeto salvaguardar la competitividad y la estabilidad de la Unión desde los puntos de vista económico, prudencial y de conducta del mercado. Pese a que la resiliencia digital y la seguridad de las TIC forman parte del riesgo operativo, han recibido menos atención en la agenda normativa posterior a la crisis financiera y se han desarrollado únicamente en algunos ámbitos de la política y el panorama normativo de la Unión en el ámbito de los servicios financieros, o solo en unos pocos Estados miembros.

En su Comunicación de 8 de marzo de 2018 titulada «Plan de acción en materia de tecnología financiera: por un sector financiero europeo más competitivo e innovador», la Comisión puso de relieve la importancia capital de hacer que el sector financiero de la Unión sea más resiliente, también desde una perspectiva operativa, para garantizar su seguridad tecnológica y su buen funcionamiento, así como su rápida recuperación de los incidentes y vulneraciones relacionadas con las TIC, lo que permitirá en última instancia que los servicios financieros se presten de manera eficaz y fluida en toda la Unión, también en situaciones de tensión, al tiempo que se preserva la confianza de los consumidores y del mercado.

En abril de 2019, la Autoridad Europea de Supervisión (Autoridad Bancaria Europea, ABE) creada mediante el Reglamento (UE) n.º 1093/2010 del Parlamento Europeo y del Consejo (4), la Autoridad Europea de Supervisión (Autoridad Europea de Seguros y Pensiones de Jubilación, AESPJ) creada mediante el Reglamento (UE) n.º 1094/2010 del Parlamento Europeo y del

Consejo (5) y la Autoridad Europea de Supervisión (Autoridad Europea de Valores y Mercados, AEVM) creada mediante el Reglamento (UE) n.º 1095/2010 del Parlamento Europeo y del Consejo (6) (conocidas colectivamente como «Autoridades Europeas de Supervisión») emitieron conjuntamente dictámenes técnicos en los que pedían un enfoque coherente del riesgo relacionado con las TIC en el ámbito financiero y recomendaban reforzar, de manera proporcionada, la resiliencia operativa digital del sector de los servicios financieros a través de una iniciativa sectorial de la Unión.

Esta iniciativa se ha traducido en que el pasado día 5 de octubre el Consejo de la Unión Europea aprobó, por acuerdo de su Comité de Asuntos Económicos (ECOFIN), la versión definitiva del Reglamento sobre Mercados de Criptoactivos y por el que se modifica la Directiva (EU) 2019/1937, que será conocido como (Reglamento MiCA, por la abreviatura de Markets in Crypto-assets). Este texto había sido consensuado con el Parlamento de la Unión a finales del pasado mes de junio, por lo que, tras la aprobación por la Eurocámara el 20 de abril de este año, solo queda su aprobación formal por el Consejo, como paso previo a su publicación en el Diario Oficial de la UE y su entrada en vigor 20 días después.

El objetivo de este Reglamento es suprimir los obstáculos para el establecimiento del mercado interior de servicios financieros y mejorar su funcionamiento garantizando la plena armonización de las normas aplicables. Además, pretende regular específicamente la emisión y negociación en plataformas de todo tipo de criptoactivos, si bien excluyendo de su ámbito de aplicación los instrumentos financieros y los tokens no fungibles (o NFTs).

Por otra parte, la Directiva (UE) 2022/2555 del Parlamento Europeo y del Consejo de 14 de diciembre de 2022 relativa a las medidas destinadas a garantizar un elevado nivel común de ciberseguridad en toda la Unión, por la que se modifican el Reglamento (UE) n.º 910/2014 y la Directiva (UE) 2018/1972 y por la que se deroga la Directiva (UE) 2016/1148 (Directiva SRI 2), establece un criterio uniforme para determinar qué entidades entran en su ámbito de aplicación (norma sobre el tamaño máximo), al tiempo que mantiene los tres tipos de entidades financieras en su ámbito de aplicación. No obstante, dado que el presente Reglamento eleva el nivel de armonización de los distintos componentes de la resiliencia digital mediante la introducción de requisitos en materia de gestión del riesgo relacionado con las TIC y de notificación de incidentes relacionados con las TIC más estrictos que los establecidos en el Derecho vigente de la Unión en materia de servicios financieros, este nivel más elevado constituye una mayor armonización también en comparación con los requisitos establecidos en la Directiva (UE) 2022/2555. Por consiguiente, el presente Reglamento constituye una lex specialis con respecto a la Directiva (UE) 2022/2555.

Para ello, según indican sus Considerandos 47 a 52, inspirándose en las pertinentes buenas prácticas, directrices, recomendaciones y enfoques internacionales, nacionales y sectoriales en relación con la gestión del riesgo cibernético, promueve una serie de principios que facilitan la estructura general de la gestión del riesgo relacionado con las TIC.

Con todo, las entidades financieras deben seguir teniendo libertad para utilizar modelos de gestión del riesgo relacionado con las TIC que se enmarquen o categoricen de manera diferente, al determinar dichos objetivos se les debe exigir, no obstante, la realización de una evaluación del posible impacto global en la eficiencia del mercado.

En particular, para seguir el ritmo de la evolución del panorama de las ciberamenazas, el Reglamento establece que las entidades financieras deben mantener sistemas de TIC actualizados que sean fiables y capaces, no solo de garantizar el tratamiento de datos necesario para sus servicios, sino también de asegurar una resiliencia tecnológica suficiente que les permita ocuparse adecuadamente de las necesidades de tratamiento adicionales debidas al tensionamiento del mercado o a otras situaciones adversas.

Para ello, prevé la implantación de planes eficientes de continuidad de la actividad y de recuperación para que las entidades financieras puedan resolver pronta y rápidamente los incidentes relacionados con las TIC, en particular los ciberataques, limitando los daños y dando prioridad a la reanudación de las actividades y a las acciones de recuperación, sin que la reanudación del servicio deba, en modo alguno, poner en peligro la integridad y la seguridad de las redes y los sistemas de información ni la disponibilidad, autenticidad, integridad o confidencialidad de los datos.

El Reglamento presta especial atención también a la notificación de incidentes graves relacionados con las TIC por parte de las entidades financieras, para impedir que los sistemas de TIC pierdan integridad o dejen de estar disponibles y evitar así que se vulneren datos y que sufran daños las infraestructuras físicas de TIC. Esta notificación de incidentes, se indica, debe armonizarse mediante la introducción del requisito de que todas las entidades financieras.

Igualmente, el Diario Oficial de la Unión Europea de 27 de diciembre, ha publicado el Reglamento (UE) 2022/2554 del Parlamento Europeo y del

Consejo, de 14 de diciembre de 2022, sobre la resiliencia operativa digital del sector financiero y por el que se modifican los Reglamentos (CE) 1060/2009 (UE) 648/2012 (UE) 600/2014 (UE) 909/2014 y (UE) 2016/1011, conocido como Reglamento DORA por la abreviatura en inglés de *Digital Operational Resilience Act*.

Este Reglamento DORA, aprobado definitivamente por el Consejo de la Unión Europea el pasado 28 de noviembre, establece requisitos uniformes para la seguridad de las redes y sistemas de información de las empresas y organizaciones que operan en el sector financiero, así como de terceros esenciales que les presten servicios relacionados con las tecnologías de la información y la comunicación, como las plataformas en la nube o los servicios de análisis de datos, a fin de asegurar que el sector financiero en Europa siga funcionando de forma resiliente en caso de grave perturbación operativa.

— Una Comunicación sobre la **fiscalidad de las empresas en el siglo XXI,** que tenga en cuenta los progresos realizados en el contexto de la Organización de Cooperación y Desarrollo Económicos (OCDE) para hacer frente a los desafíos fiscales derivados de la digitalización de la economía.

Esta iniciativa se ha traducido en la Comunicación de la Comisión al Parlamento Europeo y al Consejo «La fiscalidad de las empresas para el siglo XXI», de 18 de mayo de 2021 (COM(2021) 251 final)[50].

— Una nueva **Agenda del Consumidor**, que capacite a los consumidores para tomar decisiones informadas y desempeñar un papel activo en la transformación digital.

Esta iniciativa se ha concretado en la Comunicación de la Comisión al Parlamento Europeo y al Consejo de 13 de noviembre de 2020 «Nueva Agenda del Consumidor. Reforzar la resiliencia del consumidor para una recuperación sostenible» (COM(2020) 696 final)[51].

C. Una sociedad abierta, democrática y sostenible

Como tercer objetivo, se persigue la configuración de un entorno fiable en el que los ciudadanos estén capacitados para actuar e interactuar, y tengan el control de los datos que facilitan, tanto en línea como fuera de línea. Una vía europea hacia la transformación digital que refuerce nuestros valores

(50) https://eur-lex.europa.eu/legal-content/ES/TXT/?uri=CELEX:52021DC0251
(51) https://eur-lex.europa.eu/legal-content/ES/TXT/PDF/?uri=CELEX:52020DC0696&from=EN

democráticos respete nuestros derechos fundamentales y contribuya a una economía sostenible, climáticamente neutra y eficiente en el uso de los recursos. En ella, las *acciones claves* serán:

— Normas nuevas y revisadas para profundizar el **mercado interior de servicios digitales,** aumentando y armonizando las responsabilidades de las plataformas en línea y los proveedores de servicios de información, y reforzando la supervisión de las políticas de contenidos de las plataformas en la UE, como parte del paquete de la Ley de servicios digitales.

A este respecto, el pasado 27 de octubre, el DOUE publicó el Reglamento (UE) 2022/2065 del Parlamento Europeo y del Consejo, de 19 de octubre de 2022, relativo a un mercado único de servicios digitales y por el que se modifica la Directiva 2000/31/CE (Reglamento de Servicios Digitales). Un Reglamento que había sido aprobado el pasado mes de abril, a partir de una propuesta de la Comisión de julio de 2020 y dirigida a proteger los derechos fundamentales de las personas en la esfera digital, regulando la actividad de las grandes plataformas que ofrecen servicios en el ciberespacio.

— **Revisión del Reglamento sobre Identidad Digital Europea (eIDAS)** para mejorar su eficacia, extender sus beneficios al sector privado y promover unas identidades digitales de confianza para todos los europeos.

Se trata de la Propuesta de Reglamento, por el que se modifica el Reglamento (UE) 910/2014 relativo a la identificación electrónica y los servicios de confianza para las transacciones electrónicas en el mercado interior, de 3 de junio de 2021 (COM(2021) 281 final)[52], conocido como Reglamento eIDAS 2.

El pasado 6 de diciembre el Consejo de la UE adoptó su posición final (general approach), sobre esta propuesta, que pretende garantizar el acceso universal de las personas y las empresas a una identificación y autenticación electrónicas seguras y fiables, mediante una cartera o monedero digital que cada ciudadano podrá llevar en su teléfono móvil (cartera europea de identidad digital o European digital identity wallet), que les permitirá identificarse, con plena validez, ante el sector público de la UE, los proveedores de servicios privados que requieran una autenticación sólida de los usuarios y las grandes plataformas en línea.

(52) https://eur-lex.europa.eu/legal-content/ES/TXT/HTML/?uri=CELEX:52021PC0281&from=EN

La propuesta también crea un marco jurídico para el intercambio de atributos de identificación e información vinculada a esta identidad digital, prevé el control de los usuarios y la protección de datos, así como el intercambio selectivo de datos limitado a las necesidades del servicio específico solicitado.

La adopción de esta posición permitirá ahora al Consejo entablar negociaciones con el Parlamento Europeo («trílogos») una vez que éste adopte su propia posición con vistas a alcanzar un acuerdo sobre la propuesta de Reglamento.

— Un **Plan de acción para los medios de comunicación y audiovisuales** en apoyo de la transformación digital y la competitividad del sector audiovisual y de los medios de comunicación, a fin de estimular el acceso a unos contenidos de calidad y el pluralismo de los medios.

En este contexto, en diciembre de 2020, la Comisión Europea puso en marcha el Plan de Acción Europeo en materia de Medios de Comunicación y Medios Audiovisuales (MAAP) para aumentar el desarrollo de la autonomía cultural y tecnológica europea, tanto en términos de entretenimiento como de transferencia de conocimientos. Posteriormente, el 20 de mayo de 2022, la Comisión lanzó MediaInvest, la segunda acción prevista por el MAAP. Se trata de «*un instrumento de inversión de capital específico diseñado para fomentar las producciones audiovisuales europeas y las empresas de distribución*», financiado por el Programa InvestEU, gestionado por la Comisión Europea, y puesto en marcha por el Plan Europeo de Inversiones. El principal objetivo de MediaInvest es fusionar las acciones de inversión y política con las transformaciones en curso en el ámbito audiovisual.

— Un **Plan de Acción para la Democracia Europea** a fin de mejorar la resiliencia de nuestros sistemas democráticos, defender el pluralismo de los medios de comunicación y hacer frente a las amenazas que suponen las intervenciones exteriores en las elecciones europeas.

— Impulso de «**Destino Tierra**», una iniciativa para desarrollar un modelo digital de alta precisión de la Tierra (un «gemelo digital de la Tierra») capaz de mejorar las capacidades de predicción ambiental y de gestión de crisis en Europa.

— Una **iniciativa de electrónica circular** que movilice los instrumentos existentes y otros nuevos, en consonancia con el marco para los productos sostenibles del próximo plan de acción para la economía circular, con el fin de asegurarse de que los dispositivos se diseñen conforme a los criterios de durabilidad, mantenimiento, desmontaje, reutilización y reciclaje, incluido el derecho de reparación o actualización para prorrogar el ciclo de vida de los dispositivos electrónicos y para evitar la obsolescencia prematura.

Principalmente esta iniciativa se ha traducido en la Resolución legislativa del Parlamento Europeo, de 4 de octubre de 2022, sobre la propuesta de Directiva por la que se modifica la Directiva 2014/53/UE, relativa a la armonización de las legislaciones de los Estados miembros sobre la comercialización de equipos radioeléctricos (COM(2021)0547, C9-0366/2021, 2021/0291(COD))[53]. Esta propuesta se orienta establecer un modelo unificado de cargador para dispositivos electrónicos en la Unión Europea, así como la información que debe facilitarse a los consumidores sobre las características de carga de los equipos radioeléctricos,

— Iniciativas para conseguir **centros de datos climáticamente neutros, de alta eficiencia energética y sostenibles**, así como medidas de transparencia para los operadores de telecomunicaciones respecto de su huella ambiental.

En consecuencia, tras suscribirse el Pacto Verde Europeo en 2020, en enero de 2021, los principales proveedores de infraestructuras en la nube y los operadores de centros de datos crearon el Pacto por la neutralidad climática de los centros de datos europeos, una Iniciativa de Autorregulación para hacer que los centros de datos en Europa sean climáticamente neutros para 2030. El compromiso del Pacto por la neutralidad climática de los centros de datos aborda 5 áreas: Demostrar la eficiencia energética con objetivos medibles; comprar energía 100% libre de carbono; conservar el agua; reutilizar, reparar y reciclar servidores y buscar formas de reciclar el calor.

— Promoción de **historiales médicos electrónicos basados en un formato común europeo de intercambio** para ofrecer a los ciudadanos europeos un acceso seguro a los datos sanitarios y su intercambio en toda la UE. Creación de un espacio europeo de datos sanitarios para mejorar la protección y la seguridad del acceso a los datos sanitarios, que permita una investigación, un diagnóstico y un tratamiento focalizados y más rápidos.

Esta iniciativa se ha concretado en la Propuesta de Reglamento del Parlamento Europeo y del Consejo sobre el Espacio Europeo de Datos Sanitarios, de 3 de mayo de 2022 (2022/0140 (COD)).

(53) https://www.europarl.europa.eu/doceo/document/TA-9-2022-0338_ES.pdf

La Comisión concluye este documento destacando que «Europa puede hacer suya esta transformación digital y establecer las normas mundiales en materia de desarrollo tecnológico. Y, lo que es más importante, puede hacerlo a la vez que garantiza la inclusión y el respeto de todos», de forma que una sociedad digital basada en los valores europeos y en las normas europeas pueda inspirar en verdad al resto del mundo.

2.1.2. Comunicación de la Comisión, de 9 de marzo de 2021, Brújula Digital 2030: el enfoque de Europa para el Decenio Digital COM(2021) 118 final[(54)]

Apenas había transcurrido un año desde la anterior Comunicación cuando la pandemia de Covid 19 puso de relieve, en palabras de la Comisión, las vulnerabilidades de nuestro espacio digital, su dependencia de tecnologías no europeas y el impacto de la desinformación en nuestras sociedades democráticas.

En este contexto, la Comisión se autoimpone como reto aplicar políticas digitales que capaciten a las personas y las empresas para aprovechar un futuro digital centrado en el ser humano, sostenible y más próspero.

Para ello, se destaca, Europa tendrá que aprovechar sus puntos fuertes: un mercado único abierto y competitivo, unas normas sólidas que incorporan los valores europeos, ser un participante activo en el comercio internacional justo y basado en normas, y disponer de una base industrial sólida, ciudadanos muy cualificados y una sociedad civil robusta.

Al mismo tiempo, debe evaluar y abordar cuidadosamente cualquier deficiencia estratégica, vulnerabilidad y dependencia de alto riesgo que ponga en peligro la consecución de sus ambiciones, y tiene que acelerar la inversión asociada.

Para alcanzar este impulso político, se requiere una intensificación del trabajo comenzado en la pasada década para acelerar la transformación digital de Europa: proseguir los avances hacia un mercado único digital efectivo e intensificar las acciones definidas en la estrategia para Configurar el futuro digital de Europa.

Para hacerlo, se estableció un programa de reformas que ya se ha iniciado con la Ley de gobernanza de datos (Reglamento (UE) 2022/868, de 30 de

(54) https://eur-lex.europa.eu/legal-content/es/TXT/?uri=CELEX%3A52021DC0118

mayo); la Ley de servicios digitales (Reglamento (UE) 2022/2065 del Parlamento Europeo y del Consejo, de 19 de octubre de 2022, relativo a un mercado único de servicios digitales y por el que se modifica la Directiva 2000/31/CE (Reglamento de Servicios Digitales)); el Reglamento sobre mercados digitales (Reglamento (UE) 2022/1925, de Mercados Digitales) y la Estrategia de Ciberseguridad (adoptada el 16 de diciembre de 2020 y aprobada por el Parlamento Europeo el 10 de junio de 2021 [(55)]).

Una serie de instrumentos presupuestarios de la Unión apoyarán las inversiones necesarias para la transición digital, incluidos los programas de cohesión, el instrumento de apoyo técnico y el Programa Europa Digital. El acuerdo de los colegisladores de que un mínimo del 20% del Mecanismo de Recuperación y Resiliencia debe apoyar la transición digital contribuirá a sustentar este programa de reformas, con financiación para asentar la Década Digital de Europa sobre bases sólidas.

Esta estrategia fue confirmada por la denominada «**Declaración de Lisboa: democracia digital con propósito**», de 1 de junio de 2021 [(56)], elaborada con motivo de la Asamblea Digital convocada por la presidencia de turno portuguesa. En ella, los dirigentes europeos reclamaron un modelo de transformación digital que refuerce la dimensión humana del ecosistema digital y tenga como núcleo el mercado único digital.

2.1.3. Programa estratégico de la Década Digital para 2030

En esta línea, la Decisión (UE) 2022/2481, de 14 de diciembre de 2022, por la que se establece el programa de política «Itinerario hacia la Década Digital» para 2030 [(57)], supone un paso más allá en este itinerario, teniendo por objeto establecer el programa estratégico de la Década Digital para 2030 y creando un mecanismo de seguimiento y cooperación para facilitar la consecución de sus objetivos.

De esta forma, la Década Digital para 2030 pretende crear un entorno favorable a la innovación e inversión, fijando una orientación clara para la transformación digital de la Unión y para la consecución de las metas digitales a escala de la Unión de aquí a 2030.

(55) https://www.europarl.europa.eu/doceo/document/TA-9-2021-0286_ES.html
(56) https://www.lisbondeclaration.eu/learn-more/
(57) https://data.consilium.europa.eu/doc/document/ST-11900-2021-INIT/es/pdf

Objetivos generales

El programa estratégico de la Década Digital de la Unión Europea diseña en su artículo 3 una serie de objetivos generales para su consecución antes de 2030. Para alcanzar estos objetivos, los Estados miembros y la Comisión tendrán en cuenta los principios y derechos digitales establecidos en la Declaración Europea sobre los Derechos y Principios Digitales para la Década Digital, firmada el pasado 15 de diciembre (*Vid. infra* 2.1.5).

Estos objetivos, más allá de garantizar la soberanía digital, la inversión y la innovación y la competitividad tecnológica de las empresas de la Unión, persiguen resultados sociales más amplios que no se limiten a la esfera digital, con efectos positivos en las vidas cotidianas y el bienestar de los ciudadanos.

Entre los objetivos generales fijados, podemos destacar los siguientes:

— La promoción de un **entorno digital centrado en el ser humano**, basado en los derechos fundamentales, inclusivo, transparente y abierto en el que las tecnologías y servicios digitales seguros e interoperables, garantizando el respecto y el refuerzo de los principios, derechos y valores de la Unión.

— Conseguir reforzar la resiliencia colectiva de los Estados miembros y **colmar la brecha digital**, persiguiendo para ello un equilibrio geográfico y de género, poniendo el foco en la enseñanza y el fomento de oportunidades para el desarrollo de capacidades y competencias digitales básicas y avanzadas.

— Garantizar la **soberanía digita**l de la Unión de manera abierta, en particular mediante infraestructuras digitales y de datos seguras y accesibles, contribuyendo a la competencia y sostenibilidad de la industria y la economía de la Unión, haciendo hincapié en las pymes y las empresas emergentes.

— Desarrollar un **ecosistema global y sostenible de infraestructuras digitales interoperables** en el que la informática de alto rendimiento, la computación en el borde, la informática en la nube, la informática cuántica, la inteligencia artificial, la gestión de datos y la conectividad a las redes funcionen en convergencia para promover su adopción en las empresas de la Unión permitiendo que se creen oportunidades de crecimiento y empleo.

— Garantizar que todas las personas puedan **participar en línea en la vida democrática**, y que los **servicios públicos**, los servicios sanitarios y los servicios asistenciales también sean accesibles en un entorno en línea fiable y seguro para todos, en particular para los grupos desfavorecidos.

— Garantizar que tanto las **infraestructuras y tecnologías digitales** como sus cadenas de suministro sean más **sostenibles, resilientes y eficientes** desde el punto de vista energético y de los recursos, minimizando su impacto ambiental y social, y contribuyendo a una economía y una sociedad sostenibles, circulares y climáticamente neutras en consonancia con el Pacto Verde Europeo.

— Facilitar **condiciones equitativas y no discriminatorias para los usuarios** durante la transformación digital en toda la Unión, mediante el refuerzo de las sinergias entre las inversiones públicas y privadas y el uso de los fondos nacionales y de la Unión, así como mediante el desarrollo de enfoques normativos y de apoyo predecibles que también impliquen la escala regional y local.

— Mejorar la **ciberseguridad de la UE**, incrementando la resiliencia de las organizaciones públicas y privadas frente a los ataques informáticos, contribuyendo a la sensibilización sobre los riesgos y al aumento del conocimiento sobre los procesos de ciberseguridad.

Metas digitales

Por otro lado, en el artículo 4 recogen las «metas digitales» perseguidas por la UE de aquí a 2030. Para ello la Comisión, teniendo en cuenta en particular la información presentada por los Estados miembros, revisará las metas digitales a más tardar el 30 de junio de 2026, pudiendo presentar una propuesta legislativa de modificación de las metas digitales cuando lo considere necesario para abordar los avances técnicos, económicos o sociales. Entre otras cuestiones, estas «metas digitales» pondrán el foco en la educación y formación tecnológica, tratando de reducir la brecha digital y fomentando la digitalización de los servicios públicos.

Las «metas digitales» que persigue la Unión son las siguientes:

1. Alcanzar una **población con capacidades digitales** y unos profesionales del sector digital altamente cualificados, con vistas a lograr el equilibrio de género, en la que un mínimo del 80% de las personas de entre 16 y 74 años tenga al menos, capacidades digitales básicas y un mínimo de veinte millones de especialistas en TIC estén empleados en la Unión.

2. Conseguir infraestructuras digitales seguras, resilientes, eficaces y sostenibles, mediante las que:

- Todas las **zonas pobladas** cuenten **con redes inalámbricas de alta velocidad** de próxima generación con un rendimiento equivalente como mínimo al de la 5G y que permita que todos los usuarios finales en una ubicación fija estén cubiertos por una red de gigabit hasta el punto de terminación de la red.
- La **producción en la Unión de semiconductores** de vanguardia, de conformidad con el Derecho de la Unión sobre sostenibilidad medioambiental, suponga, al menos, el 20% de la producción mundial en valor.
- Estén implantados en la Unión al menos **10 000 «nodos de proximidad»** de alta seguridad y climáticamente neutros, distribuidos de manera que se garantice el acceso a los servicios de datos de baja latencia.
- En 2025 la Unión disponga del **primer ordenador con una aceleración cuántica**, que allane el camino para que la Unión esté en la vanguardia de las capacidades cuánticas de aquí a 2030.

3. Se produzca una **transformación digital de las empresas**, mediante la que:

- Al menos el 75% de las empresas de la Unión hayan adoptado uno o varios de los siguientes elementos, en consonancia con sus operaciones comerciales: servicios de computación en nube (I), macrodatos (II), inteligencia artificial (III).
- Más del 90% de las pymes de la Unión hayan alcanzado al menos un **nivel básico de intensidad digital**.
- La Unión facilite el **crecimiento de sus empresas innovadoras** en expansión y mejore su acceso a la financiación, como mínimo duplicando el número de unicornios.

4. Por último, la UE persigue la **digitalización de los servicios públicos**, mediante la que:

- Se consiga una prestación 100% accesible en línea de los **servicios públicos esenciales**, permitiendo cuando sea posible que los ciudadanos y las empresas de la Unión interactúen en línea con las administraciones públicas.
- El 100% de los ciudadanos de la Unión tenga acceso a sus **historiales médicos electrónicos**
- El 100% de los ciudadanos de la Unión tenga acceso a un **medio de identificación electrónica** (eID) seguro y reconocido en toda la Unión,

que permita a los usuarios tener el control absoluto de las transacciones relativas a su identidad y de los datos personales que se comparten.

Hojas de rutas nacionales y cooperación con la UE

Con el propósito de conseguir los objetivos y las metas descritas, los Estados miembros deben presentar a la Comisión unas hojas de ruta estratégicas nacionales para la Década Digital que abarquen el período hasta 2030. Estas hojas de rutas nacionales deberán presentarse a más tardar el 9 de octubre de 2023 y contendrán una previsión de la inversión y los recursos necesarios para la consecución de dichos objetivos, siendo posible que los Estados miembros diseñen hojas de ruta regionales armonizadas con sus hojas de ruta nacionales.

Durante los ciclos de cooperación entre la Comisión y los Estados miembros, los Estados miembros pueden proponer ajustes a sus hojas de ruta nacionales a fin de tener en cuenta la evolución de la transformación digital a escala nacional y de la Unión y de responder, en particular, a las políticas, medidas y acciones recomendadas por la Comisión.

Para ello, la norma prevé la obligación de la Comisión y de los Estados miembros cooperar lealmente a la hora de hacer el seguimiento de la consecución de los objetivos generales y de las metas digitales establecidas.

Esta Decisión (UE) 2022/2481, entrará en vigor el 8 de enero de 2023 y se desarrollará por primera vez bajo el influjo de la Declaración solemne interinstitucional sobre los derechos y principios digitales, de 15 diciembre de 2022 (*Vid. infra* 2.1.5).

2.1.4. Reglamento (UE) 2021/694 del Parlamento Europeo y del Consejo, de 29 de abril de 2021, por el que se establece el Programa Europa Digital y por el que se deroga la Decisión (UE) 2015/2240[58]

Los *objetivos* generales de este Programa son apoyar y acelerar la transformación digital de la economía, la industria y la sociedad europeas, aportar sus beneficios a los ciudadanos, las administraciones públicas y las empresas europeos en toda la Unión, y mejorar la competitividad de Europa en la economía digital mundial, contribuyendo al mismo tiempo a reducir la brecha digital en toda la Unión y a reforzar su autonomía estratégica, a través de un apoyo global, intersectorial y transfronterizo, y una mayor contribución de la Unión.

(58) https://eur-lex.europa.eu/legal-content/ES/TXT/?uri=CELEX%3A32021R0694

Para ello, el Programa plantea cinco objetivos específicos interrelacionados:

1. Construir un ecosistema integrado de informática de alto rendimiento de la Unión.
2. Desarrollar y reforzar las capacidades y los conocimientos básicos de IA en la Unión, incluidos la creación y el fortalecimiento de los recursos de datos de calidad y sus correspondientes mecanismos de intercambio y las bibliotecas de algoritmos, garantizando al mismo tiempo un enfoque integrador y centrado en las personas, en consonancia con los valores de la Unión.
3. Apoyar el desarrollo y la adquisición de equipos, herramientas e infraestructuras de datos de ciberseguridad avanzados, con el fin de alcanzar un elevado nivel común de ciberseguridad a nivel europeo, respetando plenamente la normativa sobre protección de datos y derechos fundamentales, y garantizando al mismo tiempo la autonomía estratégica de la Unión.
4. Disponer de capacidades digitales avanzadas en la Unión, fomentando la elaboración y la oferta de formación y cursos de alta calidad y larga duración.
5. Despliegue y mejor uso de la capacidad digital e interoperabilidad de servicios digitales transeuropeos.

Se trata, se subraya, de cinco objetivos distintos, pero interdependientes. Por ejemplo, la IA necesita la ciberseguridad para ser fiable, la informática de alto rendimiento será clave para apoyar el aprendizaje en el contexto de la IA, y las tres requieren capacidades digitales avanzadas.

Hasta la fecha, estos objetivos se han traducido en cuatro programas de trabajo para la aplicación del Programa Europa Digital: Programa de trabajo de DIGITAL Europe 2021-2022 (59); Programa de trabajo EDIH 2021-2023, dedicado específicamente a los Centros Europeos de Innovación Digital (60); Programa de trabajo sobre ciberseguridad 2021-2022 (61) y Programa de Com-

(59) https://ec.europa.eu/newsroom/repository/document/2021-46/ C_2021_7914_1_EN_annexe_acte_auto-nome_cp_part1_v3_x3qnsqH6g4B4JabSGBy9UatCRc8_81099.pdf
(60) https://ec.europa.eu/newsroom/repository/document/2021-45/ C_2021_7911_1_EN_annexe_acte_autonome_cp_part1_v2_d4ygL3fB7OJrEhLGIX-BaC5w0X0_80907.pdf
(61) https://ec.europa.eu/newsroom/repository/document/2021-45/C_2021_7913_1_EN_annexe_acte_auto-nome_cp_part1_v3_zCcOBWbBRKve4LP5Q1N6CHOVU_80908.pdf

putación de alto rendimiento (gestionada por la empresa común EuroHPC), recogido en la Decisión 07/2022 —Programa de Trabajo y Presupuesto Modificado n.º 2[62] y en la Decisión 01/2021— Plan de Trabajo EuroHPC Modificado 2021 y presupuesto 2021[63]

2.1.5. Declaración europea sobre los derechos y principios digitales para la década digital de 15 de diciembre de 2022 (COM(2022) 27 final)[64]

El 15 de diciembre de 2022 las presidentas de la Comisión y del Parlamento Europeo, Ursula von der Leyen y Roberta Metsola y el presidente de turno del Consejo, el primer ministro checo Petr Fiala, han firmado la Declaración Europea sobre los Derechos y Principios Digitales.

Esta Declaración, presentada por la Comisión en enero de este año, plasma el compromiso de la UE con una transformación digital protegida, segura y sostenible que sitúe a las personas en el centro, en consonancia con los valores y los derechos fundamentales de la UE.

Según los firmantes del texto «Con la aceleración de la transformación digital, ha llegado el momento de que la UE exprese cómo han de aplicarse en el mundo digital sus valores y sus derechos fundamentales que se aplican fuera de línea. La transformación digital no debe implicar un retroceso en los derechos. Lo que es ilegal fuera de línea, es ilegal en línea. La presente Declaración se entiende sin perjuicio de las "políticas fuera de línea", como tener acceso fuera de línea a servicios públicos esenciales».

El texto orientará a los responsables políticos y a las empresas que se ocupan de las nuevas tecnologías, muestra a los ciudadanos que los valores europeos, así como los derechos y libertades consagrados en el marco jurídico de la UE, deben respetarse tanto en línea como fuera de línea.

(62) https://eurohpc-ju.europa.eu/system/files/2022-05/Decision%207.2022_%20Amendment%20EuroHPC%20Work%20Plan%20and%20Budget%202022.pdf

(63) https://eurohpc-ju.europa.eu/system/files/2022-03/Decision_01.2021-Amen-ded_EuroHPC_Work_Plan_2021_and_budget_2021.pdf

(64) https://digital-strategy.ec.europa.eu/es/library/european-declaration-digital-rights-and-principles Una versión previa en https://eur-lex.europa.eu/legal-content/ES/TXT/PDF/?uri=CELEX:52022DC0027&from=EN

Contenido de la Declaración

Con la Declaración Europea sobre los Derechos y Principios Digitales, las instituciones de la UE quieren afianzar los valores europeos y empoderar a las personas.

A estos efectos, la Declaración está estructurada en seis capítulos:

I. Promover una transformación digital centrada en las personas.

II. Respaldar la solidaridad y la integración, mediante una mayor conectividad, el fomento de la educación, la formación y las capacidades digitales, unas condiciones de trabajo justas y equitativas y el acceso a los servicios públicos digitales en línea.

III. Reafirmar la importancia de la libertad de elección y de un entorno digital justo.

IV. Favorecer la participación en el espacio público digital.

V. Seguridad, protección y empoderamiento en el entorno digital, en particular con respecto a los jóvenes.

Se declara que toda persona debería tener acceso a tecnologías, productos y servicios digitales diseñados para estar protegidos, ser seguros y proteger la privacidad, lo que se traduce en altos niveles de confidencialidad, integridad, disponibilidad y autenticidad de la información tratada.

Se declara que toda persona tiene derecho a la privacidad y a la protección de sus datos personales, derecho que incluye el control por parte de las personas de cómo se utilizan sus datos personales y con quién se comparten. Toda persona tiene derecho a la confidencialidad de sus comunicaciones y de la información contenida en sus dispositivos electrónicos, y a no ser objeto de vigilancia en línea y seguimiento generalizado ilegales ni de medidas de interceptación. Toda persona debería poder determinar su legado digital y decidir lo que debe hacerse tras su muerte con sus cuentas personales y la información que le concierna.

En relación con la protección y empoderamiento de los niños y jóvenes en el entorno digital, se declara que debería empoderarse a los niños y los jóvenes para que puedan tomar decisiones seguras y con conocimiento de causa y expresar su creatividad en el entorno digital. A este respecto, se declara también que los materiales y servicios adaptados a cada edad deberían mejorar las experiencias, el bienestar y la participación de niños y jóvenes en el entorno digital. Debe prestarse especial atención al derecho de los niños y los jóvenes a ser protegidos frente a todo tipo de delincuencia cometida o facilitada a través de tecnologías digitales.

VI. Impulsar la sostenibilidad.

Se declara que para evitar que se cause un perjuicio significativo al medio ambiente y promover la economía circular, los productos y servicios digitales deberían diseñarse, producirse, utilizarse, repararse, reciclarse y eliminarse de manera que se atenúen sus efectos negativos en el medio ambiente y en la sociedad y se evite la obsolescencia programada. Se declara también que toda persona debería tener acceso a información precisa y fácil de entender sobre los efectos ambientales, el consumo de energía, la reparabilidad y vida útil de los productos y servicios digitales, que le permita tomar decisiones responsables.

En concreto, estos derechos y principios implican una conectividad digital asequible y de alta velocidad en todas partes y para todos, aulas bien equipadas y profesores con competencias digitales, acceso ininterrumpido a los servicios públicos en línea, un entorno digital seguro para los niños, desconexión después del horario laboral, obtención de información de fácil comprensión sobre el impacto medioambiental de nuestros productos digitales y un control sobre la manera en que se utilizan nuestros datos personales y con quién se comparten.

La firma de la Declaración Europea de Derechos y Principios Digitales al más alto nivel refleja el compromiso político compartido de la UE y sus Estados miembros de promover y aplicar estos principios en todos los ámbitos de la vida digital para alcanzar los objetivos de la Brújula Digital 2030. La Declaración también orientará el trabajo concreto sobre el programa de política para la Década Digital, el mecanismo de seguimiento y cooperación para alcanzar los objetivos digitales comunes de aquí al final de esta década. Para alcanzar los objetivos de 2030, y para que la Declaración produzca efectos concretos, la Comisión supervisará los avances e informará de ellos a través del informe anual sobre el «estado de la Década Digital». Por otra parte, la Declaración orientará a la UE en sus relaciones internacionales sobre cómo configurar una transformación digital que sitúe a las personas y los derechos humanos en su centro.

3. PRINCIPALES ÁREAS Y MATERIAS QUE FOCALIZAR ESE NUEVO MARCO REGULATORIO DIGITAL EUROPEO

Es obvio que tan ambicioso objetivo social y político únicamente puede desplegarse con eficacia en un plazo tan ajustado de tiempo si se logra implantar en todo el territorio de la UE la más completa y coordinada legislación que abarque los máximos ámbitos objetivo-materiales posibles afectados por esa transformación digital.

Para ello, la UE debe desplegar sus instrumentos jurídicos armonizadores (Reglamento, Directiva...) de la forma más sencilla posible con normas temáticas no complicadas de entender y aplicar, que aborden de manera conjunta y sistemática por igual cada área en todo el territorio de la Unión.

Las principales materias o áreas que de una forma más o menos rápida permitirán que un jurista o usuario curioso pueda dar con un rápido panorama general de la transformación regulatoria en el mundo digitalizado en que nos encontramos, y que ya viene configurándose en los últimos meses, son:

1. Las infraestructuras, redes y sistemas y su aseguramiento.

Se pretende potenciar la seguridad en redes y sistemas informáticos, mediante la actualización de normas que ya están en vigor (Directiva SRI) como consecuencia del creciente grado de digitalización e interconexión de nuestra sociedad y el auge en todo el mundo de las actividades cibernéticas malintencionadas.

La nueva SRI2 contempla un número mayor de sectores fundamentales para la economía y la sociedad: los proveedores de servicios públicos de comunicaciones electrónicas, los servicios digitales, la gestión de residuos y aguas residuales, la fabricación de productos esenciales, los servicios postales y de mensajería y las Administraciones Públicas tanto centrales como autonómicas y regionales. La Directiva simplifica las obligaciones de notificación, estipula medidas de supervisión más estrictas para las Autoridades nacionales, junto con requisitos de ejecución más rigurosos, y pretende armonizar los regímenes de sanciones de los Estados miembros, contribuyendo a aumentar el intercambio de información y la cooperación en el ámbito de la gestión tanto nacional como europea de las ciber crisis.

Por su parte, la Directiva NIS2 pretende seguir mejorando la resiliencia y capacidad de respuesta a los incidentes que sufra el sector público y privado europeo, al regular las medidas de gestión de riesgos de ciberseguridad y las obligaciones de información en los sectores —energía, transporte, sanidad, infraestructuras digitales— que se enmarquen en su ámbito de aplicación.

Por su parte, la Directiva de resiliencia (RCE) pretende reducir las vulnerabilidades y aumentar la resiliencia física de las entidades críticas —esto es, las que prestan servicios vitales de los que dependen los medios de subsistencia de los ciudadanos y el correcto funcionamiento del mercado interior— preparándolos frente a catástrofes naturales, actos terroristas, emergencias sanitarias, ataques híbridos..., mediante la regulación de medidas de gestión de riesgos de ciberseguridad y obligándolas a informar sobre ellos en los mismos sectores afectados por la Directiva NIS2.

En materia de sector financiero —por su carácter transversal y estratégico— la seguridad de sus redes e infraestructuras se regula y despliega mediante el Reglamento sobre resiliencia operativa digital (DORA) para el sector financiero.

Y a todo sumamos el Reglamento de gobernanza de datos (Data Governance Act), que establecerá mecanismos para facilitar la reutilización de ciertas categorías de datos protegidos del sector público, aumentan do la confianza en los servicios de intermediación de datos y fomentando el altruismo de datos en toda la UE.

2. Los diferentes **servicios digitales**, con el análisis de sus obligaciones y derechos y especial consideración de las **medidas restrictivas** (retirada de contenidos nocivos y delictivos, interrupción e inacceso de los mismos).

El Reglamento de servicios digitales responde a la aparición de nuevos e innovadores servicios (digitales) de la sociedad de la información que han transformado la vida cotidiana de los ciudadanos de la Unión y cambiado sus formas de comunicarse, conectarse, consumir y hacer negocios, que han contribuido en gran medida a las transformaciones sociales y económicas que se han producido en la Unión y en el mundo entero, pero que se han convertido en una fuente de nuevos riesgos y desafíos, tanto para la sociedad en su conjunto como para las personas que hacen uso de ellos, que se deben conjurar con la nueva norma.

Regula la responsabilidad de los *servicios de intermediación* —que ofrecen infraestructura de red, como proveedores de acceso a Internet y registradores de nombres de dominio—, los *servicios de alojamiento* —computación cloud y alojamiento *strictu sensu*—, los de *motores de búsqueda* en línea de muy gran tamaño, las *plataformas en línea* que contactan consumidores con proveedores —marketplaces, appstores, de economía colaborativa, de redes sociales— y las *plataformas en línea de muy gran tamaño*, para conjurar los riesgos en la difusión de contenidos ilegales y daños sociales., y el régimen sancionador aplicable.

3. La regulación del nuevo **mercado digital europeo** con definición de los derechos y obligaciones respecto de las sociedades afectadas.

Con el *Reglamento sobre mercados digitales o Digital market act y E-commerce Act* se pretende dar respuesta a conductas no suficientemente reguladas en las normas competenciales comunitarias, sobre todo cuando las llevan a cabo las gatekeepers, plataformas con un papel preponderante en el mercado interior, que restringen la libre concurrencia, de manera que se las somete a un régimen normativo propio, con obligaciones especiales, prohibición de conductas determinadas y un estricto régimen disciplinario.

Junto con esta norma, recordar también la Directiva 2019/2161 —en vigor desde el 17 de diciembre de 2019— conocida como Directiva Ómnibus sobre comercio electrónico que establece nuevas medidas dirigidas a mejorar la protección de los consumidores en el marco de la Unión Europea, que afectan directamente a las empresas que ofertan productos y servicios de manera *on line* y que introduce dos principales novedades; la introducción de medidas para reforzar la transparencia del comercio electrónico, y, el endurecimiento del régimen de imposición de sanciones económicas para el comerciante que las incumpla.

Estas normas tratan de crear un marco de actuación legal y económica común en el que todos los participantes del mercado disfruten de acceso fácil a la compraventa transfronteriza de bienes, incluido el eCommerce, de manera que, a aspectos ya regulados, como la entrega, la información precontractual o el derecho de desistimiento, se añaden otros como establecer los criterios de conformidad, y las principales modalidades de garantías para exigirlas.

4. La política de **protección de la información y el dato** en la Unión europea.

Los datos personales están protegidos de manera uniforme y muy profusa y detallada en el territorio de la UE mediante el importantísimo Reglamento UE 2016/679, relativo a la protección de las personas físicas en lo que respecta al tratamiento de datos personales y a la libre circulación de estos, que instauró el consentimiento reforzado y el deber de información; la rendición de cuentas (accountability); protección por defecto y por diseño; derecho al olvido; portabilidad; ventanilla única; obligación para determinadas empresas de designar un Delegado de Protección de datos, un régimen sancionador.

A él se añade, en materia penal la Directiva UE 2016/680, de 27 de abril de 2016 relativa a la protección de las personas físicas en lo que respecta al tratamiento de datos personales por parte de las Autoridades competentes para fines de prevención, investigación, detección o enjuiciamiento de infracciones penales o de ejecución de sanciones penales, y a la libre circulación de dichos datos.

A su vez, el Reglamento EU 2018/1725 establece las normas aplicables al tratamiento de datos personales por las instituciones, órganos y organismos de la Unión Europea. Sus disposiciones se ajustan al Reglamento General de Protección de Datos y a la Directiva sobre protección de datos en el ámbito penal. Comenzó a aplicarse el 11 de diciembre de 2018.

También el *Reglamento de Datos no personales* UE 2018/1807, relativo a un marco para la libre circulación de datos no personales en la Unión Europea (conocido como Free Flow of non-personal Data), que instaura el principio de su libre circulación para impulsar el crecimiento de la economía de datos dentro de la Unión Europea y el uso de la computación en la nube y la tecnología 5G.

Y el *Reglamento sobre protección de datos personales en las comunicaciones electrónicas (e-PRIVACY), que* trata de dotar *a* los ciudadanos y empresas de la UE de un idéntico y único nivel de protección en sus comunicaciones electrónicas, sean llevadas a cabo ya por las Operadoras tradicionales, ya por las llamadas empresas OTT (*Over The Top*) —del tipo de WhatsApp, Facebook Messenger, Skype o Gmail—, que también quedan obligadas a cumplir la normativa. Además, entre otras novedades, amplía la protección a los metadatos, simplifica las normas sobre las cookies, establece un enfoque estratégico para las transferencias internacionales de datos personales facilitando los intercambios comerciales y fomentando una mayor cooperación policial y protege frente al correo basura.

Por su parte, el *Reglamento de gobernanza de datos* que establecerá mecanismos para facilitar la reutilización de ciertas categorías de datos protegidos del sector público, aumentan do la confianza en los servicios de intermediación de datos y fomentando el altruismo de datos en toda la UE.

5. La nueva **personalidad e identidad digital y los servicios de confianza.**

El Reglamento UE 910/14 (eIDAS: **electronic IDentification, Authentication and trust Services), regula los nuevos mecanismos de identificación en el entorno digital,** definiendo los estándares y normas para la firma electrónica simple, firma electrónica avanzada y firma electrónica cualificada, la emisión de certificados cualificados y los servicios de confianza online, de manera que potencia el desarrollo confiable, transparente y seguro en las transacciones electrónicas y en su gestión, aportando una seguridad equivalente a la que da la presencia física.

Por su parte, el *Reglamento para el marco de una identidad digital europea (e IDAS 2)* persigue una actualización del anterior, posibilitando su uso transfronterizo, dando acceso a soluciones de identidad electrónica de alta seguridad y confianza, aplicables tanto a servicios públicos como privados, y tanto para personas físicas como para las jurídicas, con soluciones que estén conectadas con una variedad de atributos y que permitan compartir específicamente aquellos datos de identidad que se requieran para cada servicio en concreto, pretendiendo una aceptación de los servicios de confianza cualificados en la Unión Europea y en condiciones de igualdad en lo que se refiere a su prestación.

Para conseguirlo se basa en una *«cartera o monedero electrónico»* (*European Digital Identity Wallet*) que permita a cada persona/entidad identificarse electrónicamente, al tiempo que mantener el pleno control sobre sus datos personales, que, expedida por el Estado miembro, permite al usuario almacenar sus datos identificativos, sus credenciales y otros atributos conectados con su identidad, pudiendo usarla tanto para la identificación *online* como *offline* de personas físicas y jurídicas, así como para acceder a todo tipo de servicios públicos o privados —proveedores de servicios de transporte, energía, bancos y servicios financieros, seguridad social, salud, agua, servicios postales, infraestructura digital, educación o telecomunicaciones—, bajo el control de su titular, en el ámbito territorial de toda la Unión Europea.

Como ejemplos de su aplicación práctica citaremos: la posibilidad de abrir una cuenta bancaria utilizando la «Cartera de Identidad Digital Europea» de un Estado miembro distinto a aquel en que se encuentre la sede del banco en cuestión, de alquilar un coche mediante la e-ID de un Estado miembro diferente al de la empresa de alquiler, de acceder a datos de salud, bajo el control del titular, en el caso de necesitar asistencia sanitaria en un

Estado europeo distinto al de residencia o de compartir datos financieros (ingresos, calificación crediticia, etc.) mediante el mismo para la solicitud de préstamos bancarios *online*, y todo, con un evidente ahorro de tiempo y trámites, en todo tipo de procedimientos *online* u *offline,* con validez transfronteriza y con un elevado nivel de confianza y seguridad.

6. La **prueba desplegada a través de los sistemas informáticos: obtención, validez e incorporación al proceso judicial.**

El ámbito de la prueba procesal se ha desplegado un poco al margen del cauce habitual regulatorio en temas transversales como los anteriores, dada su afección a los diferentes sistemas legales procesales probatorios internos de los países de la UE.

No obstante, hay instrumentos normativos suscritos por sus Estados miembros que configuran un importante marco legal armonizado, de semejante aplicación, entre otros, conformado por el *Reglamento sobre orden europea de entrega y conservación de prueba electrónica en el enjuiciamiento penal, Reglamento europeo de obtención de prueba civil-mercantil. Convenio Cibercrimen Budapest, y sus 2 protocolos.*

Por su parte el proyecto no nato de *e Evidence* (propuesta de Reglamento sobre orden europea de entrega y conservación de pruebas electrónicas a efectos de enjuiciamiento penal), junto con la Directiva por la que se establecen normas armonizadas para la designación de representantes legales a efectos de recabar pruebas para procesos penales, no sustituirán la Directiva sobre orden europea de investigación a efectos de obtener prueba electrónica en los procesos penales de los estados miembros de la UE, ya que no afectan a otras diligencias de investigación penal diferentes contempladas en aquella, pero ofrecerán un complemento alternativo para obtenerlas, como igualmente ya lo hace el Protocolo segundo al Convenio de Budapest, siempre en la línea de oficiar directamente a la empresa operadora de la información electrónica necesitada, no importa dónde radique, y a que su transmisión transfronteriza opere de la forma más securizada y rápida posible.

7. La **ciberdelincuencia**, los delitos tecnológicos y la protección frente a ellos.

La armonización penal de la ciberdelincuencia en la UE, se está actualizando mediante instrumentos normativos como el *Convenio Cibercrimen Budapest, y sus 2 protocolos y las Directivas europeas de lucha contra el fraude y la falsificación de los medios de pago distintos del efectivo, contra el fraude en los intereses financieros de la Unión, ataques contra los sistemas de la información, abusos sexuales, explotación sexual de menores y pornografía infantil, garantizar un elevado nivel de seguridad en las redes y sistemas de la información, que* están obligando a sus Estados miembros a acometer importantes reformas de sus sistemas penales, igualándolos en materias concretas como, por ejemplo, están siendo la *Directiva europea de lucha contra el fraude y la falsificación de los medios de pago distintos del efectivo y la de contra el fraude en los intereses financieros de la Unión,* en materia de delitos asociados a la informática; la de *ataques contra los sistemas de la información y la que trata de garantizar un elevado nivel de seguridad en las redes y sistemas de la información,* en materia de delitos contra la confidencialidad, integridad y disponibilidad de datos y sistemas informáticos; o la de contra los *abusos sexuales, la explotación sexual de menores y pornografía infantil,* en materia de protección a los menores frente a ataques sexuales por medios informáticos.

8. Los **nuevos medios de pago y las finanzas digitales.**

La enorme transformación que el mundo de las finanzas digitales está operando, igualmente está dando lugar a la gestación de múltiples instrumentos legales novedosos en donde el *Reglamento del mercado de criptoactivos (MICA)* gana un enorme protagonismo pues pretende crear el marco regulatorio armonizador de la legislación de los Estados miembros de la UE y la fijación de las oportunas garantías que deben observar las empresas que presten en su territorio servicios relacionados con criptoactivos, regulando la autorización, obligaciones y modo de gestión de las entidades proveedoras de criptoactivos; la prevención del abuso en el mercado de criptoactivos; las Autoridades competentes responsables en la materia con la ABE y la AEVM y el régimen sancionador administrativo ligado a esas Autoridades y materias.

La norma excluye los criptoactivos que se consideren: a) instrumentos financieros, b) dinero electrónico, excepto cuando se consideren fichas de dinero electrónico; c) depósitos; d) depósitos estructurados, o e) titulizaciones.

Pero junto al Reglamento MICA la UE está armonizando el marco protector penal de los fraudes y falsificaciones en torno a los criptoactivos mediante la *Directiva europea de lucha contra el fraude y la falsificación de los medios de pago distintos del efectivo,* donde aflorarán otros activos digitales no regulados por el Reglamento MICA, pero de gradual aceptación ciudadana, especialmente las criptomonedas no stablecoins y los NFTs.

Y en esta línea, se considera igualmente fundamental afrontar el riesgo relacionado con las TIC, que se considera sigue representando un desafío para la resiliencia operativa, el rendimiento y la estabilidad del sistema financiero de la Unión.

9. La **inteligencia artificial** y l**a regulación de los dispositivos y artificios dotados de inteligencia artificial.**

El objetivo primordial del *Reglamento europeo de Inteligencia Artificial es* garantizar el correcto funcionamiento del mercado interior mediante el establecimiento de normas armonizadas, en particular en lo que respecta al desarrollo, la introducción en el mercado de la Unión y el uso de productos y servicios que empleen tecnologías de IA o se suministren como sistemas de IA independientes.

Esta propuesta, basada en un criterio de gestión del riesgo, establece una clasificación de los sistemas de IA. En virtud de esta clasificación, algunos sistemas quedan prohibidos, otros, considerados de alto riesgo, se someten a numerosos requisitos para su puesta en el mercado y su control durante todo el ciclo de vida, mientras que, a otros, considerados de menor riesgo, se les aplican algunas sencillas medidas de transparencia.

Se trata, en conjunto, de un marco amplio y, pese a los deseos de la Comisión, tan complejo de diseñar como, previsiblemente, de aplicar. Las enmiendas propuestas por el Consejo y las que previsiblemente propondrá el Parlamento Europeo en su propuesta, obligarán a un esfuerzo de consenso para la aprobación del texto definitivo, en particular, teniendo en cuenta que estamos simplemente en los albores de una nueva tecnología, cuyo desarrollo y posibilidades finales están todavía lejos de imaginarse.

2.

MARCO LEGISLATIVO EUROPEO

José de la Mata
Magistrado-Juez, miembro nacional de España en EuroJust

1. INTRODUCCIÓN. JERARQUÍA DE NORMAS EN LA UNIÓN EUROPEA
2. LOS TRATADOS
3. CARTA DE DERECHOS FUNDAMENTALES DE LA UNIÓN EUROPEA
4. ACTOS JURÍDICOS
5. JERARQUÍA DE NORMAS DE DERECHO DERIVADO DE LA UNIÓN
6. PROCESO DE TOMA DE DECISIONES DE LA UE
7. PROCEDIMIENTOS LEGISLATIVOS
8. EL ÁREA DE LIBERTAD, SEGURIDAD Y JUSTICIA
9. LAS AGENCIAS JAI Y SUS RESPECTIVOS PAPELES
10. EL PAPEL DE EUROJUST EN EL ÁMBITO DE LA COOPERACIÓN PENAL, ORIGEN Y EVOLUCIÓN

1. INTRODUCCIÓN. JERARQUÍA DE NORMAS EN LA UNIÓN EUROPEA [(1)]

La Unión Europea (UE) es una organización supranacional que nace de la voluntad de los Estados que la integran. Se sustenta en el Tratado de la Unión Europea (TUE) y en el Tratado de Funcionamiento de la Unión Europea (TFUE), ambos con el mismo valor jurídico.

La UE se fundamenta en los valores de respeto de la dignidad humana, libertad, democracia, igualdad, Estado de Derecho y respeto de los derechos humanos, incluidos los derechos de las personas pertenecientes a minorías. Estos valores son comunes a los Estados miembros en una sociedad caracterizada por el pluralismo, la no discriminación, la tolerancia, la justicia, la solidaridad y la igualdad entre mujeres y hombres (art. 2.1 TUE).

Tiene como finalidad promover la paz, sus valores y el bienestar de sus pueblos. La Unión ofrecerá a sus ciudadanos un espacio de libertad, seguridad y justicia sin fronteras interiores, en el que esté garantizada la libre circulación de personas conjuntamente con medidas adecuadas en materia de control de las fronteras exteriores, asilo, inmigración y de prevención y lucha contra la delincuencia (art. 3 TUE).

Sus competencias son estrictamente aquellas que le ceden los Estados miembros para alcanzar sus objetivos comunes (artículo 1 TUE). Es lo que se conoce como principio de atribución de competencias recogido en los Tratados vigentes (artículo 5 TUE): la delimitación de las competencias de la Unión se rige por el principio de atribución. El ejercicio de las competencias atribuidas a la UE se rige por los principios de subsidiariedad y proporcionalidad:

---

(1) Los epígrafes 1 a 7 incorporan parcialmente referencias del contenido de las fichas temáticas sobre la Unión Europea del Parlamento Europeo (https://www.europarl.europa.eu/factsheets/es/home) y de la Aplicación del Derecho de la Unión Europea (https://european-union.europa.eu/institutions-law-budget/law_es).

— En virtud del principio de atribución, la Unión actúa dentro de los límites de las competencias que le atribuyen los Estados miembros en los Tratados para lograr los objetivos que éstos determinan. Toda competencia no atribuida a la Unión en los Tratados corresponde a los Estados miembros.

— En virtud del principio de subsidiariedad, en los ámbitos que no sean de su competencia exclusiva, la UE intervendrá sólo en caso de que, y en la medida en que, los objetivos de la acción pretendida no puedan ser alcanzados de manera suficiente por los Estados miembros, ni a nivel central ni a nivel regional y local, sino que puedan alcanzarse mejor, debido a la dimensión o a los efectos de la acción pretendida, a escala de la Unión.

— En virtud del principio de proporcionalidad, el contenido y la forma de la acción de la Unión no excederán de lo necesario para alcanzar los objetivos de los Tratados.

El ejercicio de esas competencias ha dado lugar a la aparición de un sistema jurídico, un derecho de la UE, que es de obligado cumplimiento para los Estados miembros y que genera obligaciones, pero también derechos en los ciudadanos europeos.

La UE es, por tanto y como se ha indicado, una Unión basada en el Estado de Derecho. Tiene personalidad jurídica y, en consecuencia, cuenta con un ordenamiento jurídico propio, distinto del Derecho internacional. Además, el Derecho de la UE tiene un efecto directo o indirecto sobre la legislación de sus Estados miembros, por lo que, una vez que entra en vigor, pasa a formar parte del sistema jurídico de cada Estado miembro.

La doctrina de la primacía del Derecho de la Unión es un pilar fundamental del ordenamiento jurídico de la UE y tiene por objeto garantizar la unidad y la coherencia del Derecho de la Unión: el Derecho de la Unión tiene primacía absoluta sobre el Derecho nacional de los Estados miembros.

El Tribunal de Justicia de la Unión Europea (TJUE) siempre ha invocado la máxima autoridad para determinar la relación entre el Derecho de la Unión y el Derecho nacional. Los tribunales nacionales deben tener en cuenta dicha primacía en sus resoluciones. Al TJUE está encomendado el control de legalidad de los actos de las instituciones de la UE (artículo 263 TFUE).

El Derecho de la UE está integrada por el Derecho primario y el Derecho secundario o derivado.

El Derecho primario está formado por:

— Los Tratados de la UE, los cuales son acuerdos vinculantes entre los países miembros de la UE.
— La Carta de los Derechos Fundamentales (desde el Tratado de Lisboa).
— Los principios generales establecidos por el Tribunal de Justicia de la Unión Europea.

El Derecho secundario o derivado comprende todos los actos adoptados por las instituciones de la Unión que permiten que la UE ejerza sus competencias. Tiene un rango inferior: solo es válido en la medida en que respeta los actos y acuerdos de rango superior. El Derecho derivado incluye actos unilaterales y actos convencionales.

El artículo 288 TFUE define los actos unilaterales que pueden adoptarse y dispone que solo podrán adoptarse actos de dichos tipos: Reglamentos, Directivas, Decisiones, Recomendaciones, y Dictámenes. En la mayoría de los casos, los Tratados prevén el tipo de acto que debe utilizarse. De forma excepcional, el artículo 296 TFUE permite a las instituciones decidir el tipo de acto que debe adoptarse en cada caso.

Los actos convencionales no son ejecutados directamente por las instituciones europeas, sino por acuerdos entre sus países miembros, o de la UE con terceras partes, previstos en el artículo 216 TUE.

El TFUE también introduce una jerarquía de normas dentro del Derecho secundario, estableciendo una diferencia entre los siguientes actos.

— Actos legislativos (artículo 289 TFUE). Son actos jurídicos adoptados por un procedimiento legislativo ordinario o especial.
— Actos delegados (artículo 290 TFUE). Son actos jurídicamente vinculantes que permiten a la Comisión Europea complementar o modificar partes no esenciales de los actos legislativos de la UE. El Parlamento Europeo o el Consejo otorga a la Comisión Europea el poder para adoptar este tipo de actos.
— Actos de ejecución (artículo 291 TFUE). Son actos generalmente adoptados por la Comisión que ejecutan la legislación de la UE en determinados casos. El Consejo también puede adoptar actos ejecutivos.

Los Acuerdos internacionales con países no pertenecientes a la UE o con organizaciones internacionales también son parte integrante del Derecho de la UE. Estos acuerdos son independientes del Derecho primario y de la legislación secundaria, además de conformar una categoría *sui generis*. De acuerdo con determinadas resoluciones del TJUE, pueden tener un efecto directo y su eficacia jurídica es superior a aquella de la legislación secundaria, que, en consecuencia, debe respetarlos.

Con la entrada en vigor del Tratado de Lisboa en diciembre de 2009 y la abolición de la antigua estructura de «pilares», la mayoría de las políticas de la UE pasan a estar sujetas a este sistema comunitario, con la excepción de la política exterior y de seguridad común.

2. LOS TRATADOS

Los Tratados de la UE son acuerdos vinculantes entre los países miembros de la UE. Establecen los objetivos de la UE, las normas aplicables a sus instituciones, la manera en que se toman las decisiones y la relación existente entre la UE y sus países miembros.

La creación de la Comunidad Económica del Carbón y del Acero (CECA) fue el punto de partida de los más de 50 años de elaboración de Tratados europeos.

Los Tratados principales fueron:

— El Tratado constitutivo de la CECA, firmado en París en 1951. Este tratado expiró el 23 de julio de 2002.
— El Tratado constitutivo de la Comunidad Económica Europea (TCEE), firmado en Roma en 1957; y
— El Tratado constitutivo de la Comunidad Europea de la Energía Atómica (Euratom), firmado en Roma en 1957.

Estos Tratados fueron modificados por:

— El Tratado de Fusión, firmado en Bruselas en 1965.
— El Acta Única Europea (AUE), firmada en Luxemburgo en 1986.
— El Tratado de la Unión Europea (TUE), firmado en Maastricht en 1992 (actualmente vigente, aunque modificado por los Tratados posteriores de Ámsterdam, Niza y Lisboa).
— El Tratado de Ámsterdam, firmado en 1997.
— El Tratado de Niza, firmado en 2001.
— El Tratado de Lisboa, firmado en 2007.

— Los Tratados de adhesión de cada uno de los Estados. Los Tratados se han modificado con ocasión de la adhesión de nuevos Estados miembros en 1973 (Dinamarca, Irlanda y el Reino Unido), 1981 (Grecia), 1986 (España y Portugal), 1995 (Austria, Finlandia y Suecia), 2004 (República Checa, Estonia, Chipre, Letonia, Lituania, Hungría, Malta, Polonia, Eslovaquia y Eslovenia), 2007 (Bulgaria y Rumanía) y 2013 (Croacia).

Tras las dificultades acontecidas en varios países de la Unión Europea (UE) para ratificar los tratados constitucionales europeos firmados en 2004, los líderes europeos acordaron en 2007 convocar una conferencia intergubernamental para adoptar un «tratado de reforma» para la UE.

El Tratado de Lisboa, firmado el 17 de diciembre de 2007, fue ratificado por todos los países de la UE y entró en vigor el 1 de diciembre de 2009. Es un acuerdo internacional que modifica los dos tratados que forman la base constitucional de la UE. Modifica el Tratado de Maastricht (1992), conocido en forma actualizada como el Tratado de la Unión Europea (2007) o TUE, y el Tratado de Roma (1957), conocido en forma actualizada como el Tratado de Funcionamiento de la Unión Europea (2007) o TFUE.

El TFUE, que deriva del Tratado de Lisboa, se elaboró a partir del Tratado constitutivo de la Comunidad Europea (TCE), según establece el Tratado de Maastricht. El propio TCE se basó en el Tratado constitutivo de la Comunidad Económica Europea (TCEE), firmado en Roma el 25 de marzo de 1957.

La creación de la UE por medio del Tratado de Maastricht (7 de febrero de 1992) marcó un paso más en el camino hacia la unificación política de Europa. Sin embargo, en aquel momento, la Unión Europea no sustituyó a las Comunidades Europeas, sino que las aunó en el mismo marco basado en una estructura de «tres pilares», a saber:

— El primer pilar consistía en las Comunidades Europeas (la Comunidad Económica, la CECA hasta 2002 y Euratom).

— El segundo pilar consistía en la cooperación entre los países de la UE en el marco de la política exterior y de seguridad común.

— El tercer pilar abarcó la cooperación entre los países de la UE en el ámbito de la justicia y los asuntos de interior.

El Tratado de Lisboa fusionó los tres pilares en una UE reformada.

El TFUE es uno de los dos tratados primarios de la UE, junto con el TUE, y conforma la base detallada del Derecho de la UE mediante la definición de los principios y objetivos de la UE y el ámbito de acción en el marco de sus ámbitos políticos. Además, establece los detalles organizativos y funcionales de las instituciones de la UE. La estructura anterior en pilares se sustituye por un nuevo reparto de competencias:

— Exclusivas: ámbitos en los que la UE legisla por sí sola y los países miembros ejecutan (artículo 3 TFUE).

— Compartidas: ámbitos en los que los países de la UE pueden legislar y adoptar medidas jurídicamente vinculantes si la UE no lo ha hecho (artículo 4 TFUE).

— De apoyo: ámbitos en los que la UE puede adoptar medidas para apoyar, coordinar o complementar las políticas nacionales (artículo 6 TFUE).

— Además, todas las políticas sobre controles fronterizos, asilo, inmigración y cooperación judicial y policial pasan a ser competencia de la UE, en lugar de ser una responsabilidad intergubernamental, como anteriormente.

El Tratado de Lisboa reforma el funcionamiento de las instituciones de la UE y se toman decisiones para que sean adecuadas para una UE que ha crecido hasta los 28 miembros tras sucesivas ampliaciones (actualmente 27 tras la salida del Reino Unido) y, al otorgar al Parlamento Europeo más poderes legislativos, garantiza una mayor democracia en la toma de decisiones de la UE.

Con este Tratado, la UE tiene personalidad jurídica propia para firmar acuerdos internacionales a nivel comunitario. Además, reforma las políticas internas y externas, entre las que se destacan: el voto por mayoría cualificada que busca reducir las posibilidades de estancamiento en el Consejo de la Unión Europea; un Parlamento Europeo con mayor peso mediante la extensión del procedimiento de decisión conjunta con el Consejo de la UE; la eliminación de los tres pilares de la Unión Europea; y la creación de las figuras de Presidente del Consejo Europeo y Alto representante de la Unión para Asuntos Exteriores y Política de Seguridad para dotar de una mayor coherencia y continuidad a las políticas de la UE. El Tratado de Lisboa también hace que la Carta de los Derechos Fundamentales de la UE sea vinculante jurídicamente.

Más en particular, los principales cambios institucionales que introdujo el Tratado fueron los siguientes:

1. El Parlamento Europeo.

Ahora está compuesto por representantes de los ciudadanos de la UE y no, como antes, de los países de la UE, estableciendo así un vínculo democrático más fuerte entre los diputados al Parlamento Europeo (eurodiputados) y el electorado. Elige al Presidente de la Comisión Europea por mayoría de sus miembros. Tiene un número máximo de 751 miembros.

Goza de mayores poderes legislativos mediante el uso del procedimiento legislativo ordinario. El Tratado de Lisboa amplía esta situación a 40 nuevos ámbitos políticos, elevando a 73 el número total en el que el Parlamento y el Consejo adoptan legislación en pie de igualdad.

2. El Consejo Europeo.

Está formalmente reconocida como una institución de la UE que establece las orientaciones y prioridades políticas generales de la UE.

Compuesto por jefes de Estado o de Gobierno, da a la UE una mayor continuidad y coherencia. Elige por mayoría de votos a un presidente para un mandato renovable de 30 meses, reemplazando el sistema rotativo anterior de 6 meses.

3. El Consejo de la Unión Europea.

El Consejo de la Unión Europea (en lo sucesivo, «Consejo») es una de las principales instituciones decisorias de la UE. A sus reuniones asisten ministros de los 27 Estados miembros de la UE. Tiene funciones de formulación de políticas y coordinación.

El Consejo se reúne en 10 formaciones, reuniendo a los Ministros pertinentes de los Estados miembros:

— Asuntos Generales.
— Relaciones Exteriores.
— Asuntos Económicos y Financieros.
— Justicia y Asuntos de Interior.
— Empleo, Política Social, Sanidad y Consumidores.
— Competitividad (Mercado Interior, Industria, Investigación y Espacio).
— Transporte, Telecomunicaciones y Energía.
— Agricultura y Pesca.
— Medio ambiente.

— Educación, Juventud, Cultura y Deporte.

El Consejo, junto con el Parlamento Europeo, desempeña funciones legislativas y presupuestarias. También es la institución principal para la toma de decisiones sobre la política exterior y de seguridad común (PESC). Los Estados miembros coordinan sus políticas económicas en el seno del Consejo. En la mayoría de los casos, las decisiones del Consejo, basadas en propuestas de la Comisión, se adoptan conjuntamente con el Parlamento Europeo con arreglo al procedimiento legislativo ordinario. Dependiendo del tema, el Consejo toma decisiones por mayoría simple, mayoría cualificada o unanimidad. La mayoría cualificada es la regla de votación por defecto.

Aplica nuevas reglas de votación por mayoría al aprobar la legislación. Para asegurar una mayoría se requiere al menos el 55% de los países de la UE que representen al menos el 65% de la población de la UE. Para bloquear una propuesta, al menos 4 países tienen que estar en contra.

4. La Comisión Europea.

La Comisión Europea es la rama ejecutiva de la Unión Europea (UE). Establecida en 1957, la Comisión está compuesta actualmente por 27 Comisarios, incluido su Presidente. Actúa en interés general de la UE con total independencia de los gobiernos nacionales de los Estados miembros de la UE y es responsable ante el Parlamento Europeo.

Tiene el derecho de iniciativa para proponer leyes en una amplia gama de ámbitos políticos. En el ámbito de la justicia y los asuntos de interior, comparte el derecho de iniciativa con los Estados miembros. El Parlamento Europeo y el Consejo de la Unión Europea podrán solicitar a la Comisión que presente propuestas legislativas. Los ciudadanos de la UE también pueden pedir a la Comisión que proponga leyes a través de la Iniciativa Ciudadana Europea.

La Comisión puede tener derecho a adoptar actos no legislativos, en particular actos delegados y de ejecución, y dispone de importantes competencias para garantizar unas condiciones de competencia equitativas entre las empresas de la UE. La Comisión supervisa la aplicación del Derecho de la UE. Ejecuta el presupuesto de la UE en cooperación con los Estados miembros y gestiona programas de financiación. También ejerce funciones de coordinación, ejecutivas y de gestión, tal como se establecen en los Tratados. Representa a la UE durante las negociaciones internacionales, en particular en los ámbitos de la política comercial y la ayuda humanitaria.

5. El Tribunal de Justicia de la Unión Europea.

El Tribunal de Justicia de la Unión Europea (TJUE) se creó por primera vez en 1952. El Tratado de Lisboa aumentó su ámbito jurisdiccional. El TJUE comprende:

— El Tribunal de Justicia: este tribunal dicta sentencias prejudiciales; conoce de algunos recursos contra las instituciones de la UE interpuestos por países de la UE; y conoce de recursos contra decisiones del Tribunal General. También dicta sentencias en el espacio de libertad, seguridad y justicia y toma decisiones sobre la cooperación policial y judicial en materia penal y cuestiones derivadas de la Carta de los Derechos Fundamentales.

— El Tribunal General: este órgano jurisdiccional es competente para conocer de los recursos interpuestos contra las instituciones de la UE por los ciudadanos y, en algunos casos, por los países de la UE. También resuelve los asuntos relativos a las relaciones laborales entre las instituciones de la UE y sus funcionarios.

6. El Banco Central Europeo (BCE).

El Banco Central Europeo (BCE) es el banco central de la zona del euro y una institución de la UE ubicada en Frankfurt am Main, Alemania. Junto con los bancos centrales nacionales de la zona del euro, forma el Eurosistema, que lleva a cabo la política monetaria en la zona del euro. Su objetivo principal es mantener la estabilidad de precios, es decir, salvaguardar el valor del euro. Además, el BCE, en cooperación con los supervisores nacionales, lleva a cabo la supervisión bancaria en la zona del euro y en otros Estados miembros participantes en el marco del Mecanismo Único de Supervisión.

7. Política exterior y de seguridad común.

El Tratado establece el nuevo cargo de Vicepresidente de la Comisión y Alto Representante de la Unión para Asuntos Exteriores y Política de Seguridad. La persona preside el Consejo de Asuntos Exteriores (artículo 18 del TUE). También el Tratado crea el Servicio Europeo de Acción Exterior, cuyo personal procede de la Comisión, el Consejo y los servicios diplomáticos nacionales, e introduce una cláusula de defensa mutua por la que todos los países de la UE deben ayudarse mutuamente si otro país de la UE si está siendo atacado.

3. CARTA DE DERECHOS FUNDAMENTALES DE LA UNIÓN EUROPEA

En 1999, el Consejo Europeo llegó a la conclusión de que los derechos fundamentales aplicables a escala de la UE debían consolidarse en una carta para darles una mayor visibilidad.

La Carta fue proclamada formalmente en Niza en diciembre de 2000 por el Parlamento Europeo, el Consejo de la Unión Europea y la Comisión. La Carta pasó a ser jurídicamente vinculante con la entrada en vigor del Tratado de Lisboa en diciembre de 2009, y ahora tiene el mismo valor jurídico que los Tratados de la UE.

La Carta de los Derechos Fundamentales establece los derechos fundamentales que deben ser respetados tanto por la UE como por los países de la UE a la hora de aplicar el Derecho de la UE.

Es un instrumento moderno y completo del Derecho de la UE, que protege y promueve los derechos y libertades de las personas en vista de los cambios en la sociedad, el progreso social y los avances científicos y tecnológicos. Más amplio que el Convenio Europeo de Derechos Humanos, establece principios y derechos para los ciudadanos de la UE y los residentes en la UE que se relacionan con la dignidad, la libertad, la igualdad, la solidaridad, la ciudadanía y la justicia. Además de proteger los derechos civiles y políticos, abarca los derechos sociales de los trabajadores, la protección de datos, la bioética y el derecho a una buena administración.

La Carta reafirma, teniendo debidamente en cuenta las competencias y tareas de la UE y el principio de subsidiariedad, los derechos establecidos sobre la base de las tradiciones constitucionales y las obligaciones internacionales comunes a los Estados miembros de la UE, que incluyen el Convenio Europeo para la Protección de los Derechos Humanos y de las Libertades Fundamentales, las Cartas Sociales adoptadas por la UE y por el Consejo de Europa. y la jurisprudencia del TJUE y del Tribunal Europeo de Derechos Humanos. Al hacer que los derechos fundamentales sean más claros y visibles, crea seguridad jurídica dentro de la UE.

La carta contiene un preámbulo y 54 artículos, agrupados en siete capítulos.

- — Capítulo I: dignidad.
- — Capítulo II: libertades.
- — Capítulo III: igualdad.

— Capítulo IV: solidaridad.
— Capítulo V: Derechos de los ciudadanos.
— Capítulo VI: justicia.
— Capítulo VII: Disposiciones generales.

La carta es jurídicamente vinculante. De conformidad con el artículo 6 TUE, tiene el mismo valor jurídico que los Tratados de la UE. Se aplica a las instituciones de la UE en todas sus acciones y a los países de la UE cuando aplican la legislación de la UE. No amplía las competencias de la UE más allá de las ya concedidas en los Tratados.

La Agencia de los Derechos Fundamentales de la UE se creó para proporcionar a las instituciones y los países de la UE asistencia y conocimientos especializados en el ámbito de los derechos fundamentales.

4. ACTOS JURÍDICOS

Los actos jurídicos de la UE son los siguientes: Reglamentos, Directivas, Decisiones, Recomendaciones y Dictámenes (Artículo 288 TFUE). Los Reglamentos son obligatorios en todos sus elementos y directamente aplicables en cada Estado miembro. Las Directivas establecen objetivos obligatorios para los Estados miembros a los que van dirigidas. Los Estados miembros son libres de elegir la manera que consideren adecuada para alcanzar dichos objetivos. Las Decisiones también son obligatorias en todos sus elementos. Las decisiones que especifican sus destinatarios son obligatorias únicamente para ellos. Las Recomendaciones y dictámenes no son obligatorios.

Las instituciones de la Unión solamente podrán adoptar estos actos si una disposición de los Tratados les confiere la competencia para hacerlo. Como se ha indicado, el principio de atribución, que rige la delimitación de las competencias de la Unión, se consagra de forma explícita en el artículo 5.1 TUE. El TFUE precisa el ámbito de aplicación de las competencias de la Unión clasificándolas en tres categorías: competencias exclusivas (artículo 3), competencias compartidas (artículo 4) y competencias de apoyo (artículo 6), que permiten a la Unión adoptar medidas para apoyar o completar las políticas de los Estados miembros.

Las instituciones solo pueden adoptar los instrumentos jurídicos enumerados en el artículo 288 TFUE. La única excepción se refiere a la política exterior, de seguridad y de defensa común, que sigue estando sujeta a procedimientos intergubernamentales. En este ámbito, las estrategias comunes, las acciones comunes y las posiciones comunes son sustituidas por las «orientaciones generales» y las «decisiones por las que se establezcan» las acciones y las posiciones que va a adoptar la Unión, así como las modalidades de ejecución de las decisiones (artículo 25 TUE).

Los acuerdos internacionales de la UE son pactos jurídicamente vinculantes entre la Unión Europea y uno o varios países terceros u organizaciones internacionales. Se pueden realizar cuando así lo dispongan los Tratados o cuando la celebración del acuerdo: i) sea necesaria para alcanzar, en el marco de las políticas de la Unión, uno de los objetivos contemplados en los Tratados; ii) esté contemplada en un acto de la UE jurídicamente vinculante o iii) es probable que afecte a normas comunes o altere su alcance.

La acción exterior de la UE está contemplada en el título V del Tratado de la Unión Europea y en la quinta parte del TFUE. El procedimiento de negociación y adopción de acuerdos internacionales se establece en los artículos 207 y 218 TFUE, en el ámbito de la política comercial común y en los demás ámbitos de acción exterior, respectivamente.

4.1. Reglamento

Los reglamentos son actos jurídicos definidos por el artículo 288 TFUE. Revisten un alcance general, son obligatorios en todos sus elementos y directamente aplicables en los Estados miembros de la UE desde su entrada en vigor (en la fecha que el propio reglamento fije o, en su defecto, el vigésimo día siguiente al de su publicación en el Diario Oficial de la Unión Europea (DOUE).

Los reglamentos tienen como objetivo garantizar una aplicación uniforme del Derecho de la UE en toda la UE. Sus destinatarios (personas, Estados miembros e instituciones de la Unión) deben acatarlo íntegramente. Excluyen, a su vez, la posibilidad de aplicar normas nacionales incompatibles con las cláusulas materiales que contiene.

Son aplicables de forma simultánea, automática e uniforme en toda la UE, lo que significa que:

— Se aplican directamente tras su entrada en vigor en los Estados miembros, sin tener que ser transpuestos al Derecho nacional.
— Pueden atribuir derechos y obligaciones a los particulares, quienes pueden invocarlo directamente ante los tribunales nacionales.

— Los particulares pueden utilizarlos como referencia en sus relaciones con otros particulares, con los Estados miembros o con las autoridades de la UE.

Sin embargo, cabe destacar que algunos reglamentos no son aplicables a todos los Estados miembros y que hay exenciones, denominadas cláusulas de exclusión voluntaria, para determinados Estados miembros, tales como:

— Dinamarca, por ejemplo, en algunas partes del espacio europeo de libertad, seguridad y justicia y la unión monetaria.
— Irlanda, por ejemplo, en el caso del espacio europeo de libertad, seguridad y justicia; y
— Polonia en partes de la Carta de Derechos Fundamentales de la UE.

Un reglamento puede ser un acto legislativo, delegado o de ejecución. Si el Consejo de la Unión Europea y el Parlamento Europeo lo aprueban siguiendo un procedimiento ordinario o un procedimiento legislativo especial, es un acto legislativo.

Un reglamento es de aplicación general a categorías abstractas de personas (no personas identificadas) y es obligatorio en todos sus elementos. En cambio, una decisión puede especificar quiénes son sus destinatarios y, entonces, es obligatorio solo para ellos.

4.2. Directiva

Las directivas son aprobadas por las instituciones de la UE de conformidad con los Tratados. La directiva es obligatoria para los Estados miembros destinatarios (uno, varios o todos ellos) en cuanto al resultado que debe conseguirse, si bien deja en manos de las autoridades nacionales la elección de la forma y de los medios.

Una vez adoptadas a escala de la UE, corresponde a cada Estado miembro formular sus propias leyes para determinar cómo aplicar estas normas. El legislador nacional, por lo tanto, debe adoptar un acto de transposición para transponer la directiva en el Derecho interno y adaptar la legislación nacional a tenor de los objetivos definidos en la directiva.

Ese acto de transposición confiere derechos e impone obligaciones a los ciudadanos.

Los Estados miembros gozan de facultades discrecionales en la transposición de las directivas al Derecho nacional, lo que les permite tener en cuenta las particularidades nacionales.

La transposición debe efectuarse en el plazo establecido por la directiva. Al transponer las directivas, los Estados miembros deben garantizar la eficacia del Derecho de la Unión, de conformidad con el principio de cooperación leal consagrado en el artículo 4.3 TUE.

A) Un acto vinculante de aplicación general

El artículo 288 TFUE establece que la directiva es vinculante, en cuanto al resultado que debe alcanzarse, en los Estados miembros destinatarios (uno, varios o todos ellos). Una directiva se distingue de un reglamento o una decisión porque:

— A diferencia de un reglamento, que se aplica en los Estados miembros tras su entrada en vigor, una directiva no se aplica directamente en los Estados miembros. Primero debe transponerse al Derecho nacional antes de ser aplicable a cada Estado miembro.

— A diferencia de una decisión, la directiva es de aplicación general.

B) Adopción

Una directiva puede adoptarse siguiendo un procedimiento legislativo. Se trata entonces de un acto legislativo adoptado por el Consejo de la Unión Europea y el Parlamento Europeo en virtud del procedimiento legislativo ordinario o solo por el Consejo en virtud de los procedimientos legislativos especiales; en cuyo caso, el Parlamento debería aprobarlo o ser consultado. Una directiva también puede ser adoptada mediante un procedimiento no legislativo.

C) Transposición obligatoria

Para que una directiva surta efecto a escala nacional, los Estados miembros deben adoptar una ley que la transponga. Esta medida nacional debe ajustarse a los objetivos establecidos por la directiva. Las autoridades nacionales deben comunicar estas medidas a la Comisión Europea.

La transposición debe producirse en el plazo establecido cuando se adopta la directiva (generalmente en dos años).

Cuando un país no transpone una directiva, la Comisión puede incoar un procedimiento de infracción e instruir un procedimiento contra el país ante el TJUE (el incumplimiento de la sentencia dictada con este motivo puede derivar en una nueva condena, que puede concluir en la imposición de multas).

En virtud del artículo 260.3 TFUE, cuando un Estado miembro incumple la obligación de informar de las medidas de transposición de una directiva, la Comisión puede solicitar que dicho Estado miembro en cuestión pague una multa.

D) Armonización máxima y mínima

Es importante distinguir entre los requisitos de armonización mínima y máxima (o plena) en las directivas.

En cuanto a la armonización mínima, una directiva establece las normas mínimas, a menudo en reconocimiento del hecho de que los sistemas jurídicos de algunos Estados miembros ya han establecido unas normas más estrictas. En este caso, los Estados miembros tienen derecho a establecer normas más estrictas que las estipuladas en la Directiva.

En cuanto a la armonización máxima, los Estados miembros deben introducir regulaciones con las normas mínimas y máximas establecidas en la directiva.

E) Protección de los particulares contra la transposición incorrecta o ausente de las directivas

En principio, las directivas no son directamente aplicables, y solo entra en vigor una vez transpuestas. No obstante, el TJUE considera que una directiva que no haya sido transpuesta puede tener ciertos efectos directos cuando:

— La transposición a la legislación nacional no se haya producido o se haya producido incorrectamente.
— Los términos de la directiva sean incondicionales y suficientemente claros y precisos.
— Los términos de la directiva atribuyan derechos a los particulares.

Cuando se cumplen estas condiciones, los particulares pueden invocar la directiva frente a un Estado miembro en los tribunales nacionales y ante cualquier autoridad pública. Incluso en el caso de que la disposición no confiera ningún derecho al particular y que, en consecuencia, solo se cumplan las dos primeras condiciones, las autoridades del Estado miembro tienen la obligación de tener en cuenta la directiva no transpuesta. La jurisprudencia al respecto se justifica fundamentalmente en los principios de eficacia, sanción de conductas contrarias al Tratado y tutela judicial. En cambio, un particular no puede invocar el efecto directo de una directiva no transpuesta directamente frente a otro particular.

Asimismo, el Tribunal de Justicia concede a los particulares la posibilidad de obtener del Estado, en determinadas condiciones, una compensación por la transposición insuficiente o con retraso de una directiva (por ejemplo, la Sentencia del asunto C-6/90 *Francovich*). Ello es posible a condición de que: a) la directiva implique la atribución de derechos en favor de particulares; b) el contenido de los derechos pueda determinarse sobre la base de las disposiciones de la directiva; y c) exista una relación de causalidad entre el incumplimiento de la obligación de transposición y el daño sufrido por las personas afectadas. El Estado miembro incurre en responsabilidad sin que sea necesario demostrar la existencia de una falta que le sea imputable.

F) Retrasos en la transposición

Para garantizar la adecuada aplicación del Derecho de la UE en beneficio de los ciudadanos y las empresas, la Comisión supervisa la transposición para asegurarse de que se haya producido, que sea correcta y completa a fin de obtener los resultados previstos, y que se haya hecho en el plazo necesario.

La UE ha establecido un objetivo para reducir el déficit de transposición (la brecha entre el número de directivas adoptadas por la UE y el número de directivas que los Estados miembros han transpuesto) hasta el 1%. Cada año, se actualiza un cuadro de indicadores de transposición como parte del cuadro de indicadores del mercado único, que se encuentra en la sección sobre el rendimiento por herramienta de gobernanza.

4.3. Decisiones

Las decisiones son adoptadas por las instituciones de la UE de conformidad con lo dispuesto en los tratados. Regulan situaciones concretas relativas a destinatarios específicos. Una decisión es un acto jurídico vinculante en su totalidad y obligatoria en todos sus elementos. Una decisión que indica los destinatarios solo es vinculante para dichos destinatarios.

A) Un acto vinculante en su totalidad

Una decisión es un acto vinculante en su totalidad. Una decisión puede ser un acto legislativo o no legislativo.

Las decisiones son actos legislativos cuando son adoptadas por:

— El Parlamento Europeo y el Consejo de la Unión Europea (procedimiento legislativo ordinario).
— El Parlamento con la participación del Consejo (procedimiento legislativo especial).
— El Consejo con la participación del Parlamento (procedimiento legislativo especial).

Las decisiones como actos no legislativos podrán ser adoptadas, por ejemplo, por el Consejo Europeo, el Consejo o la Comisión Europea. Las decisiones no legislativas también pueden adoptar la forma de actos delegados y actos de ejecución.

B) Decisión con destinatario

Una decisión puede tener uno o varios destinatarios (uno o varios Estados miembros de la UE, una o varias empresas o personas). Por ejemplo, cuando la Comisión decide imponer una multa a una empresa por abusar de su posición dominante en el mercado, dirige su decisión a dicha empresa.

Una decisión no legislativa que indique un destinatario se notificará a la parte implicada y surtirá efecto en virtud de dicha notificación. La notificación puede consistir en el envío de una carta certificada con acuse de recibo.

Las decisiones destinadas a una o varias personas y empresas concretas surten efecto directo y, por tanto, los destinatarios pueden invocar dicha decisión directamente ante la jurisdicción nacional.

Las decisiones que incluyan como destinatario a un Estado miembro concreto o a todos los Estados miembros también pueden tener un efecto directo. Esto dependerá de su naturaleza, sus antecedentes y su redacción. La redacción debe ser suficientemente clara, incondicional y precisa. El TJUE solo reconoce un efecto directo «vertical» de las decisiones destinadas a uno o varios Estados miembros. Esto significa que las personas solo pueden invocar una decisión contra el Estado miembro destinatario y no contra otra persona.

C) Decisiones sin destinatario

Con la entrada en vigor del Tratado de Lisboa, las decisiones ya no tienen que designar necesariamente a un destinatario. En particular, el artículo 288 TFUE aclara que una decisión puede especificar un destinatario, mientras que su predecesor (el artículo 240 del Tratado constitutivo de la Comunidad Europea) solo hacía referencia a una decisión que especifica su destinatario.

Las decisiones no legislativas, en concreto, se han convertido en los actos jurídicos básicos en el ámbito de la política exterior y de seguridad común.

A tales efectos y sobre la base del TUE, el Consejo Europeo y el Consejo adoptan decisiones no legislativas (artículo 31.1 TUE).

D) Publicación de las decisiones y entrada en vigor

Según el artículo 297 TFUE las decisiones legislativas deberán publicarse en el DOUE. Estos actos entran en vigor en la fecha que ellos mismos fijan o, si no se especifica fecha, a los veinte días de su publicación. La misma norma se aplica a las decisiones no legislativas en las que no se indica el destinatario.

Una decisión que indica el destinatario también podrán publicarse en el DOUE. No obstante, su publicación no exime de la necesidad de notificar al destinatario, ya que es la única forma de garantizar que el acto de lugar a efectos jurídicos.

4.4. Recomendaciones

Las Recomendaciones son una de las dos formas de actos no vinculantes de la UE que se citan en el artículo 288 TFUE. Si bien las recomendaciones no tienen consecuencias jurídicas, pueden ofrecer una guía para la interpretación o sobre el contenido del Derecho de la UE.

La Comisión Europea emite Recomendaciones sobre cuestiones tan diversas como los derechos de los sospechosos en procedimientos penales, orientación política sobre las finanzas públicas de los países individuales de la UE y el fomento de los edificios de consumo de energía nulo.

Otras instituciones de la UE, como el Parlamento Europeo, el Consejo y el Banco Central Europeo, también emiten Recomendaciones.

4.5. Dictámenes

Un dictamen es uno de los cinco tipos de actos jurídicos enumerados en el artículo 288 TFUE que pueden adoptar las instituciones de la UE. No tienen carácter vinculante y no crean derechos ni obligaciones para los destinatarios, pero pueden ofrecer orientaciones en relación con la interpretación y el contenido del Derecho de la Unión.

5. JERARQUÍA DE NORMAS DE DERECHO DERIVADO DE LA UNIÓN

De conformidad con el artículo 289 TFUE:

— Los actos legislativos son actos adoptados conforme al procedimiento legislativo ordinario o a un procedimiento legislativo especial.
— Los actos no legislativos son actos que se adoptan, generalmente por parte de la Comisión Europea, por delegación (actos delegados) o con el fin de aplicar un acto legislativo (actos de ejecución).

5.1. Actos legislativos

Los actos legislativos son decisiones adoptadas con arreglo al procedimiento legislativo ordinario o especial.

En determinados casos específicos previstos por los Tratados, los actos legislativos pueden incluir actos adoptados:

— Por iniciativa de un grupo de países de la UE o del Parlamento Europeo.
— Por recomendación del Banco Central Europeo, o
— a petición del Tribunal de Justicia o del Banco Europeo de Inversiones.

Los actos legislativos se publican en el DOUE y entran en vigor en la fecha que ellos mismos fijan o, si no se especifica fecha, a los veinte días de su publicación.

De conformidad con el artículo 297 TFUE, los actos legislativos adoptados con arreglo al procedimiento legislativo ordinario deben ser firmados por los Presidentes del Parlamento Europeo y del Consejo. Las adoptadas en el marco de un procedimiento especial deberán ser firmadas por el Presidente de la institución correspondiente. Los actos legislativos se publican en el

DOUE y entran en vigor en la fecha especificada en ellos o, si no se especifica ninguna fecha, el día 20 siguiente al de su publicación.

5.2. Actos no legislativos

Los actos no legislativos son decisiones adoptadas, generalmente por la Comisión Europea, a raíz de la delegación (actos delegados) o para aplicar un acto legislativo (actos de ejecución).

— Actos delegados son actos no legislativos de carácter general que completan o modifican algunas partes no esenciales de actos legislativos. Son adoptados por la Comisión sobre la base de una delegación explícita concedida en un acto legislativo y en consulta con grupos de expertos.

— Actos de ejecución son actos no legislativos que garantizan condiciones uniformes de ejecución de los actos jurídicamente vinculantes de la UE en todos los Estados miembros de la UE. Son adoptados por la Comisión (o, excepcionalmente, por el Consejo) previa consulta a comités compuestos por expertos de los Estados miembros de la UE.

5.2.1. Actos delegados

Los actos delegados son actos no legislativos adoptados por la Comisión Europea que sirven para modificar o completar elementos no esenciales de la legislación. La regulación de los elementos esenciales de un ámbito estará reservada al acto legislativo y, por lo tanto, no podrá ser objeto de una delegación de poderes.

En virtud del artículo 290 TFUE, el legislador de la Unión Europea puede conceder poderes a la Comisión mediante normas específicas incluidas en un acto legislativo (el «acto de base») para adoptar «actos delegados».

Los poderes de la Comisión para adoptar actos delegados se rigen por condiciones estrictas:

— El acto de base debe definir los objetivos, el contenido, el ámbito de aplicación y la duración de la delegación de poderes, así como, llegado el caso, los procedimientos de urgencia.

— Además, el legislador fija las condiciones a las que estará sujeta la delegación, que podrán consistir en la facultad para revocar la delegación, por una parte, y formular objeciones, por otra.

— El propio acto delegado —adoptado sobre la base de dicha delegación— no puede modificar los elementos esenciales del acto de base.
— Los actos delegados solo pueden ser de alcance general (es decir, no pueden abordar situaciones individuales).

La Comisión consulta a expertos de los Estados miembros de la UE antes de adoptar actos delegados. Además, tanto el Parlamento Europeo como el Consejo de la Unión Europea pueden revocar la delegación de poderes a la Comisión. Asimismo, un acto delegado adoptado por la Comisión solo puede entrar en vigor si no existe objeción por parte del Consejo o del Parlamento, dentro de un plazo establecido por el acto de base, el cual suele ser de dos meses.

Los actos delegados se utilizan, normalmente, cuando los actos legislativos —incluidos sus anexos— deben adaptarse (periódicamente) para tener en cuenta el progreso técnico o científico.

5.2.2. Actos de ejecución

En virtud del artículo 291 TFUE, la Comisión Europea (o en casos extraordinarios el Consejo de la Unión Europea, únicamente en casos específicos debidamente justificados y en el ámbito de la política exterior y de seguridad común) puede conceder poderes al legislador de la Unión Europea para adoptar actos de ejecución, mediante normas específicas incluidas en un acto legislativo (el «acto de base»). Estos actos tienen por objeto crear condiciones uniformes para la aplicación del acto legislativo en cuestión, siempre y cuando sea necesario. Las competencias de ejecución de la Comisión deben ejercerse de conformidad con el Reglamento (UE) nº 182/2011.

El Parlamento Europeo y el Consejo son informados durante la preparación de los actos de ejecución y tienen el derecho de control, pero no pueden vetar la adopción de los actos de ejecución.

6. PROCESO DE TOMA DE DECISIONES DE LA UE

Tres instituciones principales participan en la toma de decisiones de la UE:

1. El Parlamento Europeo, que representa a los ciudadanos de la UE.
2. El Consejo de la Unión Europea, que representa a los Gobiernos de la Unión Europea.
3. La Comisión Europea, que representa los intereses generales de la UE.

Las políticas de la UE suelen decidirse mediante el procedimiento legislativo ordinario (anteriormente conocido como procedimiento de «codecisión»). En este proceso las tres instituciones principales alcanzan un acuerdo sobre la legislación.

Antes de proponer nuevas iniciativas, la Comisión evalúa sus posibles impactos económicos, sociales y ecológicos.

La Comisión hace esto mediante la preparación de un informe llamado «evaluación de impacto» que establece las ventajas y desventajas de las opciones de política. La evaluación de impacto incluye aportaciones de organizaciones no gubernamentales, autoridades nacionales y del sector, así como de grupos de expertos que asesoran sobre temas técnicos.

Los particulares, las empresas y las organizaciones pueden realizar comentarios a través de consultas públicas (cuestionarios) en el portal «Díganos lo que piensa» de la Comisión.

Los Parlamentos nacionales pueden expresar oficialmente sus reservas si piensan que es mejor tratar un asunto a escala nacional y no europea.

Una vez que la Comisión ha presentado su propuesta, tanto el Parlamento como el Consejo la reciben y pueden proponer enmiendas. Habitualmente, el Parlamento, el Consejo y la Comisión se reúnen para ver si pueden estar de acuerdo sobre un conjunto completo de enmiendas.

Si la Comisión no está de acuerdo con ninguna enmienda, el Consejo solo puede anular la objeción mediante decisión unánime. Si la Comisión considera que las enmiendas modifican en exceso la propuesta, tiene derecho a retirar su propuesta.

Si las tres instituciones no se ponen de acuerdo sobre un texto final común, tiene lugar una segunda lectura.

Durante la segunda lectura, el Parlamento y el Consejo pueden proponer nuevas enmiendas. El Parlamento también puede bloquear la propuesta si no puede estar de acuerdo con el Consejo.

Si el Parlamento y el Consejo se ponen de acuerdo sobre las enmiendas, la propuesta puede adoptarse. Si no pueden ponerse de acuerdo, se establece un comité de conciliación para intentar encontrar una solución. Tanto el Parlamento como el Consejo pueden bloquear la propuesta durante esta última fase de la segunda lectura.

Una propuesta se adopta como legislación cuando el Parlamento y el Consejo están de acuerdo sobre un texto conjunto y se publica en el DOUE.

7. PROCEDIMIENTOS LEGISLATIVOS

El artículo 289 TFUE hace referencia a 2 tipos de procedimientos legislativos:

— Procedimiento legislativo ordinario.
— Procedimiento legislativo especial.

7.1. Procedimiento legislativo ordinario

El procedimiento de codecisión se introdujo por primera vez en 1992 y su uso se amplió en 1999. Con la adopción del Tratado de Lisboa, la codecisión pasó a denominarse procedimiento legislativo ordinario y se convirtió en el principal procedimiento de toma de decisiones para la adopción de la legislación de la UE. Se aplica en unos 85 ámbitos de actuación.

En el procedimiento legislativo ordinario, corresponden a la Comisión Europea el derecho de iniciativa legislativa, y los colegisladores son el Parlamento Europeo junto con el Consejo.

Este procedimiento, que inicialmente se introdujo de acuerdo con el Tratado de Maastricht, cuando se denominó procedimiento de codecisión, actualmente es el método más utilizado en la toma de decisiones de la UE. El TFUE cambió su nombre y lo amplió para que abarcara ámbitos políticos tales como:

— La cooperación judicial en materia civil.
— La cooperación policial.
— La ayuda humanitaria, y
— Las medidas relativas a los controles de las fronteras exteriores, el asilo y la inmigración.

El funcionamiento del procedimiento legislativo ordinario se describe detalladamente en el artículo 294 TFUE. El Parlamento y el Consejo legislan en igualdad de condiciones. Ambas instituciones adoptan actos legislativos ya sea en la primera o en la segunda lectura. Si, tras una segunda lectura, las 2 instituciones no consiguen llegar a un acuerdo, se convoca a Comité de Conciliación.

En el procedimiento legislativo ordinario se toman decisiones por mayoría cualificada, ya que este sistema garantiza:

— Que se toma una decisión cuando existe una mayoría de países de la UE (el 55% en la mayoría de los casos, pero en algunos puede ser el 72%), y
— que dichos países representan al menos al 65% de la población de la UE.

EL TFUE también introduce «cláusulas pasarela». Estas cláusulas permiten que se utilice el procedimiento legislativo ordinario en otros campos que normalmente se encuentran fuera de su ámbito de aplicación, en determinadas circunstancias.

Los principales elementos del procedimiento son:

1. La Comisión Europea presenta una propuesta al Consejo y al Parlamento Europeo.
2. El Consejo y el Parlamento adoptan una propuesta legislativa en primera lectura o en segunda lectura.
3. Si estas dos instituciones no llegan a un acuerdo tras la segunda lectura, se convoca a un Comité de Conciliación.
4. Si el texto acordado por el Comité de Conciliación es aceptable para ambas instituciones en tercera lectura, se adopta el acto legislativo.
5. Si una propuesta legislativa es rechazada en cualquiera de las fases de este procedimiento o si el Parlamento Europeo y el Consejo no pueden llegar a una solución transaccional, la propuesta no se adopta y se da por concluido el procedimiento.

1. Propuesta legislativa.

El procedimiento se inicia cuando la Comisión Europea presenta una propuesta legislativa al Consejo y al Parlamento Europeo. Al mismo tiempo, la Comisión transmite la propuesta a los Parlamentos nacionales y, en algunos casos, al Comité de las Regiones y al Comité Económico y Social para su examen.

Los miembros de la Comisión adoptan colegiadamente las propuestas legislativas, ya sea por procedimiento escrito (es decir, el texto no se debate), ya sea por procedimiento oral (con debate). Si se requiere votación, la Comisión decide por mayoría simple.

La Comisión es la única institución de la UE con facultad de iniciativa para los actos jurídicos de la UE. Presenta propuestas de actos jurídicos de la UE por propia iniciativa, a petición de otras instituciones de la UE o a raíz de una iniciativa ciudadana.

El Consejo (por mayoría simple de sus miembros) puede pedir a la Comisión que efectúe estudios y presente propuestas legislativas pertinentes. El Parlamento (por mayoría de los miembros que lo componen) también puede solicitar a la Comisión que presente propuestas legislativas.

En casos específicos, que se definen en los Tratados, el procedimiento legislativo ordinario puede ponerse en marcha:

— Por iniciativa de la cuarta parte de los Estados miembros (cuando la propuesta se refiera a la cooperación judicial en materia penal o la cooperación policial).
— Por recomendación del Banco Central Europeo (en relación con propuestas relativas a los Estatutos del Sistema Europeo de Bancos Centrales y del Banco Central Europeo).
— A petición del Tribunal de Justicia de la UE (en materias relativas al Estatuto del Tribunal, la creación de tribunales especializados adjuntos al Tribunal General, etc.).
— A petición del Banco Europeo de Inversiones.

2. Primera lectura.

El Parlamento Europeo examina la propuesta de la Comisión, y puede aprobarla o presentar enmiendas.

A continuación, el Consejo puede:

— Decidir aceptar la posición del Parlamento: en tal caso, el acto legislativo queda adoptado.
— Modificar la posición del Parlamento: en tal caso, la propuesta se devuelve al Parlamento para una segunda lectura.

No hay límite de tiempo para la primera lectura en el Parlamento o en el Consejo.

Los documentos resultantes son:

— Acto legislativo: reglamento (obligatorio en todos sus elementos y directamente aplicable en cada Estado miembro), directiva (obligatorio en cuanto al resultado que deba conseguirse, los destinatarios pueden ser todos los Estados miembros o solo algunos, y los Estados miembros pueden elegir la forma y los medios para la ejecución de la directiva) o decisión (obligatoria en todos sus elementos para los destinatarios designados) del Parlamento y del Consejo.

— Posición del Consejo en primera lectura, si el Consejo decide modificar la posición del Parlamento.

— Orientación general: acuerdo político a nivel del Consejo que puede adoptarse a la espera de una posición del Parlamento en primera lectura.

Pueden producirse pasos intermedios previos a una posición en primera lectura:

— Antes de que el Parlamento Europeo emita su dictamen, el Consejo puede adoptar una «orientación general». El Consejo recurre a este documento para dar al Parlamento una idea de su posición respecto a la propuesta legislativa presentada por la Comisión. Una orientación general puede acelerar el procedimiento legislativo y facilitar un acuerdo entre el Parlamento y el Consejo.

— El Consejo, el Parlamento y la Comisión pueden organizar además reuniones interinstitucionales informales, conocidas como «diálogos tripartitos», que los ayuden a llegar a un acuerdo. A dichas reuniones asisten representantes del Parlamento, el Consejo y la Comisión.

— No hay una norma establecida respecto al contenido de estos diálogos tripartitos, por lo que pueden variar desde debates de tipo técnico hasta debates políticos en que participen ministros y comisarios. Los diálogos tripartitos pueden también utilizarse para alcanzar acuerdos sobre enmiendas legislativas entre el Parlamento y el Consejo. No obstante, el acuerdo resultante tiene un carácter informal y debe aprobarse con arreglo a las normas de procedimiento de cada una de ambas instituciones.

3. Segunda lectura.

El Parlamento Europeo examina la posición del Consejo y puede:

— Aprobarla, y el acto queda adoptado.

— Rechazarla, y el acto no entrará en vigor, dándose por concluido el procedimiento.

— Proponer enmiendas y devolver la propuesta al Consejo para una segunda lectura.

El Consejo examina la posición del Parlamento en segunda lectura y puede:

— Aprobar todas las enmiendas del Parlamento, y el acto queda adoptado.
— No aprobar todas las enmiendas, y se convoca al Comité de Conciliación.

El Consejo vota por mayoría cualificada las enmiendas del Parlamento que hayan sido objeto de un dictamen positivo de la Comisión. Vota por unanimidad las enmiendas del Parlamento que hayan sido objeto de un dictamen negativo de la Comisión. El Consejo solo puede pronunciarse sobre las enmiendas del Parlamento.

El plazo es de tres meses para cada institución, con una posible ampliación de un mes.

Los documentos resultantes son:

— Resolución legislativa del Parlamento Europeo sobre la posición del Consejo en primera lectura, si el Parlamento aprueba la posición del Consejo (en tal caso, se adopta el acto legislativo y se publica como directiva, reglamento o decisión del Parlamento y del Consejo).
— Posición del Parlamento Europeo aprobada en segunda lectura, si el Parlamento vota que se introduzcan cambios en la posición del Consejo.
— Si el Consejo aprueba la posición del Parlamento en segunda lectura, el acto legislativo queda adoptado. A continuación, el acto se publica como directiva, reglamento o decisión del Parlamento y del Consejo.
— Si el Consejo no aprueba la posición del Parlamento en segunda lectura, no hay ningún documento oficial.

4. Conciliación.

Se convoca al Comité de Conciliación si el Consejo no aprueba todas las enmiendas del Parlamento en segunda lectura. Este Comité está compuesto por un número igual de representantes del Parlamento y del Consejo. Su misión es acordar un texto que puedan aceptar ambas instituciones.

Si el Comité:

— No acuerda un texto conjunto, no se adopta el acto legislativo y se da por concluido el procedimiento.

— Acuerda un texto conjunto, este se transmite al Parlamento y al Consejo para una tercera lectura.

La delegación del Parlamento en el Comité de Conciliación debe aprobar el texto conjunto por mayoría absoluta de los votos emitidos. Los representantes del Consejo se pronuncian generalmente por mayoría cualificada (en algunos casos se requiere la unanimidad).

Debe convocarse al Comité de Conciliación en un plazo de seis semanas, que se puede ampliar a ocho semanas. El Comité dispondrá de un plazo de seis semanas para acordar un texto conjunto.

Los documentos resultantes son:

— Texto conjunto aprobado por el Comité de Conciliación, si se alcanza un acuerdo. La redacción del texto conjunto no puede modificarla ninguna de las dos instituciones.

5. Tercera lectura.

El Parlamento Europeo examina el texto conjunto. Puede:

— Rechazarlo o no pronunciarse sobre él, con lo cual la propuesta no se adopta y se da por concluido el procedimiento.

— Aprobar el texto y, si el Consejo también lo hace, el acto legislativo queda adoptado.

El Parlamento debe aprobar el texto conjunto por mayoría simple de los votos emitidos.

El Consejo examina el texto conjunto. Puede:

— Rechazarlo o no pronunciarse sobre él, con lo cual la propuesta no entrará en vigor y se da por concluido el procedimiento.

— Aprobarlo y, si el Parlamento también lo hace, el acto legislativo queda adoptado.

El Consejo debe aprobar el texto conjunto por mayoría cualificada.

Tanto el Parlamento como el Consejo deben pronunciarse en un plazo de seis semanas, a partir de la fecha en que se haya aprobado el texto conjunto.

Los documentos resultantes son:

— El Parlamento aprueba una resolución legislativa sobre el texto conjunto aprobado por el Comité de Conciliación en la que aprueba o rechaza el texto conjunto.

Si ambas instituciones aprueban el texto conjunto, el acto se publica como directiva, reglamento o decisión del Parlamento y del Consejo.

Si una propuesta legislativa es rechazada en cualquiera de las fases del procedimiento o si el Parlamento y el Consejo no pueden lograr un compromiso, la propuesta no se adopta y se da por concluido el procedimiento.

Solo podrá iniciarse un nuevo procedimiento con una nueva propuesta de la Comisión.

7.2. Procedimientos legislativos especiales

Los procedimientos legislativos especiales, tal y como su nombre indica, son una excepción al procedimiento legislativo ordinario y se utilizan en ciertos ámbitos políticos más sensibles. Al contrario que en el procedimiento legislativo ordinario, el TFUE no aporta una descripción precisa de los procedimientos legislativos especiales. Las normas aplicables a estos se definen caso por caso en función de los artículos del tratado que establecen las condiciones para su aplicación.

En los procedimientos legislativos especiales el Consejo es, en la práctica, el único legislador. El Parlamento solamente está relacionado con el procedimiento. Debe dar su aprobación a una propuesta legislativa o ser consultado al respecto. Por lo tanto, su papel se limita a la consulta (por ejemplo, según el artículo 89 TFUE relativo a las operaciones policiales transfronterizas) o al consentimiento (por ejemplo, según el artículo 86 TFUE relativo a la Fiscalía Europea), según sea el caso.

El derecho de iniciativa legislativa corresponde en estos casos a la Comisión Europea.

Tipos de procedimiento:

— Aprobación: el Parlamento Europeo tiene la facultad de aceptar o rechazar una propuesta legislativa mediante votación por mayoría absoluta, pero no puede modificarla.

— Consulta: el Parlamento Europeo puede aprobar o rechazar la propuesta legislativa o proponer enmiendas a la misma

La base jurídica de estos procedimientos está en el artículo 289.2 TFUE.

De forma detallada:

1. Aprobación.

Mediante el procedimiento de aprobación el Consejo puede adoptar propuestas legislativas previa aprobación del Parlamento Europeo. El Parlamento tiene por consiguiente la facultad de aceptar o rechazar una propuesta legislativa mediante votación por mayoría absoluta, pero no puede modificarla. El Consejo no puede ignorar el dictamen del Parlamento Europeo.

Como procedimiento legislativo, la aprobación se aplica cuando se adopta nueva legislación en materia de lucha contra la discriminación y otorga también un derecho de veto al Parlamento cuando se aplica la base jurídica general subsidiaria en consonancia con el artículo 352 TFUE.

Se requiere también la aprobación del Parlamento, como procedimiento no legislativo, cuando:

— El Consejo adopta determinados acuerdos internacionales negociados por la UE.
— En casos de grave violación de los derechos fundamentales (artículo 7 del Tratado de la Unión Europea).
— Para la adhesión de nuevos Estados miembros de la UE.
— Disposiciones para retirarse de la UE.

2. Consulta.

Con arreglo al procedimiento de consulta, el Consejo adopta una propuesta legislativa una vez que el Parlamento ha emitido su dictamen sobre ella.

En este procedimiento, el Parlamento puede aprobar, rechazar o proponer enmiendas a una propuesta legislativa. El Consejo no está jurídicamente obligado a tener en cuenta el dictamen del Parlamento pero, conforme a la jurisprudencia del Tribunal de Justicia, no debe tomar una decisión sin haberlo recibido.

El procedimiento es aplicable en diversos ámbitos, como las exenciones en el mercado interior o el derecho de competencia.

También se requiere la consulta al Parlamento como procedimiento no legislativo cuando se adoptan acuerdos internacionales en el marco de la política exterior y de seguridad común.

8. EL ÁREA DE LIBERTAD, SEGURIDAD Y JUSTICIA

De conformidad con el artículo 3 TUE, que establece los objetivos de la UE, la UE ofrece a sus ciudadanos un espacio de libertad, seguridad y justicia sin fronteras interiores. Se trata de un ámbito en el que se garantiza la libre circulación de personas junto con medidas adecuadas en materia de controles en las fronteras exteriores, asilo, inmigración y prevención y lucha contra la delincuencia.

El objetivo principal de la política de justicia de la UE es crear un espacio de justicia a escala de la UE basado en la cooperación mutua tanto en Derecho civil como penal. Esto significa fomentar la confianza mutua entre los órganos jurisdiccionales y las administraciones nacionales de los Estados miembros de la UE y su reconocimiento mutuo de las resoluciones judiciales.

Una sección completa del Título V (artículos 67 a 89) del TFUE está dedicada al espacio de libertad, seguridad y justicia de la UE. El artículo 67 establece que la UE pretende garantizar un alto nivel de seguridad mediante medidas para prevenir y combatir la delincuencia, el racismo y la xenofobia, y mediante medidas de coordinación y cooperación entre las autoridades policiales y judiciales y otras autoridades competentes, así como mediante el reconocimiento mutuo de las resoluciones judiciales en materia penal y, en caso necesario, mediante la aproximación de las legislaciones penales de los Estados miembros de la UE.

Dado que muchos retos en materia de seguridad proceden de fuera de la UE o son de carácter transfronterizo, los Estados miembros individuales no siempre están mejor equipados para afrontarlos. El artículo 68 TFUE atribuye al Consejo Europeo la responsabilidad de elaborar las orientaciones estratégicas para la planificación legislativa y operativa en el espacio de libertad, seguridad y justicia. Sin embargo, los Estados miembros siguen siendo responsables de mantener el orden público y salvaguardar su seguridad interior.

El artículo 83 del TFUE otorga al Parlamento Europeo y al Consejo el derecho a establecer normas mínimas que definan las infracciones penales para delitos especialmente graves con una dimensión transfronteriza, resultantes de la naturaleza o el impacto de tales delitos o de una necesidad especial de combatirlos sobre una base común.

Los delitos en cuestión son:

— Terrorismo.

— La trata de personas y la explotación sexual de mujeres y niños.
— El tráfico ilícito de drogas y armas.
— Blanqueo de capitales.
— Corrupción.
— Falsificación de medios de pago.
— Delitos informáticos.
— Delincuencia organizada.

Dentro del Espacio de Libertad, Seguridad y Justicia, el objetivo de la cooperación policial y judicial en materia penal es garantizar un alto nivel de seguridad para los ciudadanos de la Unión Europea (UE) mediante la prevención y la lucha contra la delincuencia, el racismo y la xenofobia. Se trata en el título V TFUE (capítulos I, IV y V).

La cooperación policial y judicial de la UE en materia penal adopta 3 formas:

— Cooperación entre las fuerzas policiales nacionales.
— Cooperación entre las administraciones nacionales (en particular los servicios aduaneros).
— Cooperación entre las autoridades judiciales nacionales.

La cooperación se lleva a cabo con la ayuda de agencias de la UE como Eurojust, Europol y la Red Judicial Europea.

La cooperación judicial funciona principalmente a través de un mecanismo denominado reconocimiento mutuo de sentencias y resoluciones judiciales (por ejemplo, en el ámbito de la detención y el traslado de presos, la orden de detención europea; la orden europea de investigación; el decomiso y la congelación de activos y las sanciones financieras).

9. LAS AGENCIAS JAI Y SUS RESPECTIVOS PAPELES

La Unión Europea cuenta con diez Agencias que son propias del Espacio de Libertad, Seguridad y Justicia de la UE (ELSJ) (EASO, EMCDDA, Frontex, CEPOL, EUROPOL, EU-LISA, EIGE, FRA, EUROJUST y EPPO). Cuentan con personalidad jurídica propia y tienen un carácter formalmente autónomo, han sido creadas por un acto de derecho derivado y contribuyen activamente al desarrollo de las políticas de la UE, funcionando como estructuras de cooperación y coordinación más que como organismos como poderes ejecutivos operacionales, siendo su objetivo incrementar o fortalecer la cooperación entre los Estados para hacer frente a retos de carácter transnacional.

La creación de las Agencias ha implicado una centralización o «europeización» de poderes en manos de los Estados miembros y, por otra parte una descentralización funcional del poder ejecutivo en manos de la Comisión y del Consejo, agrupando conocimientos técnicos o especializados.

En función de las tareas que prestan se pueden categorizar en agencias que proporcionan información (FRA, EIGE, EMCDDA y EASO), y las que ahora interesa destacar: agencias operativas (EUROPOL, EUROJUST y FRONTEX), y agencias de gestión (CEPOL y EU-LISA).

A) EUROPOL

Europol es la Agencia de la Unión Europea para la Cooperación Policial y su principal objetivo es ayudar a lograr una Europa más segura en beneficio de todos los ciudadanos de la UE mediante el apoyo a las autoridades policiales y judiciales mediante el intercambio y el análisis de información de inteligencia criminal.

La misión de Europol es apoyar a los Estados miembros en la prevención y la lucha contra todas las formas de delincuencia internacional y organizada grave, la ciberdelincuencia y el terrorismo:

— Proporcionan apoyo sobre el terreno a las operaciones de las fuerzas y cuerpos de seguridad.
— Son una central de intercambio de información sobre actividades delictivas.
— Son un centro de conocimientos especializados en materia de aplicación de la ley.

La agencia utiliza sus capacidades de información y la experiencia de su personal para identificar y rastrear las redes criminales y terroristas más peligrosas de Europa. Para proporcionar a los socios nacionales un conocimiento más profundo de los problemas a que se enfrentan, Europol elabora periódicamente análisis a largo plazo sobre delincuencia y terrorismo. Europol también actúa como un importante centro de conocimientos especializados en ámbitos clave de la aplicación de la ley y como un centro europeo de inteligencia estratégica sobre la delincuencia organizada.

La Estrategia Europol 2020+, centrada en la mejora de la prestación de servicios a las autoridades policiales y judiciales de la UE, establece cinco prioridades estratégicas para Europol para los próximos años:

— Ser el centro de información penal de la UE que haga pleno uso de los datos de una amplia red de socios.

— Ofrecer un soporte operativo ágil.

— Ser una plataforma para las soluciones policiales europeas.

— Estar a la vanguardia de la innovación y la investigación para la aplicación de la ley.

— Ser la organización policial modelo de la UE con un rendimiento sólido.

A la cabeza de Europol se sitúa su Director, quien, nombrado por el Consejo de la UE, es el representante legal de la Oficina. El Consejo de Administración de Europol ofrece orientaciones estratégicas y supervisa la ejecución de los cometidos de Europol. Está integrado por un representante de alto nivel de cada país de la UE y la Comisión Europea. Cada país cuenta con una Unidad Nacional de Europol, que es el órgano de enlace entre Europol y las demás agencias nacionales.

Desde 2010, la UE establece un ciclo político plurianual para garantizar una cooperación eficaz entre las fuerzas y cuerpos de seguridad nacionales y otros organismos (de la UE o internacionales) en materia de delincuencia internacional y organizada. Esta cooperación se basa en la evaluación de la amenaza que representan la delincuencia organizada y las formas graves de delincuencia internacional (SOCTA) que hace Europol.

Eurojust entablará y mantendrá una estrecha cooperación con Europol, en la medida necesaria para el desempeño de los cometidos de las dos agencias y para el logro de sus objetivos, habida cuenta de la necesidad de evitar duplicaciones inútiles. Eurojust tomará todas las medidas oportunas para permitir que Europol, dentro de su mandato, tenga acceso indirecto a información facilitada por Eurojust, conforme a un sistema que permita saber si la información buscada está o no en la base consultada, sin perjuicio de las restricciones indicadas por el Estado miembro, órganos u organismo de la Unión, tercer país u organización internacional que haya facilitado la información en cuestión. En caso de que la búsqueda resulte positiva, Eurojust abrirá el procedimiento para que pueda compartirse la información generada por dicha búsqueda, de conformidad con la decisión del Estado miembro, el organismo o agencia de la Unión, el tercer país o la organización internacional que haya facilitado la información a Eurojust.

B) FRONTEX

Frontex ayuda a los Estados miembros de la UE y los países asociados al espacio Schengen a gestionar sus fronteras exteriores y contribuye a armonizar los controles fronterizos entre los países de la UE. La Agencia facilita la cooperación entre las autoridades fronterizas de cada país de la UE, ofreciendo apoyo técnico y experiencia.

Frontex puede proporcionar apoyo técnico adicional a los países de la UE que sufren graves presiones migratorias. Esto se hace mediante la coordinación del despliegue de equipos técnicos adicionales (por ejemplo, aviones y barcos) y de personal de fronteras con formación específica.

Frontex coordina las operaciones marítimas (por ejemplo, en Grecia, Italia y España) y también las llevadas a cabo en las fronteras exteriores terrestres, como en Bulgaria, Rumanía, Polonia y Eslovaquia. Asimismo, está presente en numerosos aeropuertos internacionales de toda Europa.

Frontex tiene varios ámbitos de responsabilidad, entre los que se incluyen:

— Análisis de riesgos: Frontex evalúa los riesgos para la seguridad de las fronteras de la UE y elabora un modelo de las pautas y tendencias en migración irregular y las actividades delictivas transfronterizas en las fronteras exteriores, incluida la trata de seres humanos. A continuación, comparte sus conclusiones con los países de la UE y la Comisión y las utiliza para planificar sus actividades.

— Operaciones conjuntas: coordina el despliegue de personal especializado y equipo técnico (aeronaves, buques y equipo de control y vigilancia de fronteras) en las zonas fronterizas exteriores que necesitan ayuda adicional.

— Respuesta rápida: si un país de la UE soporta una presión extrema en las fronteras exteriores, en particular la llegada de un gran número de personas de países no pertenecientes a la UE, Frontex coordina el despliegue de los equipos europeos de guardias de fronteras.

— Investigación: pone en contacto a los expertos en control fronterizo con los sectores de la investigación y la industria con el fin de garantizar que las nuevas tecnologías respondan a las necesidades de las autoridades de control fronterizo.

— Formación: desarrolla normas comunes de formación para las autoridades fronterizas, a fin de armonizar la educación de la guardia de fronteras en los países de la UE y los países asociados al espacio Schengen. La finalidad de esta armonización es garantizar que cuando los viajeros crucen una frontera exterior de la UE encuentren normas uniformes de control. También facilita que los guardias de fronteras de diferentes países trabajen juntos eficazmente cuando estén desplegados en operaciones conjuntas coordinadas por Frontex.

— Retornos conjuntos: desarrolla buenas prácticas para el retorno de los migrantes y coordina las operaciones conjuntas de retorno (pero cada país decide quién debe ser devuelto).

— Intercambio de información: desarrolla y utiliza sistemas informativos que permiten un intercambio rápido de información entre las autoridades fronterizas.

C) CEPOL

La CEPOL desarrolla, ejecuta y organiza cursos de formación para la policía y otros funcionarios de las fuerzas y cuerpos de seguridad del Estado. Contribuye a crear una Europa más segura al facilitar la cooperación y el intercambio de conocimientos entre agentes de policía en los países de la UE y en otros países sobre cuestiones basadas en las prioridades de la UE en materia de seguridad y, especialmente, sobre su ciclo de políticas contra las formas graves de delincuencia y la delincuencia organizada.

La Agencia:

— Imparte formación a la policía y otros funcionarios de las fuerzas y cuerpos de seguridad del Estado.

— Mejora la seguridad de la UE mediante la formación y la puesta en común de conocimientos.

— Crea redes de formación.

El responsable de la CEPOL es su Director Ejecutivo, que rinde cuentas al Consejo de Administración. El Consejo de Administración está integrado por representantes de los países de la UE y la Comisión Europea. El presidente es un representante de uno de los tres países de la UE que preparan conjuntamente el programa de 18 meses del Consejo de la Unión Europea. La Agencia tiene una unidad nacional (denominada CNU) en cada país de la UE. Las unidades nacionales proporcionan información y orientación a los funcionarios policiales que deseen participar en las actividades de la CEPOL.

D) EU-LISA

EU-Lisa contribuye a la aplicación de las políticas de justicia y asuntos de interior de la UE mediante la gestión de sistemas informáticos de gran magnitud. Contribuye a garantizar que los europeos puedan desplazarse libremente por la UE sin que ello afecte a la seguridad de Europa.

Gestiona sistemas informáticos integrados de gran magnitud que mantienen la seguridad interior en los países Schengen, permiten a los países Schengen intercambiar datos sobre visados, y determinan qué país de la UE es responsable de examinar una determinada solicitud de asilo. EU-Lisa proporciona el marco técnico y operativo necesario para garantizar que los residentes en la UE puedan vivir, trabajar y viajar de la forma que conocen y a la que ya se han acostumbrado. La agencia gestiona los tres principales sistemas informáticos que se ocupan de los visados, las solicitudes de asilo y el intercambio de información que garantiza la seguridad del espacio Schengen: Sistema de Información de Visados (VIS), Sistema de Información de Schengen (SIS II) y Eurodac.

La agencia también pone a prueba nuevas tecnologías que faciliten la creación de un sistema de gestión de las fronteras de la UE más moderno, eficaz y seguro.

EU-Lisa cuenta con un consejo de administración, un director ejecutivo y diversos grupos consultivos (uno para cada sistema bajo su gestión).

10. EL PAPEL DE EUROJUST EN EL ÁMBITO DE LA COOPERACIÓN PENAL, ORIGEN Y EVOLUCIÓN

Eurojust es la Agencia de la Unión Europea para la cooperación judicial penal. Su misión es apoyar y reforzar la coordinación y la cooperación entre las autoridades nacionales encargadas de investigar y perseguir las formas de delincuencia grave para la que Eurojust sea competente (art. 2.1 RE). Promueve y mejora la coordinación de las investigaciones y los enjuiciamientos, así como la cooperación entre las autoridades de los Estados miembros. En particular, facilita la ejecución de las solicitudes de asistencia judicial mutua internacional y el cumplimiento de las peticiones de extradición. Eurojust presta apoyo, por todos los medios posibles, a las autoridades de los Estados miembros, a fin de aumentar la eficacia de sus investigaciones y actuaciones judiciales en el ámbito de la delincuencia transfronteriza.

Eurojust se creó en el marco de la Decisión 2002/187/JAI del Consejo como un organismo de la Unión con personalidad jurídica, para estimular y mejorar la coordinación y cooperación entre las autoridades judiciales competentes de los Estados miembros, en particular en relación con casos graves de delincuencia organizada. Este marco legal fue modificado por las Decisiones 2003/659/JAI (3) y 2009/426/JAI del Consejo.

El artículo 85 TFUE prevé que Eurojust se regirá conforme a un Reglamento, adoptado con arreglo al procedimiento legislativo ordinario. También requiere que se fije el procedimiento de participación del Parlamento Europeo y de los Parlamentos nacionales en la evaluación de las actividades de Eurojust. El artículo 85 TFUE también dispone que la función de Eurojust es apoyar y reforzar la coordinación y la cooperación entre las autoridades nacionales encargadas de investigar y perseguir la delincuencia grave que afecte a dos o más Estados miembros o que deba perseguirse según criterios comunes, basándose en las operaciones efectuadas y en la información proporcionada por las autoridades de los Estados miembros y por la Agencia de la Unión Europea para la Cooperación Policial (Europol).

En función de lo anterior, la Decisión 2002/187/JAI ha sido sustituida en su totalidad por el actualmente vigente Reglamento (UE) 2018/1727 del Parlamento Europeo y del Consejo de 14.11.2018 sobre la Agencia de la Unión Europea para la Cooperación Judicial Penal (Eurojust), publicado en el DOUE del 21 de noviembre de 2018, directamente aplicable desde el 12 de diciembre de 2019 en todos los Estados miembros sin necesidad de normas internas de transposición. Una versión de dicho Reglamento está disponible en todos los idiomas oficiales de la UE en la página web http://www.eurojust.europa.eu/doclibrary/Eurojust-framework/ej-legal-framework/Pages/Eurojust-Regulation.aspx.

El Reglamento refuerza las funciones operativas de Eurojust, a fin de Eurojust pueda cumplir su misión y desarrollar todo su potencial en la lucha contra formas graves de delincuencia transfronteriza, reduciendo para ello la carga administrativa que soportan los miembros nacionales. También fortalece su dimensión europea, estableciendo la participación del Consejo en el Consejo Ejecutivo y un nivel más alto de participación del Parlamento Europeo y de los Parlamentos nacionales en la evaluación de sus actividades.

El Reglamento ha sido recientemente modificado mediante Reglamento (UE) 2022/838 del Parlamento Europeo y del Consejo, de 30 de mayo de 2022 por el que se modifica el Reglamento (UE) 2018/1727 en lo que respecta a la conservación, el análisis y el almacenamiento en Eurojust de pruebas relativas al genocidio, los crímenes de lesa humanidad, los crímenes de guerra y los delitos conexos.

La modificación del Reglamento Eurojust consolida la base jurídica existente de la Agencia para hacer frente a las pruebas de delitos internacionales fundamentales. Los dos cambios principales incluyen: 1) la creación de una base de datos dedicada en Eurojust para almacenar pruebas de crímenes internacionales fundamentales; y 2) el nuevo mandato de Eurojust de analizar las pruebas almacenadas en la base de datos específica. Eurojust creará la base de datos donde se conservarán y almacenarán de forma segura las pruebas de crímenes de guerra. Eurojust analizará las pruebas para establecer vínculos, identificar lagunas en la investigación y asesorar a los fiscales sobre el camino a seguir. Eurojust trabajará en estrecha colaboración con la Corte Penal Internacional, de modo que el análisis también pueda beneficiar su investigación, a través de su cooperación con los Estados interesados. El acceso a la información siempre estará sujeto a la aprobación del país que la proporcionó.

En España, la referencia normativa es la Ley 16/2015, de 7 de julio, por la que se regula el estatuto del Miembro Nacional de España en Eurojust, los conflictos de jurisdicción, las redes judiciales de cooperación internacional y el personal dependiente del Ministerio de Justicia en el Exterior (BOE núm. 162 de 8 de julio de 2015), actualmente en proceso de reforma.

10.1. Presente y futuro de Eurojust: el reglamento

Con la entrada en vigor del nuevo RE, Eurojust ha pasado de ser la Unidad de Cooperación Judicial de la Unión Europea a ser la Agencia de la Unión Europea para la Cooperación Judicial Penal (art. 1.2 RE). La Agencia Eurojust creada en virtud del presente RE será la sucesora legal general de todos los contratos celebrados, los pasivos contraídos y los bienes adquiridos por la Agencia Eurojust establecida en virtud de la Decisión 2002/ 187/JAI (art. 80 (1) RE).

Eurojust se integra en la denominada Red de Agencias JAI (EUROPOL, FRONTEX, CEPOL, EMCDDA, etc.), destinada a intercambiar experiencias y establecer estrategias conjuntas de cooperación operativa y estratégica en los ámbitos de sus respectivas competencias.

La característica singular de esta nueva regulación es la potenciación de la naturaleza judicial de esta Agencia, que se refuerza en el RE como uno de sus elementos o características diferenciales respecto del resto de las Agencias de la UE. El fortalecimiento de esta dimensión judicial se proyecta en distintos elementos nucleares:

— Fortalecimiento del perfil eminentemente judicial de los miembros nacionales que componen su Colegio.

— Diseño de una nueva estructura de gobernanza de Eurojust, que tiene como finalidad que el Colegio y los miembros nacionales que lo componen se centren completamente en el trabajo operativo y el estratégico-institucional, descargándolos de funciones administrativas.

— Reordenación de las relaciones exteriores con los diferentes organismos e instituciones de la UE, en particular con la Fiscalía europea, con organismos internacionales y terceros países.

— Fortalecimiento del control democrático de las actividades de Eurojust.

10.1.1. El fortalecimiento de la dimensión judicial

El fortalecimiento de la dimensión judicial se refleja en el perfil judicial de los miembros nacionales que integran su Colegio: a diferencia de la regulación prevista en la Decisión del Consejo que deroga, el RE establece que el Colegio de Eurojust esté formado únicamente por jueces y fiscales, quienes, a su vez ejercen funciones judiciales.

A su vez, el RE les dota de un estatuto homogéneo y mayores competencias funcionales. En este sentido, el punto 15 del Preámbulo del RE dispone que «es necesario que todos los miembros nacionales tengan las competencias operativas necesarias con respecto a su Estado miembro y de conformidad con el Derecho de dicho Estado miembro para cooperar con mayor eficacia y coherencia tanto entre sí como con las autoridades nacionales. Deben concederse a los miembros nacionales las competencias que permiten a Eurojust cumplir adecuadamente su misión. Entre tales competencias cabe destacar acceder a información pertinente en los registros públicos nacionales, entablar contactos directos e intercambiar información con las autoridades competentes y participar en equipos conjuntos de investigación».

Del mismo modo dispone que «los miembros nacionales podrán conservar, con arreglo a su Derecho nacional, las competencias derivadas de su condición de autoridades nacionales. De mutuo acuerdo con la autoridad nacional competente o en casos urgentes, los miembros nacionales también deben poder solicitar medidas de investigación y entregas vigiladas, así como emitir y ejecutar solicitudes de asistencia jurídica mutua o reconocimiento mutuo. Dado que tales competencias se deben ejercer de conformidad con el Derecho nacional, los órganos jurisdiccionales de los Estados miembros deberán ser competentes para someter a revisión tales medidas, de acuerdo con los requisitos y los procedimientos que establezca el Derecho nacional».

El fortalecimiento de la dimensión judicial de Eurojust se revela también en la ampliación de sus funciones, dotándole de un papel proactivo de Eurojust en el ejercicio de sus funciones. Así, hasta ahora Eurojust dependía exclusivamente de la solicitud de asistencia expresa de una autoridad judicial nacional. El RE amplía el margen de maniobra al establecer:

— En primer lugar, que Eurojust desempeñará sus funciones a petición de las autoridades competentes de los Estados miembros o por propia iniciativa, o a petición de la Fiscalía Europea dentro de los límites de la competencia de la Fiscalía Europea.

— En segundo lugar, Eurojust tendrá en cuenta cualquier solicitud procedente de una autoridad competente de un Estado miembro, y también cualquier información facilitada por autoridades, instituciones, órganos, organismos y Agencias de la Unión competentes en virtud de disposiciones adoptadas en el marco de los Tratados y cualquier información recopilada por el propio Eurojust.

10.1.2. La estructura de gobernanza

A efectos de que Eurojust pueda cumplir su misión y desarrollar todo su potencial en la lucha contra formas graves de delincuencia transfronteriza, el RE (*vid.*. punto 16 del Preámbulo del RE), dota a Eurojust de una estructura administrativa y de gestión que le permita desempeñar sus funciones con mayor eficacia y que cumpla los principios aplicables a las Agencias de la Unión, y que respete plenamente los derechos y libertades fundamentales, a la vez que se preservan las características especiales de Eurojust y se vela por la independencia de esta Agencia en el desempeño de sus funciones operativas. A tal efecto, el RE:

— Aclara las funciones de los miembros nacionales, el Colegio y el Director Administrativo, además de establecer un Consejo Ejecutivo.

— Distingue claramente entre las funciones operativas y de gestión del Colegio, de manera que se reduzca al mínimo la carga administrativa que soportan los miembros nacionales, y el enfoque recaiga en el trabajo operativo de Eurojust.

Como se ha indicado, la nueva estructura de gobernanza de Eurojust tiene como finalidad que el Colegio y los miembros nacionales que lo componen se centren completamente en el trabajo operativo y el estratégico-institucional, descargándolos de funciones administrativas.

El Colegio de miembros nacionales centra ahora sus actividades en las cuestiones operativas y las cuestiones directamente ligadas a este ámbito y solo interviene en cuestiones administrativas, en la medida necesaria para garantizar el cumplimiento de sus funciones operativas. Las tareas de gestión del Colegio se limitan exclusivamente a la adopción de los programas de trabajo de Eurojust, su presupuesto, su informe de actividad anual, las reglas financieras, nombramientos de autoridades y los acuerdos de trabajo con sus socios.

El nuevo Consejo Ejecutivo ha reforzado la gobernanza de Eurojust y simplificado los procedimientos, ayudando notoriamente al Colegio a desempeñar sus funciones de gestión y a agilizar la toma de decisiones acerca de cuestiones gerenciales y administrativas, no operativas. Con ello se ha racionalizado el proceso de decisión en la gestión administrativa de Eurojust, reduciendo al mínimo la carga que la misma supone para los miembros nacionales.

El Director Administrativo, finalmente, dirige y gestiona Eurojust en cuestiones administrativas y es el Representante Legal de Eurojust.

10.1.3. La estrategia de cooperación

El nuevo RE también clarifica y reordena las relaciones exteriores con los diferentes organismos e instituciones de la UE, en particular con la Fiscalía europea, con organismos internacionales y terceros países.

En particular, destaca las nuevas relaciones de Eurojust con la Fiscalía Europea en una triple dimensión: tanto en cuestiones operativas, como institucionales y administrativas. El RE establece (art. 4.1.e)) que Eurojust cooperará estrechamente con la Fiscalía Europea en el marco de sus respectivos mandatos y competencias y en el desarrollo de vínculos operativos, administrativos y de gestión entre ellos

Eurojust, en la medida en que sea necesario para el desempeño de sus funciones, podrá establecer y mantener relaciones de cooperación con instituciones, órganos, organismos y Agencias de la Unión, con arreglo a sus objetivos respectivos, así como con las autoridades competentes de terceros países y las organizaciones internacionales de conformidad con la estrategia de cooperación internacional de Eurojust.

Son singulares (privilegiadas, las denomina el RE), las relaciones entre Eurojust y la RJE en materia penal: mantendrán relaciones privilegiadas entre sí, basadas en la consulta y en la complementariedad, especialmente entre el Miembro Nacional, los puntos de contacto de la RJE del mismo Estado miembro como Miembro Nacional, y los corresponsales nacionales para la RJE y para Eurojust. Eurojust presta su apoyo a las restantes redes y órganos europeos pertinentes que participan en la cooperación judicial en materia penal, en algunos casos por medio de una Secretaría situada en Eurojust, y mediante disposición de recursos administrativos.

Eurojust entablará y mantendrá una estrecha cooperación con Europol, en la medida necesaria para el desempeño de los cometidos de las dos Agencias y para el logro de sus objetivos, habida cuenta de la necesidad de evitar duplicaciones inútiles.

También se establecen las relaciones exteriores con los diferentes organismos e instituciones de la UE: Red Europea de formación judicial, Guardia Europea de Fronteras y Costas y OLAF.

Eurojust entablará y mantendrá relaciones de cooperación con autoridades de terceros países y organizaciones internacionales. A tal fin, elaborará una estrategia de cooperación cada cuatro años y de acuerdo con la Comisión, en la que especificará los terceros países y las organizaciones internacionales con respecto a los cuales existe una necesidad operativa de cooperación, y podrá concluir acuerdos de trabajo con instituciones, órganos, organismos y Agencias de la Unión, con arreglo a sus objetivos respectivos, así como con las autoridades competentes de terceros países y las organizaciones internacionales.

Eurojust podrá designar puntos de contacto y magistrados de enlace en terceros países con la conformidad de las autoridades competentes interesadas, con objeto de facilitar la cooperación de conformidad con las necesidades operativas de Eurojust

10.1.4. El fortalecimiento del control democrático

El RE, finalmente, fortalece el control democrático de las actividades de Eurojust y la dación de cuentas de los miembros nacionales que componen su Colegio, habilitándose una reunión interparlamentaria de comisiones en sede del Parlamento Europeo con la participación de miembros de las comisiones competentes del Parlamento Europeo y de los Parlamentos nacionales, para la evaluación conjunta de las actividades de Eurojust por parte de dicho Parlamento y de los Parlamentos nacionales, tal y como establecía el párrafo tercero del apartado 2, el art. 85 TFUE. La reunión interparlamentaria de comisiones debe respetar plenamente la independencia de Eurojust por cuanto atañe a las medidas que deban adoptarse en casos operativos específicos, así como las obligaciones de discreción y confidencialidad.

10.2. Competencias y funciones de Eurojust

10.2.1. Competencias de Eurojust: formas de delincuencia

Eurojust apoyará y reforzará la coordinación y la cooperación entre las autoridades nacionales en relación con las siguientes formas de delincuencia grave son:

1. Las formas de delincuencia previstas en el Anexo I del RE(2);
2. Las formas de delincuencia distintas de las enumeradas en el Anexo I, en que podrá colaborar en las investigaciones y actuaciones judiciales a instancia de una autoridad competente de un Estado miembro.
3. Las infracciones penales conexas con las enumeradas en el anexo I. Se considerarán infracciones conexas con los delitos graves enumerados en el anexo I: las infracciones penales cometidas con objeto de proporcionar los medios para cometerlos; las infracciones penales cometidas con objeto de facilitar su comisión o cometerlos; y las infracciones penales cometidas a fin de conseguir su impunidad.

(2) Lista de formas de delincuencia grave para las que Eurojust es competente de conformidad con el artículo 3, apartado 1: Terrorismo, delincuencia organizada, narcotráfico, actividades de blanqueo de capitales, delincuencia relacionada con materiales nucleares y radiactivos, tráfico de inmigrantes, trata de seres humanos, delincuencia relacionada con vehículos de motor, homicidio voluntario y agresión con lesiones graves, tráfico ilícito de órganos y tejidos humanos, secuestro, detención ilegal y toma de rehenes, racismo y xenofobia, robo y hurto con agravantes, tráfico ilícito de bienes culturales, incluidas antigüedades y obras de arte, estafa y fraude, delitos contra los intereses financieros de la Unión, operaciones con información privilegiada y manipulación del mercado financiero, chantaje y extorsión, falsificación y piratería, falsificación de documentos administrativos y tráfico de documentos falsos, falsificación de moneda y medios de pago, ciberdelincuencia, corrupción, tráfico ilícito de armas, municiones y explosivos, tráfico ilícito de especies en peligro de extinción, tráfico ilícito de especies y variedades vegetales protegidas, delitos contra el medio ambiente, incluida la contaminación procedente de buques, tráfico ilícito de sustancias hormonales y otros productos estimulantes del crecimiento, abusos sexuales y explotación sexual, incluido el material sobre abuso de menores y la captación de menores con fines sexuales, genocidio, crímenes contra la humanidad y crímenes de guerra.

10.2.2. Competencias de Eurojust: casos

En relación con las anteriores formas de delincuencia, Eurojust desempeñará sus funciones y ejercerá su competencia (art. 2.3 RE), a petición de las autoridades competentes de los Estados miembros o por propia iniciativa, o a petición de la EPPO dentro de los límites de la competencia de la EPPO, o en ocasiones a instancias de terceros países (art. 54), en los siguientes casos:

1. Investigaciones que afecten a dos o más Estados miembros o deban perseguirse según criterios comunes (art. 2.1 REC).
2. A petición de una autoridad competente de un Estado miembro, en investigaciones que afecten solo a un Estado miembro y a un tercer país con el que se haya celebrado un acuerdo de cooperación o acuerdo de trabajo o siempre que en un caso concreto exista un interés esencial en prestar dicho apoyo (art. 3.5 RE).
3. A petición de una autoridad competente de un Estado miembro o de la Comisión, investigaciones que afecten a un Estado miembro y tengan repercusiones a escala de la Unión. Entre tales investigaciones se encuentran, por ejemplo, los casos en que esté involucrado un miembro de una institución u organismo de la Unión (art. 3.5 RE).
4. A instancia de una autoridad competente de un Estado miembro, Eurojust también podrá colaborar en las investigaciones y actuaciones judiciales respecto de las formas de delincuencia distintas de las enumeradas en el anexo I. En estos casos, cuando el Estado miembro afectado presente solicitudes de cooperación judicial que guarden relación con la misma investigación y hayan de ser ejecutadas en un tercer país, Eurojust facilitará la cooperación judicial con dicho tercer país.
5. Eurojust podrá coordinar (art. 54 RE), con el acuerdo de los Estados miembros interesados, la ejecución de las solicitudes de cooperación judicial emitidas por un tercer país cuando dichas solicitudes hayan de ser ejecutadas en dos Estados miembros como mínimo en el marco de la misma investigación. Dichas solicitudes también podrán ser transmitidas a Eurojust por las autoridades nacionales competentes.

La entrada en operaciones de la EPPO implica, en relación con estas competencias:

— Que Eurojust no ejercerá su competencia respecto a delitos para los que sea competente la EPPO, salvo en aquellos casos que impliquen a Estados miembros que no participen en la cooperación reforzada para la creación de la EPPO a petición de dichos Estados miembros o de la propia EPPO.

— Que Eurojust sí ejercerá su competencia en relación con los delitos que afectan a los intereses financieros de la Unión en los casos que impliquen a Estados miembros que participan en la cooperación reforzada para la creación de la Fiscalía Europea, pero respecto de los cuales la Fiscalía Europea no tiene competencia o decide no ejercerla.

10.2.3. Funciones de Eurojust

Eurojust apoyará y reforzará la coordinación y la cooperación entre las autoridades nacionales encargadas de investigar y perseguir las formas de delincuencia grave indicadas anteriormente y facilitará la ejecución de las solicitudes y decisiones en materia de cooperación judicial, incluidas las solicitudes y decisiones basadas en instrumentos que den efecto al principio de reconocimiento mutuo.

Para ello, tendrá en cuenta cualquier solicitud procedente de una autoridad competente de un Estado miembro, cualquier información facilitada por autoridades, instituciones, órganos, organismos y agencias de la Unión competentes en virtud de disposiciones adoptadas en el marco de los Tratados (fundamentalmente Europol, EPPO y OLAF), y cualquier información recopilada por el propio Eurojust.

Las funciones operativas de Eurojust están definidas en el art. 4.1 RE:

a) Informar a las autoridades competentes de los Estados miembros acerca de las investigaciones y procesos penales de las que se le hayan informado y que tengan repercusiones a escala de la Unión o que puedan afectar a otros Estados miembros además de los ya implicados directamente.

b) Asistir a las autoridades competentes de los Estados miembros para garantizar la mejor coordinación posible de las investigaciones y procesos penales.

c) Asistir para mejorar la cooperación entre las autoridades competentes de los Estados miembros, en particular basándose en los análisis realizados por Europol.

d) Cooperar y consultar con la Red Judicial Europea sobre cuestiones penales, en particular utilizando su base de datos documental y contribuyendo a mejorarla.

e) Cooperar estrechamente con la EPPO en los asuntos de su competencia.

f) Prestar apoyo operativo, técnico y financiero a las investigaciones y operaciones transfronterizas de los Estados miembros, incluidos los equipos conjuntos de investigación.

g) Apoyar y, cuando proceda, participar en los centros de asesoramiento especializados de la Unión desarrollados por Europol y otras instituciones, órganos y organismos y agencias de la Unión.

h) Cooperar con las instituciones, órganos y organismos y agencias, así como con las redes de la Unión establecidas en el espacio de libertad, seguridad y justicia regulado en el título V del TFUE.

i) Apoyar la acción de los Estados miembros para combatir las formas de delincuencia grave que figuran en el anexo I.

En el desempeño de sus funciones, Eurojust podrá solicitar a las autoridades competentes de los Estados miembros afectados, motivando su solicitud (art. 4.2 RE), que:

a) Investiguen o persigan hechos concretos.

b) Acepten que una de ellas puede estar en mejores condiciones para llevar a cabo investigaciones o perseguir hechos concretos.

c) Realicen una coordinación entre las autoridades competentes de los Estados miembros afectados.

d) Constituyan un equipo conjunto de investigación, de conformidad con los instrumentos de cooperación pertinentes.

e) Le faciliten cuanta información sea necesaria para el desempeño de sus funciones.

f) Tomen medidas especiales de investigación.

g) Tomen cualquier otra medida que esté justificada por la investigación o la persecución.

Eurojust también podrá:

a) Facilitar a Europol dictámenes basados en los análisis que Europol haya realizado.

b) Facilitar apoyo logístico, incluida la traducción, la interpretación y la organización de reuniones de coordinación.

Cuando dos o más Estados miembros no puedan ponerse de acuerdo sobre cuál de ellos debe emprender una investigación o persecución penal tras una solicitud realizada por Eurojust, Eurojust emitirá un dictamen por escrito sobre el caso. Eurojust enviará el dictamen a los Estados miembros afectados de inmediato.

A petición de una autoridad competente, o bien por propia iniciativa, Eurojust emitirá un dictamen por escrito sobre las denegaciones o dificultades recurrentes relativas a la ejecución de una solicitud o decisión en materia de cooperación judicial, incluidas las basadas en instrumentos que den efecto al principio de reconocimiento mutuo, siempre que dicha cuestión no pueda resolverse de mutuo acuerdo entre las autoridades nacionales competentes o mediante la intervención de los miembros nacionales correspondientes. Eurojust enviará el dictamen a los Estados miembros afectados de inmediato.

Las autoridades competentes de los Estados miembros en cuestión responderán a las solicitudes de Eurojust y a los dictámenes por escrito antes referidos, sin demora injustificada. Las autoridades competentes de los Estados miembros podrán negarse a acceder a dichas solicitudes o a seguir el dictamen por escrito cuando al hacerlo pueda menoscabar intereses esenciales de seguridad nacional, comprometan el éxito de una investigación en curso o comprometan la seguridad de una persona.

Cuando Eurojust ejerza sus funciones operativas en relación con asuntos penales concretos, a petición de las autoridades competentes de los Estados miembros o por iniciativa propia, actuará, o bien a través de uno o más de los miembros nacionales, o bien como Colegio.

Al actuar por iniciativa propia, Eurojust puede adoptar una función más proactiva en la coordinación de casos, por ejemplo, apoyando a las autoridades nacionales en sus investigaciones y actuaciones judiciales. Este tipo de intervención puede incluir recabar la participación de Estados miembros que no estuvieran incluidos desde un principio en el caso y establecer conexiones entre casos sobre la base de la información que Eurojust recibe de Europol, de OLAF, de EPPO y de autoridades nacionales. También permite a Eurojust elaborar directrices, documentos programáticos y análisis de casos en el marco de su labor estratégica.

3.

PANORAMA NORMATIVO EUROPEO EN MATERIA DE CIBERSEGURIDAD

Cristina Muñoz Aycuens
Ingeniera técnica en Informática

1. ¿QUÉ ES LA CIBERSEGURIDAD?
2. CÓMO COMBATE LA UE LAS AMENAZAS CIBERNÉTICAS
3. NIS2 (SRI2) SEGURIDAD DE LAS REDES Y LOS SISTEMAS DE INFORMACIÓN)
4. DORA, LA RESILIENCIA OPERATIVA DIGITAL DEL SECTOR FINANCIERO
5. CRA (CYBERSECURITY RESILIENCE ACT). CIBERSEGURIDAD PARA LOS PRODUCTOS CON ELEMENTOS DIGITALES
6. MICA (MARKETS IN CRYPTO-ASSETS), MERCADOS DE CRIPTOACTIVOS
7. DSA —DIGITAL SERVICES ACT Y DMA— DIGITAL MARKETS ACT
8. DSA. DIGITAL SERVICES ACT
9. DMA. DIGITAL MARKETS ACT

1. ¿QUÉ ES LA CIBERSEGURIDAD?

Antes de hablar del panorama normativo europeo en materia de ciberseguridad, es importante tener claro ¿qué es la ciberseguridad?, es por eso que, independiente de las diferentes definiciones que pueda haber, quizás lo más acertado sea exponer la definición incluida en el Reglamento de Ciberseguridad de la Unión Europea:

> «La ciberseguridad incluye las actividades necesarias para la protección de las redes y sistemas de información, de los usuarios de dichos sistemas y de otras personas afectadas por las ciberamenazas».

No podemos dejar de lado el hecho de que hoy en día todos somos usuarios de sistemas de información (i.e internet, ordenadores, teléfonos móviles; smartphones, smartTVs…), ni tampoco que en los últimos años ha habido un incremento considerable de los ciberataques en la UE tanto en la sofisticación como en el número y las repercusiones de dichos ataques.

Es evidente que esta tendencia seguirá agravándose en el futuro, dado que se espera que 22.300 millones de dispositivos en todo el mundo estén conectados a la internet de las cosas (IoT) de aquí a 2024.

Adicionalmente, y, si atendemos al estudio realizado por la Unión Europea en relación con las principales amenazas a las que nos vemos expuestos, es evidente que estamos en un momento en el que se la necesidad de concienciación de los usuarios de los sistemas de información es, cuanto menos, necesaria.

Como se puede ver en el díptico elaborado como resultado de este estudio, muchas de estas amenazas se centran en el ataque dirigido a usuarios como vector de entrada al acceso a los sistemas de información.

https://www.consilium.europa.eu/es/infographics/cyber-threats-eu/

Un dato relevante que destacar es la frecuencia de los ataques vía *ransomware* que había en el año 2021, esto es, cada 11 segundos, pues bien, se estima que en el año 2031 esta frecuencia se encontrará en 2 segundos, lo que, evidentemente hace que tengamos que estar aún más preparados para poder ser resilientes ante un ataque de este tipo.

En un estudio realizado por el portal de noticias sobre ciberseguridad Bit Life, se indicaba que cada minuto aparecen **16 nuevos tipos de malware,** ¿cómo estar preparados ante lo desconocido en estos casos? Si ya incluso con *malware* conocidos a veces no es posible recuperarse ante un ciberataque a nuestros sistemas de información. Adicionalmente, en este estudio, se indicaba que el **77% de las empresas** no tiene un **plan de respuesta** ante ciberataques, dato preocupante teniendo en cuanta el incremento que se está dando en relación con estos últimos.

Otro dato muy relevante es el de las pérdidas derivadas del cibercrimen durante el año 2021, las cuales ascendieron a 5,2 trillones de euros, cifra que supera la suma del PIB combinado de España, Francia e Italia, y, a pesar de esto, existen empresas que, a día de hoy, la inversión en ciberseguridad no es su prioridad.

Y todo esto se ve reflejado en las noticias que cada día vemos en los diarios, a día de existen pocas empresas que no hayan sufrido (o quizás no saben que han sufrido) un ciberataque, y teniendo en cuenta que el 77% de ellas no tienen un plan de respuesta, el resultado es la discontinuidad de las operaciones de la compañía durante un período indeterminado, pudiendo éste alargarse semanas o meses, con las consecuentes pérdidas que esto puede acarrear. Es más, incluso estos ataques podrían llevar al cese de la actividad de la compañía por no poder asumir las pérdidas que se provoquen.

Es evidente que la transformación digital que estamos viviendo cuya velocidad aumenta cada día debe llevar aparejada la implementación de medidas de ciberseguridad tanto organizativas como técnicas, si bien, y como ya se indicaba anteriormente, las compañías siguen priorizando otro tipo de inversiones.

Quizás esta es la razón por la que deben regularse estas medias y establecer la obligatoriedad de definición e implantación de las mismas, principalmente en aquellos sectores críticos para la continuidad de ciertos servicios e infraestructuras críticas para un país.

En este sentido, ya desde hace unos años, se empezó a desarrollar legislación en materia tecnológica, principalmente centrada en:

— Protección de los datos personales.
— Cibercrimen.
— Comercio electrónico.
— Redes sociales.
— Contratos inteligentes (Smart contracts).
— Patentes informáticas conformando así la práctica conocida como «derecho tecnológico».

2. CÓMO COMBATE LA UE LAS AMENAZAS CIBERNÉTICAS

Derivado de la situación actual en la que existe un incremento en cuanto el número de ciberataques, la sofisticación de estos y la falta de planes de respuesta ante incidentes, la UE está trabajando en varias líneas de trabajo las cuales se centran en:

— Promover la ciberresiliencia.
— Luchar contra la ciberdelincuencia e
— impulsar la ciberdiplomacia y la ciberdefensa.

Es, además, importante recalcar que ciertos sectores vitales, como el transporte, la energía, la sanidad y las finanzas, dependen cada vez más de las tecnologías digitales para sus actividades esenciales. Por esta razón, en octubre de 2020, los dirigentes de la Unión Europea pidieron que se mejorara la capacidad de esta para:

— Protegerse contra las ciberamenazas.
— Proporcionar un entorno de comunicación seguro, especialmente mediante la encriptación cuántica, y

— garantizar el acceso a los datos a efectos judiciales y policiales.

De esta forma, dando una respuesta más firme en materia de ciberseguridad por parte de la Unión Europea, se creará un ciberespacio abierto y seguro en el que se genere una mayor confianza por parte de las empresas y usuarios de los sistemas de información de en las herramientas y servicios digitales.

La digitalización, que brinda enormes oportunidades y ofrece soluciones para muchos de los retos a los que se enfrenta Europa, como se ha demostrado en particular durante la crisis de la COVID-19, también expone a la economía y a la sociedad a ciberamenazas y, por lo tanto, como ya indicábamos anteriormente, la implantación de medidas de ciberseguridad debería ser directamente proporcional a la digitalización de las compañías.

En relación con las líneas de actuación de la Unión Europea para dar respuesta a las necesidades planteadas en relación con la digitalización y la consecuente necesidad de ciberseguriad, se han clasificado en un total de 7 categorías:

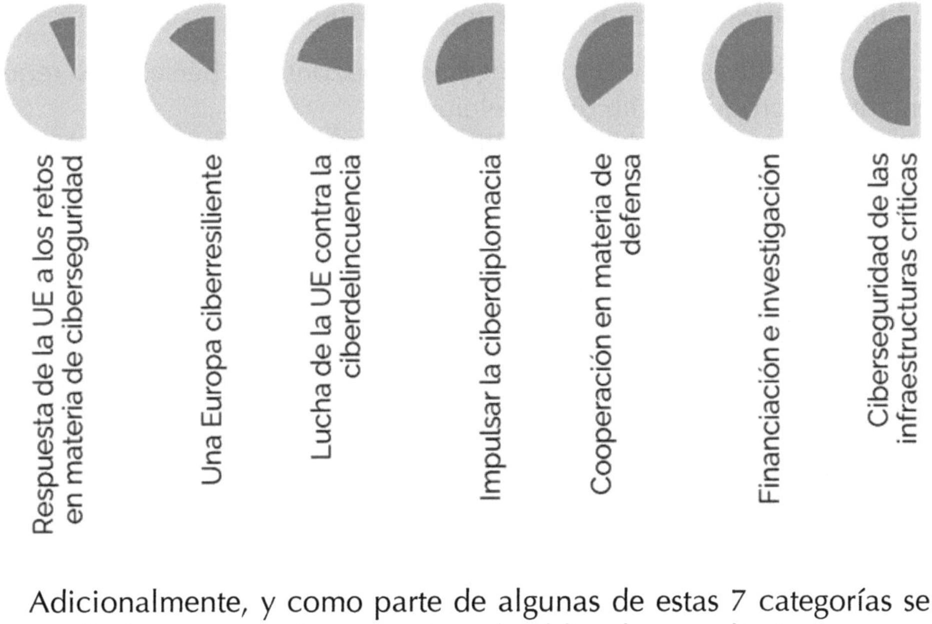

Adicionalmente, y como parte de algunas de estas 7 categorías se han desarrollado una serie de normativas de obligado cumplimiento que, como no podía ser de otra forma teniendo en cuenta el entorno actual, se centran en la «resiliencia» de las compañías y en la salvaguarda de los derechos fundamentales de los ciudadanos:

2.1. Una Europa ciberresiliente

— NIS2 (SRI2), seguridad de las redes y los sistemas de información.
— DORA, resiliencia operativa digital del sector financiero.
— CRA (Cybersecurity Resilience Act), ciberseguridad para los productos con elementos digitales.

2.2. Lucha de la UE contra la ciberdelincuencia

— MICA (Markets in cripto-assets), mercados de criptoactivos.

2.3. Financiación e investigación

— Normas Armonizadas en Materia de Inteligencia Artificial (Ley De Inteligencia Artificial).
— DSA-Digital Services Act.
— DMA-Digital Markets Act.

2.4. Ciberseguridad de las infraestructuras críticas

— Dispositivos conectados seguros (horizontal cybersecurity requirements for products with digital elements).
— Proteger las redes 5G (requisitos para garantizar la seguridad de las redes y servicios de comunicaciones electrónicas de quinta generación)[(1)].

A continuación realizamos una pequeña descripción y principales aspectos de algunas de estas regulaciones las cuales nos vamos a encontrar en los próximos meses. Como se verá, la mayoría de ellas inciden en la necesidad de disponer de planes de respuesta ante incidentes y en la salvaguarda de las derechos de los usuarios de los sistemas de información, consiguiendo así definir las bases necesarias para que conseguir los objetivos definidos por la Unión Europea de (i) tener una Europa Ciber resiliente (ii) mejorar la información disponible para la lucha contra el cibercrimen y (iii) crear un ciberespacio seguro para los usuarios de los sistemas de información.

(1) Real Decreto-ley 7/2022, de 29 de marzo.

3. NIS2[2] (SRI2) SEGURIDAD DE LAS REDES Y LOS SISTEMAS DE INFORMACIÓN)

La conjunción de las cifras elevadas de ciberataques durante el último año, las cuales muestran un incremento considerable de los mismos y la situación global actual la cual se agrava por los conflictos existentes hacen necesaria una actuación ante la clara amenaza de que se produzca un ciberataque sobre los sistemas de información de compañías e infraestructuras críticas de los países.

Adicionalmente, la Directiva 2016/1148, NIS ha quedado desfasada dada la rápida y constante evolución de las redes y sistemas de información, es por esto por lo que el Consejo y el Parlamento Europeo han llegado a un acuerdo sobre las medidas para **garantizar un nivel común elevado de ciberseguridad en toda la Unión Europea**, con el fin de mejorar la resiliencia y las capacidades de respuesta a incidentes tanto del sector público como del sector privado, así como del conjunto de la Unión Europea.

De esta forma, esta nueva Directiva NIS 2 sustituirá a la Directiva NIS sobre la seguridad de las redes y sistemas de información y sienta las bases para las medidas de gestión de riesgos de ciberseguridad y la obligación de notificación en los sectores que cubre, los cuales se ven ampliados con respecto a NIS (**energía, transporte, sanidad e infraestructura digital**).

El objetivo de la nueva directiva es el de eliminar las diferencias entre los requisitos de ciberseguridad y de aplicación de las medidas entre los distintos Estados miembros puesto que se establecen normas mínimas para un marco regulador y mecanismos para una cooperación eficaz entre las autoridades de cada estado miembro.

Hay que destacar que además esta directiva NIS 2 está totalmente integrada en la legislación específica del sector (como es DORA[3] y CER[4]) para de esta forma garantizar la coherencia entre los distintos marcos regulatorios.

Una vez publicada en el Diario Oficial, la Directiva NIS 2 entró en vigor 20 días después de su publicación, esto es el 16 de enero de 2023, y los Estados miembros deberán transponer en un plazo de 21 meses los nuevos elementos de la directiva a la legislación nacional, en concreto a más tardar el 17 de octubre de 2024.

(2) Security of Network and Information Systems.
(3) Resiliencia operativa digital del sector financiero.
(4) Resiliencia de las entidades críticas.

Las principales novedades que incluye NIS2 se pueden agrupar en seis aspectos concretos y que se describen a continuación:

— **Ampliación del ámbito de aplicación.**

Esto es, se amplía el número de sectores a los que deberá aplicarse: energía, transporte, banca, sanidad, agua potable, administración pública servicios postales, gestión de residuos, industria química...

En concreto se establece una clasificación que diferencia entre (i) «entidades esenciales», entre las que se incluyen los operadores de servicios y se incluyen las compañías de aguas residuales, las administraciones públicas y espació y (ii) «entidades importantes» en las que se incluyen correo y mensajería, gestión de residuos, fabricación, producción y distribución de sustancias y mezclas químicas, producción, transformación y distribución de alimentos y servicios digitales.

— **Nuevas responsabilidades para la Agencia de la Unión Europea para la Ciberseguridad**[(5)].

De este modo, se impone a ENISA la responsabilidad de proveer orientación a los estados miembros y a las autoridades competentes para adaptar sus estrategias nacionales de ciberseguridad. Adicionalmente, ENISA deberá enviar de forma bienal un informe sobre la situación de la ciberseguridad en la Unión Europea al Parlamento Europeo y emitir recomendaciones para corregir aquellas situaciones identificadas y de esta forma incrementar el nivel de madurez de las compañías en materia de ciberseguridad.

Adicionalmente, se deberá mantener un registro europeo de vulnerabilidades que permita a las organizaciones y a sus proveedores de sistemas de información, registrar, voluntariamente, aquellas vulnerabilidades conocidas e identificadas.

— **Mejora de la gestión de Incidentes.**

Se establecen nuevos requisitos de seguridad como la **respuesta ante incidentes**, la seguridad en la cadena de suministro, el cifrado y la divulgación de vulnerabilidades

De esta forma se modifican los requisitos de notificación, incluyéndose la obligación de informar de aquellos incidentes o amenazas que, si bien no se han producido, su potencial materialización podría dar lugar

(5) ENISA.

a un incidente significativo o causar una interrupción significativa, así como pérdidas económicas de gran impacto.

Adicionalmente, en relación con la gestión de cibercrisis, se crea una red de enlace (EU-CyCLONe) con el objetivo de garantizar la gestión coordinada y el intercambio de información entre estados miembros y las instituciones de la Unión Europea.

— **Revisión de la eficacia de las políticas de ciberseguridad.**
NIS2 pretende potenciar el intercambio de información entre los estados miembros para que se incremente la eficacia de sus políticas de ciberseguridad y se refuerce la confianza entre estos, todo ello a través de la experiencias compartidas.

Asimismo, se promueve la **cooperación público-privada** para el desarrollo de estrategias nacionales de los distintos estados miembros, promoviendo la creación de *Public-Private Partnerships* (PPPs) especializados en ciberseguridad y dirigidos al intercambio de información y de experiencias de las entidades privadas en relación con la gestión de incidentes.

— **Requisitos de ciberseguridad.**
Se endurecen los requisitos y medidas técnicas y organizativas, las cuales deben ser suficiones y proporcionales a los riesgos a los que se encuentran expuestas las organizaciones.

— **Endurecimiento de sanciones y responsabilidades.**
Los estados miembros establecerán el **régimen sancionador**, aplicable a las infracciones adoptadas en la directiva, siendo las sanciones «efectivas, proporcionadas y disuasorias».

Se imponen multas más severas que las impuestas anteriormente, y confiere más relevancia a las responsabilidades asignadas a la alta dirección, de forma que la **ciberseguridad** pasa a ser **responsabilidad** de los **altos cargos** directivos de las compañías, concretando sus aptitudes.

Mientras que hasta ahora las infracciones muy severas podrían ascender hasta el millón de euros, NIS2 permite imponer multas de hasta 10 millones de euros o hasta un máximo del 2% de la facturación anual en entidades esenciales[(6)]. En los casos más severos (no comunicación inten-

(6) Banca, Transportes, Energía, Infraestructura de mercados financieros, Sanidad, Suministro y distribución de agua potable, infraestructura digital, aguas residuales, administraciones públicas y espacio.

cionada de un incidente de ciberseguridad) los estados miembros podrán imponer sanciones penales.

4. DORA, LA RESILIENCIA OPERATIVA DIGITAL DEL SECTOR FINANCIERO

Al igual que NIS2, el pasado 16 de enero de 2023 entró en vigor el Reglamento Europeo sobre la resiliencia operativa digital del sector financiero, DORA. Éste comenzará a aplicarse 24 meses después.

Se trata de la primera regulación europea cuyo objetivo es el de mejorar la resiliencia frente a inminentes ciberataques en el sector financiero y de esta forma crear un marco de control completo sobre la resiliencia para estas entidades. De esta forma se permite a los supervisores de las entidades financieras llevar un control de los proveedores de servicios de sistemas de información críticos.

Es importante señalar que esta ley **no sustituye a la normativa existente**, sino que la complementa proporcionando un marco para la gestión del riesgo operativo en un entorno digital.

De esta forma, se garantizará que las instituciones financieras sean capaces de resistir los ciberataques mediante la aplicación de las mejores prácticas, como la protección de datos y la planificación (de nuevo) de la respuesta a incidentes.

DORA tiene una aplicación muy amplia y cubrirá todas las entidades financieras europeas autorizadas, en total unas 20, incluyendo los proveedores de servicios TIC, en concreto:

- — Entidades de crédito.
- — Entidades de pago.
- — Proveedores de servicios de información sobre cuentas.
- — Entidades de dinero electrónico.
- — Empresas de servicios de inversión.
- — Proveedores de servicios de criptoactivos.
- — Depositarios centrales de valores.
- — Entidades de contrapartida central.
- — Centros de negociación.
- — Registros de operaciones.
- — Gestores de fondos de inversión alternativos.

— Sociedades de gestión.
— Proveedores de servicios de suministro de datos.
— Empresas e intermediarios de seguros, reaseguros y seguros complementarios.
— Fondos de pensiones de empleo.
— Agencias de calificación crediticia.
— Administradores de índices de referencia cruciales.
— Proveedores de servicios de financiación participativa.
— Registros de titulizaciones.

Si bien su alcance es muy amplio, DORA proporciona algunos elementos de proporcionalidad, esto es, las entidades financieras incluidas deberán cumplir con DORA teniendo en cuenta su tamaño y perfil de riesgo general, así como la naturaleza, escala y complejidad de sus servicios, actividades y operaciones, entre otros aspectos.

DORA plantea determinados supuestos en los que podrá ser aplicable de forma adicional a las entidades financieras, esto es:

— Los proveedores de servicios que trabajan directamente con instituciones y empresas financieras, estas están sujetas a DORA como obligación y serán supervisadas directamente por una autoridad reguladora financiera.
— Las organizaciones que no trabajan directamente con ninguna institución financiera pueden optar voluntariamente por lograr el cumplimiento de la ley DORA a través de un auditor independiente.

DORA tiene los siguientes requisitos principales:

— Las empresas deben tener un **plan de respuesta a incidentes que** incluya una descripción detallada de lo que constituye un ciberataque, cómo deben responder los empleados y cómo se restablecerán las operaciones en caso de que se produzca una infracción.
— Las empresas deben mantener un **programa de ciberseguridad que** incluya una evaluación de los riesgos que suponen los ciberataques y un plan de acción para mitigarlos.
— Las empresas deben mantener **controles de seguridad adecuados** sobre su infraestructura digital. Estos controles incluyen el cifrado, la autenticación, los controles de acceso, los registros de auditoría, los sistemas de supervisión, los sistemas de gestión de eventos y los planes de respuesta a incidentes.

— Las empresas deben **notificar los incidentes** cuando se produzcan para que los reguladores puedan evaluar sus vulnerabilidades y hacer recomendaciones para mejorar su postura de seguridad.

— Las empresas deben contar con un **plan** para garantizar la **continuidad** del servicio durante las interrupciones que puedan producirse.

Además hay que destacar que DORA establece responsabilidad en materia de resiliencia digital a nivel de Consejo, de forma que éste debe aprobar la estrategia en esta materia debiendo liderar la integración de los requisitos definidos por DORA en el día a día de las entidades.

5. CRA (CYBERSECURITY RESILIENCE ACT). CIBERSEGURIDAD PARA LOS PRODUCTOS CON ELEMENTOS DIGITALES

El nuevo reglamento de ciberresiliencia complementará NIS2 poniendo foco en la seguridad de los productos y servicios digitales durante sus fases de desarrollo y distribución. Su cumplimiento, permitirá a los proveedores de estos productos y servicios estar alineados con los requisitos de ciberseguridad definidos en NIS2 y que ésta exige a la cadena de suministro de las entidades esenciales e importantes.

El objeto de CRA es, por tanto, el de garantizar que los vendedores establezcan las salvaguardas de ciberseguridad adecuadas en los productos digitales que venden. Al establecer requisitos de ciberseguridad **antes y después de la comercialización** de un producto, el CRA reforzará la seguridad y la resistencia de toda la cadena de suministro en beneficio de las empresas y los consumidores finales.

Adicionalmente, el objetivo de CRA es el de **cubrir los vacíos existentes** en la legislación mediante la creación de una legislación horizontal que defina los estándares de ciberseguridad europeos para productos y servicios digitales, ya que, actualmente, la legislación de la UE sobre productos específicos abarca, sobre todo, aspectos relacionados con la seguridad y aborda la ciberseguridad sólo de forma parcial.

De esta forma, CRA impondrá una serie de requisitos a los fabricantes de productos digitales que deseen comercializarlos en los países miembro de la Unión Europea, en concreto:

— Requisitos para los productos «ordinarios» (todos los que entran en el ámbito de aplicación de la CRA).

— Requisitos para los productos «sensibles» (los que se utilizan para manejar información secreta relacionada con la seguridad y la defensa nacionales y que no quedarían bajo la aplicación de CRA).

En cuanto a los requisitos que se definirían para los productos ordinarios se resumen en los siguientes ocho requisitos:

— **Seguridad por diseño y por defecto** para todos los productos del ámbito de aplicación del reglamento.
— **Requisitos de ciberseguridad** durante todo el **ciclo de vida** (antes y después de la comercialización del producto).
— **Gestión de las vulnerabilidades** y (siempre que sea posible) aplicación de parches de seguridad.
— **Transparencia de la cadena de suministro** de componentes de hardware o software.
— **Enumeración de los componentes de software**.
— **Información** al usuario final **sobre el nivel de ciberseguridad** del producto.
— **Requisitos de información de seguridad** para cada producto.
— **Requisitos de soporte** de seguridad **posventa** (probablemente limitados a un período de 5 años tras la comercialización).

CRA Incluirá todos los productos digitales y productos auxiliares, entendiendo tanto software como hardware con fines comerciales.

No obstante, existen ciertos productos que, *a priori*, quedan fuera del alcance de la propuesta de CRA actual, en concreto:

— Componentes pasivos (cables, adaptadores...).
— Hardware y software de código abierto no vinculados a aplicaciones comerciales.
— Software libre de código cerrado sin actividad económica.
— Servicios en la nube (si no son servicios auxiliares).
— Sitios web (HTTP) Sitios web «unidireccionales» que se centran principalmente en el suministro de información (como blogs, periódicos, publicidad de productos) tanto comerciales como gratuitos o de ocio.

En este punto, nos preguntamos si está prevista en la CRA la certificación de productos. Pues bien, en realidad el marco de certificación de ciberseguridad de la Unión Europea se define en el Cybersercurity Act (CSA) como sistemas de certificación voluntarios.

Hay que destacar que, en principio, el CRA no modificará el CSA ni en su contenido ni en su gobernanza, dado que estas son totalmente complementarias. De esta manera, se facilitará a las empresas a evaluar y certificar sus productos bajo los sistemas, esquemas y metodología europeos.

No obstante, la Comisión Europea estudia la posibilidad de exigir la certificación obligatoria antes de su comercialización, utilizando los esquemas del CSA para los productos de mayor riesgo.

6. MICA (MARKETS IN CRYPTO-ASSETS), MERCADOS DE CRIPTOACTIVOS

La Ley MiCA o Ley para Mercados de Criptoactivos, es una nueva regulación de la UE centrada en ofrecer un marco regulatorio común para todo el ecosistema financiero que se da alrededor de blockchain y criptomonedas, regulación necesaria y que hasta ahora no existía.

Las conversaciones sobre MiCa llevan sobre la mesa más de dos años (desde 2020), pero no fue hasta octubre de 2022 cuando se aprobó, y aún queda, antes de su publicación, la verificación de abogados y lingüistas del documento, el voto en la plenaria del Parlamento Europeo y la aprobación ministerial en el Consejo Europeo. Una vez realizados los pasos pendientes, el documento será publicado en el diario oficial de la Unión Europea, y será 18 meses después cuando finalmente entrará en vigor; por lo que todo apunta que será en 2024 cuando comience la regulación formal.

En concreto, los objetivos de MiCa se pueden dividir en dos:

— Regular la emisión de determinados criptoactivos, como los *utility tokens* y las *stablecoins*.
— Regular las normas de conducta y autorización de los proveedores de determinados servicios sobre criptoactivos.

Para mayor aclaración, hay que tener en cuenta que los criptoactivos regulados son los siguientes:

— ***Utility Tokens***: tokens de utilidad o servicio, criptoactivos que no tienen la consideración de Tokens referenciados a dinero electrónico ni de Tokens referenciados a activos.

En concreto, los *Utility Tokens*, son un tipo de moneda que dan acceso posterior a un bien o servicio ofrecido por el proyecto financiado mediante estos tokens; sirve, en definitiva, para facilitar a la capitalización o financiación de proyectos para startups, empresas o grupos de desarrollo de proyectos.

— **Tokens referenciados a activos (ART)** Asset-referenced tokens, *stablecoins* o criptomonedas estables.

Los ART pueden ser considerados como tokens vinculados a un activo o una moneda «fiat» o a algún tipo de valor, lo que atrae a muchos inversores porque ofrecen la eficiencia y transparencia de los criptoactivos, mientras que proporciona un alivio de la volatilidad extrema que a veces producen estos activos (denominados «Stablecoins»).

— **Electric money tokens (EMT)** Tokens referenciados a dinero electrónico).

Los **EMT** son criptoactivos que se utilizan como medio de intercambio y que pretenden mantener el valor al estar denominado en unidades de una moneda fiduciaria.[7]

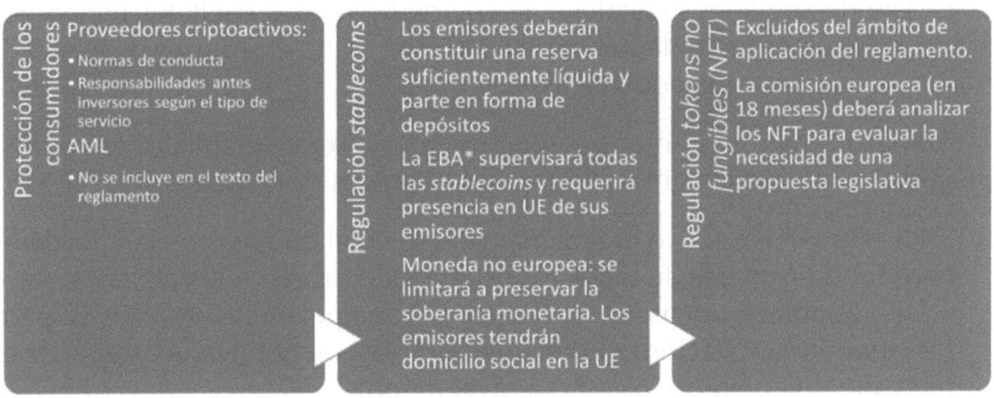

MiCA establece la protección a los consumidores frente a riesgos asociados a la inversión realizada por estos, así como el objetivo de evitar sistemas fraudulentos.

En materia de prevención de blanqueo de capitales, se establece que la autoridad bancaria europea (EBA) es la responsable de mantener un registro público de los proveedores que no cumplan la normativa AML.

(7) EBA. Autoridad Bancaria Europea.

Por otra parte, se define que los proveedores de servicios de criptoactivos deberán estar autorizados para operar en la UE. De esta forma, las autoridades nacionales competentes tendrán que (i) emitir la autorización en un plazo de 3 meses y (ii) informar periódicamente a la Autoridad Europea de Valores y Mercados (ESMA) de los proveedores «significativos»[(8)].

Los proveedores estarán sujetos a regulación para evitar abuso de mercado y operaciones con información privilegiada.

Adicionalmente, los proveedores de criptoativos deberán realizar una declaración sobre huella ambiental y climática[(9)].

Por último, hay que destacar que, si la matriz está en países incluidos en las listas de la Unión Europea de terceros países con alto riesgo en materia de prevención de Blanqueo de capitales (AML) o no cooperantes a efectos fiscales deberán aplicar controles reforzados en esta materia.

7. DSA —DIGITAL SERVICES ACT Y DMA— DIGITAL MARKETS ACT

La Ley de Servicios Digitales y la Ley de Mercados Digitales tienen por objeto crear un espacio digital más seguro, así como establecer unas condiciones de competencia equitativas.

Ambas forman un conjunto único de normas que se aplican en toda la UE. Tal y como indicábamos, tienen dos objetivos principales:

— Crear un espacio digital más seguro en el que se protejan los derechos fundamentales de todos los usuarios de los servicios digitales;

— Establecer unas condiciones de competencia equitativas para fomentar la innovación, el crecimiento y la competitividad, tanto en el mercado único europeo como a nivel mundial.

Antes de entrar en detalles, es necesario aclarar que los servicios digitales incluyen una gran categoría de servicios on-line, desde sitios web simples hasta servicios de infraestructura de Internet y plataformas online.

Las medidas específicas de DSA se refieren principalmente a intermediarios y plataformas en línea. Por ejemplo, mercados online, redes sociales, plataformas de intercambio de contenido, tiendas de aplicaciones o plataformas de viajes y alojamiento online.

(8) Por su tamaño.

(9) En base a las normas elaboradas por ESMA.

Sin embargo, la DMA incluye normas que rigen las plataformas online los *gatekeepers* o guardianes de acceso. Estas plataformas son aquellas con un papel sistémico en el mercado interior que funcionan como «cuellos de botella» entre empresas y consumidores para servicios digitales importantes. Algunos de estos servicios también están cubiertos por la DSA, pero por diferentes razones y con diferentes tipos de disposiciones.

8. DSA. DIGITAL SERVICES ACT

Ya en detalle, la **Ley de Servicios Digitales** (en inglés, Digital Services Act) estructura un nuevo marco normativo que pretende garantizar la rendición de cuentas en el mercado único y establecer, de esta forma, un sistema de protección a todos los usuarios residentes en la UE.

En concreto regula los controles para los servicios intermediarios de la sociedad de la información que son los que se limitan a conectar, transmitir y alojar la información y contenidos online.

De esta forma, la DSA afecta a:

— Plataformas de redes sociales.
— Los buscadores.
— Las empresas online.
— Editores de medios de comunicación.

Hay que destacar que la DSA tendrá mayor efecto para las Grandes Plataformas Digitales (VLOP) y los Grandes Buscadores Digitales (VLOSE) que para el resto de entidades afectadas.

La DSA se publicó el 27 de octubre de 2022 y entró en viga el día 16 de noviembre de 2022. La DSA será directamente aplicable en toda la Unión Europea y se aplicará quince meses o a partir del 1 de enero de 2024, lo que ocurra más tarde, después de la entrada en vigor.

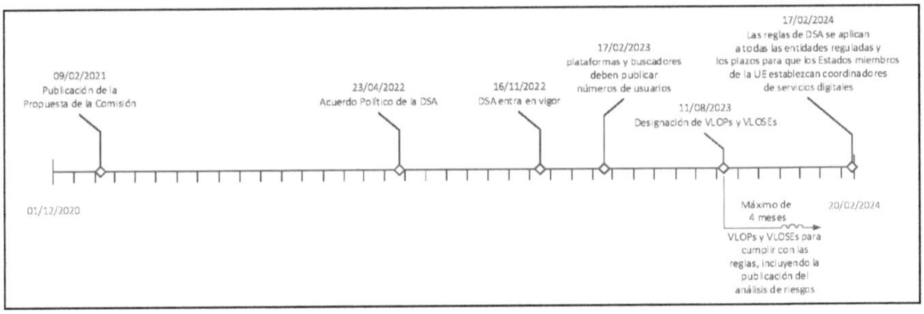

Las obligaciones incluidas en la DSA se pueden resumir en los siguientes puntos:

— Nuevas medidas para luchar contra el contenido ilícito online.
— Normas que pretenden garantizar la seguridad de los productos y servicios.
— Obligaciones en materia de transparencia y la rendición de cuentas de las plataformas.
— Nuevas normas aplicables a los sistemas de recomendación, patrones oscuros[10] y publicidad online.
— Refuerzo de los derechos y garantías de los usuarios, incluyendo la posibilidad de recurrir las decisiones tomadas por las plataformas.
— Medidas dirigidas expresamente a la protección de los derechos e intereses de los menores.

Se establecen además en la DSA que cada país de la Unión Europea tendrá que nombrar a un Coordinador de servicios digitales, asimismo, se creará un nuevo organismo europeo, el Consejo Europeo de Servicios Digitales.

Sin embargo, será la Comisión Europea la que se encargará de la supervisión y cumplimiento para las VLOP y las VLOSE, que se exponen a multas

(10) Patrones oscuros son aquellas estrategias que desarrollan los sitios web o aplicaciones con el objetivo de mover al usuario a realizar una acción que, en un principio, éste no tenía pensado hacer.

de hasta **el 6% del volumen de negocio** (a nivel mundial) o incluso la **inhabilitación de la compañía.**

9. DMA. DIGITAL MARKETS ACT

Este nuevo reglamento europeo somete a las grandes plataformas digitales a un régimen regulatorio que prevé, con obligaciones especiales, la prohibición de determinadas conductas y un estricto régimen sancionador.

Aplicará a las empresas que provean uno o varios servicios básicos de plataforma, y sean designadas como guardianes de acceso (*gatekeepers*).

Siendo considerados Servicios Básicos los siguientes:

— Servicios de intermediación online.
— Motores de búsqueda.
— Redes sociales.
— Plataformas de intercambio de vídeos.
— Servicios de comunicaciones interpersonales independientes de la numeración.
— Sistemas operativos.
— Navegadores.
— Asistentes virtuales.
— Servicios en la nube.
— Servicios de publicidad online.

Se establece así que, para ser designado como *gatekeeper*, se aplicarán criterios cualitativos, en concreto:

— **Tener un tamaño que incida en el mercado interior**: se considera que es el caso si la empresa alcanza un volumen de negocios anual de la Unión igual o superior a 7 500 millones de euros en cada uno de los tres últimos ejercicios, o si su capitalización media de mercado o su valor justo de mercado equivalente ascendió al menos a 75 000 millones de euros en el último ejercicio, y presta un servicio básico de plataforma en al menos tres Estados miembros.

— **Controlar una pasarela importante entre los usuarios profesionales y los consumidores finales**: se considera que es el caso si la empresa explota un servicio básico de plataforma que tenga como media más de 45 millones de usuarios finales activos establecidos o localizados en la UE al mes y más de 10 000 usuarios profesionales activos establecidos en la UE al año en el último ejercicio.

— **Ocupar una posición arraigada y duradera**: se considera que es el caso si la empresa cumple el segundo criterio en cada uno de los tres últimos ejercicios.

La publicación de DMA se realizó el 13 octubre de 2022, y entró en entró en vigor el 1 de noviembre de 2022. Es importante tener en cuenta que antes del 3 de julio de 2023, las empresas deberán facilitar a la Comisión información sobre su número de usuarios para que la Comisión pueda designar como «guardián» antes del 6 de septiembre. Los guardianes de acceso (*gatekeepers*) tendrán entonces hasta marzo de 2024 para asegurarse de que cumplen con las obligaciones de la DMA.

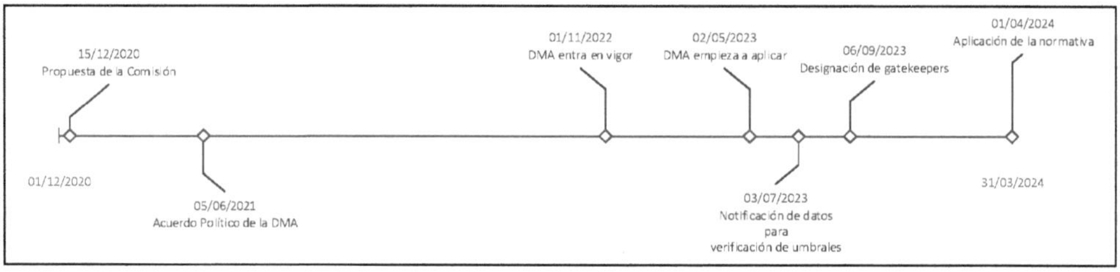

La DMA trae consigo una serie de beneficios para todos los usuarios de los sistemas de información, en concreto podemos resumirlas como sigue:

— Las empresas usuarias que dependen de los guardianes de acceso para ofrecer sus servicios en el mercado único tendrán un entorno empresarial más justo.

— Los innovadores y las empresas tecnológicas emergentes tendrán nuevas oportunidades de competir e innovar en el entorno de las plataformas online sin condiciones abusivas que limiten su desarrollo.

— Los consumidores podrán elegir entre más y mejores servicios, tendrán más oportunidades de cambiar de proveedor si lo desean y disfrutarán de un acceso directo a los servicios, por los que pagarán precios más justos.

— Los guardianes de acceso conservarán todas sus oportunidades de innovar y ofrecer nuevos servicios. La única diferencia es que no se les permitirá someter a prácticas desleales, para obtener ventajas indebidas, a las empresas y clientes usuarios que dependen de ellos.

Asimismo, esta nueva normativa tendrá un impacto para los guardianes de acceso o *gatekeepers*, tanto por una serie de obligaciones que se les impone, como prohibiciones.

Si atendemos a las **obligaciones** que se definen, podemos destacar las siguientes:

— Permitir que terceras partes interactúen con los servicios propios del guardián de acceso en algunas situaciones concretas.

— Permitir que sus empresas usuarias accedan a los datos que generan al utilizar la plataforma del guardián de acceso.

— Ofrecer a las empresas que publicitan en su plataforma las herramientas y la información necesarias para que anunciantes y editores lleven a cabo su propia verificación independiente de los anuncios alojados por el guardián de acceso.

— Permitir que sus empresas usuarias promocionen sus ofertas y celebren contratos con sus clientes fuera de la plataforma del guardián de acceso.

Asimismo, la DMA establecen las siguientes **prohibiciones**:

— Clasificar más favorablemente sus propios servicios y productos que productos o servicios similares ofrecidos por terceros a través de la plataforma del guardián de acceso.

— Impedir que los consumidores se pongan en contacto con las empresas fuera de la plataforma del guardián de acceso.

— Impedir que los usuarios desinstalen programas o aplicaciones preinstaladas si así lo desean.

— Rastrear a los usuarios finales al margen del servicio de plataforma básica de los guardianes de acceso con fines de publicidad personalizada, sin que se haya concedido el consentimiento efectivo.

En cuanto al régimen sancionador definido en DMA, se establece que la Comisión podrá imponer multas de hasta el 10% del volumen de negocios total anual mundial de la empresa, o el 20% en caso de infracciones reiteradas, y multas coercitivas periódicas de hasta el 5% del volumen de negocios total diario mundial de la empresa.

Es más, en caso de infracciones sistemáticas la Comisión podrá imponer medidas correctoras adicionales.

4.

APROXIMACIÓN A LA DECLARACIÓN EUROPEA DE DERECHOS Y PRINCIPIOS DIGITALES PARA LA DÉCADA DIGITAL (*)

José Luis Piñar Mañas
Catedrático de Derecho Administrativo de la USP-CEU. Patrono de la Fundación Instituto Hermes. Of Counsel CMS Albiñana & Suárez de Lezo

Alicia Piñar Real
Directora de ESG de la Fundación Juan XXIII. Profesora de la Facultad de Derecho de la USP- CEU. Abogada

(*) El presente trabajo se enmarca en el Proyecto PID2020-120373RB-I00 sobre *Identidad Digital, Derechos Fundamentales y Neuroderechos*, del Ministerio de Ciencia e Innovación. Plan Estatal de Investigación Científica y Técnica y de Innovación 2017-2020, del que forman parte ambos autores y del que José Luis Piñar es IP.

4. LA DECLARACIÓN EUROPEA Y LA CARTA ESPAÑOLA DE DERECHOS DIGITALES
5. ¿HACIA UN MARCO CONSTITUCIONAL DE LOS DERECHOS DIGITALES EN EUROPA?
6. CONCLUSIÓN

INTRODUCCIÓN[1]

El pasado 15 de diciembre de 2022 las presidencias del Parlamento Europeo, el Consejo y la Comisión proclamaron solemnemente la Declaración Europea sobre los Derechos y Principios Digitales para la Década Digital[2]. La Declaración, que ha sido publicada en el *Diario Oficial de la Unión Europea* de 23 de enero de 2023[3], es fruto de un proceso que formalmente arrancó el 26 de enero de 2022, cuando la Comisión Europea hizo pública su Comunicación al Parlamento Europeo, al Consejo, al Comité Económico y Social Europeo y al Comité de las Regiones sobre la formulación de una *Declaración Europea sobre los Derechos y Principios Digitales para la Década Digital*[4]. Junto a la Comunicación se adjuntaba la propuesta de texto, que deberían firmar tanto el Parlamento como el Consejo y la propia Comisión[5], algo que ya ha acontecido, como decimos, el pasado mes de diciembre.

Como señala el Preámbulo de la Carta, el objetivo de la Carta es impulsar los valores de la Unión Europea y los derechos fundamentales en el mundo digital: «Con la aceleración de la transformación digital, ha llegado el

(1) Gran parte de las reflexiones que se incluyen en el presente trabajo ya han sido expuestas por Alicia PIÑAR REAL en «La Declaración de derechos y principios digitales de la Comisión Europea. ¿Hacia un marco constitucional de los derechos digitales en Europa?», en *Revista La Ley Derecho Digital e Innovación*, n.º 10, octubre 2021.

(2) https://digital-strategy.ec.europa.eu/es/library/european-declaration-digital-rights-and-principles

(3) https://eur-lex.europa.eu/legal-content/ES/TXT/PDF/?uri=CELEX:32023C0123(01)&from=EN

(4) Tanto la Comunicación como la Declaración se pueden consultar en el siguiente enlace https://digital-strategy.ec.europa.eu/en/library/declaration-european-digital-rights-and-principles#Declaration

(5) Sobre la noticia de la Comunicación y Declaración resulta muy interesante FERNÁNDEZ HERNÁNDEZ, Carlos: «La Comisión presenta una declaración de principios y derechos digitales para todos en la UE», *Diario La Ley*, 26 enero 2022. https://diariolaley.laleynext.es/Content/Documento.aspx?params=H4sIAAAAAAAEAMtMSbH1czUwMDAyt-DAxsTBVK0stKs7Mz7MNy0xPzStJVcssdiwoKMovS02xNTI-wAiJDQ0MDYyMAao2_gjgAAAA=WKE

momento de que la UE exprese cómo han de aplicarse en el mundo digital sus valores y sus derechos fundamentales que se aplican fuera de línea. La transformación digital no debe implicar un retroceso en los derechos. Lo que es ilegal fuera de línea, es ilegal en línea».

1. LA DECLARACIÓN EUROPEA. ANTECEDENTES Y OTRAS INICIATIVAS SEMEJANTES

Que la Unión Europea está comprometida con que el respeto a los derechos fundamentales y a los valores europeos guíen la transformación digital no es novedoso. Cierto que la Carta de los Derechos Fundamentales de la Unión Europea, firmada en Niza el 7 de diciembre de 2000 (6), no incorpora referencia alguna a los derechos fundamentales en el entorno digital, pero ello es explicable por razones cronológicas obvias. Tal como se ha plantado también en relación con nuestra Constitución de 1978, parece que no debe haber problemas para entender que los derechos fundamentales reconocidos en el mundo físico también lo están en el digital (7). Pero esta ausencia no debe hacer olvidar la relevancia de varias Declaraciones posteriores que han ido marcando el camino para el reconocimiento expreso de los derechos digitales en la Unión Europea. La propia Declaración Europea a la que ahora nos referimos ha hecho alusión a la *Declaración de Tallin sobre la administración electrónica*, de 2017 (8), la *Declaración de Berlín sobre la sociedad digital y el gobierno digital basado en valores*, de 2020 (9), o la *Declaración de Lisboa sobre Democracia digital con propósito*, de 2021 (10), que son claros precedentes de la Declaración recién presentada.

La primera de ellas, la Declaración de Tallin, fue elaborada por 32 países de la Unión Europea y de la Asociación Europea de Libre Comercio. Son seis las líneas de acción que se prevén, que incluyen a su vez diversas actuaciones: 1) versión digital por defecto, inclusión y accesibilidad, 2) Principio de «Solo una vez» (*once only*); 3) Fiabilidad y seguridad; 4) Apertura y transparencia; 5) Interoperabilidad por defecto y 6) Medidas políticas horizontales.

(6) https://www.europarl.europa.eu/charter/pdf/text_es.pdf. Publicada en el *Diario Oficial de la Unión Europea* de 18 de diciembre de 2000.

(7) Sobre ello, por todos, vid. DE LA QUADRA-SALCEDO y PIÑAR MAÑAS (Directores). *Sociedad digital y Derecho*, BOE red.es, Madrid, 2018.

(8) https://ec.europa.eu/digital-single-market/en/news/ministerial-declaration-egovernment-tallinn-declaration

(9) https://digital-strategy.ec.europa.eu/en/news/berlin-declaration-digital-society-and-value-based-digital-government

(10) https://www.lisbondeclaration.eu/

Además de ello, la Declaración incluye un anexo con Principios en los que el usuario tiene un papel central a la hora de diseñar y prestar servicios públicos digitales: interacción digital; accesibilidad, seguridad, disponibilidad y usabilidad; reducción de la carga administrativa; prestación digital de los servicios; implicación del ciudadano; incentivos para el uso de los servicios digitales; protección de datos personales y privacidad; y mecanismos de reparación y reclamación.

Posteriormente, la Declaración de Berlín estableció siete principios esenciales para la transformación digital: 1) Vigencia y respeto de los derechos fundamentales y los valores democráticos en el ámbito digital; 2) Participación social e inclusión digital para dar forma al mundo digital; 3) Empoderamiento y alfabetización digital; 4) Confianza y seguridad en las interacciones digitales 5) Soberanía digital e interoperabilidad; 6) Sistemas centrados en el ser humano y tecnologías innovadoras en el sector público; y 7) Una sociedad digital resiliente y sostenible. Con estos siete principios se marcaron las correspondientes líneas de actuación.

Por último, la Declaración de Lisboa reafirmó el compromiso de fomentar una economía digital basada en los valores europeos de protección de los derechos de los ciudadanos, reforzándose la «forma europea de hacer negocios». Sus tres puntos fundamentales son: A) La defensa de los derechos humanos, los valores éticos y la participación democrática en el contexto de la era digital, luchando contra la discriminación, la desinformación y otras actividades maliciosas en línea y reafirmando la importancia de la conectividad accesible y la capacitación en habilidades digitales; B) La promoción de una cooperación internacional más amplia en el contexto digital, en áreas como infraestructuras, flujo de datos, I + D y servicios en línea seguros y confiables; C) El reconocimiento de la importancia de las tecnologías verdes y digitales como elemento clave para un nuevo paradigma de crecimiento económico, equilibrando la innovación y la competitividad con el desarrollo social y ambiental sostenible.

En ese marco se abordaría lo siguiente: 1) Identidad digital; 2) Privacidad, protección de datos y ciberseguridad; 3) Acceso, uso y neutralidad de internet; 4) Uso de la inteligencia artificial; 5) Libertad de expresión e información; 6) Libertad de reunión y asociación; 7) Protección, cuidado y libertad de expresión de los niños; 8) Educación digital; 9) Plataformas digitales; 10) Servicios públicos digitales; 11) Derechos de autor y otros derechos de propiedad intelectual; 12) Legado digital; y 13) Recursos efectivos y acceso a la justicia.

Es complemento de la Declaración que analizamos la propuesta de *Itinerario hacia la Década Digital*[11], de septiembre de 2021. Este plan de acción propone, con fecha límite 2030, lograr la transformación digital de la sociedad y la economía. En él se establecen una serie de objetivos digitales en torno a cuatro puntos fundamentales: capacidades digitales, infraestructuras digitales, digitalización de las empresas y digitalización de los servicios públicos. Antes de eso, en marzo del mismo año, la Comisión publicó su Comunicación sobre la llamada *Brújula Digital 2030: el enfoque de Europa para el Decenio Digital*[12], siendo en ella donde se anunció por primera vez la Declaración.

Por otra parte, parece más que probable que la *Carta de Derechos Digitales* que presentó el Presidente del Gobierno en junio de 2021[13] haya sido tenida en cuenta a la hora de redactar la Declaración europea, si bien la estructura de ambos documentos es diferente y la Carta española es más ambiciosa y completa. En cualquier caso, ninguna de ellas tiene valor normativo. Como tampoco la tiene la *Carta Iberoamericana de Principios y Derechos en los Entornos Digitales,* adoptada en la XXVIII Cumbre Iberoamericana de Jefas y Jefes de Estado y de Gobierno, celebrada en República Dominicana el 25 de marzo de 2023[14], que «tiene por objeto promover principios comunes para que sean tomados en cuenta por los Estados al momento de adoptar o adecuar las legislaciones nacionales o poner en marcha políticas públicas relacionadas con la protección de los derechos y el cumplimiento de los deberes en entornos digitales, así como por las empresas, la sociedad civil y la academia a la

(11) https://ec.europa.eu/commission/presscorner/detail/es/ip_21_4630

(12) https://eur-lex.europa.eu/resource.html?uri=cellar:
12e835e2-81af-11eb-9ac9-01aa75ed71a1.0022.02/DOC_1&format=PDF
Anexo al Documento https://eur-lex.europa.eu/resource.html?uri=cellar:
12e835e2-81af-11eb-9ac9-01aa75ed71a1.0022.02/DOC_2&format=PDF

(13) https://www.lamoncloa.gob.es/presidente/actividades/Documents/2021/140721-Carta_Derechos_Digitales_RedEs.pdf

(14) Disponible en : https://www.segib.org/?document=carta-iberoamericana-de-principios-y-derechos-en-entornos-digitales. Los apartados 33 a 36 de la llamada «Declaración de Santo Domingo», en la que se acuerda acoger la Carta Iberoamericana de Principios y Derechos en los Entornos Digitales (CIPDED), son del siguiente tenor:
«33. [Acogemos] La Carta Iberoamericana de Principios y Derechos en los Entornos Digitales como referente no prescriptivo que guía los procesos de actualización de las normativas nacionales sobre los Principios y Derechos en los Entornos Digitales, para que la construcción de la Sociedad de la Información esté centrada en las personas y en su desarrollo; se protejan en los entornos digitales los derechos ya consagrados en nuestros marcos jurídicos; se fomente el acceso universal, equitativo y asequible a las TIC; y que bajo ningún concepto se discrimine a las personas que no puedan o no quieran integrarse al proceso de transformación digital.

hora de desarrollar y aplicar tecnologías, colocando a las personas en el centro de la transformación digital» [(15)].

Estamos siendo testigos, por tanto, de una tendencia dirigida a adoptar documentos que encierran un compromiso de futuro en relación con los riesgos que los entornos digitales pueden traer consigo, al objeto de garantizar en todo momento el pleno respeto a los derechos fundamentales. Textos sin valor normativo, pero con un indudable peso en cuanto a lo que es su mensaje más claro: la transformación digital debe tener siempre en cuenta los derechos de las personas, pues de otro modo sería sencillamente intolerable.

2. OBJETIVO Y NATURALEZA DE LA DECLARACIÓN. LA IMPORTANCIA DE LOS VALORES EUROPEOS EN LA TRANSFORMACIÓN DIGITAL

El Preámbulo de la Declaración acierta a reflejar con detalle sus objetivos.

Ya desde el principio se resalta el compromiso de la Unión Europea con la dignidad de la persona y el respeto a sus derechos: «Tal como se consagra

34. Convenimos en reducir las desigualdades y cerrar la brecha digital; impulsar el acceso a la conectividad asequible y de calidad; fomentar entornos digitales seguros, confiables y que garanticen la privacidad de las personas; que la transformación digital sea un instrumento que amplíe el acceso a la educación, la salud y la cultura; asegurar que los entornos digitales respeten la integridad, intimidad y privacidad de nuestros niños, niñas y adolescentes; consolidar la libertad de expresión y promover el derecho a recibir libremente información veraz, desarrollar acciones para combatir la desinformación y promover la libre elección de servicios y contenidos digitales.
35. Proclamamos nuestra intención de ofrecer a los ciudadanos servicios digitales personalizados, inclusivos, accesibles, sencillos, seguros e interoperables; además de ofrecerles una identidad digital que reconozca efectivamente sus derechos y prevenga el robo de identidad; y que no les exija presentar documentos que ya obren en su poder.
36. Convenimos que la transformación digital deberá fomentar nuevas formas de empleo, el desarrollo económico sostenible, la desconcentración demográfica; el respeto a los derechos de los trabajadores y consumidores; y que el desarrollo de las tecnologías emergentes será realizado de forma segura, ética y responsable; al tiempo que se promoverá en el ámbito iberoamericano la cooperación técnica, la transferencia tecnológica y la creación de capacidades, rechazando las medidas coercitivas unilaterales contrarias al Derecho Internacional y a la Carta de las Naciones Unidas, que impidan el ejercicio pleno de los derechos digitales».

(15) Sobre la Carta Iberoamericana, vid. Enrique GOÑI y José Luis PIÑAR, «Carta Iberoamericana de Principios y Derechos en los Entornos Digitales: Una oportunidad ganada», en la *Revista La Ley Derecho Digital e Innovación*, n.º 15, enero-marzo 2023. Acerca de la conveniencia de contar con una Carta Iberoamericana, vid. Daniel Enrique RODRÍGUEZ SUÁREZ, «La cooperación internacional en el derecho de la TIC: hacia una Carta iberoamericana de derechos y deberes digitales», en *Revista Electrónica Iberoamericana*, Vol. 13, n.º 2, 2019. Disponible en http://www.urjc.es/ceib/.

en el artículo 2 del Tratado de la Unión Europea, la Unión Europea (UE) es una "unión de valores" que se fundamenta en el respeto de la dignidad humana, la libertad, la democracia, la igualdad, el Estado de Derecho y el respeto de los derechos humanos, incluidos los derechos de las personas pertenecientes a minorías. Además, según la Carta de los Derechos Fundamentales de la Unión Europea, la UE está fundada sobre los valores indivisibles y universales de la dignidad humana, la libertad, la igualdad y la solidaridad. La Carta también reafirma los derechos que emanan, en particular, de las obligaciones internacionales comunes a los Estados miembros». Se trata de un común denominador en la acción de la Unión Europea, que explica que la Carta gire en torno a una idea capital: la centralidad de la persona: «la visión de la UE sobre la transformación digital sitúa a las personas en el centro». Como objetivo irrenunciable de carácter general y en particular para la próxima década: «La Decisión sobre el programa de política "Itinerario hacia la Década Digital" para 2030 establece las metas digitales concretas basadas en cuatro puntos cardinales: capacidades digitales, infraestructuras digitales, digitalización de las empresas y de los servicios públicos. La vía de la Unión para la transformación digital de nuestras sociedades y nuestra economía abarca en particular la soberanía digital de manera abierta, el respeto de los derechos fundamentales, el Estado de Derecho y la democracia, la inclusión, la accesibilidad, la igualdad, la sostenibilidad, la resiliencia, la seguridad, la mejora de la calidad de vida, la disponibilidad de servicios y el respeto de los derechos y aspiraciones de todas las personas. Debe contribuir a una economía y una sociedad dinámicas, eficientes en el uso de los recursos y justas en la UE».

La Carta «se basa en el Derecho primario de la UE, en particular el Tratado de la Unión Europea, el Tratado de Funcionamiento de la Unión Europea, la Carta de los Derechos Fundamentales de la Unión Europea, así como en el Derecho derivado y la jurisprudencia del Tribunal de Justicia de la Unión Europea. Se basa también en el pilar europeo de derechos sociales y lo complementa». Pero, como hemos dicho, no tiene valor normativo, sino «carácter declarativo y, por tanto, no afecta al contenido de las normas jurídicas ni a su aplicación». Pero esta circunstancia no le priva de un valor político de enorme alcance: «La Declaración debe asimismo guiar a los responsables de las políticas cuando reflexionen sobre su concepción de la transformación digital: situar a las personas en el centro de la transformación digital; respaldar la solidaridad y la integración, mediante la conectividad, la educación, la formación y las capacidades digitales, unas condiciones de trabajo justas y equitativas, así como el acceso a los servicios públicos digitales en línea;

recordar la importancia de la libertad de elección en la interacción con los algoritmos y los sistemas de inteligencia artificial, así como en un entorno digital equitativo; fomentar la participación en el espacio público digital; aumentar la seguridad, protección y empoderamiento en el entorno digital, en particular de los niños y jóvenes, al tiempo que se garantiza la privacidad y el control individual de los datos; promover la sostenibilidad. Los distintos capítulos de la presente Declaración deben constituir un marco de referencia integral y no deben leerse de forma aislada... [y] debe también servir de referencia a las empresas y otros agentes pertinentes a la hora de desarrollar e implantar nuevas tecnologías». Por ello, «la promoción y aplicación de la Declaración son un compromiso político y una responsabilidad compartidos por la UE y sus Estados miembros dentro de sus respectivas competencias, en consonancia con el Derecho de la UE».

No debe ser pues una Declaración sin seguimiento. No debe ser un documento más de las Instituciones Europeas sino un compromiso firme de futuro. Por ello «la Comisión informará periódicamente al Parlamento y al Consejo de los progresos realizados». Y «los Estados miembros y la Comisión deben tener en cuenta los principios y derechos digitales establecidos en la presente Declaración cuando cooperen para alcanzar los objetivos generales que figuran en la Decisión sobre el programa de política "Itinerario hacia la Década Digital" para 2030».

3. DERECHOS Y PRINCIPIOS DIGITALES PROCLAMADOS EN LA DECLARACIÓN

Según la Declaración, la Unión Europea aspira «a promover una vía europea para la transformación digital basada en los valores europeos y los derechos fundamentales de la UE, que sitúe a las personas en el centro, reafirme los derechos humanos universales y beneficie a todas las personas, empresas y a la sociedad en su conjunto».

Para ello articula su contenido en seis Capítulos que se refieren a la centralidad de la persona; la solidaridad e inclusión; la libertad de elección; la participación en el espacio público digital; la seguridad y la protección y empoderamiento de la persona; y el reto de la sostenibilidad. Dichos Capítulos recogen hasta 24 apartados y numerosos compromisos.

En este momento nos limitaremos tan sólo a una enumeración de los derechos y principios recogidos en la Declaración, que gira en torno al reconocimiento de ciertos derechos ya existentes, al deseo de que se reconozcan o protejan otros y a la asunción de una serie de compromisos que deben ser impulsados por las instituciones signatarias del texto, es decir, el Parlamento, la Comisión y el Consejo (no los Estados miembros).

3.1. Las personas, en el centro de la transformación digital

Resulta esencial destacar que la Declaración sitúa a la persona en el centro de la transformación digital. No olvida a la empresa y a la sociedad en su conjunto, pero sobre ellas la persona es el protagonista central. Como hemos señalado en otro lugar, que la Declaración aspira a situar a las personas en el centro de la transición digital es la idea nuclear que sobrevuela todo el texto(16): «las personas constituyen el núcleo de la transformación digital de la Unión Europea. La tecnología debe servir y beneficiar a todas las personas que viven en la UE y empoderarlas para que cumplan sus aspiraciones, en total seguridad y respetando plenamente sus derechos fundamentales»(17).

Para ello, los compromisos que recoge la Declaración son: «a) fortalecer el marco democrático para una transformación digital que beneficie a todas las personas y mejore las vidas de todas las personas que viven en la UE; b) adoptar las medidas necesarias para que los valores de la UE y los derechos de los ciudadanos reconocidos por el Derecho de la Unión se respeten tanto en línea como fuera de línea; c) fomentar y garantizar una acción responsable y diligente por parte de todos los agentes digitales, públicos y privados, en el entorno digital; d) promover activamente esta visión de la transformación digital, también en nuestras relaciones internacionales».

3.2. Solidaridad e inclusión

Según el apartado 2 de la Declaración, «la tecnología debe utilizarse para unir a las personas, no para dividirlas. La transformación digital debería contribuir a una sociedad y una economía equitativas e inclusivas en la UE».

Con este objetivo se asume el compromiso de que las soluciones tecnológicas deben respetar los derechos de las personas, permitiendo su ejercicio y promoviendo la inclusión. La transformación digital no debe dejar a nadie atrás, beneficiar a todos, lograr el equilibrio de género y prestar especial atención a las personas mayores, con discapacidad o marginadas, vulneradas o privadas de derechos (incluyendo a quienes actúen en su nombre). Además,

(16) PIÑAR REAL, «La declaración de derechos y principios digitales....», *op. cit.*
(17) Apartado 1 de la Declaración.

cuando el mercado se beneficie de la transformación digital debe asumir sus responsabilidades sociales, haciendo una contribución justa y proporcionada a los costes de los bienes, servicios e infraestructuras públicos, en beneficio de todas las personas que viven en la UE.

Este segundo capítulo está, a su vez, dividido en cuatro apartados:

3.2.1. Conectividad

Cualquier persona que se encuentre en la UE «debería tener acceso a una conectividad digital asequible y de alta velocidad»[18]. Para ello, se debe velar para garantizar una conectividad de alta calidad y acceso a internet, independientemente del lugar de residencia e ingresos. Además, se debe proteger la neutralidad de internet y que ésta sea abierta, sin que se bloqueen ni degraden injustificadamente sus contenidos, servicios o aplicaciones.

Cáigase en la cuenta de que no se ha dado el paso a reconocer plenamente el derecho de acceso a internet de calidad y que el bloqueo justificado de contenidos, servicios o aplicaciones está permitido.

3.2.2. Educación, formación y capacidades digitales

Según el apartado 4 de la Declaración «toda persona tiene derecho a la educación, la formación y el aprendizaje permanente, y debería poder adquirir todas las capacidades digitales básicas y avanzadas». Para ello se asumen cuatro compromisos: «a) promover una educación y una formación digitales de alta calidad, también con vistas a colmar la brecha digital de género; b) apoyar los esfuerzos que permiten a todos los estudiantes y docentes adquirir y compartir las capacidades y competencias digitales necesarias para una participación activa en la economía, la sociedad y los procesos democráticos, en particular la alfabetización mediática y el pensamiento crítico; c) promover y respaldar los esfuerzos por dotar de conectividad, infraestructuras y herramientas digitales a todas las instituciones de educación y formación; d) brindar a toda persona la posibilidad de adaptarse a los cambios provocados por la digitalización del trabajo mediante el perfeccionamiento y el reciclaje profesionales».

Nadie, en suma, debe quedarse atrás en el reto de la transformación digital.

(18) Apartado 3.

3.2.3. Condiciones de trabajo justas y equitativas

El apartado 5 de la Declaración señala que independientemente de la situación laboral, modalidad, o duración del empleo, «toda persona tiene derecho a unas condiciones de trabajo equitativas, justas, saludables y seguras, así como a una protección adecuada en el entorno digital y en el puesto de trabajo físico». El apartado 6, por su parte, recuerda que «Las organizaciones sindicales y patronales desempeñan un papel importante en la transformación digital, en particular en lo relativo a la definición de unas condiciones de trabajo justas y equitativas, también en lo que respecta al empleo de herramientas digitales en el trabajo».

En base a lo anterior se asumen los siguientes compromisos:

a) velar por que toda persona pueda desconectar y beneficiarse de salvaguardias para asegurar el equilibrio entre vida privada y vida laboral en un entorno digital;

b) garantizar que las herramientas digitales no supongan ningún tipo de riesgo para la salud física y mental de los trabajadores en el entorno de trabajo;

c) garantizar el respeto de los derechos fundamentales de los trabajadores en el entorno digital, incluidos su derecho a la privacidad, el derecho de asociación, el derecho de negociación y acción colectiva, así como la protección frente a una vigilancia ilegal e injustificada;

d) garantizar que el uso de la inteligencia artificial en el lugar de trabajo sea transparente y siga un enfoque basado en los riesgos, y que se adopten las medidas de prevención correspondientes para mantener un entorno de trabajo seguro y saludable;

e) garantizar, en particular, que las decisiones importantes que afecten a los trabajadores cuenten con supervisión humana y que, en general, se los informe de que están interactuando con sistemas de inteligencia artificial.

3.2.4. Servicios públicos digitales en línea

El apartado 7 de la Declaración dispone que «toda persona debe tener acceso en línea a los servicios públicos esenciales de la UE. No debe pedirse a nadie que facilite datos con más frecuencia de la necesaria al acceder a los servicios públicos digitales y utilizarlos».

Los compromisos en este caso pasarían por: «a) velar por que se ofrezca a las personas que viven en la UE la posibilidad de una identidad digital accesible, voluntaria, segura y fiable que proporcione acceso a una amplia gama de servicios en línea; b) garantizar una accesibilidad y una reutilización a gran escala de la información del sector público; c) facilitar y apoyar en toda la Unión un acceso fluido, seguro e interoperable a servicios públicos digitales diseñados para satisfacer eficazmente las necesidades de las personas, en particular servicios sanitarios y asistenciales digitales, especialmente el acceso a los historiales médicos electrónicos».

3.3. Libertad de elección

En este capítulo la Declaración diferencia entre:

3.3.1. Interacciones con algoritmos y sistemas de inteligencia artificial

Para poder beneficiarse de las ventajas de la inteligencia artificial y poder tomar decisiones con conocimiento de causa y con protección frente a riesgos y daños a su salud, seguridad y derechos, las personas deben estar empoderadas. La Declaración parte de la necesaria interacción con la inteligencia artificial, que puede llegar a representar un gigantesco beneficio para la humanidad, pero al mismo tiempo puede ser una de sus grandes amenazas.

Partiendo de ello, el apartado 8 de la Declaración recuerda que «la inteligencia artificial debe ser un instrumento al servicio de las personas y su fin último debe ser aumentar el bienestar humano». Mientras que, en línea con lo que hemos apuntado, el apartado 9 advierte que «toda persona debería estar empoderada para beneficiarse de las ventajas de los sistemas algorítmicos y de inteligencia artificial, especialmente a fin de tomar sus propias decisiones en el entorno digital con conocimiento de causa, así como estar protegida frente a los riesgos y daños a su salud, su seguridad y sus derechos fundamentales».

Para ello, se asumen los siguientes compromisos: «a) promover sistemas de inteligencia artificial centrados en el ser humano, fiables y éticos a lo largo de todo su desarrollo, despliegue y uso, en consonancia con los valores de la UE; b) velar por un nivel adecuado de transparencia en el uso de los algoritmos y la inteligencia artificial y por qué las personas estén informadas y capacitadas para utilizarlos cuando interactúen con ellos; c) velar por que los sistemas algorítmicos se basen en conjuntos de datos adecuados para evitar la discriminación y permitir la supervisión humana de todos los resultados que afecten a la seguridad y los derechos fundamentales de las personas; d) garantizar que las tecnologías como la inteligencia artificial no se utilicen para anticiparse a las decisiones de las personas en ámbitos como, por ejemplo, la salud, la educación, el empleo y la vida privada; e) proporcionar salvaguardias y adoptar las medidas adecuadas, en particular promoviendo normas fiables, para que la inteligencia artificial y los sistemas digitales sean seguros y se utilicen en todo momento con pleno respeto de los derechos fundamentales de las personas; f) adoptar medidas para garantizar que la investigación en inteligencia artificial respete las normas éticas más estrictas y la legislación pertinente de la UE».

3.3.2. Un entorno digital justo

Sin información objetiva, transparente y fiable no se puede elegir de modo efectivo qué servicios digitales utilizar. Por ello, además de proteger los derechos fundamentales, las responsabilidades de las plataformas deben estar bien definidas. En definitiva se trata de garantizar la mayor transparencia en el mercado digital y la accesibilidad de la pymes a un ámbito de tanta relevancia y sujeto al riesgo de oligopolios.

En esta línea los apartados 10 y 11 de la Declaración proclaman, respectivamente, que «toda persona debería poder elegir de manera efectiva y libre qué servicios digitales utiliza sobre la base de información objetiva, transparente, fácilmente accesible y fiable» y que «debería tener la posibilidad de competir en condiciones equitativas e innovar en el entorno digital. Esto también debería beneficiar a las empresas, incluidas las pymes». Para intentar conseguirlo se asumen dos compromisos: «a) velar por un entorno digital seguro y protegido, basado en la competencia leal, en el que los derechos fundamentales estén protegidos, los derechos de los usuarios y la protección de los consumidores en el mercado único digital estén garantizados y las responsabilidades de las plataformas, especialmente los grandes operadores y los guardianes de acceso, estén bien definidas; b) promover la interoperabilidad, la transparencia, las tecnologías y normas abiertas como forma de reforzar aún más la confianza en la tecnología, así como la capacidad de los consumidores para tomar decisiones autónomas y con conocimiento de causa».

3.4. Participación en el espacio público digital

Especial relevancia tiene el Capítulo IV de la Declaración. Sus apartados 12 a 15. Por un lado, se dispone que, dado que «el acceso a contenidos diversos contribuye a un debate público plural y a la participación efectiva en la democracia de manera no discriminatoria» toda persona «debería tener acceso a un entorno digital fiable, diverso y multilingüe» (apartado 12), «debería poder acceder a la información sobre quién posee o controla los servicios de comunicación que utiliza» (14). Asimismo se declara que toda persona «tiene derecho a la libertad de expresión y de información, así como a la libertad de reunión y de asociación en el entorno digital» (13). Por otra parte, se declara que «las plataformas en línea, en particular las plataformas en línea de muy gran tamaño, deberían apoyar el debate democrático libre en línea. Dado el papel de sus servicios en la configuración de la opinión y el discurso públicos, las plataformas en línea de muy gran tamaño deberían mitigar los riesgos derivados del funcionamiento y el uso de sus servicios, incluidos los relacionados con campañas de desinformación e información errónea, y proteger la libertad de expresión». Cáigase en la cuenta de que se elude la responsabilidad de las plataformas por los contenidos y tan sólo se establece el deseo, o una cierta obligación de que mitiguen los riesgos a los que la Declaración se refiere.

En línea con lo anterior se asumen hasta seis compromisos dirigidos a proteger la libertad de expresión e información, y la lucha contra la desinformación: «a) seguir salvaguardando todos los derechos fundamentales en línea, en particular la libertad de expresión y de información, incluida la libertad y pluralismo de los medios de comunicación; b) apoyar el desarrollo y el mejor uso de las tecnologías digitales para fomentar la implicación de las personas y la participación democrática; c) adoptar medidas proporcionadas para combatir todas las formas de contenidos ilegales, respetando plenamente los derechos fundamentales, incluido el derecho a la libertad de expresión y de información, sin establecer ninguna obligación general de supervisión o censura; d) crear un entorno digital en el que las personas estén protegidas contra la desinformación, la manipulación de la información y otras formas de contenidos nocivos, incluidos el acoso y la violencia de género; e) apoyar el acceso efectivo a contenidos digitales que reflejen la diversidad cultural y lingüística de la UE; f) capacitar a las personas para que puedan tomar decisiones concretas con libertad y limitar la explotación de las vulnerabilidades y los sesgos, en particular a través de la publicidad personalizada».

3.5. Seguridad, protección y empoderamiento

El Capítulo V, el más extenso de la Declaración, se ocupa fundamentalmente de la ciberseguridad y la protección de los datos personales, con una especial referencia a los niños y jóvenes. Lo que demuestra la trascendencia de ambos temas en la transformación digital.

3.5.1. Un entorno digital protegido y seguro

La seguridad se considera esencial en la transformación digital. Por ello se apuesta por la seguridad desde el diseño y se advierte de los riesgos de la ciberdelincuencia. El apartado 16 declara que «toda persona debería tener acceso a tecnologías, productos y servicios digitales diseñados para estar protegidos, ser seguros y proteger la privacidad, lo que se traduce en altos niveles de confidencialidad, integridad, disponibilidad y autenticidad de la información tratada». Y para ello se asumen los siguientes compromisos: «a) adoptar nuevas medidas para promover la trazabilidad de los productos y garantizar que en el mercado único digital solo se comercialicen productos seguros que se ajusten a la legislación de la UE; b) proteger los intereses de las personas, las empresas y las instituciones públicas frente a los riesgos de ciberseguridad y la ciberdelincuencia, especialmente frente a la violación de la seguridad de los datos personales, como la usurpación o la manipulación de identidad. Esto incluye requisitos de ciberseguridad para los productos conectados que se comercialicen en el mercado único; c) combatir y responsabilizar a quienes traten de socavar, en la UE, la seguridad en línea y la integridad del entorno digital o fomenten la violencia y el odio por medios digitales».

3.5.2. Privacidad y control individual de los datos

La Declaración dedica una especial atención a la protección de datos personales en el entorno digital, incluyendo el control sobre su uso y con quién se comparten, así como el destino de los datos de las personas fallecidas. Los apartados 17 y 18 declaran que toda persona tiene derecho a la privacidad y a la protección de sus datos personales y a la confidencialidad de sus comunicaciones y de la información contenida en sus dispositivos electrónicos, así como a no ser objeto de vigilancia en línea y seguimiento generalizado ilegales ni de medidas de interceptación. Se advierte expresamente que el derecho a la protección de datos incluye el control por parte de las personas de cómo se utilizan sus datos personales y con quién se comparten. De este modo se recoge lo que dispone la Carta de Derechos Humanos de la Unión Europea en sus artículos 7 y 8. Por otra parte el apartado 19 de la Declaración dispone que «toda persona debería poder determinar su legado digital y decidir lo que debe hacerse tras su muerte con sus cuentas personales y la información que le concierna».

Para conseguir lo anterior se asumen los siguientes compromisos: «a) garantizar que todas las personas tengan un control efectivo de sus datos personales y no personales, de conformidad con la normativa de la UE en materia de protección de datos y la legislación pertinente de la UE[19]; b) velar efectivamente por que las personas tengan la posibilidad de transferir con facilidad sus datos personales y no personales entre distintos servicios digitales en línea con derecho a la portabilidad de los datos; c) proteger eficazmente las comunicaciones contra el acceso no autorizado de terceros; d) prohibir la identificación ilegal y la conservación ilícita de registros de actividades».

3.5.3. Protección y empoderamiento de los niños y jóvenes en el entorno digital

Consideramos que es muy acertado dedicar una especial referencia a la protección y empoderamiento de los niños y jóvenes en relación con su privacidad. Y en efecto la Declaración se ocupa con mayor detalle de este tema. Quizá no habría estado de más dedicar también especial atención a otros colectivos en situación de riesgo como los mayores o las personas con discapacidad, pero lo cierto es que la prevención frente a los riesgos que en el futuro pueda traer consigo la transformación digital en relación con la privacidad de las personas debe centrarse muy especialmente en los menores, pues son ellos los que van a vivir y definir el futuro digital de la Unión Europea.

En consecuencia, la Declaración dedica los apartados 20 a 22 a los menores: «20. Debería empoderarse a los niños y los jóvenes para que puedan tomar decisiones seguras y con conocimiento de causa y expresar su creatividad en el entorno digital. 21. Los materiales y servicios adaptados a cada edad deberían mejorar las experiencias, el bienestar y la participación de niños y jóvenes en el entorno digital. 22. Debe prestarse especial atención al derecho de los niños y los jóvenes a ser protegidos frente a todo tipo de delincuencia cometida o facilitada a través de tecnologías digitales».

Y se asumen los siguientes compromisos: «a) brindar oportunidades a todos los niños y los jóvenes para que adquieran las competencias y capacidades necesarias, en particular la alfabetización mediática y el pensamiento crítico, de modo que naveguen y participen en el entorno digital de manera activa y segura y tomen decisiones con conocimiento de causa; b) promover experiencias positivas para niños y jóvenes en un entorno digital seguro y adaptado a su edad; c) proteger a todos los niños y todos los jóvenes

(19) En particular, el Reglamento (UE) 2016/679, General de Protección de Datos.

frente a los contenidos dañinos e ilegales, la explotación, la manipulación y el abuso en línea, y evitar que el espacio digital se utilice para cometer o facilitar delitos; d) proteger a todos los niños y todos los jóvenes frente al seguimiento, la elaboración de perfiles y la segmentación ilegales, en particular con fines comerciales; e) implicar a los niños y los jóvenes en el desarrollo de políticas digitales que les afecten».

3.6. Sostenibilidad

En fin, el Capítulo IV y último enlaza con los propósitos de sostenibilidad de que igualmente defiende y propugna la Unión Europea, si bien la Declaración se centra sobre todo en la vertiente ambiental de la sostenibilidad. En efecto, los apartados 23 y 24 disponen: «23. Para evitar que se cause un perjuicio significativo al medio ambiente y promover la economía circular, los productos y servicios digitales deberían diseñarse, producirse, utilizarse, repararse, reciclarse y eliminarse de manera que se atenúen sus efectos negativos en el medio ambiente y en la sociedad y se evite la obsolescencia programada. 24. Toda persona debería tener acceso a información precisa y fácil de entender sobre los efectos ambientales, el consumo de energía, la reparabilidad y vida útil de los productos y servicios digitales, que le permita tomar decisiones responsables». La Declaración, en nuestra opinión, se queda muy corta en este punto, pues, por ejemplo, debería fijarse como objetivo claro la prohibición total de la obsolescencia programada.

Dicho lo anterior, los compromisos se centran en: «a) apoyar el desarrollo y la utilización de tecnologías digitales sostenibles que tengan un mínimo impacto negativo ambiental y social; b) incentivar alternativas para los consumidores y modelos de negocio que sean sostenibles, y fomentar un comportamiento sostenible y responsable por parte de las empresas a lo largo de las cadenas de valor mundiales de productos y servicios digitales, también con vistas a luchar contra el trabajo forzoso; c) promover el desarrollo, la implantación y el uso activo de tecnologías digitales innovadoras con efectos positivos en el medio ambiente y el clima, con el fin de acelerar la transición ecológica; d) promover normas y etiquetas de sostenibilidad aplicables a los productos y servicios digitales».

4. LA DECLARACIÓN EUROPEA Y LA CARTA ESPAÑOLA DE DERECHOS DIGITALES

Si bien es cierto que a nivel europeo la Declaración resulta pionera (con los antecedentes arriba mencionados) en los asuntos que aborda y en su finalidad, merece la pena resaltar que a nivel nacional el pasado mes de junio de 2021 se adoptó la *Carta de Derechos Digitales*[20]. La Carta, sin carácter normativo, tiene como objetivo reconocer los retos que se plantean al adaptar los derechos al entorno digital, sugiriendo políticas, principios y modos de actuación y creando un marco de actuación en el que se muevan los poderes públicos. A nivel europeo, Italia fue la pionera en elaborar un documento de estas características. Así, en 2015 promulgó su *Dichiarazione dei Diritti in internet*[21], fruto del trabajo de una comisión parlamentaria encabezada por el Prof. Stefano Rodotà quien señalaba que con ella se pretendía «*identificar los derechos y los principios específicos del mundo digital subrayando no solo sus peculiaridades, sino la forma en que suelen contribuir a la redefinición de toda la esfera de derechos*». Cabe reseñar que la *Dichiarazione* se adelantó al Reglamento General de Protección de datos en cuestiones como el derecho al olvido, el derecho a no ser objeto de decisiones individuales automatizadas o el derecho a la identidad. Por otra parte, también Portugal ha aprobado una Carta de Derechos Humanos en la Era Digital[22], que tiene la naturaleza de verdadera Ley, aprobada por el Parlamento portugués en abril de 2021 y en vigor desde el 16 de julio del mismo año.

La Declaración y la Carta, en esencia, comparten objetivos. Sin embargo, de la lectura de ambas resulta más ambiciosa la Carta de Derechos Digitales, ya que aborda temas que no se citan en la Declaración. Al igual que en esta, la Carta está dividida en seis apartados[23]: 1) Derechos de libertad, 2) Derechos de igualdad, 3) Derechos de participación y de conformación del espacio público, 4) Derechos del entorno laboral y empresarial, 5) Derechos digitales en entornos específicos y, por último, 6) Garantías y eficacia. Esos seis apartados, a su vez, los componen 28 enunciados.

Como decíamos, la Carta cuenta con un desarrollo más profundo de los derechos. Por ejemplo, como hemos visto en líneas anteriores, en el ámbito laboral la Declaración se limita a reservar un breve apartado a las «condiciones de trabajo». El único compromiso plasmado sería el del derecho a la desconexión digital y al equilibrio entre vida privada y laboral en el entorno

(20) https://www.lamoncloa.gob.es/presidente/actividades/Documents/2021/140721-Carta_Derechos_Digitales_RedEs.pdf

(21) https://www.camera.it/application/xmanager/projects/leg17/commissione_internet/dichiarazione_dei_diritti_internet_pubblicata.pdf

(22) Sobre ello vid Domingos SOARES FARINHO, «The Portuguese Charter of Human Rights in the Digital Age: a legal appraisal» en *Revista Española de la Transparencia*, núm. 13. Segundo Semestre, julio-diciembre de 2021, pp. 85-105.

(23) Un análisis en profundidad de la Carta de Derechos digitales se encuentra en el número 9 (abril-junio 2021) de la *Revista Derecho Digital e Innovación*.

digital. Sin embargo, la Carta dedica un Capítulo entero a estos derechos, incluyendo además la situación específica del teletrabajo, que ha tenido un crecimiento exponencial en los dos últimos años debido a la crisis COVID-19. Se reconoce, por ejemplo, el derecho a la formación de las personas trabajadoras, la protección frente al acoso utilizando medios digitales, frente a la videovigilancia no comunicada, etc.[24].

Nos encontramos también con cuestiones incluidas en la Carta que se echan en falta en la Declaración, tales como el derecho de acceso a la cultura en el entorno digital, el pseudonimato o el empleo de la neurotecnología. Este último aspecto, recogido en el punto XXVI y denominado «Derechos digitales en el empleo de las neurotecnologías», habría sido de muy necesaria inclusión. En efecto, el uso de las neurotecnologías es uno de los aspectos más controvertidos y de necesaria regulación en el nuevo entorno digital ya que, junto con los innegables beneficios y ventajas que puede traer para las personas, los riesgos de su empleo descontrolado pueden ser igualmente peligrosos.

Aunque evidentemente la Carta es un instrumento nacional, por su importancia y calidad podría haberse hecho alguna mención en la Declaración, o haber servido de inspiración de modo más concreto a la hora de redactar el texto europeo.

5. ¿HACIA UN MARCO CONSTITUCIONAL DE LOS DERECHOS DIGITALES EN EUROPA?

Aunque referidas a la Carta española, las reflexiones de Tomás De la Quadra-Salcedo, coordinador de su elaboración, se pueden extrapolar a la naturaleza y el objetivo de la Declaración: «La Carta misma no tiene que ser desarrollada como tal, pero sí que aspira a ser fuente de inspiración para el desarrollo normativo de los derechos y libertades permanentes que se recogen en nuestra Constitución, en la Declaración Universal de Derechos humanos, en el Convenio Europeo de Derechos humanos o en la Carta Europea

(24) Para Jesús MERCADER UGUINA, aún aportándose ideas de enorme importancia, habría sido positivo incluir cuestiones como «(...) *la regulación de la biometría en el trabajo (la experiencia francesa puede ser un buen camino); el desarrollo y proyección laboral del internet de las cosas o, en fin, la tutela y responsabilidad frente a los nuevos riesgos laborales (...)*». https://diariolaley.laleynext.es/Content/DocumentoRelacionado.aspx?params=H4sIAAAAAAAEAC2PwWrDMBBEv6a6FIqk0KY57KFuegiUUFrT-1pablGjdVZrN_77qk1g5jDwGGbOM8na0kUhcFbh8Z5O00gY2ZQ1c15P0MpMRrErYO-2wVV7g0FnHPccwD3_hbRQix14wxJJmhWsUVYcP6nAxu5MGfjniEvqURPnBuXammKE4

de Derechos humanos» [25]. También uno de nosotros ya señaló que «la Constitución de 1978 ofrece un marco suficiente para entender reconocidos los derechos que son imprescindibles para el desarrollo de la sociedad digital. Pero ello implica en ocasiones un esfuerzo de interpretación que quizá no deberíamos dejar sólo en manos de los Tribunales. (...) es necesario reconocer unos derechos, quizá más específicos de la sociedad digital, como el derecho de acceso a Internet, el derecho a la identidad digital, o la garantía de los neuroderechos, que no pueden quedar a la labor de interpretación que pueda llevarse a cabo, sino que es conveniente que sean ya reconocidos y regulados por el legislador» [26].

No parece haber oposición a reconocer que los derechos de los que todas las personas gozamos en el mundo analógico los tenemos también en el mundo digital. Sin embargo esta afirmación, aunque imprescindible, puede resultar escasa en algunas ocasiones y conllevar lagunas o supuestos de hecho en los que no sea suficiente la aplicación de los derechos ya existentes sino que sea necesario dar forma y reconocer nuevos derechos. Hablamos, por ejemplo, de derechos como el derecho al olvido, el derecho a la neutralidad en la red, al testamento digital o el derecho de rectificación en internet, todos ellos ya recogidos en nuestra Ley Orgánica 3/2018, de Protección de Datos personales y garantía de los derechos digitales [27].

El debate en torno a si es necesaria una reforma de nuestra Constitución de 1978 para incluir los derechos digitales está abierto. Igualmente es trasladable al entorno europeo donde, como hemos visto, al igual que ha sucedido en España con la Carta de Derechos digitales, a lo largo de los últimos años se han firmado Declaraciones abordando directamente estos derechos. Y eso sucede con la Declaración sobre los Derechos y Principios Digitales para la Década Digital. Es, al igual que nuestra Carta, la hoja de ruta para el legislador europeo a la hora de abordar la protección de los derechos, y reconocimiento de los nuevos, ante el avance tecnológico.

(25) https://diariolaley.laleynext.es/Content/DocumentoRelacionado.aspx?params=H4sIAAAAAAAEAC2PwWrDMBBEv6a6FIqk0KY57KFue-giUUFrT-1pablGjdVZrN_77qk1g5jDwGGbOM8na0kUhcFbh8Z5O00gY2ZQ1c15P0MpMRrErYO-2wVV7g0FnHPccwD3_hbRQix14wxJJmhWsUVYcP6nAxu5MGfjniEvqURPnBuXammKE

(26) https://diariolaley.laleynext.es/Content/DocumentoRelacionado.aspx?params=H4sIAAAAAAAEAC2PwWrDMBBEv6a6FIqk0KY57KFue-giUUFrT-1pablGjdVZrN_77qk1g5jDwGGbOM8na0kUhcFbh8Z5O00gY2ZQ1c15P0MpMRrErYO-2wVV7g0FnHPccwD3_hbRQix14wxJJmhWsUVYcP6nAxu5MGfjniEvqURPnBuXammKE

(27) Excede del propósito de estas líneas abordar el debate acerca de si la inclusión del Título X en la LOPDGDD fue el mejor modo para abordar la garantía de los derechos digitales.

Por ello, podría plantearse la posibilidad de considerar que podríamos estar ante un primer paso para conseguir un marco «constitucional» europeo de reconocimiento de los derechos digitales[28]. La Declaración europea no debería quedarse sólo en un texto que sin duda tiene una relevancia indiscutible, pero sin valor normativo.

6. CONCLUSIÓN[29]

Que la Comisión tuviese la iniciativa de formular la propuesta de Declaración para que, junto con ella, el Parlamento Europeo y el Consejo la firmen es algo que debe ser bienvenido. Es responsabilidad común que la transformación digital, que avanza a velocidad de crucero, cumpla con una serie de parámetros, principios y derechos fundamentales que rigen el funcionamiento de la Unión, que no dejen atrás a nadie ni sean motivo para acrecentar desigualdades y que esté, como se repite en varias ocasiones a lo largo del texto, centrada en el ser humano.

Se echan en falta, sin embargo, algunas cuestiones que deberían haberse incluido. La redacción de la propuesta de Declaración es lo suficientemente reciente como para poder haber abordado temas como el derecho de acceso a la cultura en el entorno digital, el pseudonimato o, sobre todo, el empleo de la neurotecnología. Estas cuestiones están incluidas en la Carta de Derechos digitales española, más ambiciosa y mejor planteada y desarrollada que la Declaración y no se tratan, o se hace de modo superficial, en la Declaración europea.

El debate en torno a la necesidad de modificar la Constitución para incluir los derechos digitales es trasladable al ámbito europeo, donde la Declaración deberá funcionar como guía para el legislador europeo y, por qué no, para los legisladores de los Estados miembros.

Por último, es imposible deslindar la futura efectividad real de la Declaración al eterno problema con el que se encuentran muchas normas, y más aún en este caso en el que el ámbito de actuación es el tecnológico: la inver-

(28) Ya lo apuntó Alicia PIÑAR REAL en «La Declaración de derechos y principios digitales de la Comisión Europea. ¿Hacia un marco constitucional de los derechos digitales en Europa?», *op. cit.*

(29) Vid. PIÑAR REAL, *op. cit.* en nota anterior.

sión y dotación de recursos[30]. Para poder garantizar que los compromisos incluidos en la Declaración se lleven a cabo resulta imprescindible inversión tanto pública como privada. Inversión en tecnología, inversión en medios adecuados, inversión en educación. Sin recursos, y sin voluntad real de cambio, se corre el riesgo de que estas loables y necesarias iniciativas queden en papel mojado. Y eso, sin lugar a dudas, resultaría totalmente contraproducente para garantizar sin fisuras los derechos de todas las personas en el mundo digital.

(30) Sobre la necesidad de inversión para que la Administración digital sea una realidad, resulta muy interesante la postura de DE LA SIERRA, Susana: *Derechos digitales, perseverando en la lucha por el valor permanente de la dignidad de la persona en el mundo digital*, Diario La Ley, 5 mayo 2021. https://diariolaley.laleynext.es/Content/DocumentoRelacionado.aspx?params=H4sIAAAAAAAEAC2PwWrDMBBEv6a6FIqk0KY57KFue-giUUFrT-1pabIGjdVZrN_77qk1g5jDwGGbOM8na0kUhcFbh8Z5O00gY2ZQ1c15 P0MpMRrErYO-2wVV7g0FnHPccwD3_hbRQix14wxJJmhWsUVYcP6nAxu5MGfjniEvq URPnBuXammKE4

5.

REGLAMENTO DE SERVICIOS DIGITALES (DSA): RESPONSABILIDAD Y CONTROL DE CONTENIDOS POR LAS PLATAFORMAS EN LÍNEA

Ofelia Tejerina Rodríguez
Abogada. Presidenta Asociación de Internautas

1. INTRODUCCIÓN: ESTRATEGIA DIGITAL DE LA UE
2. OBJETIVOS DEL REGLAMENTO DE SERVICIOS DIGITALES (DSA)
3. ANTECEDENTES: *SAFE HARBOUR*
4. ACTUALIZACIÓN NORMATIVA: ALCANCE Y SUJETOS
5. OBLIGACIONES, RESPONSABILIDAD Y RÉGIMEN SANCIONADOR
6. CONCLUSIONES
7. BIBLIOGRAFÍA

La edición y difusión de contenidos es la razón de ser de Internet. Desde que se estableciera como herramienta de uso ordinario entre los internautas, hace ya más de treinta años, el regulador ha intentado ordenar su uso de forma eficiente. Para obtener máximo beneficio de su potencial, en positivo, se han puesto límites y dado respuestas legales a los perjuicios inherentes a su dinámica funcional de autonomía, o al menos se ha intentado con mejor o peor suerte. El objetivo clave: el control de los contenidos y responsables de los mismos. Para eso llega la DSA.

1. INTRODUCCIÓN: ESTRATEGIA DIGITAL DE LA UE

Configurar el futuro digital de Europa[(1)] es un cometido clave de la Comisión Europea. Su estrategia de transformación digital busca el liderazgo en innovación tecnológica de sus ciudadanos, empresas y administraciones. Fue lanzada en febrero de 2020 con diferentes propuestas para lograr en todo el territorio de la UE una sociedad online más abierta, democrática y sostenible, para crear una economía digital más justa y competitiva, con la adecuada protección de los derechos y ejecución de las correspondientes responsabilidades.

Sus acciones normativas se concretan en directrices legales y códigos de buenas prácticas dirigidos, por una parte, a orientar a los agentes del mercado en línea y, por otra, a guiar el desarrollo normativo de la referida estrategia. Así, nos encontramos con la Declaración Europea sobre los Derechos y Principios Digitales para la Década Digital, en el programa estratégico de la Década Digital para 2030, adoptado por la Decisión (UE) 2022/2481, de 14 de diciembre de 2022, con el Libro Blanco de la Inteligencia Artificial (2020), la Recomendación (UE) 2019/534 de la Comisión, de 26 de marzo de 2019, Ciberseguridad de las redes 5G (*5G networks EU Toolbox*), el Reglamento (UE) 2022/2554 del Parlamento Europeo y del Consejo de 14 de diciembre

(1) *Shaping Europe's Digital Future*. En: https://eufordigital.eu/library/shaping-europes-digital-future/

de 2022 sobre la resiliencia operativa digital del sector financiero (*DORA*), o la Directivas *(NIS2)* 2022/2555 del Parlamento Europeo y del Consejo de 14 de diciembre de 2022 relativa a las medidas destinadas a garantizar un elevado nivel común de ciberseguridad en toda la Unión, y (UE) 2022/2557 del Parlamento Europeo y del Consejo de 14 de diciembre de 2022 relativa a la resiliencia de las entidades críticas. Y en este contexto interesan, a los efectos de este capítulo sobre el control de contenidos en Internet, el Reglamento (UE) 2022/1925 del Parlamento Europeo y del Consejo de 14 de septiembre de 2022 sobre mercados disputables y equitativos en el sector digital y por el que se modifican las Directivas (UE) 2019/1937 y (UE) 2020/1828 - Reglamento de Mercados Digitales (o *DMA* por sus siglas en inglés) y el Reglamento (UE) 2022/2065 del Parlamento Europeo y del Consejo de 19 de octubre de 2022 relativo a un mercado único de servicios digitales y por el que se modifica la Directiva 2000/31/CE - Reglamento de Servicios Digitales (o *DSA*, por sus siglas en inglés). Es esta última, precisamente, la que sienta criterios de responsabilidad de los prestadores de servicios, o de exención, centrándose en la ordenación de las obligaciones de los intermediarios, desde proveedores de acceso a los buscadores.

El 27 de octubre de 2022 el Diario Oficial de la Unión Europea publicaba la DSA. Este Reglamento fue aprobado considerando que «los servicios de la sociedad de la información y especialmente los servicios intermediarios se han convertido en una parte importante de la economía de la Unión y de la vida cotidiana de sus ciudadanos» (C. 1 DSA), y que, desde hacía más de veinte años —desde la Directiva 2000/31/CE, de 8 de junio[(2)]— no se había actualizado el marco jurídico que le es aplicable. Además, los Estados miembros continuaban legislando independientemente en sus territorios, por lo que era urgente una armonización de las condiciones de prestación de los servicios, sobre todo lo relativo a los servicios de intermediación y contenidos en línea. El Parlamento Europeo y Consejo son conscientes del creciente uso de esos servicios y que «entraña nuevos riesgos y desafíos para los destinatarios individuales de los correspondientes servicios, las empresas y la sociedad en su conjunto».

La necesidad de actualizar el sistema estaba más que justificada, sin duda, pero no se puede ignorar que hay circunstancias específicas del funcionamiento técnico de estos servicios que no han cambiado hace veinte años.

(2) Directiva 2000/31/CE del Parlamento Europeo y del Consejo, de 8 de junio de 2000, relativa a determinados aspectos jurídicos de los servicios de la sociedad de la información, en particular el comercio electrónico en el mercado interior (Directiva sobre el comercio electrónico) (DO L 178 de 17.7.2000, p. 1).

Internet sigue siendo una herramienta de comunicación dinámica que se nutre de contenidos, es 24/7 carga y descarga de información, en espacios o servidores destinados al alojamiento de datos. Solo respetando esta base podremos detectar correctamente las diferencias que hoy nos podemos encontrar en este ecosistema y que harían, en su caso, necesaria una actualización, y siempre y cuando sea con intención de mejorarlo. Si la «seguridad jurídica» es el eje sobre el que pivota todo el sistema legal instaurado con la actualización normativa que trae la DSA, es un argumento que no debería servir como excusa para reformar cuestiones que en nada actualizan el correcto funcionamiento de los servicios, por ejemplo, trasladando al sector privado responsabilidades que no le competen, como se expondrá más adelante.

Si el objetivo es mejorar el funcionamiento del mercado interior y ordenar específicamente la actividad de determinados prestadores de servicios de la sociedad de la información, los servicios intermediarios conocidos como de «mera transmisión», de «memoria caché» y de «alojamiento de datos», para ofrecer, también a los consumidores, un entorno en línea seguro, predecible y digno de confianza, no se puede obviar que ya existían hace más de veinte años y que hay cuestiones que no han variado ni un ápice: edición y difusión libre de contenidos por terceros y control por el prestador del servicio de gestión de contenidos. Es importante conocer la tradición normativa y jurisprudencial en este sentido, y las razones sobre la protección de la libertad de expresión e información en el entono online, e incluso sobre la protección de datos personales de los usuarios particulares.

2. OBJETIVOS DEL REGLAMENTO DE SERVICIOS DIGITALES (DSA)

La Ley de Servicios Digitales presenta como sus pilares de actuación[3] los siguientes objetivos:

1. Crear un entorno en línea más seguro.
2. Definir responsabilidades claras para las plataformas, los mercados y los medios sociales.
3. Hacer frente a los desafíos digitales actuales, entre otros, los que atañen a los productos ilícitos, discurso de odio y desinformación.
4. Transparencia en la notificación y supervisión de datos.

(3) Infografía web Consejo de Europa. En: https://www.consilium.europa.eu/es/infographics/digital-services-act/

La UE pretende configurar una estructura de gobernanza eficiente que ofrezca una seguridad jurídica íntegra a los agentes de este mercado digital (C.9 DSA), y entiende para ello, que los prestadores de servicios deben actuar con la debida diligencia en el control —supervisión, moderación y bloqueo— de los contenidos que «pasan» por sus servidores. Sus algoritmos deberán seguir criterios uniformes en la gestión de los riesgos y ofrecer la debida transparencia en aras de una rendición de cuentas responsable. También se debe tener en cuenta la capacitación de los usuarios, ser conscientes de sus necesidades en materia de competencias digitales y facilitar, en todo momento y con carácter imperativo, la protección de los derechos humanos reconocidos en la Carta de Derechos Fundamentales de la UE, aplicada al entorno en línea.

Para cumplir estos retos y lograr ese sistema eficiente la UE confía plenamente en la colaboración público-privada. Así, no sólo obliga al cumplimiento normativo, como no podía ser de otra manera, sino que promueve la elaboración de «buenas prácticas» propias para las entidades responsables.

Con el claro objetivo de incentivar la innovación, la DSA condiciona al cumplimiento de determinados requisitos, el poder aplicar posibles exenciones de responsabilidad. Literalmente dice:

(C.17 DSA) «Las normas de responsabilidad de los prestadores de servicios intermediarios establecidas en el presente Reglamento solo deben determinar cuándo no se pueden exigir responsabilidades al prestador de servicios intermediarios de que se trate en relación con contenidos ilícitos proporcionados por los destinatarios del servicio».

(C.18 DSA) «Las exenciones de responsabilidad establecidas en el presente Reglamento no deben aplicarse cuando, en lugar de limitarse a la prestación neutra de los servicios mediante un tratamiento meramente técnico y automático de la información proporcionada por el destinatario del servicio, el prestador de servicios intermediarios desempeñe un papel activo de tal índole que le confiera conocimiento de dicha información o control sobre ella».

Pero dice el Reglamento que no viene a concretar, en positivo, cuando existe responsabilidad de los prestadores de servicios en línea por una mala gestión de contenidos ilícitos, sino todo lo contrario, que su objetivo es realmente determinar cuándo y en qué condiciones se pueden evitar las sanciones. Pretende no ser una norma amenazante (C.27 DSA: «el problema de los contenidos y las actividades ilícitos en línea no debe abordarse poniendo el foco únicamente en sus responsabilidades»), e incluso insta a la resolución de conflictos sin implicar a los intermediarios, pero lo cierto es que este es el aspecto más importante que actualiza: las obligaciones y condiciones del prestador para evitar multas.

El Capítulo II de la DSA (artículos 4—10) se refiere a «Responsabilidad de los prestadores de servicios intermediarios» y el Capítulo III (artículos 11-48) se refiere a las «Obligaciones de diligencia debida para crear un entorno en línea transparente y seguro», protocolos de cumplimiento y medidas voluntarias. El Capítulo IV (artículos 49 a 88) lo dedica a la cooperación, sanciones y su ejecución, y el Capítulo V (artículos. 89 a 93) a las Disposiciones Finales. Si bien podría parecer, por el volumen de sus preceptos, que la principal preocupación del legislador es ayudar a la correcta gestión de contenidos online («obligaciones») y evitar sorpresas —sanciones—, la realidad es que el Capítulo II crea un escenario del que los prestadores no van a poder salirse en su actividad, y el Capítulo IV lo complementa con sanciones por desobediencia. De hecho, el considerando 28 de la norma recuerda que «los prestadores de servicios que establecen y facilitan la arquitectura lógica subyacente y el correcto funcionamiento de internet, incluidas las funciones técnicas accesorias, también pueden acogerse a las exenciones de responsabilidad establecidas en el presente Reglamento», pero lo que quiere decir en realidad es que cualquier prestador de servicios será sancionado ante una incorrecta gestión de contenidos, si no cumple los requisitos previstos para las exenciones.

Así funcionará Internet. Podría parecer que cualquier indicio con capacidad suficiente para mostrar que el prestador de servicios pudo supervisar activamente contenidos llevará a que dicho sujeto esté sometido al sistema de sanciones previsto, ya que, aunque se está tratando de trasladar la idea que la DSA no viene a imponer un «régimen de responsabilidad», y que eso es cosa de los Estados Miembros y su Derecho Interno, lo obvio es que sí lo hace. Con un grado curioso de indeterminaciones que iremos señalando, y que ya veníamos observando a lo largo de los últimos años con las interpretaciones y parches aplicados a la Directiva de Comercio Electrónico del año 2000, que no se han solventado tampoco ahora, al final lo que nos queda es que en la práctica y ante la duda sobre la ilicitud de un contenido —serias dudas de hecho o de Derecho— el mejor consejo para un prestador de servicios es que lo elimine. Y téngase en cuenta que en la práctica es peor el miedo de una gran plataforma digital a sufrir una grave crisis de reputación que el miedo a las sanciones.

3. ANTECEDENTES: *SAFE HARBOUR*

La doctrina *Safe Harbour* o régimen de exclusión de responsabilidad de los prestadores de servicios de la Sociedad de la Información, fue introducida por la Directiva 2000/31/CE, de 8 de junio (Directiva sobre el comercio electrónico, en adelante *DCE*) y se conserva en la DSA. Pero el nuevo Reglamento introduce obligaciones y supuestos sancionables que hacen que llevarlo a la realidad práctica sea todavía más difícil de lo que ya lo era antes, especialmente al aplicar a la realidad uno de sus ejes principales: la «inexistencia de obligación general de monitorización o de búsqueda activa de hechos» (art. 8 DSA). El algoritmo ciertamente tiene capacidad de sobra para monitorizar y buscar hechos, la cuestión es si debe/puede esperar a que se produzca la denuncia del contenido nocivo o si —insistimos, a efectos prácticos y de economía «sostenible»— es preferible actuar antes «diligentemente» de buena fe para evitar el daño o para evitar riesgos sobre la futura interpretación del sancionador en materia de «efectivo conocimiento» del ilícito. Pero vayamos por partes.

En el año 2000, cuando el Parlamento y el Consejo de la Unión Europea aprobaron las primeras directrices del mercado online, se entendía que «el desarrollo de los servicios de la sociedad de la información en la Comunidad se ve entorpecido por cierto número de obstáculos jurídicos que se oponen al buen funcionamiento del mercado interior y que hacen menos atractivo el ejercicio de la libertad de establecimiento». Uno de esos obstáculos era la dispersión normativa en los Estados Miembros, otro, la falta de coordinación entre ellos en un mercado único digital, lo que suponía una gran inseguridad jurídica en todo el territorio. Para reforzar las garantías[4] de todos los agentes intervinientes en el mercado digital se establecieron una serie de obligaciones que permitieran localizar a los responsables de los servicios prestados, que permitieran conocer toda la información relativa a sus productos y a la resolución de conflictos, que permitiera exigir y ejecutar respuestas de resarcimiento en caso de daños, etc. Aseguraban que todas esas medidas se limitaban «al mínimo necesario para conseguir el objetivo del correcto funcionamiento del mercado interior» (C. 10 DCE).

(4) (C.7 DCE) «Es fundamental para garantizar la seguridad jurídica y la confianza de los consumidores que la presente Directiva establezca un marco claro y de carácter general para determinados aspectos jurídicos del comercio electrónico en el mercado interior». (C.8 DCE) «El objetivo de la presente Directiva es crear un marco jurídico que garantice la libre circulación de los servicios de la sociedad de la información entre Estados miembros y no armonizar el campo de la legislación penal en sí».

Ya entonces los servicios de la sociedad de la información[(5)] alcanzaban gran variedad de actividades económicas, los servicios remunerados y los servicios consistentes en la transmisión o alojamiento de información facilitada por el destinatario del servicio a través de una red de comunicación (C. 18 DCE).

En cuanto al régimen de exención de responsabilidades que se promulgaba, por la calidad y alcance de la información que transmitían, los considerandos lo explicaban como sigue:

1. Solo se aplica a los casos en los que la actividad del prestador «se limita al proceso técnico de explotar y facilitar el acceso a una red de comunicación mediante la cual la información facilitada por terceros es transmitida o almacenada temporalmente, con el fin de hacer que la transmisión sea más eficiente». Se trata de una actividad de naturaleza «meramente técnica, automática y pasiva», el prestador no conoce ni tiene el control de la información transmitida o almacenada. (C. 42 DCE).

2. Para beneficiarse de las exenciones por mera transmisión —*mere conduit*, art. 12 DCE— y almacenamiento «automático, provisional y temporal» —memoria tampón o *caching*, art. 13 DCE— no debe tener participación alguna en el contenido de los datos transmitidos, es decir, «no modificará los datos que transmite más allá de manipulaciones de carácter técnico, siempre y cuando no alteren la integridad de los datos transmitidos». (C. 43 DCE).

3. Si el prestador colabora deliberadamente con uno de los destinatarios de su servicio a fin de cometer actos ilegales, será responsable junto con el destinatario (C. 44 DCE).

4. Para beneficiarse de la limitación de responsabilidad en el caso de los prestadores de servicios de «almacenamiento de datos» (art. 14 DCE) el prestador habrá de demostrar que no conocía ni podía conocer la ilicitud del contenido o la actividad. Y si lo tiene, o sea, en cuanto lo tenga,

(5) «Cualquier servicio prestado normalmente a título oneroso, a distancia, mediante un equipo electrónico para el tratamiento (incluida la compresión digital) y el almacenamiento de datos, y a petición individual de un receptor de un servicio; los servicios que no implica tratamiento y almacenamiento de datos no están incluidos». Definición de «servicio de la sociedad de la información» conforme la Directiva 98/34/CE del Parlamento Europeo y del Consejo, de 22 de junio de 1998, por la que se establece un procedimiento de información en materia de las normas y reglamentaciones técnicas y de las reglas relativas a los servicios de la sociedad de la información, y en la Directiva 98/84/CE del Parlamento Europeo y del Consejo, de 20 de noviembre de 1998, relativa a la protección jurídica de los servicios de acceso condicional o basados en dicho acceso.

debe retirar o impedir con prontitud el acceso a los datos —*Teoría del conocimiento efectivo*— (C. 46 DCE).

5. Eso sí, «la retirada de datos o la actuación encaminada a impedir el acceso a los mismos habrá de llevarse a cabo respetando el principio de libertad de expresión y los procedimientos establecidos a tal fin a nivel nacional».

6. También deja abierta la posibilidad de establecer condiciones a mayores en cada Estado de la UE, aunque «no pueden imponer a los prestadores de servicios una obligación de supervisión exclusivamente con respecto a obligaciones de carácter general». (C. 47 y art. 15 DCE).

Hasta aquí podemos decir que, más de veinte años después, la doctrina *Safe Harbour* se replica en la DSA.

A aquella DCE le siguieron otras cinco normas, un paquete normativo UE conocido como «la Directiva marco y las Directivas específicas»[(6)], y después, llegó la Directiva 2009/136/CE del Parlamento Europeo y del Consejo, de 25 de noviembre (en adelante *Directiva 2009*), para modificarlo —en concreto, modificaba las Directiva 2002/22/CE (Directiva sobre servicio universal, en adelante *DSU*) y 2002/58/CE (Directiva sobre la privacidad y las comunicaciones electrónicas, en adelante *DPCE*)—. Con esta norma, «como consecuencia de la evolución de la tecnología y del mercado, las redes están adoptando cada vez más la tecnología "Protocolo Internet" (IP) y los consumidores tienen la posibilidad de elegir entre una gama cada vez más amplia de proveedores de servicios vocales competidores» (C. 15, Directiva 2009), se aprovechó la oportunidad de reforzar aquellas directrices sobre la exención de responsabilidades y la prohibición para los prestadores de monitorizar la actividad de los usuarios permanentemente en el territorio de la UE.

En 2009 ya se ofrecía a los usuarios un mayor abanico de contenidos, aplicaciones y servicios, y también se les debía facilitar una información más completa «sobre cualquier limitación que imponga el proveedor del servicio

(6) Compuesto por la Directiva 2002/19/CE del Parlamento Europeo y del Consejo, de 7 de marzo de 2002, relativa al acceso a las redes de comunicaciones electrónicas y recursos asociados, y a su interconexión (Directiva sobre acceso), la Directiva 2002/20/CE del Parlamento Europeo y del Consejo, de 7 de marzo de 2002, relativa a la autorización de redes y servicios de comunicaciones electrónicas (Directiva sobre autorización), la Directiva 2002/21/CE del Parlamento Europeo y del Consejo, de 7 de marzo de 2002, relativa a un marco regulador común de las redes y los servicios de comunicaciones electrónicas (Directiva marco), la Directiva 2002/22/CE (Directiva sobre servicio universal) y la Directiva 2002/58/CE (Directiva sobre la privacidad y las comunicaciones electrónicas).

o de la red en la utilización de los servicios de comunicaciones electrónicas» (C. 28, Directiva 2009).

Entonces la DSU ni imponía ni prohibía a los proveedores que limitasen el acceso o el uso de sus servicios y aplicaciones a los usuarios. Más bien todo lo contrario, apostó por la neutralidad y por esa obligación de informar a los usuarios sobre las condiciones específicas para acceder al servicio, respetando siempre los derechos fundamentales de los ciudadanos (C.29, Directiva 2009). Y, sobre todo, no exigía a los proveedores que controlasen «la información transmitida a través de sus redes, ni que interpongan acciones judiciales contra sus clientes con motivo de dicha información, ni responsabiliza a los proveedores de dicha información. La responsabilidad por acciones punitivas o el enjuiciamiento penal era competencia de la legislación nacional, dentro del respeto de los derechos y las libertades fundamentales, incluido el derecho a las garantías procesales» (C. 30 Directiva 2009). Por otra parte, también tenía claro que correspondía a los Estados miembros y no a los proveedores de redes o servicios de comunicaciones electrónicas el «decidir de conformidad con los procedimientos adecuados si los contenidos, las aplicaciones o los servicios son lícitos o nocivos».

En España estos criterios de responsabilidad y exenciones se traspusieron en la Ley 34/2002, de 11 de julio, de servicios de la sociedad de la información y de comercio electrónico (en adelante, *LSSI*), en los artículos 13 a 17, y destacaremos la especial referencia al «deber de colaboración de los prestadores de servicios de intermediación» (artículo 11 LSSI), que explica en el tercer apartado de la Exposición de Motivos diciendo:

> «La Ley establece, asimismo, las obligaciones y responsabilidades de los prestadores de servicios que realicen actividades de intermediación como las de transmisión, copia, alojamiento y localización de datos en la red. En general, éstas imponen a dichos prestadores un deber de colaboración para impedir que determinados servicios o contenidos ilícitos se sigan divulgando. Las responsabilidades que pueden derivar del incumplimiento de estas normas no son sólo de orden administrativo, sino de tipo civil o penal, según los bienes jurídicos afectados y las normas que resulten aplicables».

Durante muchísimo tiempo se advertía que la competencia para decidir sobre la ilicitud de un contenido era de las autoridades y no de los prestadores de servicios, aunque, eso sí, estos tenían un deber de colaboración activo para ayudar a erradicarlos y evitar su difusión. Sobre esta base, por tanto, se aplicarían las normas de exención de responsabilidad para la actividad online de alojamiento, memoria caché y mera transmisión. La normativa recogía el testigo de la expresa prohibición a los Estados miembros de imponer a los prestadores de servicios «una obligación general de supervisar los datos que transmitan o almacenen, ni una obligación general de realizar búsquedas activas de hechos o circunstancias que indiquen actividades ilícitas». Podrían «establecer obligaciones tendentes a que los prestadores de servicios de la sociedad de la información comuniquen con prontitud a las autoridades públicas competentes los presuntos datos ilícitos o las actividades ilícitas llevadas a cabo por destinatarios de su servicio o la obligación de comunicar a las autoridades competentes, a solicitud de éstas, información que les permita identificar a los destinatarios de su servicio con los que hayan celebrado acuerdos de almacenamiento» (artículo 15 LSSI). Todo ello, bajo la sombra de la interpretación de la «Teoría del conocimiento efectivo».

A nadie escapa la noción de que el problema de la difusión de contenidos ilícitos, así como las acciones políticas y normativas de los últimos quince años, han venido dirigidas por la protección de los derechos de propiedad intelectual y los intereses económicos en juego. Comenzaron tratando de reformar las leyes del proceso penal, con el fin de permitir la interceptación legal de las comunicaciones en estos casos —además de los delitos dolosos castigados con pena con límite máximo de, al menos, tres años de prisión, los delitos cometidos en el seno de un grupo u organización criminal, y los delitos de terrorismo—, consiguiendo que se introdujese la coletilla «o delitos cometidos a través de instrumentos informáticos o de cualquier otra tecnología de la información o la comunicación o servicio de comunicación» (art. 588 ter a LECrim), a la vez que exigían reformas de la normativa civil para ampliar los supuestos de responsabilidad directa de los prestadores y los casos en los que procedía el bloqueo o impedir el acceso a contenidos.

La jurisprudencia española del Tribunal Supremo también apostó por el fortalecimiento de un sistema de supervisión general —en la práctica— definiendo la «teoría del conocimiento efectivo» como una suerte de «es que te lo dijeron y no hiciste nada». Sentaron las bases de la responsabilidad directa del prestador de servicios ante contenidos con aparentes trazas de ilicitud, por no haberlo declarado así y retirado con prontitud, aun habiendo sido informado por el ofendido, en la sentencia del conocido caso «putasgae»[7] dictada en 2009. El caso versaba sobre una actividad de alojamiento de datos meramente técnico (*hosting*) y la responsabilidad directa del prestador (la Asociación de Internautas) por no haber reaccionado de inmediato a la peti-

(7) STS 773/2009, de 09 de diciembre de 2009. En: https://www.poderjudicial.es/search/openCDocument/f9caf3b37c843044cff9837de00c97b488d866f3fce139ec

ción de retirada y bloqueo de contenidos por el interesado (la SGAE). Se consideró que el prestador tenía conocimiento efectivo de la existencia de un contenido ilícito porque éste (F. J°. 4°) «(...) se obtiene por el prestador del servicio a partir de hechos o circunstancias aptos para posibilitar, aunque mediatamente o por inferencias lógicas al alcance de cualquiera, una efectiva aprehensión de la realidad de que se trate». Pero, especialmente, se declaró que tendría así conocimiento de su condición de ilícito, aunque ningún órgano competente lo hubiera declarado previamente, ni la lesión de los derechos de los actores y, mucho menos, ordenado la retirada de contenido. Bastaría un correo electrónico, un *sms* certificado o el burofax de un particular —entre otras múltiples e indefinida variedad de opciones— declarando la ilicitud del contenido y solicitando su retirada para que entre en juego la «teoría del conocimiento efectivo» con toda su fuerza, anulando la exención de responsabilidad del sistema *Safe Harbour*.

La jurisprudencia europea, sin embargo, no siguió esta línea hasta mucho tiempo después, hasta las primeras reformas legales que han alcanzado a la DSA. A modo de ejemplo citaremos por todas la Sentencia del Tribunal de Justicia de la Unión Europea, de 16 de febrero de 2012, en un caso en que un juzgado español emite un requerimiento judicial ordenando al prestador de servicios de alojamiento establecer el sistema de filtrado «controvertido», consistente en:

(F. J° 36) - (1°) «que el prestador de servicios de alojamiento de datos identifique, antes de nada, entre la totalidad de los archivos almacenados en sus servidores por todos los usuarios de sus servicios, los archivos que puedan contener obras sobre las que los titulares de derechos de propiedad intelectual tengan supuestamente derechos»; (2°) «que determine, seguidamente, cuáles de esos archivos se almacenan y ponen a disposición del público de un modo ilícito» y (3°) «que proceda, en último lugar, a bloquear la puesta a disposición de archivos que considere ilícitos».

El TJUE consideró que la «vigilancia activa de los archivos almacenados por los usuarios en los servicios de almacenamiento del prestador de que se trata y que afecta tanto a casi la totalidad de la información almacenada como a los usuarios de los servicios de ese prestador» es una supervisión preventiva activa. Obligar —judicialmente— al prestador del servicio de alojamiento de datos a proceder así, sobre la casi totalidad de los datos alojados y respecto de todos sus clientes, «con el fin de evitar cualquier futura lesión de los derechos de propiedad intelectual» imponía sin género de dudas una supervisión general prohibida por el artículo 15, apartado 1, de la Directiva 2000/31».

Pero la tendencia es alejarse peligrosamente de esta doctrina y las razones que la sustentan, más allá de que «aplicaba la ley vigente», se entendía perfectamente el funcionamiento de Internet y su relación directa con los derechos a la libertad de expresión e información en la UE. Hoy, el entorno digital está configurando un sistema jurídico que «aparca» a las autoridades judiciales y administrativas en la toma de decisiones sobre la existencia de ilicitudes en supuestos que afectan a derechos fundamentales, lo deja en manos privadas por la comodidad e inmediatez que eso proporciona(8). De hecho, disfrazándolo de «responsabilidad legal», lo que deja en manos privadas, en manos de los prestadores de servicios, es la capacidad de decidir sobre que nos conviene ver o no a los usuarios en el mundo en línea. Y no podemos olvidar que, si la información es poder, su control es el objetivo prioritario de cualquier régimen autoritario.

4. ACTUALIZACIÓN NORMATIVA: ALCANCE Y SUJETOS

Aunque la DSA trae novedades al mercado online, su principal cometido es armonizar las condiciones para la correcta prestación de servicios en línea en los Estados Miembros y delimitar el alcance de las responsabilidades. Viene a establecer un «conjunto específico de normas uniformes, eficaces y proporcionadas de obligado cumplimiento en el ámbito de la Unión» con la aplicación de «requisitos tecnológicamente neutros» para estimular la innovación (C.4 y artículo 2 DSA).

Ha entrado en vigor el 16 noviembre de 2022, pero será no de aplicación hasta el 17 febrero 2024, excepto los siguientes artículos que ya lo son: 24 («obligaciones de transparencia informativa de los prestadores de plataformas en línea»), apartados 2, 3 y 6; 33 («plataformas en línea de muy gran tamaño y motores de búsqueda en línea de muy gran tamaño»), apartados 3

(8) Podemos incluso citar como ejemplo de lo que se entiende sobre las libertades de información y expresión para un Estado de Derecho, la Exposición de Motivos de la Ley 34/1988, de 11 de noviembre, General de Publicidad, en la que se decía: «En el Título IV se establecen las normas de carácter procesal que han de regir en materia de sanción y represión de la publicidad ilícita, sin perjuicio del control voluntario de la publicidad que al efecto pueda existir realizado por organismos de autodisciplina. En este sentido se atribuye a la jurisdicción ordinaria la competencia para dirimir las controversias derivadas de dicha publicidad ilícita en los términos de los artículos 3.º al 8.º Esta es una de las innovaciones que introduce esta Ley, decantándose por una opción distinta a la contemplada en el Estatuto de la Publicidad de 1964. Este último contempla la figura de un órgano administrativo, "El Jurado Central de Publicidad", competente para entender de las cuestiones derivadas de la actividad publicitaria. Por razones obvias, entre otras, las propias constitucionales derivadas de lo dispuesto en el artículo 24.2 en donde se fija un principio de derecho al juez ordinario, así como las que se desprenden de la estructura autonómica del Estado, se ha optado por atribuir esa competencia a los Tribunales Ordinarios».

a 6; 37 («auditoría independiente»), apartado 7; 40 («acceso a datos y escrutinio»), apartado 13; 43 («tasa de supervisión»), y las Secciones 4 («supervisión, investigación, ejecución y seguimiento respecto de los prestadores de plataformas en línea de muy gran tamaño y de motores de búsqueda en línea de muy gran tamaño»), artículos 64 a 83; 5 («disposiciones comunes de ejecución», artículos 84 a 86), y 6 («actos delegados y de ejecución», artículos 87 y 88). Se añade un aviso de aplicación anticipada para los prestadores de plataformas en línea de muy gran tamaño y de motores de búsqueda en línea de muy gran tamaño, lo será a partir de los 4 meses desde la notificación de esta condición —«a la que se refiere el artículo 33, apartado 6, en caso de que dicha fecha sea anterior al 17 de febrero de 2024»— (artículo 92 DSA).

Su ámbito territorial se circunscribe a la UE siguiendo el criterio de «destino» del servicio —en lugar del de origen—, es decir, se aplica prestadores de servicios intermediarios «con independencia de su lugar de establecimiento o ubicación, en la medida en que ofrezcan servicios en la Unión, lo que se pone de manifiesto por medio de una conexión sustancial con la Unión» (C. 7 y artículo 2 DSA).

Los agentes que participan de este escenario son esencialmente los internautas, usuarios y consumidores de contenidos online, y los proveedores de servicios intermediarios, que puede involucrar tanto al sector privado como al público, porque las directrices aprobadas obligan a todos los intermediarios que ofrezcan sus servicios en línea, tanto si están establecidos en la UE como fuera de ella, con destino a sus ciudadanos:

1. Servicios intermediarios[9] que ofrecen infraestructura de red —«mera transmisión» y «memoria caché»— como proveedores de acceso a Internet, registradores de nombres de dominio, y
2. Servicios intermediarios de «alojamiento de datos» (*hosting*), como servicios en la nube y de alojamiento web.

(9) Definiciones. Artículo 3 DSA. Son servicios de intermediación: (g) i) «un servicio de "mera transmisión", consistente en transmitir, en una red de comunicaciones, información facilitada por el destinatario del servicio o en facilitar acceso a una red de comunicaciones», (ii) «un servicio de "memoria caché", consistente en transmitir por una red de comunicaciones información facilitada por el destinatario del servicio, que conlleve el almacenamiento automático, provisional y temporal de esta información, prestado con la única finalidad de hacer más eficaz la transmisión ulterior de la información a otros destinatarios del servicio, a petición de estos, (iii) un servicio de "alojamiento de datos", consistente en almacenar datos facilitados por el destinatario del servicio y a petición de este».

3. Motores de búsqueda, y plataformas en línea que reúnan a vendedores y consumidores, como mercados en línea, tiendas de aplicaciones, plataformas de economía colaborativa y plataformas de medios sociales[(10)].

4. Motores de búsqueda y plataformas en línea, de muy gran tamaño: plantean riesgos particulares en la difusión de contenidos ilegales y daños sociales (*se prevén normas específicas para las plataformas que llegan a más del 10% de los 450 millones de consumidores en Europa).

Quedarán fuera, en principio, los servicios de comunicaciones interpersonales o mensajería privada, salvo que «que permitan poner información a disposición de un número potencialmente ilimitado de destinatarios, no determinado por el remitente de la comunicación, por ejemplo, a través de grupos públicos o canales abiertos».[(11)]

Por otra parte, microempresas y pequeñas empresas tendrán obligaciones proporcionadas a su capacidad y tamaño, al tiempo que se garantiza que sigan siendo responsables y, además, aunque crezcan considerablemente, se beneficiarán de una exención específica de una serie de obligaciones durante un período transitorio de 12 meses (artículo 29 DSA).

Un «invitado» especial y novedoso en el escenario será, entre las instituciones con competencias de supervisión y sancionadoras, es el organismo

(10) Definiciones: Artículo 3 DSA. (i) «plataforma en línea: un servicio de alojamiento de datos que, a petición de un destinatario del servicio, almacena y difunde información al público, salvo que esa actividad sea una característica menor y puramente auxiliar de otro servicio o una funcionalidad menor del servicio principal y que no pueda utilizarse sin ese otro servicio por razones objetivas y técnicas, y que la integración de la característica o funcionalidad en el otro servicio no sea un medio para eludir la aplicabilidad del presente Reglamento»; (j) «motor de búsqueda en línea: un servicio intermediario que permite a los usuarios introducir consultas para hacer búsquedas de, en principio, todos los sitios web, o de sitios web en un idioma concreto, mediante una consulta sobre un tema cualquiera en forma de palabra clave, consulta de voz, frase u otro tipo de entrada, y que en respuesta muestra resultados en cualquier formato en los que puede encontrarse información relacionada con el contenido que es objeto de la consulta»;

(11) (C. 14 DSA) «Los servicios de comunicaciones interpersonales definidos en la Directiva (UE) 2018/1972 del Parlamento Europeo y del Consejo(24), como los correos electrónicos o los servicios de mensajería privada, quedan fuera del ámbito de la definición de plataformas en línea, ya que se utilizan para la comunicación interpersonal entre un número finito de personas determinado por el remitente de la comunicación (...) La información solo debe considerarse difundida al público en el sentido del presente Reglamento cuando dicha difusión ocurra a petición directa del destinatario del servicio que ha proporcionado la información».

regulador nacional, el «Coordinador Nacional de Servicios Digitales»[(12)]: autoridad nombrada por cada Estado Miembro que actuará como punto único de contacto, con competencias a nivel nacional será la encargada de supervisar la aplicación y, en su caso, ejecución del Reglamento (C. 110 y artículos 49 y siguientes DSA). Estos organismos «deben actuar con completa independencia de organismos públicos y privados, sin obligación o posibilidad de solicitar o recibir instrucciones, ni siquiera del Gobierno, y sin perjuicio de los deberes específicos de cooperación con otras autoridades competentes», lo que no supone que no deban rendir cuentas de la gestión de su presupuesto o recursos, ni debe impedir el ejercicio del control judicial si fuera preciso (C. 112).

Otra novedad del Reglamento, entre los sujetos intervinientes, es la de los «alertadores fiables», con la regulación y adjudicación de competencias legítimas de esta pieza en la difícil tarea de detectar y notificar motivadamente la existencia de contenidos nocivos o ilícitos. Esta figura surgió originalmente en relación con la lucha contra la desinformación online en el ámbito de la UE, como entidades especializadas, con conocimientos específicos en la identificación de contenidos ilícitos y estructuras dedicadas a la detección e identificación de dichos contenidos en línea»[(13)]. Ahora, dicha condición se otorgará a aquellas entidades que lo soliciten al Coordinador de Servicios Digitales del Estado Miembro donde esté establecido, siempre y cuando: a) posean conocimientos y competencias específicos para detectar, identificar y notificar contenidos ilícitos; b) no dependan de ningún prestador de plataformas en línea; y c) realicen sus actividades con el fin de enviar notificaciones de manera diligente, precisa y objetiva (artículo 22 DSA). El Reglamento tratará de garantizar la seguridad jurídica en el cumplimiento de

(12) (C. 111 DSA) «El coordinador de servicios digitales, así como otras autoridades competentes designadas en virtud del presente Reglamento, desempeñan un papel crucial para garantizar la efectividad de los derechos y obligaciones establecidos en el presente Reglamento y el cumplimiento de sus objetivos. En consecuencia, es necesario garantizar que dichas autoridades dispongan de los medios necesarios, incluidos los recursos financieros y humanos, para supervisar a todos los prestadores de servicios intermediarios que estén bajo su competencia, en interés de todos los ciudadanos de la Unión. (...)».

(13) «La retirada de contenidos ilegales en línea se produce de forma más rápida y fiable cuando las plataformas en línea ponen en marcha mecanismos que facilitan un canal privilegiado para aquellos proveedores de avisos que ofrecen una experiencia particular a la hora de notificar la presencia de contenidos potencialmente ilegales en su sitio web» (*trusted flaggers*). Brussels, 28.9.2017. COM(2017) 555 final. COMMUNICATION FROM THE COMMISSION TO THE EUROPEAN PARLIAMENT, THE COUNCIL, THE EUROPEAN ECONOMIC AND SOCIAL COMMITTEE AND THE COMMITTEE OF THE REGIONS. Tackling Illegal Content Online. Towards an enhanced responsibility of online platforms.

sus funciones y protocolos de actuación, en colaboración con los prestadores de servicios afectados.

Por último, cabe mencionar también aquí a los «guardianes de acceso» pues, aunque son actores principales de la Ley de Mercados Digitales o Reglamento del Parlamento Europeo y del Consejo sobre mercados disputables y equitativos en el sector digital (*DMA* por sus siglas en inglés), su actividad está directamente relacionada con la prestación de servicios intermediarios. Se trata de grandes proveedores de servicios de plataformas básicas que cumplen ciertas condiciones: (1) «tiene una posición económica fuerte, un impacto significativo en el mercado interior y opera en varios países de la UE; (2) tiene una fuerte posición de intermediación, lo que significa que vincula a una amplia base de usuarios con un gran número de empresas, y (3) tiene (o está a punto de tener) una posición arraigada y duradera en el mercado, lo que significa que es estable a lo largo del tiempo si la empresa cumplió los dos criterios anteriores en cada uno de los tres últimos ejercicios financieros»(14).

Aunque actualmente las grandes plataformas actúan cada vez más como puertas de acceso o guardianes de acceso a los contenidos, en gran medida la forma en la que actúan no está regulada o se basa en un conjunto de normas, muchas de las cuales son anteriores a la economía digital(15).

5. OBLIGACIONES, RESPONSABILIDAD Y RÉGIMEN SANCIONADOR

Con el objetivo de crear un mercado digital confiable y donde la seguridad jurídica sea una realidad palpable, el Reglamento determina las obligaciones de los prestadores de servicios, aunque su redacción está generando cierta confusión entre los afectados. Lógicamente, si no fuera posible llevarlas a la práctica de manera armonizada en todo el territorio de la UE, la norma podría acabar convirtiéndose en una mera declaración de intenciones.

En general se puede decir que sus obligaciones promueven la lucha contra bienes, servicios o contenidos ilícitos en línea con mecanismos para que los usuarios denuncien —mecanismos internos y alertadores fiables—; esta-

(14) *The Digital Markets Act: ensuring fair and open digital markets*. En: https://commission.europa.eu/strategy-and-policy/priorities-2019-2024/europe-fit-digital-age/digital-markets-act-ensuring-fair-and-open-digital-markets_en

(15) *Europe fit for the Digital Age: new online rules for platforms*. En: https://commission.europa.eu/strategy-and-policy/priorities-2019-2024/europe-fit-digital-age/digital-services-act-ensuring-safe-and-accountable-online-environment/europe-fit-digital-age-new-online-rules-platforms_en#clear-gatekeeper-obligations-across-the-eu

blecen nuevas obligaciones sobre trazabilidad de las empresas que actúan en los mercados en línea, incluyendo la comprobación periódica y aleatoriamente sobre si los productos o servicios han sido identificados como ilegales en alguna base de datos oficial; traen garantías como la posibilidad de impugnar decisiones de los moderadores de contenidos o la prohibición de determinado tipo de anuncios dirigidos a menores o que utilizan categorías especiales de datos personales, como la etnia, las opiniones políticas o la orientación sexual; introducen medidas de transparencia sobre los algoritmos utilizados por las plataformas para sus recomendaciones, o la obligación de auditorías y evaluaciones de riesgos para las plataformas en línea y motores de muy gran tamaño. También imponen una estructura de supervisión adecuada desde la Comisión Europea, sobre la complejidad del ciberespacio, e incluso exige el pago de una tasa a las plataformas online para sustentarlo.

Según el criterio de Comisión Europea, las obligaciones tienen carácter acumulativo[(16)] y se concretan en:

	Servicios de intermediación	**Servicios de alojamiento de datos**	**Plataformas en línea**	**Plataformas de muy gran tamaño**
Informes de transparencia	⚖	⚖	⚖	⚖
Requisitos sobre las condiciones de servicio respetando los derechos fundamentales	⚖	⚖	⚖	⚖
Cooperación con las autoridades nacionales con arreglo a órdenes	⚖	⚖	⚖	⚖
Puntos de contacto y, en su caso, representante legal	⚖	⚖	⚖	⚖

(16) Op. Cit. Europe fit for the Digital Age. En: https://commission.europa.eu/strategy-and-policy/priorities-2019-2024/europe-fit-digital-age/digital-services-act-ensuring-safe-and-accountable-online-environment/europe-fit-digital-age-new-online-rules-platforms_en

	Servicios de intermediación	Servicios de alojamiento de datos	Plataformas en línea	Plataformas de muy gran tamaño
Notificación, acción y obligación de facilitar información a los usuarios		⚖	⚖	⚖
Denuncia de infracciones penales		⚖	⚖	⚖
Mecanismo de reclamación y de recurso y solución extrajudicial de litigios			⚖	⚖
Alertadores fiables			⚖	⚖
Medidas contra las notificaciones y las contra-notificaciones abusivas			⚖	⚖
Obligaciones especiales para los mercados; por ejemplo, comprobación de las credenciales de terceros proveedores (principio de «conozca a su cliente»), cumplimiento desde el diseño, controles aleatorios			⚖	⚖
Prohibición de los anuncios dirigidos específicamente a los niños y de aquellos basados en características especiales de los usuarios			⚖	⚖
Transparencia de los sistemas de recomendación			⚖	⚖

	Servicios de intermediación	**Servicios de alojamiento de datos**	**Plataformas en línea**	**Plataformas de muy gran tamaño**
Transparencia de la publicidad en línea para los usuarios			⚖	⚖
Obligaciones en materia de gestión de riesgos y respuesta a las crisis				⚖
Auditoría externa e independiente, mecanismo interno de verificación del cumplimiento y rendición pública de cuentas				⚖
Libertad de los usuarios para no recibir recomendaciones basadas en la elaboración de perfiles				⚖
Intercambio de datos con las autoridades y los investigadores				⚖
Códigos de conducta				⚖
Cooperación en la respuesta a las crisis				⚖

Fuente: *Tailored asymmetric obligations*. Comisión Europea

En particular, los Estados miembros están tratando de adoptar normas y medidas especiales que ordenen las actividades de los prestadores de servicios en línea, imponiendo requisitos de diligencia para hacer frente a los contenidos ilícitos, la desinformación y otros riesgos para la sociedad (C. 2 DSA). Obliga a cumplir condiciones específicas para poder acogerse al sistema de exenciones *Safe Harbour*, como la actuación diligente en la retirada de contenidos su bloqueo o supresión en el acceso al servicio en cuanto tenga conocimiento efectivo o consciencia su existencia e ilicitud. Dicha consciencia del carácter ilícito de los contenidos puede llegar también, entre otras vías, a través de investigaciones realizadas por iniciativa propia o de notificaciones —particulares o alertadores fiables— «suficientemente precisas y que estén adecuadamente fundamentadas para que un operador económico diligente, de manera razonable, pueda detectar y evaluar el contenido presuntamente ilícito y, en su caso, actuar contra él». No bastaría que supera que su servicio se utiliza, de manera general, también para almacenar contenidos ilícitos, o que el indexado automático del motor de búsqueda lleva a ellos (C. 22 DSA). Por otra parte, si el usuario actúa bajo el mandato o control del prestador del servicio, como ocurre en los casos de ciertos usuarios de *marketplaces* en los que la plataforma que aloja las tiendas determina o condiciona el precio de los productos o servicios ofertados por el comerciante, esta exención de responsabilidad no aplicaría (C. 23 DSA).

Sobre la «suspensión de actividades online», la plataforma deberá suspender el servicio y el acceso a sus contenidos si se realizan comportamientos abusivos: publicación habitual de contenidos manifiestamente ilícitos y envío frecuente de avisos o reclamaciones manifiestamente infundados a través de los mecanismos y sistemas facilitados al efecto (artículo 23 DSA).

La posible adopción voluntaria de medidas restrictivas sobre los contenidos es otra novedad que se conoce como «la doctrina del Buen Samaritano», aplicable a las plataformas que establecen códigos de conducta o actúan proactivamente en la garantía y protección de los usuarios. En principio la DSA incentiva esta actitud aceptando que el hecho de ser diligente frente a los contenidos ilícitos no va a suponer que se considere que tenía «conocimiento efectivo» previo y, por tanto, sancionable. Sin embargo, por otro lado, luego recalca que actuar diligentemente no anulará sin más las responsabilidades, que para quedar exento debe probar que actúa de buena fe y con diligencia «de manera objetiva, no discriminatoria y proporcionada», teniendo en cuenta los derechos de las partes afectadas, y que procuran eficientemente «las garantías necesarias contra la retirada injustificada de contenidos lícitos», por ejemplo, implantando en sus sistemas herramientas automatizadas para la detección y retirada de contenidos deben ofrecer suficiente fiabilidad y «limitar en la mayor medida posible el porcentaje de errores» (C. 26 DSA).

Todo esto, la teoría, suena muy positivo, pero en la práctica puede resultar de muy difícil aplicación sin riesgo de incurrir en supuestos de «corrección» (por no decir censura) previa masiva. El algoritmo tiene tres posibilidades: (1) actuar antes (2) con carácter inmediato al acto de la carga de contenidos, o (3) después. Y actuar después puede ser tarde —arriesgado— si luego, a criterio de la autoridad competente, se decide que el prestador tenía o debía tener conocimiento efectivo porque se lo comunicaron, y no declaró ilegal el contenido motivándolo «suficientemente» conforme a sus propios criterios previamente publicados —transparencia—, actuando contra él, bloqueándolo o procediendo a la suspensión de cuentas (C. 64 DSA).

En un intento por «aclarar» todas estas cuestiones, el Reglamento describe el «contenido ilícito» como «toda información que, por sí sola o en relación con una actividad, incluida la venta de productos o la prestación de servicios, incumpla el Derecho de la Unión o el Derecho de cualquier Estado miembro que cumpla el Derecho de la Unión, sea cual sea el objeto o carácter concreto de ese Derecho» (artículo 3 h. DSA), definición que poco o nada ayuda. Recordaremos que la doctrina constitucional española sobre la «vaguedad de los términos de una norma» (recordemos que estamos ante un reglamento y no una directiva, que necesite de trasposición). En tal sentido, por todas, la STC 150/1990, de 4 de octubre, FJ 8 señala:

> «[N]o cabe admitir que se infringe el principio de seguridad jurídica cuando un texto normativo no se plantea y resuelve por sí mismo de modo explícito todos los problemas que puede suscitar su aplicación. Sin perjuicio de la conveniencia de apurar, en la medida de lo posible, la regulación y solución de tales problemas con arreglo a estrictos criterios de técnica legislativa, su silencio en la ley no supone en todo caso un atentado contra la seguridad jurídica que el art. 9.3 de la Constitución garantiza. Cada norma singular no constituye un elemento aislado e incomunicado en el mundo del Derecho, sino que se integra en un ordenamiento jurídico determinado, en cuyo seno, y conforme a los principios generales que lo informan y sustentan, deben resolverse las antinomias y vacíos normativos, reales o aparentes, que de su articulado resulten» Pero, dependiendo del alcance de la ausencia, o de la intensidad de la laguna o carencia, el juicio de constitucionalidad puede decantarse en otro sentido. Si las omisiones «produjeran confusión o dudas que generaran en sus destinatarios una incertidumbre razonablemente insuperable acerca de la conducta exigible para su cumplimiento o sobre la previsibilidad de sus efectos, podría concluirse que la norma en cuestión infringe el principio de seguridad jurídica».

Es doctrina unánime en la jurisprudencia española que el grado de indeterminación «legal» será constitucionalmente intolerable si hace imposible concebir «el Derecho como una razón distinguible de la voluntad del poder público que debe aplicarlo, de suerte que la vaguedad de la norma haría zozobrar el principio mismo del imperio de la Ley». Por otra parte, tampoco puede salvarse esto mediante una interpretación que suponga «la reconstrucción de la norma no explicitada debidamente en el texto legal y, por ende, la creación de una norma nueva, con la consiguiente asunción por el

Tribunal Constitucional de una función de legislador positivo que institucionalmente no le corresponde» (SSTC 45/1989, de 20 de febrero, FJ 11; 96/1996, de 30 de mayo, FJ 22; 235/1999, de 20 de diciembre, FJ 13; 194/2000, de 19 de julio, FJ 4; 184/2003, de 23 de octubre, FJ 7 y 273/2005, de 27 de octubre, FJ 8).

La DSA se ha preocupado mucho por dejar claro que no viene a imponer responsabilidades, sino a explicar qué hay que hacer para poder acogerse a alguna exención y evitar sanciones (C. 17 y C. 27 DSA), pero contrariamente dice también (C. 26) que «las actividades y medidas que un determinado prestador pueda haber adoptado no deben tenerse en cuenta a la hora de determinar si el prestador puede acogerse a una exención de responsabilidad, en particular en lo que se refiere a si presta su servicio de forma neutra (...). Las acciones voluntarias no deben utilizarse para eludir las obligaciones de los prestadores de servicios intermediarios en virtud del presente Reglamento». Es decir, se ve que lo de ser buen samaritano puede que te sirva o puede que no, según sea interpretado si lo fue de verdad o por simulación.

Concreten y defiendan la seguridad jurídica ante el tipo de afirmaciones expuestas en este apartado, y la libre interpretación a la que da margen.

Respecto a las sanciones, el sistema recuerda a los Estados Miembros su legitimidad para imponerlas «de manera efectiva, proporcionada y disuasoria, teniendo en cuenta la naturaleza, gravedad, recurrencia y duración del incumplimiento, en vista del interés público perseguido, el alcance y la clase de actividades realizadas, así como la capacidad económica del infractor» (C. 117 DSA). Tienen como pieza clave la modulación y proporcionalidad de las multas en función de criterios como la gravedad de las infracciones, el número de destinatarios, la negligencia demostrada, etc. (artículo 52 DSA), y pueden llegar al imponerse calculadas sobre el 6% de la facturación anual del prestador.

Por último, cabe señalar que la DSA impulsa la creación de protocolos de resolución de conflictos internos en las empresas, y extrajudiciales «por organismos certificados que posean la independencia, los medios y los conocimientos necesarios para desarrollar sus actividades con equidad, rapidez y eficacia en términos de costes (C. 59 DSA)». Sin duda la mediación está siendo uno de los buques insignia de la resolución de conflictos en el panorama digital actual, dónde, como ya se ha dicho antes, es imparable la tendencia a apartar al poder judicial despojándolo incluso de competencias que *de facto* le son propias, para dejarlas en manos privadas. Si bien es cierto que la colaboración público-privada es algo deseable, incluso necesario en muchos casos, el límite entre colaborar o trasladar competencias no siempre queda claro para el mercado en línea.

6. CONCLUSIONES

1. Para **salvaguardar** y mejorar el funcionamiento del mercado interior digital era preciso adoptar un conjunto específico de normas uniformes, eficaces y proporcionadas de obligado cumplimiento en el ámbito de la Unión, en condiciones que además se desarrollen servicios digitales innovadores.

2. Los prestadores de servicios intermediarios deben comportarse de modo **responsable y diligente** para crear un entorno en línea seguro, predecible y digno de confianza. Los ciudadanos deben poder ejercer los derechos garantizados por la Carta de los Derechos Fundamentales de la Unión Europea y, en particular, la libertad de expresión y de información, la libertad de empresa, el derecho a la no discriminación y la garantía de un nivel elevado de protección de los consumidores.

3. La DSA se aplica a los **prestadores de servicios intermediarios** consistentes en servicios conocidos como de «mera transmisión», de «memoria caché» y de «alojamiento de datos», y presenta como **objetivos** principales: 1. Crear un entorno en línea más seguro. 2. Definir responsabilidades claras para las plataformas como los mercados y los medios sociales. 3. Hacer frente a los desafíos digitales actuales, entre otros: productos ilícitos, discurso de odio y desinformación. 4. Transparencia en la notificación y supervisión de datos.

4. El Reglamento quiere determinar cuándo **no se pueden exigir responsabilidades** al prestador de servicios intermediarios en relación con la moderación de contenidos proporcionados por los destinatarios del servicio. La doctrina ***Safe Harbour***, o régimen de exclusión de responsabilidad de los prestadores de servicios de la Sociedad de la Información en el control de contenidos ilícitos, fue introducida por la Directiva 2000/31/CE, de 8 de junio (Directiva sobre el comercio electrónico, en adelante *DCE*) y se dedica a los servicios de intermediación en los que el papel del prestador se limita actividades puramente neutrales y técnicas. Salvo que se llegue a demostrar que ha habido conocimiento efectivo de la ilicitud y no procedió diligentemente a la supresión, bloqueo o retirada del servicio o contenido, podría quedar liberado de responsabilidad.

5. La «**Teoría del conocimiento efectivo**» ha sido siempre muy controvertida por cuanto exige no solo conocer que existe un contenido nocivo, sino que exige también a un ente del sector privado determinar y declarar que éste es ilícito. Impone un régimen de responsabilidad directa del prestador de servicios afectado, desplazando la doctrina tradicional de la colaboración con las autoridades en la detección y erradicación de contenidos ilícitos.

6. Se promueve la «**inexistencia de obligación general de monitorización o de búsqueda activa de hechos**», pero los sistemas de detección de contenidos se basan en algoritmos con capacidad para monitorizar y buscar hechos, antes, inmediatamente, o después de publicarse. La cuestión es si se debe/puede esperar a la denuncia sobre el conceto contenido supuestamente nocivo, o si es preferible actuar «diligentemente» de buena fe antes, para evitar el daño o para evitar posibles malentendidos en la interpretación del sancionador sobre el «efectivo conocimiento» de la «evidente» ilicitud que se cometía.

7. El TJUE consideró en 2012 que la vigilancia activa de los archivos almacenados en los servicios de alojamiento del prestador, si afecta tanto a la casi totalidad de la información almacenada como a los usuarios de los servicios, es una **supervisión preventiva activa**. Es decir, obligar —judicialmente— al prestador a proceder así, sobre la casi totalidad de los datos alojados y respecto de todos sus clientes para evitar cualquier futura lesión de los derechos —de propiedad intelectual—, imponía una supervisión general prohibida por la Directiva 2000/31, que hoy supuestamente replica la DSA.

8. Antes de la DSA se promovía un **deber de colaboración o responsabilidad indirecta** de los prestadores, y los Estados podían «establecer obligaciones tendentes a que los prestadores comunicasen con prontitud a las autoridades competentes los presuntos ilícitos». Y ello, en aras de la efectiva garantía de los derechos fundamentales a la libertad de expresión y a la libertad de información de aquellos que considerasen su contenido inofensivo, así como del resto de la sociedad a acceder a esa información.

9. El **ámbito territorial** de la DSA se circunscribe a la UE, según el criterio de destino del servicio —en lugar del de origen—, y los **sujetos obligados** son servicios intermediarios que ofrecen infraestructura de red —«mera transmisión» y «memoria caché»—, servicios intermediarios de «alojamiento de datos» (hosting), motores de búsqueda y plataformas en línea como *marketplaces* y redes sociales, motores de búsqueda y plataformas en línea, de

muy gran tamaño. Quedan fuera los servicios de comunicaciones interpersonales o mensajería privada, salvo que «que permitan poner información a disposición de un número potencialmente ilimitado de destinatarios, no determinado por el remitente de la comunicación, por ejemplo, a través de grupos públicos o canales abiertos».

10. Las **obligaciones** principales que promueve la DSA en la lucha contra bienes, servicios o contenidos ilícitos en línea, son las de establecer mecanismos internos y alertadores fiables independientes; mecanismos de trazabilidad de las empresas que actúan en los mercados en línea y detección de contenidos ilícitos; garantías como la posibilidad de impugnar decisiones de los moderadores de contenidos o la prohibición de determinado tipo de anuncios; medidas de transparencia de la publicidad y sobre los algoritmos utilizados por las plataformas para sus recomendaciones; auditorías y evaluaciones de riesgos; o una estructura de supervisión adecuada desde la Comisión Europea sobre la complejidad del ciberespacio.

11. Se establece también como novedad la doctrina del «**buen samaritano**» en relación con la adopción de medidas voluntarias de garantía y protección de los usuarios, o códigos de conducta. El Reglamento incentiva las actuaciones de buena fe frente a los contenidos ilícitos remarcando que, en principio, no supondrá que se considere que tenía «conocimiento efectivo» previo y, por tanto, sancionable. Al contrario, también advierte que actuar de buena fe no anula la responsabilidad sin más.

12. Respecto a las **sanciones**, se impone un sistema de proporcionalidad que actúe de manera efectiva y disuasoria «teniendo en cuenta la naturaleza, gravedad, recurrencia y duración del incumplimiento, en vista del interés público perseguido, el alcance y la clase de actividades realizadas, así como la capacidad económica del infractor».

13. Se impulsa la creación de protocolos internos en las empresas, y extrajudiciales «por organismos certificados que posean la independencia, los medios y los conocimientos necesarios para desarrollar sus actividades con equidad, rapidez y eficacia en términos de costes», para la **resolución de conflictos «de buena fe»** (C. 59 DSA).

14. La mediación es sin duda uno de los buques insignia de la resolución de conflictos en el panorama digital actual, en el que crece la tendencia a «aparcar» a los jueces, dejando en manos privadas competencias que le son propias. La colaboración público-privada es algo deseable, incluso necesario

en muchos casos, peo el límite entre colaborar o trasladar competencias no siempre queda claro para el mercado en línea.

7. BIBLIOGRAFÍA

Communication from the Commission to the European Parliament, the Council, the European Economic and Social Committee and The Committee of the Regions. COM/2017/0555 final. Bruselas, 28.9.2017. *Tackling Illegal Content Online. Towards an enhanced responsibility of online platforms*.

Europe fit for the Digital Age: new online rules for platforms. En: https://commission.europa.eu/strategy-and-policy/priorities-2019-2024/europe-fit-digital-age/digital-services-act-ensuring-safe-and-accountable-online-environment/europe-fit-digital-age-new-online-rules-platforms_en#clear-gatekeeper-obligations-across-the-eu

Infografía web Consejo de Europa. En: https://www.consilium.europa.eu/es/infographics/digital-services-act/

The Digital Markets Act: ensuring fair and open digital markets. En: https://commission.europa.eu/strategy-and-policy/priorities-2019-2024/europe-fit-digital-age/digital-markets-act-ensuring-fair-and-open-digital-markets_en

Shaping Europe's Digital Future. En: https://eufordigital.eu/library/shaping-europes-digital-future/

6.

MERCADOS DIGITALES

Manuel Ruiz de la Lara
Magistrado-Juez de lo Mercantil en Madrid

El 12 de octubre de 2022 se publicó en el Diario Oficial de la Unión Europea el Reglamento (UE) 2022/1925 del Parlamento Europeo y del Consejo de 14 de septiembre de 2022 sobre mercados disputables y equitativos en el sector digital y por el que se modifican las Directivas (UE) 2019/1937 y (UE) 2020/1828, conocido como el Reglamento de Mercados Digitales.

Los servicios digitales en general y las plataformas en línea en particular desempeñan un papel cada vez más importante en la economía, especialmente en el mercado interior, posibilitando que las empresas lleguen a usuarios de toda la Unión, facilitando el comercio transfronterizo. Los servicios básicos de plataforma presentan una serie de características de las que pueden aprovecharse las empresas prestadoras de dichos servicios. Las características de la plataforma a partir de la cual se desarrollan los mercados digitales combinadas con las prácticas desleales de las empresas prestadoras de los servicios básicos de plataforma, pueden tener el efecto de socavar sustancialmente la disputabilidad de los servicios básicos de plataforma, así como afectar a la equidad de la relación comercial entre las empresas prestadoras de dichos servicios y sus usuarios profesionales y usuarios finales. En la práctica, esto conduce a una disminución rápida y potencialmente amplia de las opciones de los usuarios profesionales y los usuarios finales.

La regulación de los mercados digitales atiende esencialmente a dos normativas básicas, los artículos 101 y 102 del Tratado de Funcionamiento de la Unión Europea y el referido Reglamento de Mercados Digitales que viene a modificar lo dispuesto en las Directivas de la Unión Europea 2019/1937 y 2020/1828.

El artículo 101.1 del Tratado de Funcionamiento de la Unión Europea dispone que serán incompatibles con el mercado interior y quedarán prohibidos todos los acuerdos entre empresas, las decisiones de asociaciones de empresas y las prácticas concertadas que puedan afectar al comercio entre los Estados miembros y que tengan por objeto o efecto impedir, restringir o falsear el juego de la competencia dentro del mercado interior y, en particular, los que consistan en:

«a) Fijar directa o indirectamente los precios de compra o de venta u otras condiciones de transacción;

b) limitar o controlar la producción, el mercado, el desarrollo técnico o las inversiones;

c) repartirse los mercados o las fuentes de abastecimiento;

d) aplicar a terceros contratantes condiciones desiguales para prestaciones equivalentes, que ocasionen a éstos una desventaja competitiva;

e) subordinar la celebración de contratos a la aceptación, por los otros contratantes, de prestaciones suplementarias que, por su naturaleza o según los usos mercantiles, no guarden relación alguna con el objeto de dichos contratos».

El artículo 101 del TFUE establece el principio general prohibitivo de las colusiones entre empresas, es decir, de cualquier entendimiento entre éstas que puedan dar lugar a una eliminación o restricción de la competencia. Los requisitos para que opere la prohibición son los siguientes:

1) Que medie un entendimiento entre dos o más empresas.

2) Que con ello se afecte al comercio entre los Estados miembros de la UE (que la posible restricción de la competencia consecuencia de los actos colusorios pueda afectar al comercio entre los Estados miembros de la Comunidad Europea-Comunicación de la Comisión 2004/C 101/08 sobre directrices relativas al concepto de efecto sobre el comercio contenido en los arts. 81 y 82 del Tratado, DOCE de 27 de abril de 2004); y

3) que el mencionado entendimiento entre empresas tenga por objeto o produzca el efecto de restringir la competencia o alterar el funcionamiento normal del sistema competitivo, de forma objetiva, por lo que se exige una restricción sensible, es decir, de cierta significación (deberá tratarse, en cualquier caso, de actos con un efecto relevante sobre el mercado, de modo que al analizar las posibles restricciones verticales a la competencia, es fundamental poder llegar a la conclusión de que la restricción afecte o pueda afectar a la competencia en el mercado en sentido objetivo.

El artículo 101.2 del TFUE determina que los acuerdos o decisiones prohibidos por el presente artículo son nulos de pleno derecho.

El artículo 102 del TFUE establece que será incompatible con el mercado interior y quedará prohibida, en la medida en que pueda afectar al comercio entre los Estados miembros, la explotación abusiva, por parte de una o más empresas, de una posición dominante en el mercado interior o en una parte sustancial del mismo.

Tales prácticas abusivas podrán consistir, particularmente, en:

«a) Imponer directa o indirectamente precios de compra, de venta u otras condiciones de transacción no equitativas.

b) Limitar la producción, el mercado o el desarrollo técnico en perjuicio de los consumidores.

c) Aplicar a terceros contratantes condiciones desiguales para prestaciones equivalentes, que ocasionen a éstos una desventaja competitiva.

d) subordinar la celebración de contratos a la aceptación, por los otros contratantes, de prestaciones suplementarias que, por su naturaleza o según los usos mercantiles, no guarden relación alguna con el objeto de dichos contratos».

El concepto de «posición dominante» del artículo 102 TFUE se refiere a una situación de poder económico en la que se encuentra una empresa, que le da la facultad de oponerse al mantenimiento de una competencia efectiva en el mercado de referencia, permitiéndole actuar, en gran medida, de manera independiente respecto a sus competidores, a sus clientes y, finalmente, a los consumidores (sentencias United Brands y United Brands Continental/Comisión, antes citada, apartado 65; de 13 de febrero de 1979, Hoffmann—La Roche/Comisión, 85/76, Rec. p. 461, apartado 38, y Michelin/Comisión, antes citada, apartado 30).

Según reiterada jurisprudencia del Tribunal de Justicia, con relación al contenido del actual artículo 102 del TFUE, el concepto de explotación abusiva es un concepto objetivo que se refiere a las actividades de una empresa en situación de posición dominante que pueden influir en la estructura de un mercado en el que, debido justamente a la presencia de la empresa de que se trata, la intensidad de la competencia se encuentra ya debilitada y que obstaculizan, recurriendo a medios diferentes de los que rigen una competencia normal de productos o servicios basada en las prestaciones de los agentes económicos, el mantenimiento del grado de competencia que aún exista en el mercado o el desarrollo de dicha competencia (sentencias del Tribunal de Justicia de 13 de febrero de 1979, Hoffmann-La Roche/Comisión, 85/76, Rec. p. 461, apartado 91; de 9 de noviembre de 1983, Michelín/Comisión, 322/81, Rec. p. 3461, apartado 70; de 3 de julio de 1991, AZKO/Comisión, C-62/86, Rec. p. I-3359, apartado 69; y de 30 de septiembre de

2003, Manufacture française des pneumatiques Michelín/Comisión, T-203/2001, párrafo 54; sentencia del Tribunal de Primera Instancia de 7 de octubre de 1999, Irish Sugar/Comisión, T-228/97, Rec. p. II-296, 9, apartado 111); añadiendo la Sentencia de igual Sala y Sección, de 15.2.2019 [ROJ: SAP M 11931/2019] que «...Para que la conducta de una empresa en posición de dominio sea calificada de abusiva es necesario que carezca de justificación objetiva y razonable (sentencia de la Sala 3ª del Tribunal Supremo de 11 de noviembre de 2009 y 1 de junio de 2010, entre otras)».

La premisa de la que parte nuestro ordenamiento jurídico, donde rige una doble regulación legal protectora de la economía de mercado y, por tanto, de la libre competencia (la normativa de la Comunidad Europea, directamente aplicable en nuestro país, y la legislación española), es la prohibición del abuso de posición dominante en el mercado por parte de una empresa. Así se establece con rotundidad en el artículo 102 del Tratado UE. La regla de la prohibición del abuso de la posición de dominio es terminante y a diferencia de la prohibición de las colusiones entre empresas no admite excepción alguna. Pueden establecerse tres requisitos cuya concurrencia conllevarían la aplicación de la prohibición. Los dos primeros son comunes al Derecho interno español y al Derecho Comunitario. El tercero va referido exclusivamente a este último. Se trata de los siguientes: a) la existencia de una posición de dominio; b) la explotación abusiva de la posición de dominio; y c) la afectación al comercio entre los estados miembros.

La Sentencia del Tribunal de Justicia de la Unión Europea de 26 de enero de 2005 (Asunto T 193/02 «Piau») en su apartado 109 establece que el artículo 102 del TFUE contempla el comportamiento de uno o varios operadores económicos que consiste en explotar de forma abusiva una situación de poder económico que permita al operador que la disfruta impedir que haya una competencia efectiva en el mercado de que se trate, dándole la posibilidad de comportarse con un grado apreciable de independencia frente a sus competidores, a sus clientes y, finalmente, a los consumidores (sentencia del Tribunal de Justicia de 16 de marzo de 2000, Compagnie maritime belge transports y otros/Comisión, asuntos acumulados C-395/96 P y C-396/96 P, Rec. p. I-1365, apartado 34).

La Sentencia del Tribunal de Justicia de la Unión Europea de 13 de febrero de 1979 (Asunto C-85/76 Hoffmann-La Roche) en su apartado 91 establecía que «el concepto de explotación abusiva es un concepto objetivo que se refiere a las actividades de empresa en posición dominante que pueden influir en la estructura de un mercado en el que, debido justamente a la presencia de la empresa de que se trate, la intensidad de la competencia se encuentra ya debilitada, y que producen el efecto de obstaculizar, por medios diferentes de los que rigen una competencia normal de productos o servicios con arreglo a las prestaciones de los agentes económicos, el mantenimiento del nivel de competencia que aún exista en el mercado o el desarrollo de esa competencia.

Aunque los artículos 101 y 102 del Tratado de Funcionamiento de la Unión Europea (TFUE) se aplican a la conducta de los guardianes de acceso, el ámbito de aplicación de dichas disposiciones se limita a determinados casos de poder de mercado (por ejemplo, dominio en mercados específicos) y de comportamiento contrario a la competencia, y el control del cumplimiento se produce *ex post* y requiere una investigación extensa caso por caso de hechos a menudo muy complejos.

Asimismo el Reglamento de Mercados Digitales se aplicará sin perjuicio de la aplicación de:

— Las normas nacionales de competencia que prohíban los acuerdos contrarios a la competencia, las decisiones de asociaciones de empresas, las prácticas concertadas y los abusos de posición dominante.
— Las normas nacionales de competencia que prohíban otras formas de conducta unilateral en la medida en que se apliquen a empresas que no sean guardianes de acceso o equivalgan a imponer obligaciones adicionales a los guardianes de acceso.
— El Reglamento (CE) n.º 139/2004 del Consejo (23) y de normas nacionales relativas al control de las concentraciones.

En cuanto al Reglamento de Mercados Digitales conforme al artículo 54 entrará en vigor a los veinte días de su publicación en el Diario Oficial de la Unión Europea (el 1 de noviembre de 2023). Se aplicará a partir del 2 de mayo de 2023 pero determinados artículos se aplicarán posteriormente. Así a partir del 1 de noviembre de 2023 se aplicarán los siguientes artículos:

— Artículo 3 relativo a la designación de los guardianes de acceso. apartados 6 y 7.
— Artículo 40 referente al Grupo de Alto Nivel sobre el Reglamento de Mercados Digitales.
— Artículo 46 relativo a las normas de desarrollo del Reglamento.
— Artículo 47 relativo a directrices de la Comisión para la aplicación y ejecución del Reglamento.

— Artículo 48 referente al desarrollo por las organizaciones europeas de normalización del desarrollo de las normas adecuadas para el cumplimiento de las obligaciones establecidas en el Reglamento.

— Artículo 49 relativo a la atribución a la Comisión de poderes para adoptar actos delegados y

— Artículo 50 referente al procedimiento del Comité Consultivo sobre Mercados Digitales.

Asimismo serán aplicables a partir del 25 de junio de 2023, los siguientes artículos:

— Artículo 42 referente a las acciones de representación ejercitadas frente a actos de guardianes de acceso que infrinjan las disposiciones del presente Reglamento y

— Artículo 45 relativo a la denuncia de infracciones y protección de los denunciantes).

Expone el Reglamento de Mercados Digitales en su considerando sexto que los guardianes de acceso tienen una gran influencia en el mercado interior, dado que proporcionan puertas de acceso para que un gran número de usuarios profesionales lleguen a los usuarios finales en cualquier lugar de la Unión y en diferentes mercados. El objetivo del Reglamento de Mercados Digitales es contribuir al buen funcionamiento del mercado interior, de la siguiente forma:

— Estableciendo normas para garantizar la disputabilidad y la equidad de los mercados en el sector digital en general y

— Garantizarlas a los usuarios profesionales y los usuarios finales de servicios básicos de plataforma prestados por guardianes de acceso en particular.

Los usuarios profesionales y los usuarios finales de servicios básicos de plataforma prestados por guardianes de acceso deben contar en toda la Unión con las garantías normativas adecuadas contra las prácticas desleales de los guardianes de acceso, a fin de facilitar las actividades comerciales transfronterizas dentro de la Unión, mejorando así el correcto funcionamiento del mercado interior, y de eliminar la fragmentación existente o que podría aparecer.

El Reglamento de Mercados Digitales tal como se expone en su considerando décimo primero persigue un objetivo complementario al de los artículos 101 y 102 del TFUE, pero distinto al de proteger la competencia no falseada en un mercado determinado, tal como se define en el Derecho de la competencia, que es el de garantizar que los mercados donde haya guardianes de acceso sean y sigan siendo disputables y equitativos, independientemente de los efectos reales, potenciales o supuestos sobre la competencia en un mercado determinado de la conducta de un determinado guardián de acceso al que se aplique el Reglamento. Por lo tanto, el Reglamento de Mercados Digitales tiene por objeto proteger un interés jurídico diferente del protegido por esas normas y debe aplicarse sin perjuicio de la aplicación de estas últimas.

El considerando 31 del Reglamento de Mercados Digitales destaca que para salvaguardar la disputabilidad y la equidad de los servicios básicos de plataforma prestados por los guardianes de acceso, se debe proporcionar de manera clara e inequívoca un conjunto de normas armonizadas en relación con esos servicios. Estas normas son necesarias para abordar el riesgo de efectos perjudiciales de las prácticas de los guardianes de acceso, en beneficio del entorno empresarial en los servicios correspondientes, de los usuarios y, en última instancia, de la sociedad en su conjunto.

El ámbito objetivo del Reglamento se extiende a los servicios básicos de plataforma prestados u ofrecidos por guardianes de acceso a usuarios profesionales establecidos en la Unión o a usuarios finales establecidos o situados en la Unión, independientemente del lugar de establecimiento o residencia de los guardianes de acceso y del Derecho que, por lo demás, sea aplicable a la prestación del servicio.

Para evitar la fragmentación del mercado interior, los Estados miembros no impondrán a los guardianes de acceso obligaciones adicionales mediante disposiciones legales, reglamentarias o administrativas encaminadas a garantizar unos mercados disputables y equitativos.

Una empresa será designada como guardián de acceso si:

— Tiene una gran influencia en el mercado interior.
— Presta un servicio básico de plataforma que es una puerta de acceso importante para que los usuarios profesionales lleguen a los usuarios finales, y
— Tiene una posición afianzada y duradera, por lo que respecta a sus operaciones, o es previsible que alcance dicha posición en un futuro próximo.

Fundamenta el Reglamento la definición de guardián de acceso en la influencia en el mercado interior, que debe entenderse como la posibilidad de condicionar o interferir en la fijación de las condiciones de mercado tendentes a determinar los precios, la forma de publicidad y de difusión de las prestaciones de servicio, las condiciones de acceso e interoperabilidad en el mercado. El Reglamento emplea un concepto jurídico indeterminado que deberá determinarse por la capacidad o potencial de una empresa para condicionar la fijación de las reglas con las que operan las empresas en el mercado.

Asimismo la prestación de servicios básicos de la plataforma debe analizarse desde la esencialidad de dicho servicio para servir de puerta de acceso para que usuarios profesionales lleguen a los usuarios finales en orden a ofrecer las prestaciones y servicios que comercializan.

Según el artículo 2 se considera «servicio básico de plataforma», a cualquiera de los siguientes:

a) Servicios de intermediación en línea.
b) Motores de búsqueda en línea.
c) Servicios de redes sociales en línea.
d) Servicios de plataforma de intercambio de vídeos.
e) Servicios de comunicaciones interpersonales independientes de la numeración.
f) Sistemas operativos.
g) Navegadores web.
h) Asistentes virtuales.
i) Servicios de computación en nube.

A los efectos de facilitar la prueba sobre la condición de guardián de acceso el artículo 3 establece una serie de presunciones. De forma que se presumirá que una empresa cumple los requisitos para ser guardián de acceso cuando:

1. Cuando la empresa consiga un volumen de negocios anual en la Unión igual o superior a 7 500 000 000 EUR en cada uno de los tres últimos ejercicios, o cuando su capitalización bursátil media o su valor justo de mercado equivalente ascienda como mínimo a 75 000 000 000 EUR en el último ejercicio, y preste el mismo servicio básico de plataforma en al menos tres Estados miembros.

2. Cuando proporcione un servicio básico de plataforma que, en el último ejercicio, haya tenido al menos 45 millones mensuales de usuarios

finales activos establecidos o situados en la Unión y al menos 10 000 usuarios profesionales activos anuales establecidos en la Unión, identificados y calculados de conformidad con la metodología y los indicadores establecidos en el anexo.

3. Cuando se hayan alcanzado los umbrales establecidos en la letra b) del presente apartado en cada uno de los últimos tres ejercicios.

Las referidas presunciones admiten prueba en contrario para que no se la atribuya a una empresa la condición de guardián de acceso de forma que la empresa prestadora de servicios básicos de plataforma podrá presentar, junto con su notificación, argumentos suficientemente fundamentados para demostrar que, excepcionalmente, pese a haber alcanzado todos los umbrales mencionados, dadas las circunstancias en las que opera el servicio básico de plataforma de que se trate, no cumple los requisitos para ser designado guardián de acceso.

En cualquier caso la designación de una empresa como guardián de acceso no tiene carácter inamovible de forma que la comisión podrá, previa petición o por iniciativa propia, reconsiderar, modificar o derogar en cualquier momento una decisión de designación adoptada en torno a la designación de una empresa como guardián de acceso. Atendiendo a las siguientes razones:

— Cualquiera de los hechos en que se basó la decisión de designación ha cambiado sustancialmente.

— La decisión de designación se basó en información incompleta, incorrecta o engañosa.

Sentado lo anterior el Reglamento de Mercados Digitales a fin de preservar la disputabilidad en los mercados establece una serie de obligaciones negativas a los guardianes de acceso. De forma que el guardián de acceso se abstendrá de realizar las siguientes actuaciones:

— Tratar, con el fin de prestar servicios de publicidad en línea, los datos personales de los usuarios finales que utilicen servicios de terceros que hagan uso de servicios básicos de plataforma del guardián de acceso.

La norma no prevé la imposibilidad de tratar datos personales de usuarios, la abstención se refiere a la obligación de abstenerse de tratar datos personales de los usuarios finales cuando el tratamiento tenga por finalidad la prestación de servicios de publicidad en línea.

— Combinar datos personales procedentes de los servicios básicos de plataforma pertinentes con datos personales procedentes de cualesquiera servicios básicos de plataforma adicionales o de cualquier otro servicio que proporcione el guardián de acceso o con datos personales procedentes de servicios de terceros.

— Cruzar datos personales procedentes del servicio básico de plataforma pertinente con otros servicios que proporcione el guardián de acceso por separado, entre ellos otros servicios básicos de plataforma, y viceversa.

— Iniciar la sesión de usuarios finales en otros servicios del guardián de acceso para combinar datos personales.

— El guardián de acceso se abstendrá de aplicar obligaciones que impidan a los usuarios profesionales ofrecer los mismos productos o servicios a usuarios finales a través de servicios de intermediación en línea de terceros o de su propio canal de venta directa en línea a precios o condiciones que sean diferentes de los ofrecidos a través de los servicios de intermediación en línea del guardián de acceso.

— El guardián de acceso no impedirá directa o indirectamente que los usuarios profesionales o usuarios finales puedan presentar ante cualquier autoridad pública pertinente, incluidos los órganos jurisdiccionales nacionales, reclamaciones por incumplimiento del guardián de acceso del Derecho de la Unión o el Derecho nacional pertinente, en relación con cualquier práctica del guardián de acceso, o de limitar su posibilidad de hacerlo.

— El guardián de acceso no exigirá a los usuarios finales que utilicen un servicio de identificación, un motor de navegación web o un servicio de pago o servicios técnicos de ese guardián de acceso que permitan la prestación de servicios de pago.

— El guardián de acceso no exigirá a los usuarios profesionales o a los usuarios finales que se suscriban o registren en cualquier servicio básico de plataforma adicional o que cumpla los umbrales establecidos en el artículo 3, apartado 2, letra b) del Reglamento de Mercados Digitales, como condición para poder utilizar cualquiera de los servicios básicos de plataforma de ese guardián de acceso.

Además de las referidas obligaciones negativas o de abstención por parte del guardián de acceso, el Reglamento de Mercados digitales tiene como objetivo priorizar la transparencia en la contratación en dichos mercados, de forma que establece una serie de obligaciones al guardián de acceso. Así este tendrá como obligaciones positivas relativas a la garantía de transparencia las siguientes:

— El guardián de acceso proporcionará a cada anunciante al que preste servicios de publicidad en línea, o a terceros autorizados por los anunciantes, a petición del anunciante, información diaria y gratuita sobre cada anuncio del anunciante.

— El guardián de acceso proporcionará a cada editor al que preste servicios de publicidad en línea, o a terceros autorizados por los editores, a petición del editor, información diaria y gratuita sobre cada anuncio que aparezca en el inventario del editor.

Al margen de las obligaciones genéricas para proteger la disputabilidad en los mercados, el Reglamento impone a los guardianes de acceso una serie de obligaciones específicas a fin de permitir la existencia de libre competencia en cuanto a la comercialización de prestaciones y servicios a través de los mercados digitales. De esta forma los guardianes de acceso no utilizará, en competencia con los usuarios profesionales, ningún dato que no sea públicamente accesible generado o proporcionado por dichos usuarios profesionales en el contexto de su uso de los servicios básicos de plataforma pertinentes o de los servicios prestados junto con los servicios básicos de plataforma pertinentes.

A fin de facilitar el acceso y la libertad operativa de los usuarios finales en los mercados digitales, el guardián de acceso:

— Permitirá y posibilitará técnicamente a los usuarios finales desinstalar con facilidad cualquier aplicación informática del sistema operativo de dicho guardián de acceso, sin perjuicio de la posibilidad de que dicho guardián de acceso restrinja la desinstalación de aplicaciones informáticas preinstaladas que sean esenciales para el funcionamiento del sistema operativo o el dispositivo y que, desde un punto de vista técnico, no puedan ser ofrecidos de manera autónoma por terceros.

— Permitirá y posibilitará técnicamente a los usuarios finales modificar con facilidad la configuración por defecto del sistema operativo, del asistente virtual y del navegador web del guardián de acceso cuando estos dirijan u orienten a los usuarios finales hacia productos o servicios que ofrezca el guardián de acceso.

— Permitirá y posibilitará técnicamente la instalación y el uso efectivo de aplicaciones informáticas o tiendas de aplicaciones informáticas de terceros que utilicen su sistema operativo o interoperen con él, y permitirá el acceso a estas aplicaciones informáticas o tiendas de aplicaciones informáticas por medios distintos a los servicios básicos de plataforma pertinentes de dicho guardián de acceso.

— No restringirá, técnicamente o de otra manera, la capacidad de los usuarios finales para cambiar entre diferentes aplicaciones informáticas y servicios accesibles mediante los servicios básicos de plataforma del guardián de acceso, y suscribirse a ellos.

— Proporcionará a los usuarios finales y a terceros autorizados por un usuario final, a petición de estos y de forma gratuita, la portabilidad efectiva de los datos proporcionados por el usuario final o generados por la actividad del usuario final en el contexto del uso del servicio básico de plataforma pertinente.

Las obligaciones de los guardianes de acceso podrán ser objeto de suspensión cuando el guardián de acceso demuestre en una petición motivada que el cumplimiento de una obligación específica pondría en peligro, debido a circunstancias excepcionales que escapan a su control, la viabilidad económica de sus operaciones en la Unión. En tal caso la Comisión podrá adoptar un acto de ejecución en el que establezca su decisión de suspender total o parcialmente, de manera excepcional, la obligación específica a que se refiere dicha petición motivada. En ese acto de ejecución, la Comisión fundamentará su decisión de suspensión atendiendo a las siguientes condiciones:

— Indicará las circunstancias excepcionales que justifican la suspensión.

— El acto de ejecución se limitará en la medida y la duración necesarias para hacer frente a dicha amenaza a la viabilidad del guardián de acceso.

— La Comisión procurará adoptar ese acto de ejecución sin demora y a más tardar tres meses después de la recepción de una petición motivada completa.

— La Comisión revisará anualmente su decisión de suspensión, a menos que en la decisión se especifique un período más breve.

— La Comisión tendrá en cuenta, en particular, la repercusión del cumplimiento de la obligación específica en la viabilidad económica de las operaciones del guardián de acceso en la Unión y en terceros, en particular pymes y consumidores.

— La suspensión podrá estar supeditada a las condiciones y obligaciones que defina la Comisión para garantizar un equilibrio justo entre esos intereses y los objetivos del Reglamento de Mercados Digitales.

Asimismo el Reglamento de Mercados Digitales prevé también la exención en cuanto al cumplimiento de una obligación de la siguiente forma:

— La Comisión adoptará la decisión de exención en un plazo de tres meses después de la recepción de una petición motivada completa y facilitará una declaración motivada en la que explique los motivos de exención.

— La Comisión revisará su decisión de exención cuando deje de existir el motivo de dicha exención o al menos cada año.

— La Comisión tendrá en cuenta, en particular, la repercusión del cumplimiento de la obligación específica por los motivos previstos en el apartado 3, así como las consecuencias para el guardián de acceso correspondiente y para terceros.

A fin de controlar el cumplimiento de las obligaciones que garantizan la disputabilidad y libre concurrencia en los mercados digitales, el Reglamento de mercados digitales atribuye a la Comisión las siguientes competencias:

— La Comisión podrá llevar a cabo una investigación de mercado con el fin de examinar si debe designarse guardián de acceso.

— La Comisión podrá llevar a cabo una investigación de mercado con el fin de examinar si un guardián de acceso ha incurrido en un incumplimiento sistemático.

— La Comisión podrá llevar a cabo una investigación de mercado con el fin de examinar si deben añadirse a la lista de servicios básicos de plataforma, o con el fin de detectar prácticas que limiten la disputabilidad de los servicios básicos de plataforma o que no sean equitativas y no se aborden de forma eficaz en el presente Reglamento.

En su examen, la Comisión tendrá en cuenta las conclusiones correspondientes de los procedimientos desarrollados en virtud de los artículos 101 y 102 del TFUE en relación con los mercados digitales, así como cualquier otra circunstancia pertinente:

— A fin de ejercer sus funciones en virtud del Reglamento, la Comisión podrá, por medio de una simple solicitud o de una decisión, exigir a las empresas y asociaciones de empresas que faciliten toda la información necesaria.

— A fin de ejercer sus funciones en virtud del Reglamento, la Comisión podrá entrevistar a toda persona física o jurídica que dé su consentimiento para ser entrevistada, a efectos de la recopilación de información, en relación con el objeto de una investigación.

— A fin de ejercer sus funciones en virtud del Reglamento, la Comisión podrá realizar todas las inspecciones necesarias de las empresas o asociaciones de empresas.

— En caso de urgencia debido al riesgo de daños graves e irreparables para los usuarios profesionales o los usuarios finales de los guardianes de acceso, la Comisión podrá adoptar un acto de ejecución en el que se ordenen medidas cautelares contra un guardián de acceso sobre la base de una comprobación de la existencia *prima facie* de una infracción.

— La Comisión podrá imponer a un guardián de acceso multas sancionadoras que no excedan del 10% de su volumen de negocios total a nivel mundial en el ejercicio anterior cuando haya constatado que el guardián de acceso incumple, de forma intencionada o por negligencia las obligaciones previstas en el Reglamento.

— La Comisión podrá adoptar una decisión por la que se imponga a las empresas, incluidos en su caso los guardianes de acceso, y a las asociaciones de empresas multas coercitivas diarias que no excedan del 5% del promedio diario del volumen de negocios a nivel mundial en el ejercicio anterior, calculado a partir de la fecha fijada por esa decisión para que cumplan las obligaciones previstas en el Reglamento.

— La Comisión podrá pedir a las autoridades nacionales competentes de los Estados miembros encargadas de hacer cumplir las normas que apoyen cualquiera de sus investigaciones de mercado con arreglo al presente Reglamento.

7.

MARCO NORMATIVO FRENTE A LA CIBERDELINCUENCIA EN LA UNIÓN EUROPEA: IMPULSO DE LA ARMONIZACIÓN EN EL ÁMBITO PENAL-SUSTANTIVO COMO PRESUPUESTO PARA EL FORTALECIMIENTO DE LA COOPERACIÓN TRANSNACIONAL

Elvira Tejada
Fiscal de Sala del Tribunal Supremo coordinadora nacional contra la ciberdelincuencia

5. ADECUACIÓN DE LA NORMATIVA PENAL A LAS NUEVAS FORMAS DE VIOLENCIA DE GENERO PLANIFICADAS Y EJECUTADAS A TRAVÉS DE LAS REDES Y SISTEMAS INFORMÁTICOS

INTRODUCCIÓN

Hoy nadie discute que el desarrollo de las Tecnologías de la Información y la Comunicación (en adelante TIC) está incidiendo de forma muy significativa en todas las facetas de nuestra actividad como ciudadanos individuales y como integrantes de la comunidad nacional e internacional y está afectando también a la actuación y funciones de las Instituciones básicas de los Estados y al planteamiento y desarrollo de las relaciones sociales, políticas y económicas. La profunda penetración de las herramientas tecnológicas en nuestra actividad cotidiana y en nuestros contactos interpersonales, ha ido capilarizando las relaciones entre las personas en sus distintas manifestaciones, dotándolas de una dimensión más dinámica, abierta y plural que supera las fronteras físicas o geográficas de los Estados.

En la actualidad y según el último informe de la Unión Internacional de las Comunicaciones (UIT) correspondiente al año 2022[(1)] la conectividad digital alcanza a dos terceras partes de la población mundial y aunque lo deseable sería lograr una conectividad *universal y efectiva,* en la que todas las personas disfruten de una experiencia en línea segura, satisfactoria, enriquecedora, productiva y asequible —y en ello se está trabajando— ha de dejarse constancia de la rapidez y profundidad con la que se ha ido produciendo en las últimas décadas la transformación digital de nuestra sociedad.

Los positivos efectos derivados de todo este proceso y su contribución al progreso de la humanidad y al impulso de la cultura, las ciencias o la medicina son incuestionables y de ello nos estamos beneficiando, sin duda alguna, todos los ciudadanos del mundo. No obstante, es también indiscutible que el enorme potencial que ofrecen estos avances técnicos y la posibilidad de hacer un uso irregular de los mismos con objetivos perversos entraña graves riesgos para el normal desenvolvimiento de la actividad política, social o económica, al igual que para el funcionamiento de los organismos públicos

(1) https://www.itu.int>itu-d

y privados, el mantenimiento de la seguridad nacional e internacional e, incluso, el pleno ejercicio de los derechos fundamentales y las libertades de las personas. En ello influye, sin duda, la circunstancia de que ese uso masivo de estas herramientas y su penetración en la cotidianeidad de los ciudadanos de los distintos países del mundo, no haya venido acompañado de la adopción de las medidas preventivas y de seguridad necesarias para evitar y/o minimizar ese peligro.

Con todo, ciberseguridad y ciberdelincuencia son dos realidades profundamente imbricadas porque las manifestaciones delictivas que cada vez con más frecuencia se desarrollan en el ciberespacio no son sino una de las consecuencias, posiblemente la más grave y peligrosa, del uso irregular y con fines criminales de esas grandes posibilidades de acción que ofrecen los avances técnicos y científicos para operar en el entorno virtual, que se han visto favorecidas, en buena medida, por la falta de medidas de seguridad a que antes nos referíamos.

Ante esta situación, uno de los aspectos esenciales en las agendas legislativas de la mayoría de los países del mundo y una de las principales preocupaciones de las organizaciones internacionales con responsabilidad directa o indirecta en esta materia e incluso de la propia Comunidad Internacional es, desde hace varias décadas, la de establecer los mecanismos precisos para garantizar la adecuada utilización de las TIC y, por ende, hacer posible un uso seguro del ciberespacio. En definitiva, de lo que se trata es de abordar conjuntamente el esfuerzo normativo necesario para articular una regulación legal de la actividad que se desarrolla por los diversos actores en el entorno tecnológico, al menos en sus aspectos esenciales, de forma tal que sin renunciar al aprovechamiento óptimo de las ventajas que ofrecen las tecnologías, se asegure y proteja el pleno ejercicio de los derechos y libertades de los ciudadanos y el interés general y —a los efectos que vamos a analizar— se facilite mediante una adecuada tipificación penal la capacidad de respuesta frente a actividades o conductas irregulares planificadas y ejecutadas en el ciberespacio que atentan contra esos mismos derechos y libertades y, en general, contra bienes jurídicos necesitados de protección penal. Por ello en los últimos años se está trabajando intensamente en los distintos foros nacionales e internacionales para definir conjuntamente instrumentos legales que hagan posible prevenir, disuadir y perseguir los ataques, las agresiones y los crímenes cometidos en la red y en definitiva las manifestaciones más graves y peligrosas de esa utilización perversa de las TIC.

Pero lograr ese objetivo no resulta fácil ya que nos hallamos ante un fenómeno criminal extraordinariamente abierto y versátil que evoluciona a gran velocidad dada su vinculación a los avances técnicos y científicos y que, por desarrollarse en el ciberespacio, adquiere en muchas ocasiones una dimensión transnacional ajena a los límites físicos y territoriales de los Estados. En consecuencia, la respuesta frente a esta forma de delincuencia exige trabajar siguiendo dos grandes líneas de actuación que se encuentran íntimamente vinculadas entre sí: a) evolución ágil y efectiva de la normativa legal sobre esta materia procurando, al tiempo, la aproximación entre los ordenamientos jurídicos de los distintos Estados y b) reforzamiento y agilización de los mecanismos de cooperación internacional.

En este trabajo nos centraremos esencialmente en el primero de los aspectos, sin perjuicio de las necesarias y convenientes referencias al esfuerzo que se está empeñando desde la Unión Europea —al igual que desde el Consejo de Europa— para mejorar y potenciar la cooperación transnacional contra la ciberdelincuencia como mecanismo absolutamente imprescindible para combatir de forma eficaz y efectiva un tipo de actividades delictivas, que por las razones antes indicadas pueden planificarse, ejecutarse y producir sus efectos en lugares distintos y distantes y, por tanto, afectar sucesiva o simultáneamente a ciudadanos, colectivos, empresas o instituciones radicados en una pluralidad de Estados.

Ese intenso proceso de transformación digital al que nos venimos refiriendo ha determinado que gran parte de nuestra vida y de nuestras acciones se traslade a la red y con ellas muchas de las patologías que se generan en las relaciones y contactos entre las personas. Al tiempo, las nuevas y poderosas capacidades de actuación que ofrecen las TIC y las dificultades para garantizar el uso adecuado de las mismas ha traído consigo —y seguirán haciéndolo— conductas hasta ahora inéditas y por tanto no previstas como delitos en la normativa interna de los Estados y que sin embargo son capaces de lesionar bienes jurídicos necesitados de protección penal o también, en otros casos, nuevas forma de planificar y ejecutar en el ciberespacio conductas delictivas de corte tradicional que se sirven de estas herramientas para facilitar el desarrollo del *iter criminis* o multiplicar sus efectos lesivos.

En uno y otro caso la rápida evolución en los medios y formas de diseñar o llevar a efecto la actividad criminal en sus diversas y variadas manifestación ha colocado a los legisladores del mundo entero ante el gran desafío de ofrecer de forma rápida y eficaz respuestas ante dicha realidad y, por ende, ante la urgente necesidad de definir legalmente como delitos dichos comportamientos, respetando plenamente el principio de legalidad penal inherente al Estado de Derecho, y de articular nuevas formas de actuación para hacer posible su investigación, persecución y sanción penal.

A las dificultades que entraña llevar a efecto con la celeridad adecuada dicho proceso de elaboración normativa —especialmente intrincado por el componente técnico de muchas de las conductas— se añade la conveniencia de procurar el consenso con los legisladores de otros países con el objetivo de allanar los cauces y mecanismos de cooperación internacional contra el cibercrimen. Esta preocupación por fomentar y facilitar la colaboración internacional no es novedosa, sino que, de hecho, ya estaba latente en el desarrollo legislativo nacional e internacional desde mediados del siglo pasado dando lugar a los múltiples Tratados y Convenios bilaterales y multilaterales suscritos con el objetivo de mejorar la eficacia en la actuación de los Estados frente al crimen organizado transnacional y otras manifestaciones criminales. A esos efectos el valor de la aproximación normativa es esencial pues constituye el sustrato para la articulación de muchos de los instrumentos de cooperación actualmente vigentes.

1. EL PROCESO DE ARMONIZACIÓN NORMATIVA CONTRA LA CIBERDELINCUENCIA EN EL MARCO DE LA UNIÓN EUROPEA

La necesidad de promover la armonización normativa fue percibida con claridad hace más de un cuarto de siglo por la Unión Europea, a partir de su concepción como espacio común de Libertad, Seguridad y Justicia. Ya el Consejo Europeo de Tampere de octubre de 1999, con apoyo en el Tratado de Ámsterdam de 1997, dejó constancia clara de que *el ejercicio de la libertad requiere un auténtico espacio de justicia en el que las personas puedan recurrir a los tribunales y a las autoridades de cualquier Estado miembro con la misma facilidad que a los del suyo propio. Debe evitarse que los delincuentes encuentren la forma de aprovecharse de las diferencias existentes entre los sistemas judiciales de los Estados miembros. Las sentencias y resoluciones deben respetarse y ejecutarse en toda la Unión, salvaguardando al mismo tiempo la seguridad jurídica básica de las personas y de los agentes económicos. Hay que lograr que aumenten la compatibilidad y la convergencia de los sistemas judiciales de los Estados miembros.*

Como consecuencia de ello el Consejo de Tampere apuesta por *un enfoque eficaz y exhaustivo en la lucha contra todas las formas de delincuencia,* así como por el *desarrollo equilibrado de medidas a escala de la Unión contra la delincuencia, protegiendo al mismo tiempo la libertad y los derechos jurí-*

dicos de las personas. Estos objetivos se concretan en el apartado relativo a la lucha contra la delincuencia —junto a otras medidas de notable interés como la consolidación del principio de reconocimiento mutuo[(2)] y la creación de Eurojust— en la decisión de impulsar *la labor para acordar definiciones, inculpaciones y sanciones comunes* respecto de determinadas manifestaciones criminales, entre las que se incluyen la delincuencia de alta tecnología.

Este mismo planteamiento subyace en la Comunicación que la Comisión Europea dirigió al Consejo, al Parlamento Europeo, al Comité Económico y Social y al Comité de las Regiones el 26 de enero de 2001 (COM/2000/0890) [(3)] con el objetivo de promover la creación de una sociedad de la información más segura. En su elaboración la Comisión tomó como antecedentes anteriores trabajos y decisiones adoptadas por organismos europeos como el citado Consejo de Tampere, el celebrado en Feira en junio de 2002 —en el que se aprobó el Plan de Acción *eEuropa*— o la Resolución del Parlamento Europeo de 19 de mayo de 2000 que reclamó medidas legislativas contra la delincuencia de alta tecnología tanto en lo relativo a la definición y tipificación de conductas como al establecimiento de sanciones comunes en los distintos Estados.

A partir de dichas reflexiones y de diversos estudios realizados por otras instituciones como el Consejo de Europa, la citada Comunicación se pronuncia claramente en favor de promover una *iniciativa política amplia... con el fin de mejorar la seguridad de las infraestructuras de la información y luchar contra la delincuencia informática, de acuerdo con el compromiso de la Unión Europea de respetar los derechos fundamentales*. Con esa finalidad en el documento, se desgranan algunos proyectos en marcha como la elaboración de instrumentos normativos para facilitar la aproximación de los ordenamientos jurídicos internos en materia de explotación sexual de menores de edad y también respecto de la delincuencia de alta tecnología y se apuesta igualmente por la creación, a nivel nacional, de unidades policiales especializadas contra la delincuencia informática así como por reforzar la for-

(2) Según la STJUE en el asunto C-404/15. *El principio de reconocimiento mutuo se basa en la confianza mutua entre los Estados miembros en que sus ordenamientos jurídicos nacionales pueden garantizar una protección equivalente y efectiva de los derechos fundamentales reconocidos a escala de la UE, en particular en la Carta...Como consecuencia de lo expuesto cabe afirmar que el principio de confianza mutua no permite que un órgano jurisdiccional receptor de la prueba obtenida en otro Estado pueda comprobar la validez de su obtención, salvo que aquel pueda disponer de pruebas que acrediten un riesgo real de violación de un derecho fundamental.*

(3) eEurope 2002/*COM/2000/0890 final*/

mación técnica necesaria para afrontar la actuación frente a este tipo de comportamientos.

Este plan de acción coordinada en la elaboración legislativa, se consolida tras la entrada en vigor el 1 de diciembre de 2009 del Tratado de Lisboa y, por ende, del vigente artículo 83.1° del Tratado de Funcionamiento de la Unión Europea (TFUE) a cuyo tenor *El Parlamento Europeo y el Consejo podrán establecer, mediante directivas adoptadas con arreglo al procedimiento legislativo ordinario, normas mínimas relativas a la definición de las infracciones penales y de las sanciones en ámbitos delictivos que sean de especial gravedad y tengan una dimensión transfronteriza derivada del carácter o de las repercusiones de dichas infracciones o de una necesidad particular de combatirlas según criterios comunes.* A su vez el apartado 2° de ese mismo precepto relaciona los ámbitos delictivos en los que se va a hacer efectiva esa armonización normativa, incluyendo entre ellos, además del terrorismo, la explotación sexual de mujeres y niños, la falsificación de medios de pago y la delincuencia informática.

La forma y circunstancias en que se ha ido desarrollando ese proceso normativo armonizado la abordaremos detalladamente analizando de forma separada las soluciones que se han ido articulando respecto de algunas de las manifestaciones más importantes y significativas de la criminalidad informática.

2. RESPUESTAS LEGALES FRENTE A LOS ATAQUES A LOS SISTEMAS DE INFORMACIÓN: ACCIÓN SANCIONADORA Y ACCIÓN PREVENTIVA

Una de las expresiones criminales más novedosas y más vinculadas al desarrollo tecnológico es sin duda la relativa a las agresiones por medios tecnológicos a la confidencialidad, la integridad y la disponibilidad de los datos y sistemas informáticos. Se trata de comportamientos que han ido incrementando su relevancia a medida que se intensificaba la transformación digital de la sociedad y constituyen actualmente las amenazas básicas para la seguridad de las redes y sistemas informáticos. En la actualidad una gran parte de la información tanto de carácter personal, como aquella que tiene interés económico, social o político se almacena en dispositivos o sistemas informáticos y puede ser objeto de acceso no autorizado, utilización irregular o sabotaje mediante actuaciones planificadas y ejecutadas en el entorno virtual. Pese a la peligrosidad de estos comportamientos y las graves consecuencias que acciones de esa naturaleza pudieran generar en los derechos e intereses de los ciudadanos o en el interés general, la mayoría de estas conductas no estaban hasta hace poco tiempo previstas como delito en los ordenamientos jurídicos de muchos países, por lo que no era posible el ejercicio de la potestad sancionadora del Estado frente a sus responsables.

2.1. La Decisión Marco 2005/222/JAI del Consejo de 24 de febrero

Las indicadas carencias normativas y la necesidad de articular herramientas que permitieran actuar penalmente contra estas nuevas formas de agresión dio lugar a la publicación de la Decisión Marco 2005/222/JAI del Consejo de 24 de febrero de 2005 relativa a los ataques contra los sistemas de información que constituye el primer instrumento de aproximación normativa de la Unión Europea en esta materia y cuya justificación se explica con claridad en el segundo de sus considerando en los siguientes términos: *Se ha comprobado la existencia de ataques contra los sistemas de información, en particular como consecuencia de la amenaza de la delincuencia organizada, y crece la inquietud ante la posibilidad de ataques terroristas contra sistemas de información que forman parte de las infraestructuras vitales de los Estados miembros. Esto pone en peligro la realización de una sociedad de la información segura y de un espacio de libertad, seguridad y justicia, y por tanto exige una respuesta por parte de la Unión Europea.*

El legislador de la Unión era plenamente consciente —y así se refleja en el preámbulo de la Decisión— de las diferencias existentes en las legislaciones de los Estados Miembros y de las dificultades que de ello se derivaban en la lucha contra la delincuencia y en la cooperación efectiva frente a los ataques informáticos, que en muchas ocasiones adquieren dimensión transnacional. Ante esta situación la Decisión Marco apuesta por la *aproximación* de las legislaciones penales en esta materia, es decir que los ordenamientos jurídicos nacionales contemplen como delitos las mismas conductas, las definan de una forma similar y establezcan para las mismas sanciones adecuadas con el objetivo último de facilitar una colaboración adecuada a nivel policial y judicial y de contribuir a la lucha contra el terrorismo y la delincuencia de esta naturaleza, todo ello bajo la cobertura del pleno respeto a los derechos y libertades de los ciudadanos y a los principios reconocidos en el artículo 6 del Tratado de la Unión Europea y de su Carta de Derechos Fundamentales.

A partir de ese planteamiento La Decisión Marco fija determinados parámetros en los que se materializa esa propuesta de armonización normativa:

A) Establecimiento de conceptos comunes que aseguren la interpretación y aplicación coherente en todos los Estados Miembros de la Decisión Marco y de las conductas delictivas que se describen en su articulado: A tal efecto en el artículo 1° se definen los conceptos de *datos informáticos* y *sistemas de información* que resultan imprescindibles en la interpretación y aplicación de las infracciones que nos ocupan.

B) Definición de determinadas conductas delictivas, instando a los Estados a su tipificación como delito en los ordenamientos jurídicos internos:

— Acceso ilegal a los sistemas de información (art. 2)[(4)] a efectos de la persecución y sanción de los actos de intrusión intencional y no autorizada en un sistema de información.

— Intromisión ilegal en los sistemas de información (art. 3)[(5)], para sancionar las acciones deliberadas y no autorizadas de obstaculización o interrupción del normal funcionamiento de un sistema informático.

— Intromisión ilegal en los datos (art. 4)[(6)], para hacer posible la persecución y sanción de las acciones intencionadas y no autorizadas de borrado, deterioro, alteración, supresión o de impedimento de acceso a datos informáticos

C) Definición de determinadas circunstancias de agravación aplicables a dichas conductas (art. 7) y fijación de criterios generales para la armonización de las sanciones correspondientes a las mismas (arts. 6 y 7).

---

(4) *Acceso ilegal a los sistemas de información:*
1. Cada Estado miembro adoptará las medidas necesarias para que el acceso intencionado sin autorización al conjunto o a una parte de un sistema de información sea sancionable como infracción penal, al menos en los casos que no sean de menor gravedad.
2. Cada Estado miembro podrá decidir que las conductas mencionadas en el apartado 1 sean objeto de acciones judiciales únicamente cuando la infracción se cometa transgrediendo medidas de seguridad.

(5) *Intromisión ilegal en los sistemas de información:*
Cada Estado miembro adoptará las medidas necesarias para que el acto intencionado, cometido sin autorización, de obstaculizar o interrumpir de manera significativa el funcionamiento de un sistema de información, introduciendo, transmitiendo, dañando, borrando, deteriorando, alterando, suprimiendo o haciendo inaccesibles datos informáticos, sea sancionable como infracción penal, al menos en los casos que no sean de menor gravedad.

(6) *Intromisión ilegal en los datos:*
Cada Estado miembro adoptará las medidas necesarias para que el acto intencionado, cometido sin autorización, de borrar, dañar, deteriorar, alterar, suprimir o hacer inaccesibles datos informáticos contenidos en un sistema de información sea sancionable como infracción penal, al menos en los casos que no sean de menor gravedad.

D) Previsión legal de la comisión de estos ilícitos en grado de tentativa y así como de la inducción y complicidad como formas de participación criminal en su planificación y ejecución (art. 5)

E) Definición de las circunstancias en las que se puede exigir responsabilidad penal por estas conductas a las personas jurídicas, así como de los criterios para la imposición de sanciones a las mismas (art. 8).

F) Establecimiento de pautas a efectos de determinación de la competencia territorial para el conocimiento de estos hechos cuando tengan dimensión transnacional (art. 10) y reforzamiento de la cooperación internacional a través del uso de la red de contactos 24/7[7].

Breve referencia a la normativa nacional española

Esta decisión Marco fue incorporada al ordenamiento jurídico español con ocasión de la reforma operada en el Código Penal por LO 5/2010 de 22 de junio que tipifica el delito de acceso ilegal a sistemas informáticos en el art. 197-3° y los delitos de daños en datos y sistemas informáticos en el art 264 párrafos 1° y 2°, ambos del Código Penal. En los dos casos y de conformidad con lo establecido en la Decisión Marco, se establece como circunstancia de agravación la comisión del hecho en el marco de una organización criminal (arts. 197.8 y 264.3-1° CP) y además, en las conductas encuadrables en el delito de daños informáticos, se incluye la agravación de la pena cuando como consecuencia de la acción ilícita se hayan causado daños de especial gravedad o se hayan visto afectados los intereses generales (art 264.3-2° CP). También, siguiendo las citadas pautas comunitarias, la citada reforma del código penal contempla la posibilidad de que incurran en responsabilidad penal por estas conductas las personas jurídicas cuando concurran los presupuestos a que se refiere el art. 31 bis del mismo texto legal (arts. 197-3, párrafo 2° y 264.4 CP).

2.2. La Directiva (UE) 2013/40 del Parlamento Europeo y del Consejo 12 de agosto

Pese al esfuerzo normativo llevado a efecto en esta materia con la publicación de la Decisión Marco y la posterior adecuación a la misma de los ordenamientos jurídicos de los Estados Miembros de la UE, en un breve período de tiempo la rapidísima evolución de las tecnologías y el uso irregular de las mismas puso de evidencia la aparición de nuevos riesgos y ame-

(7) A esta red de puntos de contacto se refiere expresamente la Recomendación del Consejo de la UE de 25 de junio de 2002 sobre puntos de contacto accesibles de manera ininterrumpida para la lucha contra la delincuencia de alta tecnología.

nazas que hacían necesaria la articulación de otras herramientas legales que permitieran hacer frente a las nuevas formas de ataque en el entorno virtual.

Ello determinó que el legislador europeo decidiera dar un nuevo impulso a la armonización normativa en esta materia y elaborara la Directiva (UE) 2013/40 relativa a los ataques contra los sistemas de información, por la que se sustituye la Decisión Marco 2005/222/JAI con el objetivo de reforzar la seguridad de las redes y sistemas y responder a la preocupación creciente acerca de posibles ataques terroristas o de naturaleza política que pudieran afectar a estructuras o instituciones esenciales de los Estados Miembros o de la propia UE. A ello se refiere la Directiva en su quinto considerando en los siguientes términos: *Se comprueba una tendencia hacia ataques de gran escala cada vez más graves y recurrentes contra sistemas de información, que a menudo pueden ser críticos para los Estados miembros o para determinadas funciones del sector público o privado. Esta tendencia coincide con el desarrollo de métodos cada vez más sofisticados, como la creación y utilización de redes infectadas (botnets), que conllevan fases múltiples del acto delictivo, cada una de las cuales puede por sí sola constituir un grave peligro para el interés público.*[8]

Varias son las preocupaciones que centran la atención de la Directiva: proteger las infraestructuras críticas de las que depende el normal funcionamiento de los Estados y de las instituciones europeas y también la actividad de las pequeñas y medianas empresas más innovadoras, prevenir los ataques informáticos particularmente los que se realizan de forma masiva y a gran escala aprovechando las oportunidades derivadas de los avances técnicos y, en definitiva, mejorar la seguridad en el ciberespacio.

(8) Un ejemplo claro de estas nuevas formas de agresión son los ataques de *ransonware* que en los últimos años han ido adquiriendo un protagonismo creciente y en los que también se aprecia esa constante evolución que incrementa progresivamente sus efectos dañinos. Este proceso se ha visto facilitado por la pandemia y la necesidad de las empresas de recurrir al teletrabajo, lo que en la práctica ha supuesto un incremento en la vulnerabilidad de los sistemas. Y cuando estos defectos de seguridad se han ido subsanado dichas agresiones informáticas se han desplazado hacia las cadenas de suministro –de los que son buen ejemplo los ataques a SolarWinds o Kaseya–, es decir, los delincuentes concentran su ataque en el punto más débil, el de los proveedores de la empresa o institución p o privada que es su objetivo esencial.
En la actualidad los ataques de *ransonware* son mucho más sofisticados que hace años y centran sus objetivos en las grandes empresas, corporaciones e instituciones públicas y privadas y, en ocasiones, complementan su efecto característico de encriptación de información con la exfiltración de datos y la extorsión a los titulares de esa información baja la amenaza de su publicación a través de la red.

Siguiendo el mismo esquema de la Decisión Marco, la Directiva da un paso adelante en la definición de conceptos y de figuras delictivas y en la armonización de las sanciones correspondientes a las mismas, pero además incorpora al proyecto algunas directrices de especial interés a efectos de la aproximación de legislaciones en otros aspectos más relacionados con la prevención de los ataques a los sistemas de información. Lo que se pretende con ello es reforzar la lucha contra las agresiones informáticas a través de la adopción de medidas integradoras orientadas también a mejorar los niveles de protección y resiliencia de las redes y sistemas de información combinando de forma coherente los aspectos represivos-sancionadores con los preventivos a fin de obtener resultados más efectivos. Es esta una de las grandes aportaciones de esta Directiva que se justifica en su preámbulo en los siguientes términos: *La identificación y comunicación de las amenazas y los riesgos que plantean los ciberataques, así como las vulnerabilidades de los sistemas de información que les afectan, constituye un elemento pertinente para una prevención y respuesta eficaces frente a dichos ataques y para la mejora de la seguridad de los sistemas de información. Ofrecer incentivos a la comunicación de las insuficiencias en materia de seguridad podría contribuir a producir ese efecto. Los Estados miembros deben comprometerse a brindar oportunidades que permitan la detección y comunicación legales de las deficiencias en materia de seguridad.*

Por otra parte, la Directiva, sobre la base del pleno respeto a los derechos y libertades y a los principios informadores de la Unión, promueve e impulsa la cooperación en esta materia favoreciendo el intercambio transnacional de información sobre incidentes de seguridad entre autoridades competentes al tiempo que apuesta claramente por la cooperación con el sector privado y la sociedad civil con la finalidad de evitar y combatir las agresiones definidas en el texto. A fin de facilitar el conocimiento del contenido, alcance y proyección de futuro de esta Directiva, analizaremos separadamente sus distintos aspectos.

2.2.1. Acción represiva sancionadora: Armonización penal sustantiva. Especial referencia a la Convención de Budapest del Consejo de Europa

Como ya se ha indicado la Directiva define nuevos tipos penales e insta a los Estados a su incorporación como delito en los correspondientes ordenamientos jurídicos internos como premisa necesaria para responder efectivamente frente a las nuevas formas de ataque a los sistemas de información. A dicho fin el legislador de la Unión Europea sigue los parámetros ya establecidos con anterioridad por el Consejo de Europa y recogidos en el Convenio sobre Ciberdelincuencia —también conocido como Convención de Budapest— que se abrió a la firma el 23 de noviembre del año 2001 [(9)]. Como se explica en el considerando 15º de la propia Directiva, en noviembre de 2008, el Consejo de la Unión Europea adoptó la decisión de orientar la nueva estrategia comunitaria frente a este tipo de agresiones inspirándose en dicho Convenio en el entendimiento de que constituye el *marco jurídico de referencia para la lucha contra la ciberdelincuencia, incluidos los ataques contra los sistemas de información*. Tanto es así que en ese mismo Consejo se anima a los Estados Miembros a finalizar, con la mayor brevedad posible, los respectivos procesos de ratificación de la citada Convención.

Ha de recordarse al respecto que la Convención de Budapest constituye, a día de la fecha, el documento internacional de mayor interés entre los publicados sobre esta materia y cuyo objetivo, tal y como se define en su preámbulo, es el de *proteger a la sociedad frente a la Ciberdelincuencia, en particular mediante la adopción de una legislación adecuada y la mejora de la cooperación internacional*. El Consejo de Europa justifica la elaboración y publicación de este importante documento en el hecho de que internet, al articularse sobre la base de la libertad de acción y de expresión, se ha configurado como una realidad totalmente abierta e independiente de confines nacionales o geográficos y por tanto no sometida a una única estructura de gobernanza. En estas circunstancias, la criminalidad en el ciberespacio no conoce de fronteras geográficas o políticas y por ello la respuesta frente a ese fenómeno delictivo ha de plantearse a partir de un esfuerzo de colaboración y cooperación entre las autoridades de los diversos Estados.

Ciertamente la Convención es un Tratado de ámbito geográfico limitado —y ésta la mayor critica que le hacen sus detractores— pues, como se ha indicado, tiene su origen en el Consejo de Europa. Pero no ha de olvidarse que este es un Convenio con vocación de universalidad y abierto a la firma de terceros Estados desde el mismo momento de su publicación lo que ha determinado que su trascendencia rebase su marco territorial original y figuren como signatarios muchos países no pertenecientes al mismo. Así, actualmente son miembros de la Convención un total de 68 naciones del mundo

(9) Ratificado por España el 3 de junio de 2010. Instrumento de ratificación publicado en el BOE el 17 de septiembre de 2009. Entrada en vigor el 1 de octubre.

de las que 45 pertenecen al Consejo de Europa[10] en tanto que las 23 restantes se encuentran ubicadas en distintas latitudes geográficas[11].

Aun cuando el objetivo esencial de la Convención es el de mejorar la cooperación internacional, las carencias legislativas en esta materia determinaron que el documento, sin renunciar a dicho propósito, pusiera el acento en la previa armonización normativa y dedicara a ello todo su capítulo segundo dividido, a su vez, en dos grandes secciones: la primera centrada en los aspectos de derecho penal sustantivo y la segunda relativa a las medidas de investigación y/o derecho procesal.

Así en la sección primera —de especial interés en el tema que nos ocupa— además de definir, en sus artículos 2 a 10, una pluralidad de conductas online[12] capaces de lesionar bienes jurídicos necesitados de protección penal, a efectos de su incorporación como delitos en los ordenamientos jurídicos internos de los Estados Parte, fija también algunas normas generales de derecho penal en referencia a formas de participación (art. 11), grados de ejecución (art. 11), sanciones y medidas (art. 13) y responsabilidad de las personas jurídicas (art. 12). Asimismo, la Convención en su artículo primero incluye también definiciones sobre conceptos de especial importancia a los efectos de interpretación y aplicación de las conductas delictivas que define en su articulado, tales como los correspondientes a *sistema de información, datos informáticos, datos sobre el tráfico y proveedores de servicio.*

(10) De entre los miembros del Consejo de Europa, únicamente no ha firmado el Convenio la Federación Rusa. Por su parte, la República de Irlanda, aun habiéndolo firmado, a día de la fecha no lo ha ratificado.

(11) Algunos de ellos tan importantes en esta materia como EEUU, Israel, Japón o Canadá. Otros pertenecientes a muy distintos marcos geográficos, como Australia; Islas Mauricio; Senegal; Sri Lanka, Marruecos, Filipinas y Cabo Verde. Por su parte y entre los países iberoamericanos son miembros de la Convención, tres Estados de la zona del Caribe: Costa Rica, Panamá y República Dominicana y seis de Sudamérica: Argentina, Brasil, Colombia, Chile, Paraguay y Perú. Además, se encuentran en trámites de adhesión México, Ecuador y Uruguay.

(12) En los artículos 2 a 10 del Convenio sobre Ciberdelincuencia efectúa una clasificación de conductas delictivas en cuatro apartados:
a) Delitos contra la confidencialidad, la integridad y la disponibilidad de los datos y sistemas informáticos, apartado en el que se incluye: el acceso ilícito (art. 2); la interceptación ilícita (art. 3); los ataques a la integridad de los datos (art. 4); los ataques a la integridad del sistema (art. 5) y el conocido como abuso de dispositivos (art. 6).
b) Delitos Informáticos, apartado en el que se incluyen los delitos de falsificación informática y los delitos de fraude informático (arts. 7 y 8).
c) Delitos relacionados con el contenido, en el que se incluyen los delitos relacionados con el material de abuso sexual infantil (art. 9).
d) Delitos relacionados con infracciones de la propiedad intelectual y de los derechos afines (art. 10).

La influencia armonizadora de la Convención en los aspectos de carácter penal sustantivo está siendo enorme. Ya se ha señalado la incidencia que este documento ha tenido en la legislación de la Unión Europea en esta materia, particularmente en la definición de los tipos penales relativos a los ataques a los sistemas de información (arts. 2 a 6) que estamos analizando, pero dicho efecto armonizador ha trascendido incluso su ámbito actual de aplicación. Según información[13] recopilada por el Grupo de Expertos encargado por UNODC de realizar un estudio exhaustivo sobre el delito cibernético, más de un centenar de países del mundo han adecuado la definición de estos tipos penales a los parámetros de la Convención de Budapest, aun cuando un número significativo de ellos no sean Parte en dicho Convenio.

En lo que se refiere a la Unión Europea, como ya se ha indicado, la Directiva (UE) 2013/40 de 12 de agosto, se inspira esencialmente en la Convención de Budapest, para abordar los aspectos de carácter penal sustantivo que estamos analizando. En definitiva y respecto a los delitos que nos ocupan cuyo objeto es el de garantizar la confidencialidad, la integridad y la disponibilidad de los datos y sistemas informáticos, la Directiva incorpora a la normativa comunitaria nuevas figuras delictivas en sus artículos 6 y 7 cuya redacción es casi un trasunto de los artículos 3 y 6 de la Convención. Pero, además, como ya se ha apuntado, son otras muchas las aportaciones de esta Directiva que hacen de ella un hito esencial a efectos de armonización normativa respecto de esta clase de agresiones que resumimos en la siguiente forma:

A) Establecimiento de conceptos comunes que aseguren la aplicación coherente y uniforme por los Estados Miembros de la Directiva y de las conductas delictivas que se describen en su articulado. A los conceptos ya recogidos en la Decisión Marco, se añaden ahora el correspondiente a la actuación *sin autorización,* requisito exigido en muchos de los tipos penales que se reseñan en la Directiva.

B) Definición de figuras delictivas:

— Modifica ligeramente la conducta de acceso ilegal a sistemas de información (art. 3) incorporando como presupuesto necesario para su tipicidad, la vulneración de medidas de seguridad, requisito éste que se contemplaba únicamente como facultativo por el art. 2 de

(13) https://www.unodc.org.CRP

la Decisión Marco al igual que por el art. 2 de la Convención de Budapest[(14)].

— Mantiene en lo esencial la definición de las conductas de intromisión ilegal en los sistemas de información y en los datos previstas en los arts. 3 y 4 de la Decisión Marco si bien dándoles nueva denominación como interferencia ilegal en los sistemas de información (art. 4)[(15)] e interferencia ilegal en los datos (art. 5)[(16)].

— Incorpora nuevas conductas delictivas, inspiradas respectivamente en los arts. 3 y 6 de la Convención del Consejo de Europa:

a) La interceptación ilegal (art. 6[(17)]) que sanciona la captación intencional y no autorizada de transmisiones no públicas de datos entre sistemas o de las emisiones electromagnéticas procedentes de esos mismos sistemas.

b) Las relacionadas con la disponibilidad de instrumentos destinados a la comisión de las infracciones de esta misma naturaleza (art. 7[(18)]) que sancionan determinados actos preparatorios de las agresiones informáticas que se sancionan en los restantes artículos de la Directiva.

(14) *Los Estados miembros adoptarán las medidas necesarias para que, cuando haya sido realizado intencionalmente, el acceso sin autorización al conjunto o a una parte de un sistema de información sea sancionable como infracción penal cuando se haya cometido con violación de una medida de seguridad, al menos en los casos que no sean de menor gravedad.*

(15) *Los Estados miembros adoptarán las medidas necesarias para que la obstaculización o la interrupción significativas del funcionamiento de un sistema de información, introduciendo, transmitiendo, dañando, borrando, deteriorando, alterando, suprimiendo o haciendo inaccesibles datos informáticos, intencionalmente y sin autorización, sea sancionable como infracción penal, al menos en los casos que no sean de menor gravedad.*

(16) *Los Estados miembros adoptarán las medidas necesarias para que borrar, dañar, deteriorar, alterar, suprimir o hacer inaccesibles datos informáticos contenidos en un sistema de información, intencionalmente y sin autorización, sea sancionable como infracción penal, al menos en los casos que no sean de menor gravedad.*

(17) *Los Estados miembros adoptarán las medidas necesarias para garantizar que la interceptación, por medios técnicos, de transmisiones no públicas de datos informáticos hacía, desde o dentro de un sistema de información, incluidas las emisiones electromagnéticas de un sistema de información que contenga dichos datos informáticos, intencionalmente y sin autorización, sea sancionable como infracción penal, al menos en los casos que no sean de menor gravedad.*

(18) *Los Estados miembros adoptarán las medidas necesarias para garantizar que la producción intencional, venta, adquisición para el uso, importación, distribución u otra forma de puesta a disposición de los siguientes instrumentos, sin autorización y con la intención de que sean utilizados con el fin de cometer cualquiera de las infracciones mencionadas en los artículos 3 a 6, sea sancionable como infracción penal, al menos en los casos que no sean de menor gravedad:*
a) un programa informático, concebido o adaptado principalmente para cometer una infracción de las mencionadas en los artículos 3 a 6;
b) una contraseña de ordenador, un código de acceso o datos similares que permitan acceder a la totalidad o a una parte de un sistema de información.

C) Circunstancias de agravación y sanciones.

La Directiva en su art. 9 establece criterios de carácter general a los efectos de la determinación de las sanciones penales susceptibles de imponerse por las infracciones que se recogen en su articulado y define también algunas circunstancias de agravación para que sean tenidas en cuenta por los Estados en orden a determinar la extensión de la pena en dichos supuestos. Así concretamente, además de las causas de agravación ya previstas en la Decisión Marco para aquellos casos en los que el delito se comete en el marco de una organización criminal, genera daños graves o afecta a intereses esenciales, se añaden ahora con similar efecto agravatorio otras circunstancias tales como que el delito produzca efectos en un número significativo de sistemas; se use para su comisión alguna de las herramientas a que se refiere el art. 7, el ataque se dirija contra sistemas de información de infraestructuras críticas y/o cuando se utilicen ilícitamente en el ataque datos de carácter personal de otra persona (art. 9, apartados 3,4 y 5).

El objetivo de estas previsiones es procurar que la equiparación de legislaciones llegue también a los aspectos sancionatorios, de forma tal que las penas previstas en los ordenamientos jurídicos nacionales sean lo más parecidas posibles como presupuesto facilitador de la cooperación judicial y policial internacional en esta materia.

D) Referencia expresa, al igual que en la Decisión Marco, a la posibilidad de comisión de las citadas conductas en grado de tentativa, así como a la procedencia de penalizar la inducción y la complicidad como formas de participación criminal (art. 8).

E) Definición de las circunstancias en las que se puede exigir responsabilidad penal por estas conductas a las personas jurídicas y también de los criterios para la imposición de sanciones a las mismas (arts. 10 y 11) de forma muy similar a los respectivos preceptos de la Decisión Marco, con la salvedad de que se contempla también como sanción imponible a las personas jurídicas, el cierre temporal o definitivo de los establecimientos empleados para cometer la infracción.

Breve referencia a la normativa nacional española

Esta Directiva dio lugar a importantes modificaciones en el Código Penal español, incorporadas por la Ley Orgánica 1/2015 de 30 de marzo, que siguiendo las pautas de la norma europea reubica y redefine el delito de acceso ilegal a sistemas en el sentido antes indicado (art. 197 bis 1ª CP), tipifica como nuevo delito la interceptación ilegal de transmisiones de datos entre sistemas (art. 197 bis-2º CP), contempla separadamente las conductas ya previstas de daños en datos y sistemas informáticos (arts. 264 y 264 bis CP), tipifica como nuevo delito determinados actos preparatorios de los ataques informáticos (art. 197 ter y 264 ter CP), contempla nuevas circunstancias de agravación para los delitos de daños informáticos de conformidad con el planteamiento de la Directiva (arts. 197.4º b, 264.2º y 3º y 264 bis.3ºCP), eleva las sanciones correspondientes a los delitos de daños informáticos, tanto las correspondientes al tipo básico como a los subtipos agravados (arts. 264 y 264 bis CP) y hace extensiva la posibilidad de declarar la responsabilidad penal de personas jurídicas a las nuevas figuras incluidas por la reforma (arts. 197 quinquies y 264 quater CP).

2.2.2. Acción preventiva frente a los ataques a los sistemas de información; vinculación con la Directiva (UE) 2016/1148

Como ya se ha indicado una de las grandes aportaciones de la Directiva (UE) 2013/40 de 12 de agosto, es precisamente la de ofrecer una visión conjunta e integradora de las actuaciones preventivas y sancionatorias frente a los ataques a los sistemas de información a fin de garantizar que la capacidad de reacción en el ámbito comunitario frente a este tipo de agresiones sea más eficaz. Así junto a las previsiones de carácter penal antes indicadas, la Directiva se refiere en sus considerandos 26 y 27 a la importancia de la adopción a nivel nacional de medidas adecuadas para mejorar la protección y seguridad de los datos y sistemas frente a este tipo de agresiones e insta a los Estados miembros a *intentar también mejorar la cooperación internacional en lo relativo a la seguridad de los sistemas de información, de las redes de ordenadores y de los datos que estos albergan.*

En lo que se refiere a los aspectos preventivos, el planteamiento efectuado en la Directiva ha sido después desarrollado con mayor profundidad por la Directiva (UE) 2016/1148 del Parlamento Europeo y del Consejo de 6 de julio *sobre seguridad de las redes y sistemas de información,* conocida como Directiva NIS,(19) a través de la cual se pretende conseguir, con la colaboración de entidades y organismos que se consideran esenciales —muchos de ellos pertenecientes al sector privado— una cooperación real y efectiva que haga posible un nivel de seguridad adecuado en las redes y sistemas de

(19) *Network and information Security.*

información[20] a partir de la estandarización de las medidas de naturaleza preventiva que deben adoptarse y del intercambio de información acerca de los incidentes de seguridad detectados.

Con posterioridad a la publicación de la Directiva NIS han ido surgiendo iniciativas diversas en el ámbito comunitario con idéntico objetivo de aumentar la seguridad en el entorno virtual y prevenir los ataques informáticos. Entre ellas merece ser destacada la Comunicación de la Comisión al Parlamento Europeo y al Consejo de 13 de septiembre de 2017 sobre *Resiliencia, disuasión y defensa: fortalecer la ciberseguridad de la UE* en la que, entre otras cuestiones, y a efectos de mejorar la capacidad de prevención y respuesta frente a estos incidentes de seguridad, la Comisión llama la atención sobre la importancia de aplicar medidas que sean realmente disuasorias respecto de los ciberdelincuentes y ciberatacantes aprovechando a dicho fin las herramientas que ofrece precisamente la Directiva (UE) 2013/40 como marco de acción penal común contra ese tipo de conductas[21]. Es decir, esta Comunicación aboga de forma clara y expresa por combinar las medidas preventivas y las sancionadoras para potenciar la capacidad de actuación de los Estados frente a estas agresiones.

Con todo el impulso a la armonización normativa en el ámbito de la prevención se ha ido intensificando progresivamente en los últimos años. De ello es un buen ejemplo, la publicación en el DOUE el 27 de diciembre de 2022 de la Directiva NIS 2 —Directiva (UE) 2022/2555— que sustituirá a la actualmente vigente y con la que se pretende implementar normas de seguridad más estrictas a nivel de toda la Unión Europea tanto para las entidades del sector público como del sector privado[22] con el objetivo de intensificar la resiliencia y la capacidad de respuesta ante las nuevas amenazas y el llamativo aumento de ciberataques en el territorio comunitario. Esta reciente Directiva está en línea con otras dos disposiciones que pretenden ese mismo objetivo: el Reglamento sobre resiliencia operativa digital en el sector finan-

(20) Según el art 4-2) de la Directiva, la seguridad de las redes y sistemas de información es *la capacidad de resistir, con un nivel determinado de fiabilidad, toda acción que comprometa la disponibilidad, autenticidad, integridad o confidencialidad de los datos almacenados, transmitidos o tratados, o los servicios correspondientes ofrecidos por tales redes y sistemas de información o accesibles a través de ellos.*

(21) La Comunicación contiene algunas sugerencias para fortalecer la actividad de investigación, persecución y sanción de la ciberdelincuencia, en materia de identificación de responsables criminales; reforzamiento de la respuesta policial y mejora de la cooperación entre el sector público y privado.

(22) Esta Directiva, amplia el espectro de empresas públicas y privadas obligadas a adoptar medidas específicas en materia de ciberseguridad, alcanzando a sectores tales como el agroalimentario; farmacéutico; transportes y Administraciones Publicas.

ciero (Reglamento DORA)[23], y la Directiva (DREC) sobre resiliencia de entidades críticas —Directiva (UE) 2022/2557—[24] publicadas ambas en el DOUE conjuntamente con la Directiva NIS el 27 diciembre de 2022.

También en referencia a la seguridad en el ciberespacio han de ser mencionados algunos otros documentos de carácter más general como el Reglamento sobre Ciberseguridad de la Unión Europea que entró en vigor en junio de 2019 y la Estrategia de Ciberseguridad, presentada en diciembre de 2020 por la Comisión Europea y el Servicio Europeo de Acción Exterior (SEAE).

2.3. La Directiva (UE) 2016/1148 del Parlamento Europeo y del 6 de julio

El Preámbulo de esta Directiva justifica su pretensión armonizadora al recordar que *los niveles de preparación de los Estados miembros son muy distintos, lo que ha dado lugar a planteamientos fragmentados en la Unión* y ha determinado *niveles desiguales de protección de los consumidores y las empresas, comprometiendo el nivel general de seguridad de las redes y sistemas de información*. Por ello y para dar una respuesta efectiva a dichos problemas la Directiva apuesta por *un planteamiento global en la Unión que integre requisitos mínimos comunes en materia de desarrollo de capacidades y planificación, intercambio de información, cooperación y requisitos comunes de seguridad para los operadores de servicios esenciales y los proveedores de servicios digitales*.

Pues bien, con esa finalidad de establecer un marco común de ciberseguridad esta Directiva define en su art. 2º las siguientes líneas de acción que han de adoptarse por los Estados de la Unión Europea:

1) Elaboración y aprobación en los distintos países de las respectivas Estrategias Nacionales de Seguridad de redes y sistemas de información, cuyo contenido deberá adaptarse a los parámetros que se fijan en el art. 7 de la Directiva.

(23) Su ámbito de aplicación es muy amplio pues alcanza a bancos; aseguradoras; servicios de pago; fondos de inversión y también a proveedores de servicios relacionados con criptoactivos.

(24) Esta Directiva sustituye a la anterior normativa europea sobre infraestructuras criticas (Directiva 2008/114/CE) ampliando los sujetos obligados e incluyendo nuevas obligaciones tanto para los Estados como para los sujetos obligados a efectos de mejorar la resiliencia de las infraestructuras críticas. Otro de los objetivos de la nueva regulación es un hacer posible un enfoque más coherente entre esta Directiva DREC y las disposiciones que se desarrollan en la Directiva NIS 2 y en el Reglamento DORA.

En España, de acuerdo con ese planteamiento se publicó por orden PIC/487/2019 de 26 de abril la actual Estrategia Nacional de Ciberseguridad, tras ser aprobada por el Consejo de Seguridad Nacional[(25)].

2) Articular un Grupo de Cooperación de ámbito internacional que impulse y encauce la cooperación estratégica y el intercambio de información en esta materia en el espacio de la Unión Europea.

3) Crear una red de *CERTs (CSIRT*[(26)] en terminología europea) para potenciar la confianza entre los Estados Miembros e impulsar una cooperación eficaz. Se denominan *CSIRT* los equipos de respuesta inmediata a los incidentes de seguridad informática, encargados de analizar riesgos a escala nacional, difundir alertas en relación con ello y aportar soluciones para mitigar sus efectos. Además de otras formas de colaboración, uno de los objetivos que se pretende a través de esta red de *CSIRT* es el de facilitar el intercambio de información no confidencial sobre incidentes concretos.

4) Establecer determinadas obligaciones para los operadores de servicios esenciales y proveedores de servicios digitales en lo referente a la adopción de medidas de seguridad en sus sistemas informáticos y a la notificación de los incidentes que detecten.

5) Determinar en cada Estado la autoridad o autoridades competentes para coordinar la recepción de notificaciones sobre incidentes de seguridad, así como el organismo o institución que haya de actuar como punto de contacto único para canalizar la cooperación transfronteriza con las autoridades de los otros Estados Miembros o con el Grupo Internacional de Cooperación en orden al traslado de información sobre incidentes de seguridad que puedan tener impacto transfronterizo.

En definitiva, la Directiva articula una estructura coordinada de organismos y entidades que posibilite una respuesta inmediata en el ámbito de la Unión ante incidentes de seguridad en redes o sistemas y, al tiempo, establece una batería de medidas que garanticen no solo el cumplimiento de unos niveles suficientes de seguridad por parte los operadores o proveedores que presten servicios esenciales sino también el traslado obligado de información —tanto en el marco nacional como internacional— sobre aquellos incidentes de relevancia que detecten en sus redes o sistemas. Todo ello con

(25) Dicha Estrategia desarrolla las previsiones de la Estrategia de Seguridad Nacional del año 2017 y sustituye a la Estrategia Nacional de Ciberseguridad aprobada en diciembre de 2013.

(26) *Computer security incident response team.*

la finalidad de potenciar la capacidad de reacción frente a agresiones informáticas con incidencia en todo o parte del territorio comunitario.

En lo que aquí interesa y, en particular, en lo que se refiere a la línea de acción cuarta son varias las cuestiones que afectan directamente a la materia que nos ocupa. Como se ha indicado la Directiva establece pautas de actuación que conllevan obligaciones concretas para entidades o empresas públicas o privadas que, por sus características, hayan de considerarse incluidas en cualquiera de las dos categorías que se establecen en la norma: a) operadores de servicios esenciales y b) proveedores de determinado tipo de servicios digitales. Cada Estado debe delimitar en su ámbito interno que entidades u organismos tienen dicho carácter y, por tanto, son sujetos obligados a efectos de lo previsto en esta disposición legal.

En cuanto a los primeros, los define el art. 4-4) de la Directiva como aquellas entidades públicas o privadas que se enmarquen en alguno de los sectores recogidos en el anexo II de la propia Directiva[27] y que cumplan los criterios establecidos en su art. 5, es decir, que presten un servicio esencial para el mantenimiento de actividades sociales o económicas de importancia sirviéndose para ello de redes y sistemas de información por lo que, en consecuencia, cualquier incidente relevante de seguridad en dichas redes y sistemas podría perturbar de forma grave la prestación del servicio afectado. Por su parte y respecto de lo que haya de entenderse por proveedores de servicios digitales, ha de atenderse a la definición que la Directiva establece para los mismos en su art. 4-6) como toda persona jurídica que preste un servicio digital, debiendo ser considerados como sujetos obligados, a estos efectos y de conformidad con lo previsto en el anexo III de la Directiva, aquellos que presten servicios de mercado en línea o computación en la nube, así como los motores de búsqueda en línea.

En relación con dichos operadores esenciales y proveedores de servicios digitales la Directiva establece básicamente dos tipos de obligaciones:

1º. Mantener las medidas técnicas y organizativas necesarias para gestionar los riesgos que se planteen en sus redes y sistemas informáticos

(27) – Energía: electricidad, crudo y gas.
– Transporte: aéreo, ferrocarril, marítimo y fluvial, por carretera.
– Banca.
– Infraestructuras de los mercados financieros.
– Sector sanitario.
– Suministro y distribución de agua potable.
– Infraestructura digital: IXP, Proveedores de servicios de DNS y Registros de nombres de dominio de primer nivel.

y prevenir y reducir el impacto de los incidentes de seguridad que les afecten.

2º. Notificar sin dilación indebida a la autoridad nacional competente y a los *CSIRT* cualquier incidente que tenga efectos significativos en la continuidad de los servicios que prestan(28). En la notificación se debe incluir la información relacionada con la posible repercusión transfronteriza del incidente.

Normativa nacional: Real Decreto-ley 12/2018 de 7 de septiembre

La Directiva (UE) 2016/1148 fue transpuesta al ordenamiento jurídico español por el Real Decreto-ley 12/2018 de 7 de septiembre *de seguridad de las redes y sistemas de información* que, en su desarrollo, se hace eco también de las normas, instrumentos y órganos de coordinación existentes con anterioridad en nuestro país, por lo que la regulación española adquiere una mayor dimensión al ser de aplicación a sectores que no están expresamente incluidos en la directiva europea. Así dicha disposición nacional vincula el concepto de operadores de servicios esenciales a los operadores, de carácter público o privado, que presten servicio en los sectores estratégicos definidos como tales en la Ley 8/2011 de 28 de abril(29) ampliando así el ámbito de sujetos obligados que fija la propia Directiva europea siempre que dichos operadores y los proveedores de servicios digitales se encuentren establecidos en España en los términos previstos en el art. 2.2 del mismo Real Decreto-Ley. La regulación sobre esta materia ha sido complementada posteriormente por el Real Decreto 43/2021 de 26 de enero que aborda determinados aspectos relativos al marco institucional y estratégico de la ciberseguridad en nuestro país, al cumplimiento de las obligaciones de los sujetos obligados y a la gestión de incidentes de seguridad.

Según establece en el Real Decreto-ley 12/2018, los *CSIRT*, como equipos de respuesta inmediata, tienen la función de recepcionar las notificaciones de incidentes de seguridad, analizar los riesgos y aportar las soluciones procedentes. Los concretamente designados a dicho fin, en atención al sujeto

(28) A los efectos de determinar la importancia de los incidentes y en consecuencia de realizar las oportunas notificaciones, la Directiva en su artículo 14 fija determinados parámetros, tales como el número de usuarios afectados, la duración del incidente y la extensión geográfica de los efectos del mismo.

(29) Ley 8/2011 de 28 de abril por la que se establecen medidas para la protección de infraestructuras críticas. Esta ley tiene su origen en la Directiva 2008/114/CE del Consejo sobre identificación y designación de infraestructuras críticas europeas, actualmente sustituida por la Directiva DREC publicada en el DOUE en diciembre de 2022.

obligado afectado por el incidente, son: CCN-CERT[30] cuando se trate de operadores esenciales encuadrados en el ámbito de aplicación de la ley 40/2015 de 1 de octubre[31], INCIBE-CERT[32], para operadores no incluidos en el ámbito de aplicación de la Ley 40/2015 y entidades de derecho privado y el ESPDEF-CERT[33] que colaborara con INCIBE-CERT y CCN-CERT cuando se requiera apoyo a los anteriores y necesariamente cuando se trate de operadores esenciales que tengan incidencia en la defensa nacional. Además, el INCIBE-CERT se designa como equipo de respuesta incidentes cuando la notificación procede de un proveedor de servicios digitales no incluido en el ámbito de actuación de CCN-CERT y en general cuando los afectados son los ciudadanos o cualquier otra entidad de carácter privado o no prevista en los apartados anteriores.

Particularmente importante en el análisis que estamos realizando es el sistema establecido en la legislación española para canalizar internamente el traslado de la información sobre incidentes de seguridad que revistan caracteres de delito desde las autoridades nacionales y los *CSIRT* de referencia, que conocen de los mismos en virtud de la normativa antes indicada, a los órganos de la jurisdicción penal encargados constitucionalmente de la investigación, persecución, enjuiciamiento y sanción de las actividades delictivas. Se trata, como señalábamos anteriormente de combinar la acción preventiva que estamos examinando con la respuesta sancionadora del Estado cuando el incidente, por sus características, pueda integrar alguna de las figuras típicas previstas en la legislación penal[34].

(30) Enmarcado en el Centro Criptológico Nacional.

(31) Ley de Régimen jurídico del sector público.

(32) Enmarcado en el Instituto Nacional de Ciberseguridad.

(33) Enmarcado en el Ministerio de Defensa.

(34) A esta misma cuestión se ha referido posteriormente la Directiva (UE) 2019/713 de 17 de abril sobre lucha contra el fraude y la falsificación de medios de pago distintos del efectivo que en su considerando 24 señala: *En numerosas ocasiones, en el origen de los incidentes que deben ser notificados a las autoridades nacionales competentes en virtud de lo dispuesto en la Directiva (UE) 2016/1148 del Parlamento Europeo y del Consejo subyacen actividades delictivas. Cabe sospechar la naturaleza delictiva de tales incidentes incluso cuando la prueba de la existencia de una infracción penal no está suficientemente clara en esta fase. En este contexto, conviene animar a los operadores de servicios esenciales y proveedores de servicios digitales pertinentes a que comuniquen los informes requeridos en virtud de lo dispuesto en la Directiva (UE) 2016/1148 a los servicios policiales, a fin de formular una respuesta efectiva y exhaustiva y de facilitar la imputación de los autores y la rendición de cuentas.... Por otra parte, cuando proceda, los equipos de respuesta a incidentes de seguridad informática designados en virtud de lo dispuesto en la Directiva (UE) 2016/1148 deben participar en las investigaciones de los servicios policiales con vistas a facilitar la información que se considere apropiada a nivel nacional y, también, a ofrecer conocimientos especializados sobre sistemas de información.*

Llamamos la atención sobre este punto porque, en ocasiones, las acciones susceptibles de sancionarse como delitos de ataque informático no se denuncian y, por tanto, no llegan a conocimiento de los órganos judiciales y del Ministerio Fiscal. Esta situación que pudiera tener explicación en múltiples razones, entre ellas por el perjuicio reputacional derivado del conocimiento público de las vulnerabilidades de la entidad u organismo atacado, está generando, desde nuestro punto de vista, consecuencias perversas que deben evitarse. Así, por una parte, la falta de denuncia de estos hechos implica la renuncia al ejercicio de la acción sancionadora del Estado respecto de comportamientos penalmente reprochables y, por ende, al efecto de prevención general y especial inherente a la investigación y persecución de las actividades delictivas. Pero, además, la carencia de información acerca de acciones ilícitas de esta naturaleza, de sus circunstancias y de la evolución de sus manifestaciones constituye un obstáculo para la necesaria adecuación de la legislación a las nuevas necesidades y, en definitiva, para la previsión de herramientas que hagan posible actuar eficazmente frente a ello, pues difícilmente puede legislarse sobre lo que no se conoce.

Precisamente a este traslado de información a los órganos de la jurisdicción penal se refiere el art. 14.3 del Real Decreto-ley 12/2018 que señala expresamente que *cuando los incidentes notificados presenten caracteres de delito, las autoridades competentes y los CSIRT de referencia, darán cuenta de ello, a través de la Oficina de Coordinación Cibernética del Ministerio del Interior*[35]*, al Ministerio Fiscal a los efectos oportunos, trasladándole, al tiempo, cuanta información posean en relación con ello,* precepto cuyo contenido se reproduce en similares términos en el art 13 del Real Decreto 43/2021 de 26 de enero. Obviamente esta obligación de informar a los órganos competentes de la jurisdicción penal no es sino la concreción, en estos supuestos, del deber genérico de denuncia recogido en el artículo 262 de la LECrim[36] que pesa sobre todos aquellos que con ocasión del ejercicio de su profesión, oficio o funciones lleguen a conocimiento de un delito perseguible de oficio. Ello sin perjuicio de la obligación atribuida igualmente por la legislación procesal a los propios afectados por la acción criminal y a cualquier ciudadano que conozca de un hecho delictivo, a la que también hace men-

(35) Las competencias de esta Oficina, actualmente denominada **Oficina de Coordinación de Ciberseguridad**, se detallan en el artículo segundo, nº 3 a) 15º del Real Decreto 734/2020 de 4 de agosto por el que se desarrolla la estructura orgánica del Ministerio del Interior.

(36) *Los que por razón de sus cargos, profesiones u oficios tuvieren noticia de algún delito público estarán obligados a denunciarlo inmediatamente al Ministerio Fiscal, al Tribunal competente, al Juez de Instrucción y, en su defecto, al municipal o al funcionario de policía más próximo al sitio si se tratare de un delito flagrante.*

ción el Real Decreto—ley 12/2018 en su art. 19.6 en los siguientes términos: *la obligación de notificación de incidentes prevista en los apartados anteriores no obsta al cumplimiento de los deberes legales de denuncia de aquellos hechos que revistan caracteres de delito antes las autoridades competentes de acuerdo con lo dispuesto en el artículo 259*[(37)] *y ss. de la LECrim y teniendo en cuenta lo previsto en el art 14.3 de este decreto-ley.*

De acuerdo con esta normativa, desde la Oficina de Coordinación Cibernética (OCC) se está dando traslado puntualmente de los incidentes que presenten caracteres de delito tanto a la Unidad de Criminalidad Informática de la Fiscalía General del Estado como a los cuerpos policiales de ámbito nacional a efectos de su investigación y valoración jurídico penal y, en su caso, de la persecución y sanción de las personas que aparezcan como responsables de los mismos. De esta forma se están aunando esfuerzos desde el ámbito preventivo y sancionador para que la actuación del Estado de Derecho frente a este fenómeno criminal sea realmente eficaz.

3. ADECUACIÓN DE LA NORMATIVA PENAL A LAS NUEVAS FORMAS DE AGRESIÓN ONLINE CONTRA LA LIBERTAD E INDEMNIDAD SEXUAL DE LOS MENORES; EN PARTICULAR DELITOS RELACIONADOS LA ELABORACIÓN E UTILIZACIÓN MATERIAL DE ABUSO SEXUAL INFANTIL Y DELITOS DE *CHILDGROOMIN*

Las agresiones contra la libertad e indemnidad sexual de los menores son también una de las categorías delictivas en las que el efecto perverso del uso irregular de las tecnologías, al que nos referíamos con anterioridad, es más evidente. Es un hecho incuestionable que las inmensas posibilidades que ofrecen estas herramientas y, por ende, Internet para facilitar los contactos entre las personas y la elaboración y difusión de todo tipo de contenidos está teniendo una demoledora influencia en la planificación y ejecución de esta clase de ilícitos y en concreto en el acoso online a menores con fines de carácter sexual y también en la elaboración, distribución y puesta a disposición de terceros de material de abuso sexual infantil.

La utilización masiva de estas herramientas por los menores para entablar relaciones con los demás e incluso para la realización de sus actividades escolares —situación incentivada especialmente a causa de la pandemia— y la comprensible falta de previsión de estos jóvenes usuarios, dada su edad

(37) *El que presenciare la perpetración de cualquier delito público estará obligado a ponerlo inmediatamente en conocimiento del Juez de instrucción, de paz, comarcal o municipal o funcionario fiscal más próximo al sitio en que se hallare…*

y grado de desarrollo y madurez, acerca de los riesgos que asumen al volcar información sobre si mismos en la red y al mantener determinados contactos en dicho entorno —propiciada en buena medida por las posibilidades que ofrecen estas tecnologías para ocultar la verdadera identidad de los interlocutores— está derivando en una especial vulnerabilidad de los mismos ante acciones ilícitas que afectan muy seriamente a sus derechos y a su normal desarrollo y evolución y que son planificadas y ejecutadas por auténticos depredadores sexuales.

Esta situación ha ido agravándose con el paso de los años, a medida que se ha ido haciendo cada vez más profundo e intenso el proceso de digitalización en el que nos encontramos inmersos. De ello es indicativa la información obtenida por NCMEC(38) a través de su CyberTipline en la que se recepcionan las notificaciones sobre contenidos de pornografía infantil detectados en la red. A tenor de dicha información se constata que en el año 1998 el número anual de notificaciones relativas a imágenes *online* de abuso sexual de menores no superaba las 3.000, si bien su número fue incrementándose sucesivamente hasta alcanzar en 2014 —y por primera vez— el millón de notificaciones anuales. En los últimos años el volumen de comunicaciones ha ido aumentando de forma preocupante hasta el punto que en 2019 el número de reportes alcanzo la importante cifra de 16.987.361 que ascendió a 21.751.085 a finales del año 2020(39), marcando un repunte de más de un 19% respecto de la anualidad precedente.

La preocupación por la explotación sexual de los menores ha sido desde antiguo objeto de atención para los legisladores de la Unión Europea. Ya en el año 1997 se adoptó por el Consejo de la UE la Decisión 97/154/JAI de 24

(38) *El Nacional Center for Missing and Exploited Children* (Centro Nacional para Menores Desaparecidos y Explotados) de EEUU es una corporación privada sin ánimo de lucro uno de cuyos objetivos es el de reducir la explotación sexual de los menores. Dicho organismo opera la *CyberTipline* destinada a la denuncia de pornografía infantil, tráfico sexual de menores y explotación sexual infantil. La *CyberTipline* recibe denuncias directamente de los proveedores de acceso a Internet, los proveedores de servicios electrónicos y la ciudadanía. Desde su creación en 1998 la *CyberTipline* ha revisado más de 120 millones de imágenes sospechosas de constituir pornografía infantil.
La legislación estadounidense exige a las empresas radicadas en dicho país denunciar ante el NCMEC todo caso de abuso sexual de menores que encuentren en sus redes. El NCMEC procesa dichas denuncias y las envía a las autoridades públicas competentes de los distintos países del mundo en orden a la aplicación de las medidas que en cada Estado se estimen oportunas o procedentes. Como las mayores empresas de Internet tienen su sede en EEUU puede considerarse que el NCMEC centraliza una buena parte de las denuncias por abuso sexual online de menores a escala mundial, por lo que la información que facilita este organismo tiene un valor de especial relevancia en la cuantificación de un fenómeno cuya cifra real es en gran medida desconocida y difícilmente cuantificable.

(39) https://esp.missingkids.org>cybertipli

de febrero *relativa a la lucha contra la trata de seres humanos y la explotación sexual de los niños* cuyo objetivo no era otro que establecer normas comunes para facilitar la lucha contra ambos fenómenos criminales. En dicha decisión se entiende por explotación sexual de un niño la conducta de *persuadir o coaccionar a un niño a participar en cualquier actividad sexual ilícita, explotar a un niño mediante la prostitución u otras prácticas sexuales ilegales, utilizar niños para actuaciones y material pornográficos, sea producción, venta y distribución u otras formas de tráfico de material de este tipo, y la posesión de dicho material.* No obstante, y como ya indicábamos, pese a dicho esfuerzo normativo, la incidencia de este tipo de conductas delictivas no ha dejado de aumentar en buena parte favorecida por los vertiginosos avances técnicos o científicos.

Por ello, desde hace más de dos décadas, los organismos competentes de la Unión Europea han ido incrementando sus esfuerzos para articular los mecanismos legales que hagan posible actuar de forma eficaz contra este grave y peligroso fenómeno criminal, siguiendo las pautas y directrices ya establecidas en el Consejo Europeo de Tampere que apostaba por el acercamiento de las legislaciones nacionales para la facilitar la actuación frente determinadas formas de delincuencia especialmente peligrosas, entre ellas, las relacionadas con la *explotación sexual de la infancia.* Un buen ejemplo de ello es la Decisión 2000/375/JAI del Consejo de 29 de mayo relativa a la *lucha contra la pornografía infantil en internet,* en la que *a fin de prevenir y combatir el abuso sexual de los niños y, en particular, la producción, el tratamiento, la posesión y la difusión de material pornográfico infantil a través de Internet,* se insta a los Estados Miembros a adoptar determinadas medidas orientadas a fomentar la denuncia por parte de los ciudadanos del material de abuso que se detecte en el entorno virtual; a la creación de unidades policiales especializadas en la investigación y persecución penal de dichas conductas; a impulsar la cooperación internacional frente a este tipo de actividades estableciendo redes de puntos de contacto 24/7 para el traslado de información y apoyo mutuo; a promover las medidas necesarias para la retirada de los contenidos ilícitos de la red; a propugnar la conservación de información sobre datos de tráfico, dentro de los límites legales, para facilitar la investigación de estas conductas y a promover las modificaciones legislativas necesarias *para mantener la eficacia de la lucha contra la pornografía infantil en Internet.*

Poco antes, en el mes de marzo del mismo año 2000, el Parlamento Europeo había dictado una Resolución en la que, siguiendo las sugerencias de la Comisión y con el propósito de impulsar la aproximación de los ordenamientos jurídicos nacionales en esta materia, propone la elaboración de una Decisión Marco en la que se establecieran normas mínimas respecto de los elementos constitutivos de las conductas relacionadas con el turismo sexual que afecta a niños y la pornografía infantil, dando lugar de esta forma a la elaboración de la Decisión Marco 2004/68/JAI de 22 de diciembre de 2003 que comentamos a continuación.

También el Consejo de Europa ha venido impulsando la armonización normativa en esta materia particularmente a través de dos importantes documentos, la Convención de Budapest, antes mencionada y la Convención de Lanzarote *para la protección de los niños contra la explotación y el abuso sexual* de 25 de octubre de 2007, a la que nos referiremos más específicamente al examinar el proceso de armonización normativa desarrollado respecto de la figura del *childgrooming*. Concretamente la Convención de Budapest dedica un precepto, el artículo 9[40], a promover la aproximación de legislaciones como medio de favorecer la investigación y persecución eficaz de la utilización de los sistemas informáticos para la comisión de delitos de índole sexual contra menores de edad. Con ese objetivo el citado precepto, además de definir lo que ha de entenderse por pornografía infantil —en unos términos muy similares, aunque no exactos a los que se utilizan en la normativa de la UE— insta a los Estados a tipificar como delitos determinadas conductas relacionadas con material de abuso sexual infantil cuando las mismas se llevan a efecto a través de sistemas informáticos.

(40) 1. *Cada Parte adoptará las medidas legislativas y de otro tipo que resulten necesarias para tipificar como delito en su derecho interno la comisión deliberada e ilegítima de los siguientes actos:*
a) La producción de pornografía infantil con vistas a su difusión por medio de un sistema informático;
b) la oferta o la puesta a disposición de pornografía infantil por medio de un sistema informático;
c) la difusión o transmisión de pornografía infantil por medio de un sistema informático,
d) la adquisición de pornografía infantil por medio de un sistema informático para uno mismo o para otra persona;
e) la posesión de pornografía infantil en un sistema informático o en un medio de almacenamiento de datos informáticos.
2. A los efectos del anterior apartado 1, por «pornografía infantil» se entenderá todo material pornográfico que contenga la representación visual de:
a) Un menor comportándose de una forma sexualmente explícita;
b) una persona que parezca un menor comportándose de una forma sexualmente explícita;
c) imágenes realistas que representen a un menor comportándose de una forma sexualmente explícita.
3. A los efectos del anterior apartado 2, por «menor» se entenderá toda persona menor de dieciocho años. No obstante, cualquier Parte podrá establecer un límite de edad inferior, que será como mínimo de dieciséis años.
4. Cualquier Parte podrá reservarse el derecho a no aplicar, en todo o en parte, las letras d) y e) del apartado 1, y las letras b) y c) del apartado 2.

3.1. La Decisión Marco 2004/68/JAI del Consejo de 22 de diciembre 2003

Esta Decisión *relativa a la lucha contra la explotación sexual de los niños y la pornografía infantil* se enmarca decididamente en el proceso de armonización normativa que estamos analizando y si bien no se refiere exclusivamente a delitos de carácter tecnológico —a diferencia de lo que hemos visto a propósito de la normativa sobre ataques a sistemas de información— toma en cuenta dicha circunstancia al recordar expresamente en uno de sus considerandos que *la pornografía infantil, forma especialmente grave de explotación sexual de los niños, se está desarrollando y extendiendo por medio de las nuevas tecnologías e Internet.*

El documento pretende el tratamiento uniforme de las infracciones relacionadas con la explotación sexual de los menores y la pornografía infantil mediante el establecimiento, en el ámbito penal, de elementos comunes en la definición de conductas delictivas y en la previsión legal para las mismas de sanciones *efectivas, proporcionadas y disuasorias* y apuesta, al tiempo, por una mejora de la cooperación judicial en la actuación frente a dichos comportamientos. Para la consecución de dicho objetivo, la Decisión Marco desarrolla en su articulado determinadas directrices en referencia tanto a los delitos de explotación sexual de los niños como a los relacionados con el material de abuso sexual infantil, que examinamos a continuación:

A) Establece en el art. 1 algunas definiciones sobre conceptos básicos imprescindibles para la correcta interpretación y aplicación de las infracciones que define, tales como lo que ha de entenderse por *sistema informático y persona jurídica*.

No obstante, las aportaciones más interesantes en el tema que nos ocupa son la delimitación, con carácter general, del concepto de *niño* en referencia a aquellas personas que no hayan cumplido la edad de 18 años (art. 1-a) y la definición legal de lo que ha de entenderse por material de pornografía infantil (art. 1-b)[41], en el que se integran tanto la pornografía real (inciso i) como lo que se conoce por pornografía técnica (inciso ii) y virtual (inciso iii).

(41) Art. 1.b) *A efectos de la presente Decisión Marco, se entenderá por pornografía infantil, cualquier material pornográfico que describa o represente de manera visual:*
i) a un niño real practicando o participando en una conducta sexualmente explícita, incluida la exhibición lasciva de los genitales o de la zona púbica de un niño, o
ii) a una persona real que parezca ser un niño practicando o participando en la conducta mencionada en el inciso i), o
iii) imágenes realistas de un niño inexistente practicando o participando en la conducta mencionada en el inciso i).

B) Relaciona en su art. 2 las siguientes infracciones vinculadas con la explotación sexual de los niños e insta a los Estados a su tipificación penal:

— Coaccionar a un menor para que se prostituya o participe en espectáculos pornográficos, lucrarse con ellos o explotar de cualquier forma a un menor con tales fines.

— Captar a un menor para que se prostituya o participe en espectáculos pornográficos.

— Practicar actividades sexuales con un menor en cualquiera de las circunstancias siguientes:

— Emplear coacción, fuerza o amenaza.

— Ofrecer al menor dinero u otras formas de remuneración.

— Abusar de una situación de confianza, autoridad o influencia sobre el menor.

C) Relaciona en su art. 3, las siguientes infracciones vinculadas con la pornografía infantil e insta a los Estados a su tipificación penal:

— La producción de pornografía infantil.

— La distribución, difusión o transmisión de pornografía infantil.

— El ofrecimiento o suministro de pornografía infantil.

— La adquisición o posesión de pornografía infantil.

No obstante, se deja a la decisión de las autoridades de cada Estado la posibilidad de no exigir responsabilidad penal en alguno o algunos de los siguientes casos:

a) Cuando en el supuesto del art. 1-b) inciso ii) (pornografía técnica) se demuestre que la persona real que parecía ser un niño, resulta tener 18 años o más en el momento de cometerse los hechos.

b) Cuando en los supuestos de posesión y producción del material al que se refiere el art. 1-b) incisos i) y ii) (pornografía real y técnica) el material se haya obtenido con el consentimiento libremente prestado por menores que han alcanzado la edad para ello y dichos contenidos estén destinados únicamente al consumo propio del productor o poseedor.

c) Cuando tratándose exclusivamente de pornografía virtual (art. 1-b) inciso iii) el productor o poseedor la tenga para su propio uso y no haya riesgo de distribución.

D) Establece en su art. 5 algunos parámetros para la determinación de la extensión de la pena susceptible de imponerse por las infracciones que se definen en su articulado, con la finalidad de impulsar la armonización también en las consecuencias penales de estas conductas. A tales efectos se fijan como criterios agravatorios la circunstancia de que la víctima sea un menor que no ha alcanzado la edad para prestar consentimiento en el ámbito sexual o también, en determinados supuestos, cuando con ocasión de la comisión del hecho se haya puesto en peligro la vida del menor ya sea de forma deliberada o por imprudencia, se haya empleado violencia grave o causado un daño grave a la víctima o cuando el hecho se haya cometido en el marco de una organización criminal.

Se insta también a los Estados a que contemplen como medida sancionatoria la posibilidad de que los responsables de estas conductas puedan ser inhabilitados para el ejercicio de actividades profesionales relacionadas con el cuidado de los niños.

E) Previsión legal de la comisión de estos ilícitos en grado de tentativa y así como de la inducción y complicidad como formas de participación criminal en su planificación y ejecución (art. 4).

F) Definición de las circunstancias en las que se puede exigir responsabilidad penal a las personas jurídicas y fijación de criterios para la imposición de sanciones a las mismas (arts. 6 y 7) de forma muy similar a la que se ha mencionado anteriormente a propósito de las disposiciones normativas sobre ataques a los sistemas e información.

G) Criterios para la determinación de la competencia territorial para el conocimiento de los hechos por parte de cada uno de los Estados (art. 8). En relación con ello es interesante destacar la precisión que se recoge en el apartado 5 en referencia a la comisión por medios informáticos de las infracciones relacionadas en el artículo 3 —pornografía infantil— estableciendo para esos supuestos como criterio competencial el del lugar desde el que se acceda al sistema informático con independencia de aquel en que el mismo se encuentre ubicado.

H) Medidas para protección de víctimas de estos comportamientos. En ese sentido y además de declarar la especial vulnerabilidad de los afectados por estos ilícitos insta a los Estados a que establezcan la perseguibilidad de oficio de este tipo de infracciones y la previsión de medidas para la protección de las víctimas.

Pese a la indiscutible importancia y trascendencia de este documento el incremento de actividades relacionadas con la explotación sexual de los menores y la pornografía infantil, impulsado, sin duda, por los avances tecnológicos y el uso creciente de las TIC por la ciudadanía, determino la necesidad de elaborar una nueva disposición normativa que ahondando en el proceso de aproximación de legislaciones que estamos comentando hiciera posible un *enfoque común que abarque la acción judicial contra los delincuentes, la protección de los menores víctimas y la prevención del fenómeno* procurando, ante todo, garantizar el superior interés del menor. Este planteamiento dio lugar a la publicación de la Directiva (UE) 2011/93 que sustituye a esta Decisión Marco dando un paso hacia adelante en la acción coordinada para la protección de los menores frente a este tipo de agresiones.

3.2. La Directiva (UE) 2011/93 del Parlamento Europeo y del Consejo de 13 de diciembre

Esta Directiva *relativa a la lucha contra los abusos sexuales y la explotación sexual de los menores y la pornografía infantil* fue dictada con el objetivo de proporcionar un marco legal de carácter general que hiciera posible la consecución de los objetivos antes mencionados. Con esa finalidad el documento estructura su articulado en tres grandes bloques que analizaremos separadamente: 1) definición común de infracciones penales y de las sanciones y consecuencias accesorias derivadas de ellas, 2) Impulso y fortalecimiento de las actuaciones relacionadas con la investigación de estas conductas y 3) mejora en la prevención y en la protección de los menores víctimas de estos comportamientos.

Ha de indicarse que el objetivo de la Directiva, tal y como señala su art. 1º, es el de mejorar la respuesta legal frente a las acciones que atentan contra la libertad e indemnidad sexual de los menores cualquiera que sea la forma y medio en que se planifiquen y ejecuten. Es decir, a excepción del acceso online a material pornográfico (art. 5.3) y del embaucamiento de menores con fines sexuales por medios tecnológicos (art. 6) las restantes infracciones que se definen en el documento pueden cometerse tanto en un entorno físico como virtual. No obstante, las circunstancias antes mencionadas han determinado que en la actualidad sea cada vez más frecuente la utilización de las TIC en la comisión de la generalidad de las conductas que se contemplan en esta disposición normativa.

1) *Definición común de infracciones penales, sanciones correspondientes a las mismas y consecuencias accesorias derivadas de ello.*

En este apartado, dedicado esencialmente a la armonización en los aspectos de carácter penal sustantivo, el legislador comunitario impulsa la tipificación de nuevas conductas no contempladas por la Decisión Marco o introduce algunas variantes en las ya previstas en dicho documento. Las aportaciones más interesantes a los efectos que nos ocupan son las siguientes:

A) Incorpora en art. 2 algunas definiciones sobre conceptos básicos imprescindibles para la correcta interpretación y aplicación de las infracciones que define, tales como lo que ha de entenderse por *edad de consentimiento sexual, prostitución infantil*[(42)] *o espectáculo pornográfico*[(43)].

Además, y en lo que se refiere al concepto de pornografía infantil[(44)], la Directiva introduce algunas precisiones en la definición establecida en la Decisión Marco, con el objetivo de aclarar dicha definición *y aproximarla a la contenida en los instrumentos internacionales*, en clara referencia a la Convención de Lanzarote del Consejo de Europa. Así, en esta nueva definición la conducta sexualmente explicita, representada en el material pornográfico, puede ser tanto real como simulada y la exhibición de órganos sexuales ha de realizarse *con fines principalmente sexuales*.

B) Define, en su art. 3, las siguientes infracciones relacionadas con abusos sexuales a menores a efectos de su tipificación como delitos en los ordenamientos jurídicos internos:

— Hacer, con fines sexuales, que un menor que no ha alcanzado la edad de consentimiento sexual presencie actos de carácter sexual.

— Hacer, con fines sexuales, que un menor que no ha alcanzado la edad de consentimiento sexual presencie actos de abuso sexual.

— Realizar actos sexuales con un menor que no ha alcanzado la edad de consentimiento.

(42) *prostitución infantil»: la utilización de un menor en actividades sexuales en las que se entregue o prometa dinero u otra forma de remuneración o contraprestación como pago por la participación del menor en actos de carácter sexual, independientemente de que el pago, la promesa o la contraprestación se entregue o se haga al menor o a un tercero.*

(43) *«Espectáculo pornográfico»: la exhibición en directo dirigida a un público, incluso por medio de las tecnologías de la información y la comunicación:*
i) de un menor participando en una conducta sexualmente explícita real o simulada, o
ii) de los órganos sexuales de un menor con fines principalmente sexuales;

(44) Art. 2 c) *«pornografía infantil»:*
i) todo material que represente de manera visual a un menor participando en una conducta sexualmente explícita real o simulada,
ii) toda representación de los órganos sexuales de un menor con fines principalmente sexuales,
iii) todo material que represente de forma visual a una persona que parezca ser un menor participando en una conducta sexualmente explícita real o simulada o cualquier representación de los órganos sexuales de una persona que parezca ser un menor, con fines principalmente sexuales, o
iv) imágenes realistas de un menor participando en una conducta sexualmente explícita o imágenes realistas de los órganos sexuales de un menor, con fines principalmente sexuales.

— Realizar actos sexuales con un menor de edad en las siguientes condiciones:

1) Abusando de posición de confianza, autoridad o influencia sobre el menor.

2) Abusando de situación de especial vulnerabilidad del menor (discapacidad física o mental o situación de dependencia).

3) Empleando coacción, fuerza o amenazas.

— Emplear coacción, fuerza o amenaza con un menor de edad para que participe en actos de carácter sexual con un tercero.

Además, la Directiva fija los parámetros para la determinación de la pena susceptible de imponerse en cada uno de los indicados supuestos a fin de facilitar la aproximación normativa también en los aspectos de carácter sancionatorio.

C) En su art. 4 y en referencia a las infracciones relacionadas con la explotación sexual de menores:

— Reorganiza las conductas ya previstas en la Decisión Marco relacionadas con la captación de menores para participar en espectáculos pornográficos o para prostituirse y las de lucrarse con ello o explotar al menor en similar forma.

— Define específicamente como delito e insta a su tipificación por los Estados la conducta consistente en hacer que un menor participe en espectáculos pornográficos o se prostituya.

— Describe con mayor precisión que la Decisión Marco el empleo de fuerza, amenaza o coacción a un menor para que participe en espectáculos pornográficos o se prostituya a efectos, también de su tipificación en los ordenamientos jurídicos internos.

— Define como conducta que debe ser objeto de tipificación por los Estados la asistencia a sabiendas a espectáculos pornográficos en los que participen menores de edad.

— Contempla expresamente como conducta delictiva realizar actos de carácter sexual con un menor recurriendo a la prostitución infantil.

La Directiva, también en este caso y con idénticos objetivos, fija los parámetros para la determinación de la pena susceptible de imponerse en cada uno de los indicados supuestos.

D) En su art. 5 y en referencia a las infracciones relacionadas con la pornografía infantil, manteniendo en lo esencial las previsiones de la Decisión Marco, incorpora las siguientes modificaciones:

— Contempla expresamente como figura delictiva el acceso a sabiendas a pornografía infantil por medio de las tecnologías de la información y la comunicación, con una técnica legislativa muy similar a la empleada en el art. 20 f) de la Convención de Lanzarote del Consejo de Europa *para la protección de los niños contra la explotación y el abuso sexual.*

En referencia a esta figura en el considerando 18 de la Directiva se destaca especialmente el carácter intencional de este acceso, que podrá deducirse cuando el mismo *sea recurrente o se cometa mediante un servicio sujeto a pago.*

— Se incluye como conductas que han de ser tipificadas junto al ofrecimiento y suministro —ya previstos en la Decisión Marco— las consistentes en la *puesta a disposición* de material de esta naturaleza.

— El alcance de la discrecionalidad otorgada a los Estados para no actuar penalmente frente a estos comportamientos se limita, en este apartado, a los supuestos en que, tratándose de pornografía técnica (art. 2 letra c-iii)) se demuestre que la persona real que parecía ser un niño resulta tener 18 años o más en el momento de cometerse los hechos o cuando tratándose exclusivamente de pornografía virtual (art. 2, letra c-iv)), el productor o poseedor la tenga para su propio uso y no haya riesgo de distribución.

Las conductas relacionadas con la pornografía infantil, salvo el acceso online a material de esta naturaleza, pueden cometerse tanto en entorno físico como virtual, si bien esta segunda es actualmente la forma más habitual de comisión. Al respecto, es interesante recordar que es la Convención de Budapest sobre Ciberdelincuencia del Consejo de Europa, en su art 9, la que se ocupa y define específicamente estos ilícitos cuando se cometen a través de la red o de los sistemas informáticos.

E) Define como nueva infracción contra la libertad e indemnidad sexual de los menores la conducta consistente en servirse de los medios tecnológicos para embaucarles con fines de carácter sexual[45], e insta a los Estados a su incorporación como delito en las legislaciones nacionales.

(45) *1. Los Estados miembros adoptarán las medidas necesarias para garantizar la punibilidad de las conductas dolosas siguientes:*

Esta figura conocida vulgarmente como *childgrooming,* sanciona el aprovechamiento de las TIC como medio de facilitar el acercamiento con menores que todavía no han alcanzado la edad para prestar consentimiento sexual con el objetivo bien sea de mantener con ellos contactos de esa naturaleza o de obtener de los mismos, material pornográfico. La razón de la penalización de estas conductas la explica claramente el considerando 19 de la Directiva al indicar que este tipo de comportamientos constituyen *una amenaza con características específicas en el contexto de Internet, ya que este medio ofrece un anonimato sin precedentes a los usuarios puesto que pueden ocultar su identidad y sus circunstancias personales, tales como la edad.*

Una figura muy similar a la recogida en el párrafo primero del art 6 de la Directiva había sido ya definida, con idéntica finalidad armonizadora en el artículo 23 del Convenio de Lanzarote del Consejo de Europa *para la protección de los niños contra la explotación y el abuso sexual,* abierto a la firma el 25 de octubre de 2007 y ratificado por España en julio de 2010.

F) Referencia expresa, en el art. 7, a la posibilidad de comisión de las citadas conductas en grado de tentativa, así como a la conveniencia de que se contemple en los ordenamientos jurídicos de los Estados la inducción y la complicidad como formas de participación criminal en las mismas.

G) El art. 8 se refiere a determinados supuestos en los que, como quiera que el menor ha prestado su consentimiento para el acto de carácter sexual, los Estados tienen facultad para decidir discrecionalmente acerca de la oportunidad de su persecución penal. Se trata de los siguientes supuestos:

— Hacer que un menor que no ha alcanzado la edad para consentir sexualmente presencie actos de carácter sexual o mantener con el mismo relaciones de carácter sexual si el menor ha consentido en la realización de esas conductas y el actor es una persona próxima en edad, grado de desarrollo o madurez, siempre que no se produzcan situaciones de abuso.

La propuesta por parte de un adulto, por medio de las tecnologías de la información y la comunicación, de encontrarse con un menor que no ha alcanzado la edad de consentimiento sexual, con el fin de cometer una infracción contemplada en el artículo 3, apartado 4, y en el artículo 5, apartado 6, cuando tal propuesta haya ido acompañada de actos materiales encaminados al encuentro, se castigará con penas privativas de libertad de una duración máxima de al menos un año.

2. Los Estados miembros adoptarán las medidas necesarias para garantizar la punibilidad de cualquier tentativa de un adulto, por medio de las tecnologías de la información y la comunicación, de cometer las infracciones contempladas en el artículo 5, apartados 2 y 3, embaucando a un menor que no ha alcanzado la edad de consentimiento sexual para que le proporcione pornografía infantil en la que se represente a dicho menor.

— Asistir a espectáculos pornográficos en los que participe un menor, en el contexto de una relación consentida, si el menor ha alcanzado la edad de prestar consentimiento sexual o cuando se trate de personas próximas por edad y grado de desarrollo y madurez siempre que no concurran situaciones de abuso o explotación ni medie contraprestación o cualquier clase de remuneración por el espectáculo.

— La producción, adquisición y posesión de pornografía infantil respecto de menores que tienen edad para prestar consentimiento, cuando el material se haya obtenido o se posea contando con dicho consentimiento y se emplee exclusivamente para uso privado de los afectados, siempre que no se hayan producido situaciones de abuso.

H) En el art. 9 se relacionan las circunstancias de agravación que han de tenerse en cuenta en la determinación de la sanción correspondiente a estas conductas, salvo que dichas circunstancias constituyan en sí mismas un requisito del tipo penal básico. Además de algunas de las contempladas en la Decisión Marco —puesta en peligro de la vida del menor o causarle daños graves; emplear violencia grave contra la victima o actuar en el seno de una organización criminal— se incluyen las siguientes:

— Especial vulnerabilidad del menor por discapacidad, incapacidad física o mental o situación de dependencia. Al respecto el considerando 22 de la Directiva equipara *la influencia de las drogas o el alcohol* con la incapacidad física o mental.

— Comisión del hecho por un miembro de la familia o conviviente con el menor o por persona que abuse de su confianza o autoridad sobre el mismo.

— Comisión del hecho por varias personas actuando conjuntamente.

— Reincidencia en infracciones de similar naturaleza.

I) Los artículos 10 y 11 se refieren a la conveniencia de contemplar en los ordenamientos jurídicos internos determinadas consecuencias accesorias para evitar el riesgo de reincidencia:

— Inhabilitación con carácter temporal o permanente para el ejercicio de actividades, al menos de carácter profesional, que impliquen relación directa y regular con menores de edad.

Esta consecuencia, ya prevista en la Decisión Marco, se hace extensiva a las nuevas infracciones definidas en la Directiva y además se insta a los Estados a que articulen medidas legislativas a efectos de garantizar que quien contrate personas para realizar actividades con niños pueda obtener información relacionada con la existencia de condenas por este tipo de infracciones y también para posibilitar el intercambio de información sobre dichos extremos con otros Estados Miembros.

— Embargo y decomiso de los productos e instrumentos utilizados con ocasión de las conductas ilícitas. En relación con ello, el considerando 23 de la Directiva insiste en la conveniencia de *alentar la utilización de los instrumentos y productos incautados y decomisados... en favor de la protección y ayuda a las víctimas.*

J) Definición de las circunstancias en las que es posible exigir responsabilidad penal por estas conductas a las personas jurídicas y fijación de criterios para la imposición de sanciones a las mismas (arts. 12 y 13) de forma muy similar a la que se ha mencionado anteriormente al analizar la Decisión Marco 2004/68/JAI.

2) Impulso y fortalecimiento de las actuaciones relacionadas con la investigación de estas conductas.

Como ya se ha indicado, los arts. 15 a 17 de la Directiva se orientan esencialmente a promover y favorecer la denuncia, investigación y enjuiciamiento de esta clase de conductas dadas las dificultades existentes para que este tipo de hechos lleguen a conocimiento de los órganos de la jurisdicción penal y la complejidad que presenta su esclarecimiento y la identificación de los responsables como consecuencia de los múltiples y variados mecanismos disponibles en el entorno virtual para hacer posible la ocultación y el anonimato. El documento contempla tres bloques de previsiones:

— Impulso y favorecimiento de la denuncia de estos comportamientos.

En relación con ello, se apuesta en la Directiva por diversas medidas tales como la persecución de oficio sin exigir la denuncia de la víctima (art. 15.1), el establecimiento de plazos de prescripción suficientemente amplios y en los que se tenga en cuenta la fecha en la que la víctima ha alcanzado la mayoría de edad (art. 15.2), asegurar la denuncia por parte de los profesionales que tengan conocimiento de los hechos en el ejercicio de sus funciones (art. 16.1) y facilitar y promover la denuncia procedente de terceros de buena fe que tenga noticia o sospecha de la comisión de este tipo de conductas (art. 16.2).

A este último aspecto dedica específicamente la Directiva su considerando 35, en el que el legislador europeo anima a los Estados a poner en funcionamiento en sus respectivos territorios las *líneas directas* para protección de menores a las que se refiere la Decisión 2007/116/CE de la Comisión de 15 de febrero[46].

— Fomento y mejora de las técnicas de investigación criminal en esta materia.

Al respecto, el art. 15-3º, insta a los Estados a adoptar las medidas necesarias para dotar a los encargados de la investigación de estos delitos de herramientas similares a las previstas para el esclarecimiento e indagación de actividades de delincuencia organizada y delincuencia grave y, en particular, en su apartado 4º, para que puedan analizar el material informático ilícito accesible a través de las TIC.

En relación con ello el considerando 15 de la Directiva deja constancia de algunos de los instrumentos legales que pueden ser utilizados con ese objetivo: la interceptación de comunicaciones, la vigilancia discreta, incluida la de carácter electrónico, el control de cuentas bancarias y de instrumentos financieros e incluso la utilización de identidades supuestas en la red, en clara referencia al agente encubierto virtual.

— Establecimiento en el art. 17 de normas comunes de competencia territorial en los Estados de la UE en orden al conocimiento y enjuiciamiento de las infracciones que se definen en la Directiva. Concretamente, el apartado 3º de este precepto se refiere a la comisión de las infracciones por medio de las TIC estableciendo como criterio competencial al respecto, al igual que se hace en la Decisión Marco, el del lugar desde el que se acceda al sistema informático con independencia de aquel en que el mismo se encuentre ubicado.

En relación con este mismo aspecto es también de interés mencionar el considerando 29 en el que se recogen algunas reflexiones acerca de la conveniencia de *modificar las normas de competencia para garantizar que los nacionales de la Unión que abusan sexualmente de menores o los explotan sean enjuiciados aunque cometan las infracciones fuera de la Unión, en particular, a través del denominado turismo sexual* y se insta a los Estados a incrementar y reforzar la cooperación con terceros países y con organizaciones internacionales con la finalidad de combatir esa forma de agresión a los niños.

(46) Se trata de una Decisión relativa a la reserva de determinados rangos de numeración nacional, en el marco comunitario, como números armonizados para la prestación de determinados servicios de valor social.

3) *Medidas de prevención, asistencia, apoyo y protección de los menores*

El contenido de la Directiva se completa con una serie disposiciones en las que se insta a los Estados a adoptar determinadas medidas en los respectivos ordenamientos jurídicos internos con la pretensión de articular en el territorio comunitario un marco uniforme de protección para los menores víctimas de estos comportamientos en el que se integran previsiones orientadas a garantizar sus derechos e intereses, a minimizar los efectos del delito y a prevenir la comisión de estas infracciones y cuyos aspectos esenciales son los siguientes:

A) Medidas generales de apoyo y asistencia a los menores:

— Su objetivo es amparar al menor antes, durante y después del proceso durante el tiempo que se estime adecuado y permitirle el ejercicio de los derechos que le corresponden como víctima de conformidad con lo establecido en la Decisión Marco 2001/220/JAI[47] (art. 19.1).

Dichas medidas podrán extenderse a la familia del menor cuando resulte conveniente, particularmente en lo que se refiere al derecho a recibir la información pertinente para la protección de los intereses del niño (art. 19.5).

— Los menores víctimas de las infracciones contempladas en la Directiva se han de considerar víctimas especialmente vulnerables a los efectos de lo dispuesto en la Decisión marco 2001/220/JAI (art. 19.4).

— Cuando no sea conocida la edad de la víctima de las infracciones previstas en la Directiva y existan razones para creer que es un menor, se le considerara como tal a efectos de aplicación de las medidas de apoyo y protección correspondientes (art. 18.4).

B) Medidas de protección del menor con ocasión del desarrollo de la investigación y del proceso penal.

— Nombramiento de representante del menor cuando se aprecie conflicto de intereses con los representantes parentales o el menor no este acompañado (art. 20.1).

— Asegurar la representación legal y el asesoramiento jurídico del menor incluso a efectos de obtención de indemnización (art. 20.2).

(47) Decisión Marco del Consejo de 15 de marzo relativa al Estatuto de la Victima en el proceso penal.

— Medidas para evitar la victimización secundaria

a) Relativas a la forma, tiempo y circunstancias de los interrogatorios (art. 20. 3 y 4).

b) Relativas a la forma y circunstancias de celebración juicio oral (art. 20.5).

c) Relativas a la protección de la intimidad y la imagen del menor (art. 20.6).

C) Medidas para evitar la publicitación de oportunidades para la comisión de abusos sexuales o del turismo sexual (art. 21).

D) Programas y medidas de prevención:

— Campañas de información y concienciación desarrolladas incluso a través de internet (art. 23.2).

— Formación especializada de los funcionarios y autoridades que en el ejercicio de sus funciones hayan de relacionarse con las víctimas de estos delitos (art. 23.3).

— Programas para evitar la reincidencia en delitos de carácter sexual respecto de menores de edad (art. 24).

E) Medidas para evitar la accesibilidad online a contenidos de pornografía infantil (art. 25).

En el precepto se hace referencia a la necesidad de que los Estados miembros adopten medidas legales para garantizar la retirada de contenidos de esta naturaleza o el bloqueo del acceso a las páginas que los contengan. La Directiva justifica esta propuesta en su considerando 46 argumentando que esa clase de contenidos *no puede considerarse la expresión de una opinión,* por lo que se estima procedente promover acciones *para retirar tales contenidos y detener a las personas culpables de la difusión o descarga de imágenes de abusos a niños*. En consecuencia, la Directiva insta a los Estados a cooperar con terceros países para hacer posible ese mismo objetivo cuando el material de abuso sexual infantil se encuentre alojado fuera del territorio de la Unión.

El recurso a estas mismas técnicas ha sido abordado posteriormente con mayor extensión y detalle en la Recomendación (UE) 2018/334 de 1 de marzo *sobre medidas para combatir eficazmente los contenidos ilícitos en línea,* en referencia no solamente a los relacionados con material de abuso sexual infantil, sino también a otros contenidos de carácter ilícito como los relacionados con actividades terroristas o con el discurso del odio.

Mas recientemente con la entrada en vigor de la Ley de Servicios Digitales (*Digital Service Act*)[48] se introducen en la normativa europea un conjunto de disposiciones en las que, entre otros aspectos, se contemplan nuevas obligaciones para que las plataformas en línea minimicen los daños y contrarresten los riesgos articulando un nuevo marco de transparencia y responsabilidad para dichas entidades a efectos de reducir los contenidos ilícitos en línea y proteger los derechos y la seguridad de los usuarios.

En resumen y como se colige de lo anteriormente expuesto, aun cuando las previsiones que se recogen en la Directiva son de aplicación con independencia de que la planificación y ejecución de la agresión al menor se lleve a efecto en el entorno físico o virtual, es claramente apreciable la preocupación del legislador europeo por la incidencia del desarrollo tecnológico en las actividades criminales de esta naturaleza. De ello dan buena cuenta, entre otros aspectos, la definición del acceso online a material pornográfico infantil o del embaucamiento de menores con fines de esa naturaleza a través de las TIC como conductas que deben ser objeto de tipificación penal por los Estados al tratarse, en ambos casos, de comportamientos que necesariamente se han de desarrollar en el ciberespacio. Y también es reflejo de esa misma preocupación la referencia a la necesidad de adoptar medidas para evitar que los contenidos de abuso sexual infantil permanezcan disponibles en la red; las previsiones relacionadas con la determinación de la competencia territorial cuando los hechos ilícitos se hayan cometido a través de redes y sistemas informáticos o la exhortación a los Estados a la regulación legal de medidas de investigación tecnológicas aptas para la averiguación de estas conductas y la determinación de sus responsables. Todos ellos son claros ejemplos del interés del legislador comunitario por hacer posible una mayor armonización normativa respecto a los mecanismos legales de respuesta frente a los ilícitos online de esta naturaleza.

Breve referencia a la normativa legal española

Muchas de las previsiones legales recogidas en la Directiva (UE) 2011/93 y de la previa Decisión Marco 2004/68/JAI, han sido incorporadas al orde-

(48) La Ley se ha publicado en el Diario Oficial de la Unión Europea (DOUE) el día 27 de octubre y su entrada en vigor se produjo a los 20 día de dicha publicación.

namiento jurídico español principalmente por la reforma operada en el C. Penal por la LO 1/2015 de 30 de marzo. Así ocurre, entre otras, con las siguientes previsiones legales:

— Tipificación especifica, en el art. 189 1 a) de la captación de menores para la participación en espectáculos exhibicionistas o pornográficos o para la elaboración de material de esa naturaleza.

— Tipificación en el art. 189.5 del acceso a sabiendas a pornografía infantil por medio de las tecnologías de la información o la comunicación.

— Incorporación en el art. 189.2 de un concepto de pornografía infantil, que sigue esencialmente los parámetros del art 2 de la Directiva.

— Tipificación en el art. 183 de la figura del *childgrooming* inspirada en el art. 6 de la Directiva y, en último término, en el art. 23 de la Convención de Lanzarote del Consejo de Europa.

— Previsión especifica en el art. 189.8 CP de las medidas de retirada de contenidos, interrupción de servicios que ofrecen principalmente esos contenidos o bloqueo de unos y otros cuando radican en el extranjero.

— Previsión de la pena de inhabilitación especial para cualquier profesión, oficio o actividades, sean o no retribuidos que conlleven contacto con menores (art. 192.3).

— Posibilidad de que incurran en responsabilidad penal las personas jurídicas por hechos de esta naturaleza cuando concurran los requisitos previstos en el art. 31 bis del CP.

Más recientemente y como recuerda la Disposición Final vigésimo tercera de la Ley Orgánica 8/2021 de Protección Integral de la Infancia y Adolescencia frente a la Violencia, la publicación de dicha Ley Orgánica ha completado la incorporación al ordenamiento jurídico español de los arts. 3, apartados 2 a 4 y arts. 6 y 9 de la Directiva (UE) 2011/93 de 13 de diciembre, en lo que se refiere a la definición de determinadas infracciones sobre explotación sexual infantil o de algunas de las circunstancias de agravación previstas en la mencionada Directiva europea. A su vez, y en lo que se refiere a las medidas para hacer inaccesibles en la red determinados contenidos, el art. 19[(49)] de esa misma LO 8/2021, deja constancia del deber de toda persona física o jurídica de comunicar y/o denunciar los contenidos ilícitos que se

(49) *1. Toda persona, física o jurídica, que advierta la existencia de contenidos disponibles en Internet que constituyan una forma de violencia contra cualquier niño, niña o adolescente, está obligada a comunicarlo a la autoridad competente y, si los hechos pudieran ser constitutivos de delito, a las Fuerzas y Cuerpos de Seguridad, al Ministerio Fiscal o a la autoridad judicial.*

detecten en la red a las autoridades competentes para adoptar las medidas oportunas respecto de dichas conductas.

3.3. Nuevas iniciativas en el marco comunitario frente a los delitos contra la libertad e indemnidad sexual de los menores

No obstante, y pese a la importancia de las medidas legales que acabamos de exponer ha sido imposible frenar el vertiginoso incremento de estas graves y peligrosas conductas criminales favorecido en buena medida, como ya se ha indicado, por las medidas de aislamiento social motivadas por la crisis de la Covid 19[(50)]. Ello ha determinado algunas iniciativas actualmente en curso en el marco de la UE que resumimos brevemente a continuación.

Estrategia de la UE para una lucha más eficaz contra el abuso sexual de menores

El punto de partida de esta Estrategia es, sin duda, la Comunicación que en fecha 27 de julio de 2020 dirigió la Comisión al Parlamento Europeo, al Consejo, al Comité Económico y Social Europeo y al Comité de las Regiones[(51)] en la que se reflexiona acerca de la problemática detectada en esta materia a la vista del *drástico aumento de denuncias por abusos sexuales de menores en línea en la Unión Europea* y con la que se pretende, a nivel comunitario, *ofrecer un marco para formular una respuesta firme y exhaustiva a estos delitos tanto en línea como sin conexión a internet.* A dicho fin esta Estrategia se articula en torno a determinadas iniciativas que han de desarrollarse entre los años 2020 a 2025, debidamente coordinadas con otros planes de actuación[(52)] actualmente en curso en el espacio comunitario, que resumimos a continuación.

a) Adoptar y elaborar el marco jurídico apropiado para proteger a los niños en los siguientes ámbitos:

---

2. Las administraciones públicas deberán garantizar la disponibilidad de canales accesibles y seguros de denuncia de la existencia de tales contenidos. Estos canales podrán ser gestionados por líneas de denuncia nacionales homologadas por redes internacionales, siempre en colaboración con las Fuerzas y Cuerpos de Seguridad.

(50) En referencia a este tema es de interés el informe de Europol de 19 de junio de 2020 titulado *Exploiting isolation: Offenders and victims of online child sexual abuse during the COVID 19 pandemic.*

(51) COM (2020)607 final Bruselas 24.7.2020.

(52) En el marco de la Unión Europea se está trabajando igualmente en Estrategias de acción conjunta en materias tales como protección de los derechos del niño; protección de las víctimas, trata de seres humanos e igualdad de género.

— Fomentar la plena aplicación de la Directiva (UE) 2011/93 en todos sus aspectos: preventivos, de derecho penal y sancionatorios y de asistencia, apoyo y protección a las víctimas, recurriendo incluso a procesos de evaluación de los Estados para incentivar y valorar el nivel de implementación y cumplimiento de la misma.

— Impulso de otros instrumentos legislativos, en aquel momento en fase de elaboración, que contribuirán a facilitar la investigación de estas conductas tales como la propuesta de reglamento sobre entrega y conservación de pruebas electrónicas; la propuesta de reglamento sobre privacidad y comunicaciones electrónicas[53] el paquete de normas sobre servicios digitales y el Reglamento de Europol.

— Evaluar la capacidad de la vigente normativa UE para abordar adecuadamente las actuales manifestaciones de abusos sexuales a menores en línea y fuera de línea y detectar posibles lagunas jurídicas y buenas prácticas asumidas por los Estados a efectos de impulsar acciones prioritarias en relación con ello.

b) Reforzar la actuación de las Fuerzas y Cuerpos de Seguridad y potenciar la cooperación entre las partes interesadas:

— Mejorar la respuesta de las Fuerzas y Cuerpos de Seguridad a nivel nacional y comunitario.

A dicho fin la Estrategia propone la articulación de unidades especializadas en la investigación de estos ilícitos dotándolas, con apoyo financiero de la propia UE, de los medios personales y materiales necesarios y de capacidades técnicas de vanguardia acordes con el progreso tecnológico[54]; fomentar el intercambio de información de inteligencia en el territorio de la Unión[55]; impulsar la actuación coordinada para la identificación de menores víctimas de estas conductas y, en definitiva, promover la colaboración con los Estados miembros

(53) En relación con este tema el 14 de julio de 2021 se publicó el Reglamento (UE) 2021/1232 por el que se establece una excepción temporal a determinadas disposiciones de la Directiva 2002/58/CE que analizaremos más detalladamente en este mismo apartado.

(54) Al respecto menciona al documento los trabajos de Europol sobre el establecimiento de un Laboratorio para la innovación para facilitar a los Estados miembros el acceso a herramientas técnicas de investigación criminal.

(55) Se trata de canalizar información a EUROPOL como núcleo central de la información sobre delincuencia en la UE.

en la lucha contra el abuso sexual de menores a través del Centro Europeo de Ciberdelincuencia (EC3) de Europol[56].

También en este apartado la Estrategia hace referencia a las ventajas que ofrece la investigación secreta online y la infiltración policial y sugiere trabajar sobre estas herramientas de investigación a nivel comunitario con pleno respeto a los derechos fundamentales y a los principios y valores que inspira el funcionamiento de la UE.

— Mejorar la capacidad de los Estados para la protección de los menores mediante la prevención de este tipo de agresiones.

A dicho fin la Estrategia sugiere la creación de una red comunitaria de expertos e investigadores para respaldar a los Estados miembros en la adopción de medidas preventivas útiles y eficaces, tales como campañas mediáticas de sensibilización, elaboración de materiales de formación específicos, preparación especializada de los profesionales que trabajan con menores de edad, concienciación y capacitación de los menores en el uso seguro de internet e información a los mismos acerca de los recursos disponibles a través de las líneas de ayuda y de denuncia.

— Creación de un Centro Europeo de prevención y lucha contra el abuso sexual de menores en línea y fuera de línea con el objetivo de apoyar la labor de los Estados miembros, garantizar la coordinación y evitar la duplicidad de esfuerzos. Dicho apoyo se plantea a través de una colaboración directa con distintos cuerpos policiales (gestionar una base de datos única sobre pornografía infantil en la UE, coordinación en la investigación y en la retirada de material ilícito identificado a través de líneas telefónicas directas, etc.) y también del reforzamiento de las labores de prevención y de las medidas de asistencia a víctimas.

— Aprovechar y fomentar la colaboración de los proveedores de servicios en línea del sector privado para garantizar la protección de

(56) El EC3 viene apoyando a los Estados en esta materia desde 2014 a efectos tanto de identificación de víctimas, como de coordinación de investigaciones transnacionales y de preparación de planes de acción operativos.

los niños, facilitando la denuncia y notificación de los abusos sexuales a menores que detecten en sus productos[57].

— Promover y fomentar la cooperación internacional en la actuación frente al abuso sexual infantil.

Reglamento (UE) 2021/1232 del Parlamento Europeo y del Consejo de 14 de julio de 2021 por el que se establece una excepción temporal a determinadas disposiciones de la Directiva 2002/58/CE en lo que respecta al uso de las tecnologías por proveedores de servicios de comunicaciones interpersonales independientes de la numeración para el tratamiento de datos personales y de otro tipo con fines de lucha contra los abusos sexuales de menores en línea.

Este Reglamento tiene su punto de arranque en la Estrategia que acabamos de resumir y particularmente en el apartado relativo a la necesidad de aprovechar y fomentar la colaboración de los proveedores de servicio en línea del sector privado en lo relativo a la denuncia y notificación de los contenidos de abuso sexual a menores y concretamente cuando dichos contenidos se detecten con ocasión de la actividad que desarrollan los servicios de comunicación interpersonal independientes de la numeración tales como los servicios de voz por protocolo de Internet, la mensajería y los servicios de correo electrónico basados en la web, actualmente incluidos en el ámbito de aplicación de la Directiva 2002/58/CE[58].

El objetivo del Reglamento es el de establecer, con carácter temporal, una excepción a lo establecido en los arts.5-1º[59] y6-1º [60] de la indicada Directiva que protegen esencialmente la confidencialidad de las comunicaciones y los

(57) La Estrategia propone aprovechar el Foro de la UE sobre Internet para *trazar y evaluar de forma preliminar posibles soluciones técnicas para detectar y denunciar abusos sexuales de menores en comunicaciones cifradas de extremo a extremo* respetando los derechos fundamentales y sin crear nuevas vulnerabilidades que los delincuentes pudieran aprovechar.

(58) Directiva 2002/58/CE del Parlamento Europeo y del Consejo, de 12 de julio de 2002, relativa al tratamiento de datos personales y a la protección de la intimidad en el sector de las comunicaciones electrónicas.

(59) *Los Estados miembros garantizarán, a través de la legislación nacional, la confidencialidad de las comunicaciones, y de los datos de tráfico asociados a ellas, realizadas a través de las redes públicas de comunicaciones y de los servicios de comunicaciones electrónicas disponibles al público. En particular, prohibirán la escucha, la grabación, el almacenamiento u otros tipos de intervención o vigilancia de las comunicaciones y los datos de tráfico asociados a ellas por personas distintas de los usuarios, sin el consentimiento de los usuarios interesados, salvo cuando dichas personas estén autorizadas legalmente a hacerlo de conformidad con el apartado 1 del artículo 15. El presente apartado no impedirá el almacenamiento técnico necesario para la conducción de una comunicación, sin perjuicio del principio de confidencialidad.*

(60) *Sin perjuicio de lo dispuesto en los apartados 2, 3 y 5 del presente artículo y en el apartado 1 del artículo 15, los datos de tráfico relacionados con abonados y usuarios que sean*

datos de tráfico. Lo que se pretende con esta excepción es autorizar a los proveedores para la utilización voluntaria de determinadas tecnologías de tratamiento de datos personales y de otro tipo en la medida que esta actuación resulte necesaria para la detección, en sus propios servicios, de abusos sexuales de menores en línea, así como para la denuncia de material de esa naturaleza y la retirada del mismo de sus servicios y aplicaciones.

Como bien se explica en el propio Preámbulo del Reglamento algunos proveedores de servicios de comunicaciones interpersonales independientes de la numeración vienen utilizando desde hace tiempo tecnologías específicas con el fin de detectar el abuso sexual de menores en línea cometido en sus servicios y denunciarlo a las autoridades policiales y a determinadas organizaciones (como es el caso del NCMEC[(61)]) que actúan en interés público contra los abusos sexuales de menores. A dicho fin escanean el contenido, incluidas imágenes y texto, o los datos de tráfico de las comunicaciones y mediante la aplicación de tecnología de funciones de resumen (hashing) para imágenes y vídeos y de herramientas de inteligencia artificial son capaces de detectar las coincidencias resultantes de comparar los contenidos sospechosos —a través de su firma digital única y no reconvertible («hash»)— con la información sobre material verificado de abuso sexual de menores en línea que se encuentra alojada en bases de datos gestionadas por la propia organización. Dichos proveedores remiten la información así obtenida a líneas directas nacionales creadas para la denuncia de este tipo de contenidos y a organizaciones establecidas tanto dentro de la Unión como en terceros países con el objetivo de identificar a las víctimas y reducir la explotación y el abuso sexual de menores y prevenir su victimización.

Como quiera que esta actividad puede suponer una injerencia en los derechos fundamentales a la vida privada y familiar y a la protección de datos de carácter personal de los usuarios del servicio de que se trate —que son objeto de protección en la Directiva 2002/58/CE— el legislador de la Unión Europea ha estimado necesario establecer por medio del Reglamento que analizamos una excepción temporal a los artículos antes citados de dicha Directiva a *la espera de la adopción de un marco jurídico a más largo plazo para luchar contra el abuso sexual de menores a escala de la Unión.*

---

tratados y almacenados por el proveedor de una red pública de comunicaciones o de un servicio de comunicaciones electrónicas disponible al público deberán eliminarse o hacerse anónimos cuando ya no sea necesario a los efectos de la transmisión de una comunicación.

(61) Vid., nota 36.

El alcance de esta excepción se perfila con absoluta claridad en el art. 3 del mencionado Reglamento que únicamente permite que los proveedores puedan hacer tratamiento de datos personales o de otro tipo, con la indicada finalidad, si dicho tratamiento resulta:

> *i) Estrictamente necesario para el uso de tecnologías específicas con el único fin de detectar y retirar el material de abuso sexual de menores en línea y denunciarlo a las autoridades policiales y a las organizaciones que actúen en interés público contra los abusos sexuales de menores, y de detectar el embaucamiento de menores y denunciarlo a las autoridades policiales y a las organizaciones que actúen en interés público contra los abusos sexuales de menores.*
>
> *ii) Proporcionado y se limite a tecnologías utilizadas por los proveedores para los fines establecidos en el inciso i).*
>
> *iii) Limitado a los datos de contenido y de datos de tráfico conexos que sean estrictamente necesarios para los fines establecidos en el inciso i).*
>
> *iv) Limitado a lo estrictamente necesario para los fines establecidos en el inciso i).*

Por lo demás el Reglamento regula detalladamente las características y fiabilidad de las tecnologías que se utilicen con este objetivo y las obligaciones que asumen los proveedores en orden a garantizar la seguridad de los datos y procesos utilizados. También se ocupa el Reglamento de detallar la información que dichas entidades deben facilitar a los usuarios sobre la actividad que realizan y las reclamaciones que pueden interponer al respecto, las actuaciones que han de llevarse a efecto cuando se detecte un presunto abuso sexual de menores en línea y los informes que se deben remitir anualmente al respecto a la autoridad de control competente y a la propia Comisión.

Actualmente y en desarrollo de la citada Estrategia europea *para una lucha más eficaz contra el abuso sexual de menores,* se está trabajando en el ámbito comunitario en un nuevo Reglamento del Parlamento Europeo y del Consejo *por el que se establecen normas para prevenir y combatir el abuso sexual de los menores,* en el que se abordará de forma definitiva toda esta actividad relativa al uso por los proveedores de servicios de estas tecnologías con la indicada finalidad. Dicho documento toma como punto de partida los parámetros establecidos por el Reglamento (UE) 2016/679 de Protección de Datos de carácter personal y la Directiva (UE) 2018/1808 de Servicios de Comunicación Audiovisual.

4. ADECUACIÓN DE LA NORMATIVA PENAL A LAS NUEVAS FORMAS DE ESTAFA Y DEFRAUDACIÓN ONLINE

Las estafas y/o defraudaciones son otro tipo de actividades ilícitas que se han visto extraordinariamente favorecidas por las posibilidades de actuación que el desarrollo tecnológico ha puesto a disposición de los ciudadanos y por su uso cada vez más habitual para toda clase de operaciones de carácter económico, comercial o financiero. De hecho, de entre todos los ciberdelitos, los que nos ocupan son precisamente las manifestaciones criminales que año a año dan lugar a un volumen más importante de investigaciones tanto a nivel nacional(62) como en el marco de la Unión Europea(63).

Esta incidencia genera sus perversas consecuencias en dos dimensiones claramente diferenciadas que no obstante en una pluralidad de ocasiones aparecen vinculadas entre sí. Por una parte, las facilidades para el contacto interpersonal en el entorno virtual y la intensa implantación del comercio electrónico —impulsado también por los efectos de la pandemia— están siendo utilizadas por los delincuentes para difundir el engaño, como elemento vertebrador de la estafa tradicional, de forma más ágil, sencilla y efectiva. De esta forma, con mucho menor esfuerzo para el responsable criminal, es posible captar fraudulentamente la voluntad de un número mayor de víctimas sirviéndose a dicho fin de anuncios o contenidos difundidos en foros, chats o sitios web diseñados con dicho objetivo o también utilizando mecanismos de phishing, ya sea en llamadas telefónicas (vishing) o mensajes de texto (smishing), o incluso sirviéndose técnicas de ingeniería social.

(62) Según el informe sobre cibercriminalidad correspondiente a 2021 que publica anualmente el Ministerio del Interior en España, en dicho periodo anual se incoaron 305.477 investigaciones por ciberdelitos (lo que representa un incremento del 6,08% respecto del año 2020) de las que 267.011, es decir, más de un 87%, tuvieron por objeto la averiguación de conductas defraudatorias. https://www.interior.gob.es balances-e informes.

(63) Según el informe elaborado por Europol sobre Evaluación de la Amenaza del Crimen Organizado en internet (Informe IOCTA) correspondiente al año 2021, los cibercriminales se están sirviendo del incremento de las compras en línea para aprovechar esa circunstancia y engañar a sus víctimas a efectos de que descarguen software malicioso o también para robar sus credenciales o perpetrar diferentes formas de fraude. Ese mismo informe llama la atención acerca de la amenaza que entrañan los troyanos bancarios para dispositivos móviles dada la creciente popularidad de la banca online e igualmente sobre la persistencia de los delincuentes en la utilización de narrativas COVID-19 para la venta en línea de productos médicos falsificados y para robar credenciales de acceso a través del *vishing* (práctica fraudulenta que consiste en el uso de la línea telefónica convencional y de la ingeniería social para obtener informaciones delicadas, como las de carácter financiero o los datos de identidad).

Por su parte y, en referencia a las criptomonedas, destaca el informe IOCTA que las plataformas de compraventa, monederos virtuales y otros servicios están aumentando su popularidad, con lo que también se han incrementado las estafas a víctimas poco precavidas.

Pero además la evolución de las tecnologías ha ido abriendo camino a otras formas de defraudación en las que la transferencia de dinero o valor monetario en perjuicio de terceros se lleva a efecto mediante manipulaciones en los datos y sistemas informáticos o también a través del uso irregular o la falsificación de los nuevos medios de pago distintos del efectivo cuya utilización por los ciudadanos se ha ido generalizando progresivamente ofreciendo grandes posibilidades para el comercio y la actividad económica pero dando lugar, al tiempo, a nuevas oportunidades de fraude.

La actuación del legislador europeo frente a dichos comportamientos ilícitos se ha centrado específicamente en este segundo grupo de manifestaciones delictivas dado que estos inéditos métodos de actuación criminal, como quiera que prescindan del engaño como elemento vertebrador del fraude, quedaban extramuros de la definición típica de la estafa acuñada en la doctrina y legislación penal tradicional, lo que determinaba dificultades para su investigación y persecución. La preocupación generada por estas carencias se vio acrecentada por el carácter transnacional de estas conductas, favorecido por la utilización del ciberespacio como medio de comisión, y por la circunstancia de que dichas actividades ilícitas frecuentemente se planifican y ejecutan por grupos de delincuencia organizada. En consecuencia, los esfuerzos empeñados en esta materia han tenido, y siguen teniendo, como objetivo la tipificación armonizada de dichas conductas de forma tal que sea posible afrontarlas eficazmente no solo en el ámbito interno de los Estados sino también cuando tengan dimensión transnacional a través, en estos casos, de la acción coordinada de las autoridades competentes de unos y otros países.

El legislador del Consejo de Europa fue plenamente consciente de esta realidad y con la misma finalidad de ofrecer respuestas efectivas ante las nuevas formas de defraudación planificadas y ejecutadas a través de sistemas informáticos, dedica el art. 8[(64)] de la Convención de Budapest sobre Ciberdelincuencia a definir lo que denomina *fraude informático,* instando a los Estados a tipificarlo como tal en los respectivos ordenamientos jurídicos. Como claramente se expone en el informe explicativo de este Convenio lo que se pretende con esta regulación es hacer posible una respuesta penal

(64) *Cada Parte adoptará las medidas legislativas y de otro tipo que resulten necesarias para tipificar como delito en su derecho interno los actos deliberados e ilegítimos que causen un perjuicio patrimonial a otra persona mediante:*
a) Cualquier introducción, alteración, borrado o supresión de datos informáticos;
b) cualquier interferencia en el funcionamiento de un sistema informático, con la intención fraudulenta o delictiva de obtener ilegítimamente un beneficio económico para uno mismo o para otra persona.

sancionadora frente a los comportamientos consistentes en la *manipulación indebida realizada en el transcurso del procesamiento de datos con la intención de efectuar una transferencia ilegal de bienes.* Esta figura delictiva tal y como se recoge en el Convenio se integra por los siguientes elementos:

— Manipulación informática que puede consistir en la introducción, alteración, borrado, o supresión de datos informáticos o en cualquier clase de interferencia en el funcionamiento del sistema informático.

— Perjuicio patrimonial a un tercero, que según se indica en el citado informe explicativo, se produce por la pérdida de dinero o de cosas tangibles o intangibles que tengan un valor cuantificable económicamente.

— Conducta deliberada e ilegítima del actor, es decir, lo que el informe explicativo de la Convención define como *intención deliberada y especifica de índole fraudulenta o dolosa.*

— Finalidad de obtener un beneficio económico para quien realiza a la acción o para un tercero.

Al tiempo que se desarrollaban en el Consejo de Europa los trabajos para la elaboración de la Convención de Budapest, la preocupación por este tipo de actuaciones ilícitas en el ciberespacio iba también dejándose sentir en el marco de la Unión Europea. Ya se han expuesto al inicio de este trabajo las líneas maestras que definen el impulso normativo en el ámbito comunitario a partir del Consejo Europeo de Tampere en octubre de 1999 en referencia a determinadas manifestaciones de lo que se denomina delincuencia de alta tecnología. En igual sentido se había manifestado previamente el Plan de acción del Consejo y la Comisión, aprobado en el Consejo Europeo de Viena de 11 y 12 de diciembre de 1998, que ya apostaba por articular un espacio común de seguridad que incluyera *la lucha contra la delincuencia, sobre todo contra el terrorismo, la trata de seres humanos, los delitos contra los niños, el tráfico de drogas, el tráfico de armas, la corrupción y el fraude.* Pues bien, de acuerdo con ese mismo planteamiento y sobre la base de dichos antecedentes se elaboró el primer instrumento normativo europeo sobre la temática que abordamos: la Decisión Marco 2001/413/JAI de 28 de mayo.

4.1. La Decisión Marco 2001/413/JAI del Consejo de 28 de mayo

Esta disposición normativa *sobre lucha contra el fraude y falsificación de medios de pago distintos del efectivo,* se publica pocos meses antes que la Convención de Budapest y si bien ambas responden a un similar objetivo de impulsar la aproximación de legislaciones en lo que se refiere a la definición legal de conductas de carácter defraudatorio, el alcance de la que nos ocupa es más amplio que el del documento del Consejo de Europa ya que no se constriñe exclusivamente a fraudes realizados a través de redes y sistemas informáticos e incluye además en su ámbito de aplicación determinados comportamientos relacionados con el robo, la falsificación o el uso fraudulento de medios de pago distintos del efectivo[(65)].

Sin perjuicio de estas últimas conductas a las que dedica la Decisión Marco su artículo segundo, alguna de las cuales también pudieran llevarse a efecto en el entorno tecnológico, la principal aportación de esta Decisión Marco en la materia que analizamos es la definición en su art. 3[(66)] de lo que se denomina *delitos relacionados con equipos informáticos,* conducta cuya semejanza con el fraude informático que contempla el art. 8 de la Convención de Budapest es más que evidente.

Efectivamente el análisis de ambos preceptos nos permite constatar la concurrencia de idénticos elementos: a) una actuación deliberada, b) consistente en la introducción, alteración, borrado o supresión de datos informáticos o la interferencia no autorizada en el funcionamiento de un programa o sistema, c) que esa actuación conlleve o genere una transferencia de dinero o valor monetario en perjuicio de otra persona d) que de ello se derive un beneficio económico no autorizado para el propio autor del hecho o de un tercero.

En uno y otro caso se trata de una figura delictiva con la que se pretende posibilitar la investigación y persecución penal de esos comportamientos a los que nos referíamos anteriormente consistentes en llevar a efecto desplazamientos de carácter patrimonial o transferencias económicas en perjuicio de otro recurriendo para ello no al engaño de la víctima o de un tercero sino a la manipulación de datos y sistemas informáticos.

(65) El concepto de instrumento de pago distinto del efectivo se recoge en el artículo 1 a) de la DM como *todo instrumento material, exceptuada la moneda de curso legal (es decir los billetes de banco y las monedas metálicas), que por su naturaleza específica permita, por sí solo o junto con otro instrumento (de pago), al titular o usuario transferir dinero o un valor monetario –como, por ejemplo, tarjetas de crédito, tarjetas eurocheque, otras tarjetas emitidas por entidades financieras, cheques de viaje, eurocheques, otros cheques o letras de cambio– que esté protegido contra las imitaciones o la utilización fraudulenta, por ejemplo, a través del diseño, un código o una firma;*

(66) *Cada Estado miembro adoptará las medidas necesarias para garantizar que las siguientes conductas sean delitos penales cuando se produzcan de forma deliberada:*
Realización o provocación de una transferencia de dinero o de valor monetario que cause una pérdida no autorizada de propiedad a otra persona, con el ánimo de procurar un beneficio económico no autorizado a la persona que comete el delito o a terceros, mediante:
– Introducción, alteración, borrado o supresión indebidos de datos informáticos, especialmente datos de identidad, o
– la interferencia indebida en el funcionamiento de un programa o sistema informáticos.

La Decisión Marco no solamente insta a los países miembros de la UE a contemplar en sus ordenamientos jurídicos esta conducta, sino que contempla otras novedades de especial interés a efectos de la actuación penal frente a las actividades defraudatorias en el entorno tecnológico:

A) Define, en su art. 4, diversos comportamientos que denomina *delitos relacionados con dispositivos especialmente adaptados* a insta a los Estados a su incorporación como tales en los ordenamientos jurídicos internos.

En realidad lo que se pretende es la penalización de determinados actos preparatorios de delitos definidos en la propia Decisión Marco y más concretamente de las conductas consistentes en la fabricación, recibo, obtención, venta, transferencia fraudulenta a otro y posesión de instrumentos, objetos, programas informáticos o cualquier otro medio destinado a la falsificación o manipulación de instrumentos de pago distintos del efectivo (art. 2 b) o también de programas informáticos destinados a la realización de las conductas de fraude informático tal y como se define en el art. 3 de la Decisión.

B) Hace referencia expresa, en el art. 5, a la posibilidad de comisión de las citadas conductas en grado de tentativa, así como a la conveniencia de que se contemple en los ordenamientos jurídicos nacionales la instigación y cualquier otra forma de participación criminal en las mismas.

C) Exhorta a los Estados a la previsión de sanciones penales *efectivas, proporcionadas y disuasorias* entre las que figuren, al menos en los supuestos graves, penas privativas de libertad que puedan dar lugar a extradición.

D) Define las circunstancias en las que se puede exigir responsabilidad penal por estas conductas a las personas jurídicas, así como las sanciones imponibles a las mismas (arts. 7 y 8) de forma muy similar a las disposiciones normativas previamente analizadas.

E) Establece reglas para fijar la competencia cuando los hechos ilícitos afecten a más de un Estado Miembro (arts. 9 y 10) y exhorta a la asistencia mutua y a facilitar el intercambio de información a través de la designación de puntos de contacto con dicha finalidad (arts. 11 y 12).

Breve referencia a la normativa nacional española

Esta decisión Marco inspiró la legislación interna de muchos de los Estados de la Unión Europea. Concretamente en España dio lugar a la incorporación, por LO 15/2003 de 25 de noviembre, del tercer apartado del art. 248

del C.P —relativo a los delitos de estafa— que tipifica las conductas de fabricación, introducción, posesión o facilitación de programas de ordenador específicamente destinados a la comisión de fraudes y estafas informáticas.

Por su parte y en lo que se refiere a la estafa o fraude informático ha de reseñarse que su tipificación en España como delito es anterior a la Decisión Marco 2001/413/JAI ya que procede de la inicial redacción del Código Penal, actualmente vigente y aprobado por LO 10/1995 de 23 de noviembre, que sanciona dicha conducta en el art. 248-2° CP definiéndola en los siguientes términos: *También se consideraran reos de estafa los que, con ánimo de lucro, y valiéndose de alguna manipulación informática o artificio semejante consigan la transferencia no consentida de cualquier activo patrimonial en perjuicio de tercero.*

4.2. La Directiva (UE) 2019/713 del Parlamento Europeo y del Consejo de 17 de abril

Pese al efecto positivo que supuso la Decisión Marco en orden a hacer posible una actuación coordinada en el marco de la Unión Europea frente a las actuaciones fraudulentas cometidas en el entorno virtual, los importantísimos avances técnicos y científicos así como la profunda penetración de las herramientas tecnológicas en la actividad económica y social han determinado la necesidad de imprimir un nuevo impulso al desarrollo legislativo en este ámbito siguiendo, también en este caso, las directrices de actuación coordinada que se establecen en el art. 83 del Tratado de Funcionamiento de la Unión Europea en referencia, entre otras conductas delictivas, a la falsificación de medios de pago y a la delincuencia informática.

A este planteamiento responde la Directiva (UE) 2019/713 del Parlamento Europeo y del Consejo de 17 de abril *sobre la lucha contra el fraude y la falsificación de medios de pago distintos del efectivo* que viene a actualizar la normativa existente en esta materia y, por ende, a sustituir a la Decisión Marco de 2001 dado que, como se expone en su sexto considerando, *en los últimos años se ha registrado no solo un incremento exponencial de la economía digital, sino también una proliferación de la innovación en muchos ámbitos, en particular en las tecnologías de pago. Las nuevas tecnologías de pago implican la utilización de nuevos tipos de instrumentos de pago que, al tiempo que crean nuevas oportunidades para los consumidores y las empresas, ofrecen también nuevas posibilidades de fraude. Por consiguiente, el marco jurídico debe seguir siendo pertinente y actualizándose en función de esos adelantos tecnológicos a partir de un planteamiento tecnológicamente neutro.*

Para lograr ese objetivo la Directiva contiene las siguientes previsiones:

A) Definición, en su art. 1, de determinados conceptos con el objetivo de facilitar un enfoque común en su interpretación y aplicación. Entre ellos han de ser destacados por su importancia a los efectos que nos ocupan:

— Instrumento de pago distinto del efectivo. La Directiva modifica el concepto adoptado en la Decisión Marco y lo sustituye por otro más acorde con los actuales sistemas de pago a cuyo tenor ha de entenderse por tal: *un dispositivo, objeto o registro protegido, material o inmaterial, o una combinación de estos, exceptuada la moneda de curso legal, que, por sí solo o en combinación con un procedimiento o conjunto de procedimientos, permite al titular o usuario transferir dinero o valor monetario incluso a través de medios digitales de intercambio.*

Como se explica en el octavo considerando de la Directiva estos instrumentos, que pueden tener carácter material o inmaterial, en ocasiones se integran por diversos elementos que actúan conjuntamente, es decir que tienen que concurrir para que pueda efectivamente transferirse dinero o emitir una orden de pago, como ocurre con una aplicación móvil de pago y la autorización correspondiente. Por ello y en orden a la interpretación de la Directiva el concepto de instrumento de pago ha de referirse exclusivamente a los supuestos en que concurran todos los elementos necesarios para lograr dicho efecto.

— Medio digital de intercambio. Se considera como tal el dinero electrónico[(67)] y las monedas virtuales.

— Monedas virtuales. La Directiva solo resulta aplicable a las monedas virtuales en la medida en que pueden utilizarse para realizar pagos. A dichos efectos se entienden como tales aquella *representación digital de valor que no ha sido emitida ni está garantizada por un*

(67) Según el art 2.2 de la Directiva 2009/110/CE de 16 de septiembre por dinero electrónico ha de entenderse: *todo valor monetario almacenado por medios electrónicos o magnéticos que representa un crédito sobre el emisor, se emite al recibo de fondos con el propósito de efectuar operaciones de pago, según se definen en el artículo 4, punto 5, de la Directiva 2007/64/CE, y que es aceptado por una persona física o jurídica distinta del emisor de dinero electrónico.*

banco central ni por una autoridad pública, no está necesariamente asociada a una moneda de curso legal ni posee la condición jurídica de moneda o dinero, pero que es aceptada por personas físicas o jurídicas como medio de cambio y que puede transferirse, almacenarse y negociarse por medios electrónicos.

B) Definición en sus arts. 3 a 7, de determinadas infracciones y de los parámetros para la fijación de las respectivas sanciones. La Directiva exhorta a los Estados Miembros de la UE a su tipificación como delitos en los ordenamientos jurídicos internos.

1) *Conductas relativas a instrumentos de pago distintos del efectivo* (arts. 3 a 5).

El objetivo que se pretende con la definición de estas conductas, algunas de las cuales ya se contemplaban en la Decisión Marco 2001/413/JAI, es el de lograr un enfoque común en el marco comunitario para actuar frente al uso fraudulento de medios de pago distintos del efectivo y también frente a determinados comportamientos que contribuyen, facilitan y, en definitiva, *preparan el camino* para dicho uso fraudulento, muchos de los cuales se llevan a efecto en el entorno virtual. Al respecto el considerando 13º de la Directiva se refiere a la necesidad de actuar penalmente frente a conductas como *la obtención y posesión de instrumentos de pago con un propósito fraudulento mediante, por ejemplo, prácticas de suplantación de identidad («phishing»), clonación o redireccionamiento de usuarios de servicios de pago a sitios web falsos, y su distribución, por ejemplo, mediante la venta de información sobre tarjetas de crédito en Internet*...A dicho fin la Directiva contempla las siguientes infracciones:

— Utilización fraudulenta a sabiendas y por cualquier medio de instrumentos de pago distintos del efectivo —tanto materiales como inmateriales— que hayan sido objeto de robo, apropiación u obtención ilícita o estén falsificados o alterados (art. 3).

— Infracciones relativas a instrumentos de pago <u>materiales</u> distintos del efectivo (art. 4).

Se trata de infracciones de carácter tradicional ya definidas en la Decisión Marco y tipificadas en muchas legislaciones nacionales, tales como la sustracción o apropiación ilícita de un instrumento de pago distinto del efectivo; su falsificación o alteración; su posesión para su utilización fraudulenta o también la obtención para uno mismo o para un tercero de dichos instrumentos robados, alterados o falsificados así como su recepción, compra, transferencia, importación, exportación, venta, transporte o distribución con idéntica finalidad.

— Infracciones relativas instrumentos de pago inmateriales distintos del efectivo (art 5)[68]. La previsión de estas infracciones es una de las novedades más importantes que aporta la Directiva al definir, en referencia al entorno digital y a instrumentos de pago de carácter inmaterial, figuras de similar naturaleza a las previstas en el art. 4 respecto de instrumentos de pago de carácter material. Con ese objetivo la Directiva describe algunas de estas infracciones sobre la base de las agresiones informáticas que se reseñan en los arts. 3 a 6 de la Directiva (UE) 2013/40 de 12 de agosto *relativa a los ataques contra los sistemas de información,* analizadas en el apartado 2.2 de este mismo trabajo[69].

a) Apropiación indebida u obtención ilícita de un instrumento de pago inmaterial distinto del efectivo, al menos cuando dicha obtención se haya realizado a través de alguno de los ataques informáticos a que se refieren los art 3 a 6 de la Directiva (UE) 2013/40.

b) Falsificación o alteración fraudulenta de un instrumento de pago inmaterial distinto del efectivo.

c) Posesión para su utilización fraudulenta de un instrumento de pago inmaterial distinto del *efectivo* en el que concurra cualquiera las circunstancias anteriores a sabiendas de su origen ilícito.

(68) *Los Estados miembros adoptarán las medidas necesarias para garantizar que, cuando hayan sido cometidos intencionadamente, los siguientes actos sean punibles como infracciones penales:*
a) la obtención ilícita de un instrumento de pago inmaterial distinto del efectivo, al menos cuando tal obtención haya supuesto la comisión de alguna de las infracciones a que se refieren los artículos 3 a 6 de la Directiva 2013/40/UE, o la apropiación indebida de un instrumento de pago inmaterial distinto del efectivo;
b) la falsificación o alteración fraudulenta de un instrumento de pago inmaterial distinto del efectivo;
c) la posesión, para su utilización fraudulenta, de un instrumento de pago inmaterial distinto del efectivo que haya sido objeto de obtención ilícita, falsificación o alteración, al menos si el origen ilícito del instrumento se conocía en el momento de su posesión;
d) la obtención, para uno mismo o para otra persona, incluida la venta, transferencia y distribución, o la puesta a disposición de terceros, de un instrumento de pago inmaterial distinto del efectivo que haya sido obtenido de manera ilícita, falsificado o alterado, para su utilización fraudulenta.

(69) Las conductas concretas se encuentran recogidas en las Notas a pie de página 14 a 17

d) Obtención para uno mismo o para un tercero de dichos instrumentos de pago robados, alterados o falsificados, así como su recepción, compra, transferencia, importación, exportación, venta, transporte o distribución con idéntica finalidad.

2) *Fraude relacionado con los sistemas de información* (art. 6)[(70)].

La Directiva ofrece un nuevo concepto de fraude informático que, no obstante, mantiene los mismos elementos que definían anteriormente esta misma figura tanto en la previsión del art. 3 de la Decisión Marco 2001/413/JAI como en el art. 8 de la Convención de Budapest del Consejo de Europa.

Como novedad más significativa, esta nueva definición del denominado fraude informático, incorpora una referencia expresa a las monedas virtuales como una de las formas, junto con el dinero o el valor monetario, en que se puede llevar a efecto la transferencia realizada mediante manipulación informática.

3) *Conductas relativas a las herramientas utilizadas para cometer infracciones* (art. 7).

La Directiva, siguiendo también el esquema del art. 4 de la Decisión Marco 2001/413/JAI, define como delitos determinados actos preparatorios y concretamente las conductas consistentes en obtención, la importación, exportación, venta, transporte, distribución o puesta a disposición de otro de un dispositivo o instrumento, datos informáticos o cualquier otro medio diseñado principalmente o adaptado específicamente para cometer algunas de las infracciones previstas en la Directiva y particularmente las sancionadas en el art. 4 letras a) y b), el art. 5 letras a) y b) o el art. 6.

(70) *Los Estados miembros adoptarán las medidas necesarias para garantizar que la realización o causación de una transferencia de dinero, de valor monetario o de moneda virtual, con el ánimo de procurar un beneficio económico ilícito para el autor o un tercero ocasionando en consecuencia un perjuicio patrimonial ilícito a otra persona, sea punible como infracción penal cuando se haya cometido intencionadamente:*
a) Sin derecho a ello, obstaculizando o interfiriendo indebidamente en el funcionamiento de un sistema de información.
b) Sin derecho a ello, introduciendo, alterando, borrando, transmitiendo o suprimiendo indebidamente datos informáticos.

4) *Establecimiento de parámetros para la fijación de las sanciones* correspondientes a las indicadas infracciones que resulten efectivas, proporcionadas y disuasorias.

C) Referencia expresa a la penalización de la inducción y la complicidad como formas de participación criminal en las infracciones anteriormente mencionadas, así como a la posibilidad de su comisión en grado de tentativa en aquellas que resulte procedente.

D) Delimitación, en forma muy similar a la Decisión Marco 2001/413/JAI, de las circunstancias en las que se puede exigir responsabilidad penal por estas conductas a las personas jurídicas (art. 10) y de las sanciones imponibles a las mismas (art. 11).

E) Impulso a las investigaciones (art. 13). Se exhorta a los Estados a poner a disposición de las unidades y cuerpos policiales medidas similares a las que se utilizan contra la delincuencia organizada u otras formas graves de delincuencia.

F) Determinación de criterios de competencia y jurisdicción (art. 12) y articulación de mecanismos para facilitar el traslado de información y la colaboración entre las distintas autoridades de los Estados y entre los distintos Estados (art. 14).

G) Actuaciones orientadas a facilitar y promover la denuncia de estos comportamientos tanto por particulares como por parte de las entidades financieras (art. 15).

Respecto a estos dos últimos apartados, los considerandos 24 y 25 de la Directiva hacen referencia a la necesidad de que los incidentes de seguridad que se detecten por los operadores esenciales y proveedores de servicios digitales y que deben ser objeto de notificación por mor de lo dispuesto en la Directiva (UE) 2016/1148 —Directiva NIS—[(71)] se comuniquen a los servicios policiales para su investigación por si tuvieran una finalidad delictiva, al igual que los incidentes de seguridad graves a que se refiere la Directiva (UE) 2015/2366[(72)]. Por su parte, los considerandos 27 y 28 sugieren el establecimiento en el territorio comunitario de sistemas eficaces de denuncia, incluso la elaboración a dicho fin de modelos normalizados para facilitar su rápida y sencilla formulación.

(71) Previamente analizada en el apartado 2.3.

(72) Directiva (UE) 2015/2366 del Parlamento Europeo y del Consejo de 25 de noviembre sobre servicios de pago en el mercado interior.

H) Medidas de asistencia y apoyo a las víctimas (art. 16).

La Directiva hace especial hincapié en las consecuencias tanto económicas como de otro tipo que pueden padecer las víctimas de estas conductas y llama la atención sobre los supuestos en los que el fraude implica usurpación de identidad pues de ello pueden derivarse daños profesionales, reputacionales o situaciones que afectan negativamente a la calificación crediticia del afectado. En relación con ello en el considerando 33 se sugieren algunas medidas para paliar dichos efectos tales como el asesoramiento jurídico o financiero y la facilitación de información sobre obtención de las indemnizaciones procedentes

Breve referencia a la normativa nacional española

La Directiva (UE) 2019/713 se acaba de incorporar al ordenamiento jurídico español a través de la Ley Orgánica 14/2022 de 22 de diciembre de reforma del Código Penal en la que se reconoce expresamente que el fraude y la falsificación de medios de pago distintos del efectivo constituyen un obstáculo para el mercado único digital al socavar la confianza de los consumidores y provocar pérdidas económicas para los Estados y, en ocasiones, de dimensión transnacional. Dicha reforma ha supuesto la incorporación de diversas modificaciones en los arts. 248 y 249 del CP dedicados a los delitos de estafa, de entre las que destacamos las siguientes:

— Se reubica en el art. 249-1 a) la figura del fraude informático a la que se da nueva redacción más acorde con la de la normativa europea.

— Se reubica en el art. 249-1 b) la utilización fraudulenta de tarjetas, cheques y, en general, medios de pago haciéndola extensiva a los de carácter inmaterial.

— Se tipifica en el art. 249-2 b) y 3, entre los delitos de estafa, la sustracción, apropiación, adquisición ilícita o posesión a sabiendas de instrumentos de pago materiales o inmateriales distintos del efectivo con la finalidad de utilizarlos fraudulentamente.

También ha determinado la citada ley Orgánica algunas modificaciones en la sección del Código Penal dedicada a la falsificación de tarjetas de crédito, débito y cheques de viaje cuya rubrica se hace extensiva a los instrumentos de pago distintos del efectivo.

— Se incluyen los instrumentos de pago distintos del efectivo como objeto de las distintas conductas —alteración, copia, reproducción, falsificación, tenencia para el tráfico y utilización a sabiendas en perjuicio de otro— que sanciona el art. 399 bis 1, 2 y 3 CP.

— Se tipifica expresamente en el art 399 bis-4 la posesión u obtención a sabiendas para su utilización fraudulenta de tarjetas, cheques o cualquier instrumento de pago distinto del efectivo.

— Se define en el art 399 ter, en similares términos que la Directiva, lo que ha de entenderse por instrumento de pago distinto del efectivo material o inmaterial.

5. ADECUACIÓN DE LA NORMATIVA PENAL A LAS NUEVAS FORMAS DE VIOLENCIA DE GENERO PLANIFICADAS Y EJECUTADAS A TRAVÉS DE LAS REDES Y SISTEMAS INFORMÁTICOS

Como consecuencia del traslado a la red de las relaciones entre las personas resulta cada vez es más habitual la utilización del ciberespacio para la comisión de agresiones contra bienes de carácter personalísimo como la intimidad, la libertad, el respeto a la dignidad de las personas o la libertad e indemnidad sexual. Ciertamente cualquier persona puede ser víctima de este tipo de comportamientos, pero es incuestionable que determinados colectivos son especialmente vulnerables frente a este tipo de agresiones, particularmente los menores edad, por las razones que apuntábamos en el apartado segundo de este trabajo, pero también las mujeres —por el mero hecho de serlo— en cuanto víctimas de acciones que no son sino manifestaciones *online* de la violencia de género.

La brecha de genero digital, claramente perceptible en determinadas comunidades y sectores sociales, y las limitaciones que de ello se derivan para muchas integrantes de este colectivo en lo que se refiere al conocimiento, experiencia y habilidades en el uso de las TIC están generando, en ocasiones, situaciones de clara vulnerabilidad frente a las actividades ilícitas que se planifican y ejecutan en el ciberespacio. Al tiempo, la capacidad que ofrecen las redes y los sistemas informáticos para la difusión de todo tipo de contenidos está determinado que se reproduzcan, e incluso se intensifiquen, en el entorno tecnológico los mismos parámetros de discriminación y desigualdad entre hombres y mujeres que venimos constatando desde antiguo en el entorno físico

Son muchas y muy variadas las actuaciones encuadrables en lo que podemos denominar ciberviolencia de género. En ocasiones se trata de ataques contra la intimidad, tales como el apoderamiento *online* de información personal alojada en sistemas o dispositivos, la difusión pública de imágenes intimas, el acceso no autorizado a comunicaciones de carácter privado —correos electrónicos, mensajería instantánea— o la divulgación a través de la red de secretos o informaciones reservadas de la víctima. En otros casos, el bien jurídico lesionado es el sentimiento de seguridad o el derecho a actuar con libertad, como acontece con los actos de acoso, el hostigamiento, las amenazas y coacciones o la persecución constante a través de foros de diverso tipo. Sin olvidar tampoco aquellas conductas que pretenden menoscabar el respeto debido a la propia dignidad de la afectada empleando las TIC y particularmente las redes sociales para difundir mensajes que humillan, ofenden o atacan su honor o que, mediante la simulación de identidad de la víctima, le atribuyen acciones, opiniones o planteamientos que no son los propios y que le hacen desmerecer en su consideración social o le enfrentan a las personas o colectivos con los que se relaciona a nivel personal o profesional. Unos y otras no son sino manifestaciones de la violencia psicológica cuyo ejercicio a través de estas poderosas herramientas puede tener un efecto lesivo superior incluso al de la violencia física.

Como también ha de citarse, como otra forma de violencia, la utilización cada vez más frecuente del espacio virtual para difundir mensajes que incitan al odio, la discriminación y al trato degradante respecto de las mujeres por el mero hecho de serlo y que menosprecian y humillan a ese importante sector de la población mundial a partir de planteamientos profundamente machistas que consideran que el género femenino tiene una categoría o calidad inferior al de los varones.

Esta es una realidad que se está constatando por la comunidad internacional desde hace algunos años y sobre la que han alertado algunos documentos como el Informe de la Comisión de la Banda Ancha para el Desarrollo Digital de Naciones Unidas, publicado el 24 de septiembre de 2015 —bajo el título *Combatir la violencia en línea contra las mujeres y niñas: una llamada al mundo*— con el objetivo de movilizar a los sectores público y privado en orden a la adopción de estrategias para hacer frente a estas manifestaciones de violencia online. Y también la Resolución del Consejo de Derechos Humanos de NNUU de 2 de julio de 2018: *Acelerar los esfuerzos para eliminar la violencia contra las mujeres y niñas: prevención de la violencia contra las mujeres y niñas en los contextos digitales* en la que, además de llamar la atención sobre la brecha digital de género, se plantea la necesidad de un enfoque multidimensional proactivo y reactivo para eliminar la violencia contra las mujeres y las niñas en el entorno virtual en el que habrían de incluirse campañas de educación y sensibilización así como la promoción de una cultura de respeto y no discriminación en el ciberespacio.

Ha de reconocerse no obstante que, hasta hace pocos años, el tratamiento y la atención prestada a la protección de las víctimas de estas ciberagresiones era claramente insuficiente. La preocupación generada por los efectos de la ciberdelincuencia en los derechos, libertades e intereses de los ciudadanos que, como hemos visto, ha ido generando una regulación bastante avanzada en materias como las defraudaciones o los ataques a los sistemas informáticos, ofrece un saldo claramente deudor en referencia a una buena parte de las víctimas de conductas que afectan a bienes personalísimos y, concretamente, a las víctimas de violencia de genero. Si nos atenemos al informe antes mencionado de la Comisión de la Banda Ancha para el Desarrollo Digital, en el año 2015, únicamente el 26% de los 86 países encuestados habían comenzado a adoptar medidas apropiadas al respecto.

Precisamente la constatación de estas carencias fue una de las conclusiones de la Conferencia *Octopus* celebrada en junio de 2015 en el marco de la Convención de Budapest sobre Ciberdelincuencia del Consejo de Europa, dando lugar a la puesta en marcha de un grupo de trabajo que durante más de dos años analizó en profundidad los elementos comunes en las múltiples y variadas expresiones de violencia contra colectivos especialmente vulnerables —esencialmente mujeres y niños— en el entorno tecnológico, así como también las respuestas legales que se han ido articulando en los distintos países para ofrecer soluciones ante estas graves situaciones.[(73)] El esfuerzo empeñado en el citado grupo de trabajo culminó en un interesante documento *Mapping study on cyberviolence*[(74)], *que* fue aprobado por el TC-Y de la Convención de Budapest en julio de 2018, en el que se realizan una serie de recomendaciones orientadas a sensibilizar a la comunidad internacional sobre la problemática que nos ocupa y promover políti-

(73) No es extraño que este tema se abordara con carácter prioritario en el Consejo de Europa, dado que es la Institución de la que han emanado tanto la Convención de Lanzarote, publicada en octubre de 2007 y relativa al abuso, explotación sexual de los menores y pornografía infantil, como la *Convención de Estambul de 11 de mayo de 2011 sobre prevención y lucha contra la violencia contra las mujeres y la violencia domestica* e igualmente la Convención de Budapest de noviembre de 2001 sobre ciberdelincuencia. Desde hace años se está trabajando en el seno del Consejo de Europa para reforzar la coordinación y promover las sinergias entre esas tres Convenciones, de forma tal que las herramientas de investigación que articula la Convención de Budapest para mejorar la respuesta penal frente a las actividades delictivas que se ejecutan en el ciberespacio sean aprovechadas igualmente en la lucha contra las manifestaciones online de violencia contra mujeres y niños.

(74) Puede ser localizado en la página web del Consejo de Europa www.coe.int/cybercrime

cas legislativas que definan nuevas conductas delictivas y articulen técnicas de investigación tecnológica que hagan posible una actuación penal realmente eficaz frente a estas manifestaciones de violencia.

Esta línea de acción del Consejo de Europa sigue plenamente vigente hasta el punto de que una de las actuaciones en curso para el período interanual 2022-2023 es la de seguir trabajando para ofrecer respuestas efectivas ante las diversas formas de violencia que se ejercen a través de la red y en particular frente al problema de la violencia de género digital.

También en la Unión Europea se está produciendo, desde hace años, un claro proceso de concienciación, reflexión e impulso legislativo en esta materia. No en vano el art 8 del Tratado de Funcionamiento de la UE (TFUE) señala como uno de los objetivos de la Unión la eliminación de las desigualdades entre hombres y mujeres que, como hemos indicado, en las últimas décadas están teniendo también su reflejo en el entorno virtual. Al respecto es de interés reseñar el Informe de la Comisión de Libertades Civiles, Justicia y Asuntos de Interior del Parlamento Europeo publicada en el mes de mayo del año 2021 en el que se subraya que *la ciberviolencia de género es una extensión de la violencia de género fuera de línea* por lo que *ninguna alternativa política será eficaz a menos que tenga en cuenta esta realidad* al tiempo que se reconocen las carencias legislativas en la tipificación de este tipo de conductas en muchos de los Estados de la Unión. En dicho documento se realizan algunas reflexiones especialmente interesantes sobre esta materia:

a) Se deja constancia de que la ciberviolencia de género afecta a la salud mental, al pleno ejercicio de los derechos fundamentales de las personas y a los principios inspiradores de los sistemas democráticos, generando efectos perversos para toda la sociedad, incluso con repercusiones en el ámbito económico.

b) Se hace hincapié en la transnacionalidad del fenómeno de la ciberviolencia de genero dado el carácter transfronterizo del uso de las TIC y se insta a los Estados a fomentar la sensibilización respecto de estas situaciones y a impulsar programas específicos para prevenir la violencia de género en la red, en particular respecto de aquellos colectivos de mujeres que se encuentran en una situación especialmente vulnerable.

c) Se recuerda que los estereotipos de genero constituyen el núcleo de la discriminación de género y una de las principales barreras para la entrada de la mujer en los ámbitos digitales y de las TIC y apuesta por promover una participación más activa de las mujeres en dicho sector.

d) Se llama la atención sobre la necesidad de reparar los perjuicios e indemnizar a las víctimas de violencia de genero.

En el documento se realizan determinadas recomendaciones a la Comisión Europea en orden a la adopción de una futura Directiva cuyo objetivo sería el de establecer *normas mínimas sobre la definición del delito de ciberviolencia de género y las sanciones correspondientes; medidas para promover y apoyar la acción de los Estados miembros en el ámbito de la prevención de este delito y medidas para proteger, apoyar y garantizar la reparación de las víctimas*[75].

Con posterioridad y siguiendo el mismo planteamiento, aunque enfocado desde una perspectiva más amplia, se ha publicado la Resolución del Parlamento Europeo de 16 de septiembre de 2021 que apuesta por una acción coordinada contra la violencia de género en el marco de la Unión Europea. En dicha Resolución, que se enmarca en la Estrategia UE para la Igualdad de Género 2020-2025, se proclama con carácter general que dicha forma de violencia, tanto en línea como *offline* se manifiesta a través de conductas particularmente graves que implican una clara violación de los derechos fundamentales y de las libertades reconocidas en la normativa comunitaria por lo que la actuación frente a dichas conductas ha de abordarse en común y con la mayor eficacia y determinación ya que dicha forma de violencia no es sino el resultado de desigualdades de género estructurales, sociales y sistemáticas de dimensión transfronteriza

Es por ello que en este documento el Parlamento insta a la Comisión a iniciar los trámites para la elaboración de una Directiva comunitaria en la que se dé a la violencia de género el tratamiento a que se refiere el art. 83-1 del TFUE[76], por tratarse de una materia especialmente grave y de dimensión

(75) La propuesta de Resolución, sin pretensión de exhaustividad, incluye como manifestaciones de la ciberviolencia de género las siguientes:
- Ciberacoso.
- Ciberhostigamiento.
- Violaciones de la privacidad relacionadas con las TIC.
- Control o vigilancia remotos.
- Incitación al odio sexista.
- Amenazas.
- Conductas inductoras del suicidio, la anorexia o las lesiones psíquicas.
- Daños informáticos.
- Acceso ilícito a dispositivos, cuentas o perfiles de redes sociales.
- Incumplimiento de prohibiciones de comunicación.

(76) *El Parlamento Europeo y el Consejo podrán establecer, mediante directivas adoptadas con arreglo al procedimiento legislativo ordinario, normas mínimas relativas a la definición de las infracciones penales y de las sanciones en ámbitos delictivos que sean de especial gravedad y tengan una dimensión transfronteriza derivada del carácter o de las repercusiones de dichas infracciones o de una necesidad particular de combatirlas según criterios comunes.*

transfronteriza que demanda una actuación coordinada de la Unión y, por ende, de la definición común de infracciones penales y el establecimiento para las mismas de sanciones que resulten efectivas, proporcionadas y disuasorias. A dichos efectos la Resolución sugiere tomar como base la Convención de Estambul del CoE *sobre prevención y lucha contra la violencia sobre las mujeres y la violencia doméstica, si* bien adoptando nuevas medidas legislativas todavía más firmes y eficaces frente a esas manifestaciones de violencia que sean, al tiempo, plenamente coherentes con los derechos y obligaciones establecidos en dicho Convenio y complementarias al mismo.

En lo que se refiere a la violencia de genero digital, el documento deja constancia de la preocupación del Parlamento Europeo por la intensidad y la frecuencia con la que la violencia en la red afecta a mujeres y niñas y recuerda que la ciberviolencia *amenaza los avances en materia de igualdad de género y tiene un efecto silenciador, que es perjudicial para los principios democráticos de la Unión.* Por ello en los apartados 33 a 36 del documento, dedicados específicamente a esta materia, se desgranan las principales manifestaciones *online* de dicho fenómeno criminal: acoso sexual y psicológico en línea, ciberintimidación, ciberacecho, difusión de imágenes sexuales sin consentimiento, incitación *online* al odio sexista o las nuevas formas de acoso en línea y, al tiempo, se apuesta por la articulación de medidas más eficaces para combatir dichas conductas tales como la puesta a disposición de las víctimas de instrumentos de denuncia más rápidos y accesibles o la previsión de herramientas legales que faciliten la eliminación de contenidos ilícitos de la red y fomenten una cooperación efectiva entre los cuerpos policiales y los proveedores de servicios de la sociedad de la información.

En el momento presente los órganos de la Unión Europea están trabajando en la elaboración de esta futura Directiva en la que se siguen las siguientes líneas de actuación: a)Tipificar de forma uniforme en el territorio comunitario determinadas formas de violencia que afectan principalmente a las mujeres, b) reforzar el acceso a la justicia de las víctimas y la debida protección de sus derechos; c) proporcionar un apoyo más eficaz a las víctimas de estos delitos, d) prevenir la violencia contra las mujeres y la violencia doméstica y e) reforzar la coordinación y cooperación a escala nacional y de la Unión Europea.

8.

PRUEBA DIGITAL. MARCO NORMATIVO PARA LA OBTENCIÓN DE EVIDENCIAS EN LA INVESTIGACIÓN DE DELITOS COMETIDOS A TRAVÉS DE SISTEMAS INFORMÁTICOS EN LA UNIÓN EUROPEA. ARTICULACIÓN Y UTILIZACIÓN DE HERRAMIENTAS DE INVESTIGACIÓN TECNOLÓGICA

Ana Martín
Fiscal adscrita en la Fiscalía de Sala contra la criminalidad informática

1. INTRODUCCIÓN

Las nuevas tecnologías han proporcionado nuevos instrumentos y vías para ejecución de todo tipo de actividades delictivas y han generado un nuevo entorno de carácter virtual en el que proliferan actividades delictivas de muy distinta naturaleza y al que, en lógica consecuencia, se han ido trasladando progresivamente buena parte de las investigaciones criminales abiertas para el esclarecimiento de estas conductas.

La generalización en el uso de las herramientas informáticas por parte de la ciudadanía y el enorme trasiego de actividad que actualmente se despliega en el ciberespacio —con el correspondiente volcado de todo tipo de información en la red— no solo explican el crecimiento exponencial de esta forma de criminalidad sino también el cambio de paradigma en el desarrollo de las investigaciones criminales, motivado por el creciente protagonismo de la evidencia electrónica y la inoperancia de las técnicas de investigación tradicionales para su obtención e incorporación al proceso.

Ello es así porque la comisión del delito a través de los instrumentos o sistemas informáticos, actualmente a disposición de cualquiera, tiene la virtualidad de no dejar huellas tangibles sino rastros digitales, flujos de datos cuya obtención puede resultar esencial para la acreditación del delito y/o de su autoría, una peculiaridad que condiciona decisivamente las investigaciones tecnológicas, centradas en la obtención de pruebas electrónicas generadas, almacenadas o transmitidas en, o por, los dispositivos, y/o sistemas utilizados en los procesos de comunicación que aparecen vinculados al delito.

La obtención y tratamiento de la prueba electrónica en el curso de las investigaciones criminales es un proceso complejo, cuyas dificultades derivan de sus propios rasgos definitorios: su naturaleza digital; su carácter transfronterizo; la intervención de proveedores de servicios en los procesos de su transmisión, almacenamiento y control; el obligado respeto a la soberanía de los Estados y su incidencia en garantías y derechos fundamentales de los afectados internacionalmente reconocidos.[(1)]

Qué duda cabe que la naturaleza digital de la prueba electrónica es un factor clave que incide de lleno en los procesos destinados a su obtención. Por un lado, porque determina que para su extracción resulte necesario el empleo de las propias herramientas y/o sistemas informáticos vinculados a la comisión del delito llevado a cabo por parte de expertos que, a tal efecto, deberán contar con conocimientos especializados tanto sobre el funcionamiento de las máquinas, sistemas y/o soportes informáticos que constituyen el objeto de su pericia como sobre la interpretación de la información así obtenida. Por otro, porque esa misma naturaleza digital conlleva que la prueba electrónica sea consustancialmente frágil, volátil y fácilmente manipulable por lo que los procedimientos empleados para su obtención y tratamiento han de atenerse a unas reglas o protocolos de actuación que garanticen suficientemente su autenticidad, integridad y fiabilidad, despejando cualquier duda sobre su validez probatoria[(2)].

Otro factor, a tomar en consideración, en lo que a la obtención de la prueba electrónica se refiere, es la dimensión transnacional de esta forma de criminalidad y, en consecuencia, de las evidencias que con ella se generan. La comisión del delito en un entorno tecnológico se caracteriza por la ausencia de límites territoriales pues el uso de sistemas y/o dispositivos informáticos permite que las distintas fases de una misma acción criminal —planificación, ejecución, efectos— se desarrollen en lugares distintos y distantes entre sí y, debido a ello, con frecuencia las evidencias electrónicas generadas en el desarrollo del delito se encuentran fuera del espacio físico que define los límites de soberanía territorial del Estado que dirige la investigación. A ello se une la circunstancia de que en la mayoría de los casos los datos generados en los procesos de comunicación electrónica vinculados a la comisión del

(1) Ello es debido a que, por la enorme capacidad que tienen los dispositivos y/o sistemas informáticos para recoger, almacenar y transmitir información personal de sus usuarios, cualquier medida que tenga por objeto el acceso o la incautación de la información en ellos contenida, o por ellos generada o transmitida, va a afectar indefectiblemente a algún derecho fundamental del afectado, ya sea la privacidad, la intimidad, la protección de datos y/o el secreto de las comunicaciones.

(2) En relación con los protocolos a seguir en los procedimientos de obtención y tratamiento de la prueba, ha de tenerse en cuenta que, aun cuando la primera fuente de referencia en relación con el tratamiento y manipulación de las evidencias electrónicas en el proceso penal es la propia normativa interna del país que conduce la investigación, existen documentos internacionales de relevancia en ésta materia como la Guía sobre prueba electrónica elaborada por el Consejo de Europa en el marco del proyecto CyberCrimen@IPa, destinada a las autoridades policiales y judiciales, con el propósito de proporcionar apoyo y orientación en la identificación y manejo de la evidencia electrónica.

delito se encuentran en manos de infraestructuras privadas que hacen circular esta información entre redes y servidores sin sujetarse a límites territoriales.

Este carácter transnacional hace que la ciberdelincuencia sea un fenómeno de alcance global que necesariamente debe ser afrontado mediante estrategias basadas tanto en el refuerzo de la cooperación internacional como en la aproximación normativa de los Estados tanto en el ámbito sustantivo como en el procesal, mediante la tipificación si no igual sí muy semejante de las conductas delictivas relacionadas con la cibercriminalidad y la homogeneización de las herramientas de investigación que son necesarias para su esclarecimiento. La conciencia de esta realidad ha dado lugar a importantes iniciativas legislativas internacionales que proponen dar respuesta a la específica problemática que plantea la obtención transfronteriza de la prueba electrónica apoyándose en gran medida en la armonización normativa de los Estados.

Esta es la línea de actuación que inspira los instrumentos normativos publicados, o aun en tramitación legislativa, en el seno de la Unión Europa y también de los que han nacido en el marco del Consejo de Europa, todos los cuales exigen de los Estados parte, la realización de un importante esfuerzo de aproximación de sus regulaciones internas sustantivas y procesales para el logro de esa normativa única. Son iniciativas que parten del entendimiento de que la labor que necesariamente debe realizar cada Estado internamente para adaptar su normativa procesal y sustantiva a las peculiaridades de los delitos tecnológicos, no es suficiente por sí sola para afrontar los problemas que, por las razones anteriormente expuestas, se suscitan en las investigaciones relacionadas con la ciberdelincuencia. Por el contrario, y así se señala expresamente en el Informe explicativo del Convenio sobre la ciberdelincuencia hecho en Budapest el 23 de noviembre de 2021 [(3)], *las soluciones a los problemas planteados deben ser abordadas por el derecho internacional, lo que requiere la adopción de instrumentos jurídicos internacionales adecuados,* de tal forma que la eficacia y el éxito en la persecución y castigo de esta forma de criminalidad queda supeditada en gran medida a la consecución de un marco normativo común de los Estados o, al menos, lo más cercano posible.

A su vez, esta regulación armonizada deberá realizarse a su vez ponderando dos aspectos que, si bien son consustanciales a los procedimientos

(3) Hoy por hoy el instrumento internacional más importante en la regulación de la ciberdelincuencia.

dirigidos a la obtención de evidencias electrónicas, en cierta medida pueden llegar a ser contrapuestos. El primero de ellos viene dado por la propia naturaleza frágil y volátil de la evidencia electrónica ya que, debido a ella, la prueba electrónica puede variar o incluso llegar a perder su eficacia probatoria por el mero transcurso del tiempo. Por esta razón, la instauración de procedimientos ágiles y eficaces para la obtención de la evidencia digital constituye un requisito de imprescindible concurrencia a fin de evitar que, ante la imposibilidad de obtención de la prueba electrónica en tiempo y forma —reuniendo las condiciones que aseguren su autenticidad, integridad y fiabilidad—, se llegue a la indeseable situación de impunidad de la conducta delictiva investigada.

Por razones obvias, la y eficacia en la tramitación de los procedimientos penales, siempre deseable, adquiere una especial relevancia en los supuestos referidos a la obtención de la prueba electrónica, especialmente en aquellos casos, muy habituales, que tienen un alcance internacional porque la prueba electrónica se encuentra alojada en un tercer país distinto de aquel en que se desarrolla la investigación, dependiendo su obtención del auxilio internacional. En estos casos, se ha constatado que los mecanismos de cooperación internacional tradicionales, por sus excesivos formalismos, constituyen un serio obstáculo para para la agilidad y eficacia de los procedimientos. Por este motivo, los instrumentos normativos articulados en Europa para regular esta materia revelan un importante esfuerzo por superar estos inconvenientes y dotar de mayor eficacia los procedimientos de acceso y obtención de la prueba electrónica. Los instrumentos jurídicos publicados, o aun en tramitación, impulsados por la Comisión Europea y el Consejo de Europa, se han basado en la realización de análisis en profundidad de los problemas concretos que se suscitan para la obtención transfronteriza de la evidencia electrónica como consecuencia de los largos y complejos mecanismos de cooperación tradicional. Para superar estas dificultades se han valorado distintas líneas de actuación, básicamente centradas en la implementación de nuevas medidas de simplificación e intensificación de los mecanismos cooperación internacional para la obtención transfronteriza de la evidencia —adaptándolos a la nueva realidad generada por el alcance internacional de la ciberdelincuencia— así como en el establecimiento de nuevos procedimientos simplificados que, cuando se trate de supuestos que tengan una menor incidencia en los derechos fundamentales de los afectados, posibiliten a las autoridades judiciales solicitar la evidencia electrónica directamente de los Proveedores de Servicio.

Sea como sea, habida cuenta la incidencia en derechos fundamentales que invariablemente acompaña al tratamiento de la ingente cantidad de datos que pueden verse afectados —por su acceso o intercambio— en el ejercicio de las actividades de prevención, investigación, detección o enjuiciamiento de infracciones penales, o en la ejecución de sanciones penales, todas las soluciones legislativas sobre las que se ha trabajado para conseguir una mayor rapidez y efectividad en los procedimientos de obtención de la prueba electrónica se han articulado en el marco de la obligada protección y garantía de los derechos fundamentales internacionalmente reconocidos, evitando injerencias ya sea la privacidad, la intimidad, la inviolabilidad de las comunicaciones o la protección de datos de carácter personal. Una circunstancia que, por su incidencia en los procedimientos de esta naturaleza debe ser analizada de forma específica, constituyendo el segundo factor a ponderar en la regulación del acceso a la evidencia electrónica(4).

2. EFICACIA DEL ACCESO A LA EVIDENCIA ELECTRÓNICA Y DERECHOS FUNDAMENTALES

La necesidad de conseguir al tiempo la eficacia y el mantenimiento de un elevado nivel de protección a las garantías de los derechos fundamentales reconocidos en los tratados internacionales ha enfrentado al legislador europeo al difícil desafío de lograr un adecuado equilibrio de ambos intereses en la regulación de los procedimientos de acceso a la evidencia electrónica.

La obtención de un elevado nivel de protección de los derechos fundamentales, en especial los derechos a la protección de datos personales, a la vida privada y familiar y a la intimidad de las personas, recogidos en los arts. 7 y 8 de la Carta de Derechos Fundamentales de la Unión Europea, constituye el principio fundamental en el que se apoyan los principales instrumentos normativos publicados en los últimos años por la Unión Europea con el objetivo de instituir un marco jurídico sólido y coherente en territorio dela Unión que esté garantizado con estrictos mecanismos de ejecución y a cuyos estándares deben ajustarse forzosamente cualquier medida o procedimiento que se adopten en el mismo. De entre ellos deben ser mencionados necesariamente:

— La Directiva 2002/58/CE del Parlamento Europeo y del Consejo, de 12 de julio de 2002, relativa al tratamiento de los datos personales y

(4) Vid. «Protección y salvaguarda de los derechos fundamentales a la intimidad y a la protección de datos personales frente a los riesgos derivados del desarrollo tecnológico».

a la protección de la intimidad en el sector de las comunicaciones electrónicas, conocida como Directiva ePrivacy.

— El Reglamento General de Protección de Datos 2016/679 de 27 de abril de 2016, relativo a la protección de las personas físicas en lo que respecta al tratamiento de datos personales y a la libre circulación de estos datos.

— La Directiva 2016/680 del Parlamento y del Consejo de 27 de abril de 2016 relativa a la protección de las personas físicas en lo que respecta al tratamiento de datos personales por parte de las autoridades competentes para fines de prevención, investigación, detección o enjuiciamiento de infracciones penales o de ejecución de sanciones penales, y a la libre circulación de dichos datos y por la que se deroga la Decisión Marco 2008/977/JAI del Consejo.

— La Directiva 2018/1972 del Parlamento Europeo y del Consejo, de 11 de diciembre de 2018, por la que se establece el Código Europeo de las Comunicaciones Electrónicas, en vigor desde el 21 de diciembre de 2020.

— El Reglamento 2021/1232 por el que se establece una excepción temporal a la aplicación de determinadas disposiciones de la Directiva 2022/58/CE en lo que respecta al uso de tecnologías por parte de los proveedores de servicios de comunicaciones interpersonales independientes de la numeración para el tratamiento de datos personales y de otro tipo con fines de lucha contra los abusos sexuales de menores en línea.

— El futuro Reglamento del Parlamento y el Consejo sobre el respeto de la vida privada y la protección de los datos personales en el sector de las comunicaciones electrónicas y por el que se deroga la Directiva 2002/58/CE (Reglamento sobre la privacidad y las comunicaciones electrónicas) actualmente en trámite legislativo.

Los principios que inspiran estos documentos han de ser necesariamente conciliados con el establecimiento de los mecanismos adecuados para dar respuesta eficaz al ciberdelito, posibilitando el acceso a los datos generados por el uso de dispositivos o sistemas informáticos que, por su vinculación a la acción criminal configuran la prueba electrónica. A ello se refiere expresamente el legislador europeo en el Preámbulo de la Directiva 2002/58/CE del Parlamento Europeo y del Consejo, de 12 de julio de 2002, *relativa al tratamiento de los datos personales y a la protección de la intimidad en el sector de las comunicaciones electrónicas* (Directiva ePrivacy) cuando afirma[5] que sus disposiciones no alteran *el equilibrio actual entre el derecho de las personas a la intimidad y la posibilidad de que disponen los Estados miembros, según se indica en el apartado 1 del artículo 15*[6] *de la presente Directiva, de tomar las medidas necesarias para la protección de la seguridad pública, la defensa, la seguridad del Estado (incluido el bienestar económico del Estado cuando las actividades tengan relación con asuntos de seguridad del Estado) y la aplicación del Derecho penal.*

El esfuerzo normativo realizado por el legislador europeo en aras a conseguir el obligado equilibrio entre el legítimo interés de mejorar la capacidad de actuación de investigadores y operadores jurídicos frente a las actividades delictivas y, el deber de preservar la intimidad, la privacidad, el secreto de las comunicaciones y la protección de los datos generados por las personas cuando se relacionan un entorno tecnológico, constituye la razón de ser, entre otros, del Reglamento 2021/1232 del Parlamento Europeo y del Consejo de 14 de julio de 2021 y del futuro Reglamento ePrivacy de los que a continuación se hace una breve disección que, en cuanto claros ejemplos de esta ponderación de intereses merecen un breve comentario. En el marco de la interpretación y aplicación de la normativa europea anteriormente relacionada, también debemos referirnos, aun cuando sea brevemente, a la evolución que ha experimentado la doctrina emanada del Tribunal de Justicia de la Unión Europea (TJUE) a propósito de la conservación indiscriminada de datos de tráfico y geolocalización con fines de investigación criminal, ante la necesidad de solventar la tensión entre los intereses en juego.

a) El Reglamento 2021/1232 *por el que se establece una excepción temporal a la aplicación de determinadas disposiciones de la Directiva 2002/58/CE en lo que respecta al uso de tecnologías por parte de los proveedores de servicios de comunicaciones interpersonales independientes de la numeración para el tratamiento de datos personales y de otro tipo con fines de lucha*

(5) Considerando 11.

(6) Art. 15 1. *Los Estados miembros podrán adoptar medidas legales para limitar el alcance de los derechos y las obligaciones que se establecen en los artículos 5 y 6, en los apartados 1 a 4 del artículo 8 y en el artículo 9 de la presente Directiva, cuando tal limitación constituya una medida necesaria proporcionada y apropiada en una sociedad democrática para proteger la seguridad nacional (es decir, la seguridad del Estado), la defensa, la seguridad pública, o la prevención, investigación, descubrimiento y persecución de delitos o la utilización no autorizada del sistema de comunicaciones electrónicas a que se hace referencia en el apartado 1 del artículo 13 de la Directiva 95/46/CE. Para ello, los Estados miembros podrán adoptar, entre otras, medidas legislativas en virtud de las cuales los datos se conserven durante un plazo limitado justificado por los motivos establecidos en el presente apartado. Todas las medidas contempladas en el presente apartado deberán ser conformes con los principios generales del Derecho comunitario, incluidos los mencionados en los apartados 1 y 2 del artículo 6 del Tratado de la Unión Europea.*

contra los abusos sexuales de menores en línea,[7] nace precisamente de la necesidad de solventar el problema que se planteó a raíz de la inclusión de los *servicios de comunicaciones interpersonales independientes de la numeración* en el marco de aplicación de la Directiva 2002/58/CE, al pasar a ser considerados «servicios de comunicaciones electrónicas» (de los que hasta entonces se encontraban desvinculados) a raíz de la entrada en vigor de la Directiva 2018/1972 *«por la que se establece el Código Europeo de Comunicaciones Electrónicas»* el 21 de diciembre de 2020.

La cuestión se suscita porque, en su nueva condición, como servicios de comunicaciones electrónicas, se quedaron sin cobertura legal determinadas prácticas que hasta entonces eran llevadas a cabo por los servicios de comunicaciones interpersonales independientes de la numeración de forma voluntaria, al amparo de lo establecido en el art. 6 del RGPG, consistentes en la utilización de tecnologías específicas para la detección de actos de abuso y explotación sexual de menores online, su denuncia a las autoridades policiales u organizaciones que actúan en interés público contra los abusos sexuales de menores y su retirada.

Pese al indudable valor de estas acciones para la detección y persecución de las conductas de abuso y explotación sexual de menores online, su ejecución supone una vulneración de lo establecido en los artículos 5 y 6 de la Directiva 2002/58/CE que solo sería legitima si, al amparo de lo establecido en el apartado 1º del art. 15 de la Directiva 2002/58/CE, se adoptaran medidas legislativas que, para estos supuestos, restringieran los derechos a la confidencialidad de las comunicaciones y de los datos de tráfico respectivamente recogidos en mencionados artículos de la Directiva.

El Reglamento 2021/1232 se refiere de forma muy clara a dicha situación, señalando que por muy legítimo que sea el objetivo que persiguen estos servicios con el uso de estas técnicas, tales acciones no dejan de representar una injerencia en los derechos fundamentales a la vida privada y familiar y a la protección de datos personales de los usuarios de estos servicios de comunicación interpersonal independientes de la numeración[8] si bien, dado el indudable valor que tienen estas técnicas para la persecución de los abusos sexuales en línea, y dada la carencia de una disposición específica que auto-

(7) https://www.boe.es/buscar/doc.php?id=DOUE-L-2021-81056#:~:text=Reglamento%20%28UE%29%202021%2F1232%20del%20Parlamento%20Europeo%20y%20del,contra%20los%20abusos%20sexuales%20de%20menores%20en%20l%C3%ADnea

(8) Considerando 8 del preámbulo.

rice el tratamiento de datos personales por parte de estos prestadores de servicios a los fines expuestos, se considera justificado el establecimiento de una excepción temporal —por período de tres años— a la aplicación a los proveedores de servicios de comunicación independientes de la numeración de los arts. 5.1 y 6.1 de la Directiva 2002/58/CE. Una excepción, no obstante, que el propio Reglamento limita a la utilización voluntaria por parte de estos servicios de las tecnologías de tratamiento de datos personales y de otro tipo que sean necesarias para la detección de abusos sexuales de menores en línea, su denuncia y la retirada del material, y siempre y cuando dichas acciones se lleven a efecto cumpliendo las condiciones establecidas en el propio Reglamento y en el Reglamento General de Protección de Datos 2016/679[9], y *en tanto no se establezca un marco jurídico a largo plazo para luchar contra el abuso sexual de menores a escala de la Unión*, al amparo de lo dispuesto en el apartado 1 del art. 15 de la Directiva 2022/58/CE[10].

b) El futuro Reglamento ePrivacy, Reglamento del Parlamento y el Consejo *sobre el respeto de la vida privada y la protección de los datos personales en el sector de las comunicaciones electrónicas y por el que se deroga la Directiva 2002/58/CE (Reglamento sobre la privacidad y las comunicaciones electrónicas)*, actualmente en trámite legislativo, se dirige a adaptar el marco jurídico de protección de los derechos y libertades fundamentales que asiste a los usuarios de los servicios de comunicación —en particular el respeto a la vida privada, a la confidencialidad de las comunicaciones y a la protección de datos personales electrónicas— a los importantes cambios que ha venido

(9) La excepción es recogida en el apartado 1 del art. 1 del Reglamento en los siguientes términos:
El presente Reglamento introduce normas temporales y estrictamente limitadas que establecen una excepción a determinadas obligaciones impuestas por la Directiva 2002/58/CE, con el único objetivo de permitir a determinados proveedores de servicios de comunicaciones interpersonales independientes de la numeración (en lo sucesivo, «proveedores») usar, sin perjuicio de lo dispuesto en el Reglamento (UE) 2016/679, tecnologías específicas para el tratamiento de datos personales y de otro tipo en la medida estrictamente necesaria para detectar abusos sexuales de menores en línea cometidos en sus servicios y denunciarlos y para retirar el material de abuso sexual de menores en línea de sus servicios.

(10) 15.1. «*Los Estados miembros podrán adoptar medidas legales para limitar el alcance de los derechos y las obligaciones que se establecen en los artículos 5 y 6, en los apartados 1 a 4 del artículo 8 y en el artículo 9 de la presente Directiva, cuando tal limitación constituya una medida necesaria proporcionada y apropiada en una sociedad democrática para proteger la seguridad nacional (es decir, la seguridad del Estado), la defensa, la seguridad pública, o la prevención, investigación, descubrimiento y persecución de delitos o la utilización no autorizada del sistema de comunicaciones electrónicas a que se hace referencia en el apartado 1 del artículo 13 de la Directiva 95/46/CE. Para ello, los Estados miembros podrán adoptar, entre otras, medidas legislativas en virtud de las cuales los datos se conserven durante un plazo limitado justificado por los motivos establecidos en el presente apartado. Todas las medidas contempladas en el presente apartado deberán ser conformes con los principios generales del Derecho comunitario, incluidos los mencionados en los apartados 1 y 2 del artículo 6 del Tratado*».

experimentando el mercado tecnológico en los últimos años a los que no da adecuada respuesta la Directiva 2002/58. Cambios de entre los cuales destaca el propio legislador la aparición de los servicios de transmisión libre OTT —siglas de la palabra inglesa over-the-top— que permiten la transmisión de todo tipo de contenidos a través de internet sin la intervención de los operadores de comunicación tradicionales de difusión.

El primer borrador de este documento fue publicado por la Comisión europea el 10 enero de 2017 y sobre el mismo se ha ido trabajando hasta la publicación por parte del Consejo de la Unión Europea con fecha 10 febrero de 2021 (11) de un último borrador, que parece ser el definitivo y que lleva a pensar que la norma ha entrado en su última fase de negociación y que en breve dispondremos de un nuevo Reglamento ePrivacy, que sustituirá a la Directiva ePrivacy y cuya regulación será complementaria del RGPD en los que atañe al sector de las comunicaciones.

Según se desprende de este último borrador el Reglamento extenderá su ámbito de protección a los servicios de comunicaciones (12) cuyos usuarios finales, ya sean personas físicas o jurídicas, se encuentren en territorio de la Unión y con independencia de donde esté establecido el servicio que efectúa el tratamiento de los datos. Se dispone en el mismo, que quedarán sujetos a la norma *los proveedores de servicios de comunicaciones electrónicas, los proveedores de guías accesibles al público, los proveedores de programas informáticos que permitan acceder a servicios de comunicaciones electrónicas, y las personas físicas y jurídicas que utilizan los servicios de comunicaciones electrónicas para el envío de comunicaciones comerciales de venta directa, las que utilizan las capacidades de tratamiento y almacenamiento de*

(11) https://eur-lex.europa.eu/legal-content/ES/TXT/HTML/?uri=CELEX:52017PC0010&from=ES
https://data.consilium.europa.eu/doc/document/ST-6087-2021-INIT/en/pdf

(12) El Reglamento, en el art. 4.1 b) define los servicios de comunicaciones electrónicas integrando en el mismo junto a los servicios de acceso a internet y la transmisión de señales, los nuevos servicios de transmisión interpersonal, por remisión a la definición que proporciona la Directiva 2018/1972/CE por la que se establece el Código Europeo de las Comunicaciones Electrónicas, que igualmente incluye los servicios de comunicación interpersonal independientes de la numeración y que, tras la entrada en vigor de aquella, ha determinado que éstos últimos se encuentren sometidos a la Directiva 2002/58/CE sometiéndolas al mismo régimen que las operadoras de telecomunicaciones.
Esta circunstancia, como se ha dicho a propósito del Reglamento (UE) 2021/1232 del Parlamento y del Consejo de 14 de julio de 2021 ha sido causa de la necesidad de establecer una excepción temporal a determinadas disposiciones de la Directiva 2002/58/CE en lo que respecta al uso de tecnologías por proveedores de servicios de comunicaciones interpersonales independientes de la numeración para el tratamiento de datos personales y de otro tipo con fines de lucha contra los abusos sexuales de menores en línea.

los equipos terminales o las que recojan información procesada o emitida o almacenada en los equipos terminales de los usuarios finales, los cuales, en el caso de no estar establecidos en territorio de la Unión, quedarán obligados a designar un representante legal en la Unión que deberá estar establecido en uno de los Estados miembro donde esté prestando sus servicios y que estará habilitado para dirigirse a las autoridades de control y a los usuarios finales en lugar del proveedor a que represente o en lugar de él.

La protección de las comunicaciones electrónicas de los usuarios y de la integridad de equipos y terminales, que constituye el eje central del futuro Reglamento, se desarrolla en el capítulo III del borrador, intitulado *Protección de las comunicaciones electrónicas de los usuarios finales y de la Integridad de sus equipos terminales,* en cuyo art. 5 se proclama expresamente el principio de confidencialidad de los datos disponiendo que «*Los datos de comunicaciones electrónicas serán confidenciales. Cualquier interferencia con los datos comunicaciones electrónicas, incluida la escucha, la grabación, el almacenamiento, el control, el escaneado u otros tipos de interceptación, vigilancia y tratamiento de datos de comunicaciones electrónicas, por parte de por cualquier persona distinta de los usuarios finales afectados, quedará prohibida, salvo cuando lo permita el presente Reglamento*».

Las obligaciones en que se desdobla este principio fundamental se regulan en los arts. 6, 7 y 8 en cuyas disposiciones se fija el alcance del tratamiento de datos autorizado a los proveedores de servicio, se establecen los supuestos en que se les permite tanto el tratamiento de los datos de contenido como el de los metadatos de las comunicaciones electrónicas prestadas, así como las obligaciones que tienen en relación con el almacenamiento y borrado de los datos generados con los servicios de comunicación prestados, y las medidas que se han de adoptar de protección de los equipos y terminales de los usuarios.[13]

Básicamente dichos artículos prohíben a los proveedores de servicios de comunicaciones el tratamiento de datos de contenido de las comunicaciones electrónicas (art. 6), el de los metadatos, su almacenamiento o su uso para

(13) Ha de aclararse no obstante, que, tal y como se expone expresamente en el preámbulo del borrador, en su considerando 26, que las obligaciones que se imponen no afectarán a la capacidad de cada Estado Miembro para, de conformidad con su derecho interno, poder obligar a los proveedores a prestar la colaboración necesaria a las autoridades competentes a los efectos de materializar las interceptaciones legales de comunicaciones o de adoptar las medidas necesarias para la conservación de datos durante un período de tiempo limitado, en los casos en que la medida sea necesaria y proporcionada y ajustada a los preceptos establecidos en la Carta y en el CEDH , tal y como han sido interpretados por el Tribunal de Justicia de la Unión Europea y el Tribunal Europeo de Derechos Humanos.

finalidades distintas a aquellas para las que fue concertado, con las únicas excepciones recogidas expresamente en la propia norma respecto de cada una de estas actividades.

Sin embargo, la necesidad de conjugar el obligado cumplimiento de estas obligaciones con el necesario tratamiento de los datos generados con motivo de la prestación de servicios de comunicación por parte de los proveedores a los efectos de posibilitar la persecución, investigación y enjuiciamiento de las actividades delictivas queda claramente reflejada en las disposiciones recogidas en los arts. 6.1, 7.4 y 8.1 g) del borrador, en los que se establece la posibilidad de establecer excepciones a las obligaciones impuestas para de tratamiento de datos, su almacenamiento y de tratamiento para fines distintos a aquellos para los que fueron recogidos por los proveedores de servicios para salvaguardar este derecho.

Concretamente, en el art. 6.1. d) como excepción a las prohibiciones impuestas para el tratamiento de datos se recogen aquellos supuestos en los que dicho tratamiento sea necesario para el cumplimiento de una obligación legal a la que esté sujeto el prestador establecida por el Derecho de la Unión o de los Estados miembros, que respete el contenido esencial de los derechos y libertades fundamentales y sea una medida necesaria y proporcionada en una sociedad democrática para salvaguardar la prevención, investigación, detección o enjuiciamiento de infracciones penales o la ejecución de sanciones penales, y la protección y prevención de amenazas a la seguridad pública. En términos similares se expresa el art. 7.4 en relación con la posibilidad de que el Derecho de la Unión o de los Estados miembros puedan disponer que los metadatos de comunicaciones electrónicas se conserven durante un período limitado con el fin de salvaguardar la prevención, investigación, detección o enjuiciamiento de infracciones penales o la ejecución de sanciones penales, y la salvaguardia y prevención de amenazas para la seguridad pública, cuando dicha medid necesaria y proporcionada y el art. 8.1 g) en lo que respecta a la posibilidad de que se proceda al tratamiento de la información para una finalidad distinta de aquella para la que fue recogida, sin consentimiento del usuario, para la salvaguarda de los objetivos que se contemplan en el art. 11 del texto.

La posibilidad de establecer excepciones a estos derechos queda recogida con carácter general en el art. 11.1 del borrador que, en línea con el vigente art. 15 de la Directiva 2002/58/CE, dispone «*El Derecho de la Unión o de los Estados miembros podrá restringir, a través de una medida legislativa, el ámbito de aplicación de los derechos previstos en los arts. 5 a 8 cuando tal restricción respete el contenido esencial de los derechos y libertades fundamentales y sea una medida necesaria, adecuada y proporcionada en una sociedad democrática para salvaguardar uno o más de los intereses públicos generales a que se refiere el art. 23.1, apartados c) a e) (i), y (j) del Reglamento 2016/679 o la función reguladora relacionada con el ejercicio de la autoridad oficial para tales intereses*», la referencia expresa a los apartados c) a e) del RGPD supone que queden incluidos entre los supuestos que con carácter excepcional permiten la restricción a los derechos protegidos en el Reglamento *la seguridad pública* (23.1.c)*; la prevención, investigación, detección o enjuiciamiento de infracciones penales o la ejecución de sanciones penales, incluida la protección frente a amenazas a la seguridad pública y su prevención* (23.1.d) y *otros objetivos importantes de interés público general de la Unión o de un Estado miembro, en particular un interés económico o financiero importante de la Unión o de un Estado miembro, inclusive en los ámbitos fiscal, presupuestario y monetario, la sanidad pública y la seguridad social* (23.1.e).

c) Doctrina del Tribunal de Justicia de la Unión Europea relativa a la conservación generalizada e indiscriminada de datos.

Esta doctrina, encuentra su punto de partida en la STJUE dictada el 8 de abril de 2014 en los asuntos *Digital Rights Ireland y Seitlinger* (C-293/12 y C-594/12)[14] en la que el TJUE rechazó tajantemente cualquier forma de conservación generalizada e indiscriminada de datos efectuada sin fijación de límites y sin adecuarse a criterios objetivos, estimando que una medida de esta naturaleza, no es proporcionada y supone una injerencia grave en los derechos fundamentales a la vida privada y familiar y a la protección de datos (artículos 7 y 8 de la Carta), entendiendo que la conservación de datos solo es admisible como excepción a esta regla general, en aplicación del art. 15.1 de la Directiva 2002/58/CE cuando existe un objetivo de interés general, y resulta adecuada, para garantizar la investigación de los delitos graves.

Este criterio que fue posteriormente reiterado en el asunto *Tele2 Sverige AB,Watson y otros* de 21 de diciembre de 2016 (C-203/15 y C-698/15), se ha ido matizando posteriormente en las Sentencias dictadas en los asuntos *Ministerio Fiscal de 2 de octubre de 2018* (C-207/16*), La quedrature du Net* de 6 de octubre de 2020 (C-511,512 y 520/18 acumulados*); Privacy Inter-*

(14) Que declaró la invalidez de la Directiva 2006/24/CE, del Parlamento Europeo y del Consejo, de 15 de marzo de 2006, *sobre la conservación de datos generados o tratados en relación con la prestación de servicios de comunicaciones electrónicas de acceso público o de redes públicas de comunicaciones y por la que se modifica la Directiva 2002/58/CE.*

national de 6 de octubre de 2020(asunto C-623/17); *Prokuratur* de 2 de marzo de 2021 (C-746/2018) y la más reciente asunto GD y *Comissioner an garda Siochana* de 5 de abril de 2022 (C-140/20), en las que el TJUE, si bien insiste en que el Derecho de la Unión se opone a una conservación generalizada e indiferenciada de los datos de tráfico y de localización, salvo en caso de amenaza grave para la seguridad nacional, no rechaza de forma absoluta cualquier forma de conservación sino que, por el contrario, mantiene que en determinadas circunstancias estaría justificada la conservación selectiva de datos o la conservación generalizada, en ciertas condiciones, de determinadas categorías de datos —como las direcciones IP, datos de identidad, domicilios...— que afectan con menor intensidad en la intimidad y privacidad del afectado, siempre y cuando se realicen por periodos limitados de tiempo y bajo control efectivo del órgano judicial o de una autoridad independiente, asimismo estaría justificado el posterior acceso a tales datos cuando la medida sea necesaria y proporcionada para la investigación de actividades delictivas.

Esta doctrina queda claramente sintetizada en la sentencia dictada el 20 de diciembre de 2022 en los asuntos acumulados *SpaceNet* (C-793/19) y *Telekom Deutschland* (C-794/19) en los que el Tribunal, nuevamente afirma que el Derecho de la Unión se opone a una legislación nacional que establezca con carácter preventivo, a los efectos de la lucha contra la delincuencia grave y la prevención de amenazas graves contra la seguridad pública una conservación generalizada e indiferenciada de datos de tráfico y de localización pero afirma también «*Sin embargo, para luchar contra la delincuencia grave, los Estados miembros pueden establecer, respetando estrictamente el principio de proporcionalidad, en particular, una conservación selectiva o rápida de esos datos, así como una conservación generalizada e indiferenciada de las direcciones IP*».

3. MARCO NORMATIVO EUROPEO PARA EL ACCESO A LA EVIDENCIA ELECTRÓNICA

Las normas anteriormente analizadas forman parte de un acervo normativo —al que habría de añadirse la publicación del Protocolo de modernización del Convenio 108 *para la protección de las personas con respecto al tratamiento automatizado de datos de carácter personal*[15] del Consejo de Europa en el año 2018 (Convenio 108+), con idéntica finalidad de otorgar

(15) https://rm.coe.int/CoERMPublicCommonSearchServices/DisplayDCTMContent?documentId=09000016808ac918

una mayor protección, reforzando y mejorando el convenio 108, en lo que se refiere al tratamiento automatizado de datos de carácter personal— que refleja claramente la relevancia que se otorga tanto en la Unión Europea como en el Consejo de Europa a la protección de datos de las personas en el entorno digital, a cuyo fin se fijan unos patrones a los que habrá de ajustarse cualquier desarrollo legislativo que se efectúe sobre medidas para facilitar o agilizar la obtención de los datos que configuran la evidencia electrónica.

Es de prever que a las normas ya publicadas en relación con esta materia se unan en breve otras, igualmente trascendentes, cuyo proceso de elaboración ya se encuentra en las últimas fases y a los que, por ello, creemos interesante hacer referencia. Así, en el marco de los Instrumentos legislativos emanados de la Unión Europea son de mención obligada los siguientes:

— El futuro paquete legislativo de la Unión Europea conocido como *E-evidence* — integrado por el Reglamento del Parlamento y el Consejo *sobre órdenes de presentación y conservación de pruebas electrónicas en materia penal* y por la Directiva que lo complementa *por la que se establecen normas armonizadas sobre el nombramiento de representantes legales a efectos de la obtención de pruebas en procesos penales*— cuya adopción formal, según las previsiones que maneja la Comisión Europea, debería producirse en los primeros meses del presente año 2023.

— El Reglamento (UE) 2022/2065 del Parlamento Europeo y del Consejo de 19 de octubre de 2022 relativo a un mercado único de servicios digitales y por el que se modifica la Directiva 2000/31/CE (Reglamento de Servicios Digitales).

— El Reglamento (UE) 2021/1232 del Parlamento Europeo y del Consejo de 14 de julio de 2021 *por el que se establece una excepción temporal a determinadas disposiciones de la Directiva 2002/58/CE en lo que respecta al uso de tecnologías por proveedores de servicios de comunicaciones interpersonales independientes de la numeración para el tratamiento de datos personales y de otro tipo con fines de lucha contra los abusos sexuales de menores en línea*.

— El futuro Reglamento del Parlamento y el Consejo *sobre el respeto de la vida privada y la protección de los datos personales en el sector de las comunicaciones electrónicas y por el que se deroga la Directiva 2002/58/CE* (Reglamento sobre la privacidad y las comunicaciones electrónicas). Al que ya se ha hecho referencia más arriba a propósito de la necesidad de conciliar protección de derechos fundamentales y eficacia de la investigación.

Por su parte en el marco del Consejo de Europa se ha publicado el instrumento jurídico internacional más importante de que disponemos hasta la fecha sobre esta materia: el Convenio de Ciberdelincuencia, hecho en Budapest el 23 de noviembre de 2021, cuyas disposiciones se han visto ampliadas y complementadas recientemente con la reciente publicación del Segundo Protocolo Adicional a la Convención de Budapest, el 17 de noviembre de 2021, con la finalidad de agilizar la obtención de pruebas electrónicas y en cuyo proceso de elaboración ha tomado parte la Comisión Europea.

4. REGULACIÓN DEL ACCESO A LA EVIDENCIA ELECTRÓNICA EN EL MARCO DE LA UNIÓN EUROPEA

4.1. Paquete legislativo sobre Pruebas Electrónicas (e-Evidence)

El futuro paquete legislativo obedece a la necesidad de responder adecuadamente a la nueva realidad generada por el entorno tecnológico donde actualmente se desarrolla la actividad delictiva, cuyas características tienen notable incidencia en los procedimientos de obtención de la prueba electrónica y, en especial, a la circunstancia de que los servicios en red puedan ser prestados desde cualquier lugar, sin requerir que los proveedores dispongan de una estructura física dotada de locales y personal en el país en el que se ofrece un servicio, dificultando con ello la obtención de las evidencias digitales necesarias para la persecución del delito cuando se alojan fuera del Estado que dirige la investigación —una situación harto frecuente— o el hecho de que estos servicios son cada vez más utilizados dando lugar a un aumento exponencial de las solicitudes de cooperación internacional de esta naturaleza.

Esta específica problemática había sido puesta de relieve en la Agenda Europea de Seguridad comunicada por la Comisión Europea al Parlamento, al Consejo, al Comité Económico y Social Europeo y al Comité de las regiones publicada el 28 de abril de 2015[16], en la que, entre otras medidas de actuación, se propusieron soluciones a los problemas derivados de la dimensión internacional de la evidencia electrónica basadas en *el intercambio de información, incrementar la cooperación operativa y la confianza mutua* empleando para ello toda la gama de instrumentos y políticas de que dispone la Unión Europea.

En la Comunicación, remitida al Parlamento Europeo, al Consejo Europeo y al Consejo el 20 de abril de 2016, relativa a las medidas necesarias *sobre*

(16) https://eur-lex.europa.eu/legal-content/ES/TXT/PDF/?uri=CELEX:52015DC0185&from=ES

aplicación de la Agenda Europea de Seguridad para luchar contra el terrorismo y allanar el camino hacia una Unión de la Seguridad genuina y efectiva[17] la Comisión Europea, resaltó la relevancia de la obtención rápida de pruebas digitales para la prevención, investigación y persecución de los delitos graves y se comprometió a estudiar y buscar *soluciones, incluso legislativas si resultara necesario, para abordar los problemas de la obtención de pruebas digitales en relación con las* investigaciones penales[18] y a proponer *soluciones, incluso legislativas si resultara necesario, para abordar los problemas de la obtención de pruebas digitales en relación con las investigaciones penales.*

En esta línea, las Conclusiones del Consejo sobre la mejora de la justicia penal en el ciberespacio publicadas el 9 de junio de 2016[19] entre otras encomiendas, instaron a la Comisión el desarrollo de un marco normativo común *para la cooperación con los proveedores de servicios con el objeto de obtener categorías específicas de datos, en particular de datos de abonados, cuando así lo permita la legislación de terceros países, o mediante cualquier otra solución comparable que permita la revelación legal y rápida de tales datos* instando a que esta labora se llevase a cabo en asociación con los Estados miembros, con terceros países pertinentes y con el sector privado, solicitando también de la Comisión la búsqueda de *vías para obtener y asegurar pruebas electrónicas de forma más rápida y eficaz a través de la racionalización del uso de procedimientos de asistencia judicial y, en su caso, de reconocimiento mutuo.*

Esta encomienda se materializa con la publicación el 17 de abril de 2018 de sendas propuestas legislativas de la Comisión sobre:

— Un Reglamento del Parlamento Europeo y del Consejo *sobre las órdenes europeas de entrega y conservación de pruebas electrónicas a efectos de enjuiciamiento penal.*[20]

— Una Directiva del Parlamento Europeo y del Consejo *por la que se establecen normas armonizadas para la designación de representantes legales a efectos de recabar pruebas para procesos penales.*

(17) https://eur-lex.europa.eu/resource.html?uri=cellar:9aeae420-0797-11e6-b713-01aa75ed71a1.0014.02/DOC_1&format=PDF

(18) https://eur-lex.europa.eu/resource.html?uri=cellar:9aeae420-0797-11e6-b713-01aa75ed71a1.0014.02/DOC_1&format=PDF

(19) http://data.consilium.europa.eu/doc/document/ST-10007-2016-INIT/es/pdf

(20) https://eur-lex.europa.eu/resource.html?uri=cellar:639c80c9-4322-11e8-a9f4-01aa75ed71a1.0006.02/DOC_1&format=PDF

Tras su publicación, ambos textos se han visto sometidos a un profundo proceso de análisis, revisión y mejora, a través de las sucesivas reuniones de Parlamento, Comisión y Consejo(21). Este proceso, ciertamente cargado de vicisitudes, parece haber culminado el pasado 29 de noviembre de 2022 tras el acuerdo alcanzado por el Parlamento europeo y el Consejo para la adopción formal de un Reglamento sobre órdenes de presentación y conservación de pruebas electrónicas en materia penal y una Directiva complementaria para el establecimiento de normas armonizadas sobre el nombramiento de representantes legales a efectos de la obtención de pruebas, iniciativas legislativas que tienen el objetivo específico de mejorar el acceso transfronterizo a las pruebas electrónicas mediante el establecimiento de un de un marco jurídico común aplicable a las órdenes de entrega y conservación que no entrará en vigor hasta pasados tres años de su publicación(22).

Aun cuando el texto definitivo de este paquete legislativo en el momento de realizar este trabajo no ha visto la luz, merece la pena esbozar los aspectos esenciales de ambas propuestas que han trascendido y que, en principio, parece que se mantendrán en la propuesta definitiva, si bien este análisis se efectúa, con todas las cautelas dada la confidencialidad que ha rodeado los trabajos de elaboración de la Ley y, en consecuencia, del desconocimiento de los acuerdos finales que se hayan alcanzado o se alcanzaran y que no son de carácter público :

4.2. El futuro Reglamento Europeo sobre las órdenes europeas de entrega y conservación de pruebas electrónicas a efectos de enjuiciamiento penal

Este Reglamento establecerá un procedimiento jurídico único y vinculante, basado en el principio de confianza mutua entre los Estados miembros y en el respeto al Derecho de la Unión, que sin abolir la normativa ya existente sino complementando el marco legal vigente —de forma que subsisten otros instrumentos jurídicos como la Directiva 2014/41 /CE del Parlamento y del Consejo relativa a las Órdenes Europeas de Investigación(23); el Convenio de asistencia judicial en materia penal entre los Estados miembros de la Unión Europea(24) y los acuerdos de asistencia legal mutua que se alcancen entre los Estados— pretende mejorar la obtención transfronteriza de pruebas.

(21) Los denominados trílogos.

(22) Las previsiones iniciales indicaban que la publicación se efectuaría en enero de 2023.

(23) https://www.boe.es/doue/2014/130/L00001-00036.pdf

(24) https://www.boe.es/diario_boe/txt.php?id=BOE-A-2003-19002 o

Este es el objetivo fundamental que se persigue, superar los inconvenientes generados por la aplicación de los procedimientos previstos en los instrumentos vigentes y los plazos en ellos establecidos para la obtención de las pruebas electrónicas que, en gran medida, resultan incompatibles con su esencia volátil, frágil y fácilmente alterable. Además, se pretende también erradicar la inseguridad jurídica causada tanto a las autoridades judiciales y policiales como a los propios proveedores de servicios concernidos, por la fragmentación de los marcos jurídicos que regulan esta materia en los distintos Estados miembro.

Para ello se establecerá un procedimiento único de interacción directa con los proveedores de servicios que habrá de acelerar el proceso de obtención y aseguramiento de las evidencias electrónicas, almacenadas por los proveedores, o bajo su control, con pleno cumplimiento de los derechos fundamentales de los afectados y observancia de los principios reconocidos por el artículo 6 del TUE y la Carta, por el Derecho internacional y los acuerdos internacionales de los que la Unión o todos los Estados miembros sean parte.[(25)]

Con este objetivo se habrán de implementar dos nuevos instrumentos jurídicos para obtención de la evidencia electrónica —las órdenes europeas de entrega y las ordenes europeas de conservación— a través de los cuales la autoridad de un Estado miembro podrá ordenar a un proveedor que ofrezca sus servicios en territorio de la Unión la entrega, o bien la preservación o aseguramiento de pruebas electrónicas vinculadas a una investigación criminal, con independencia del lugar donde se encuentren ubicados los datos. Dichas órdenes deberán ser cumplimentadas en los plazos legalmente establecidos en el Reglamento.

Las órdenes europeas de entrega y conservación solo se aplicarán en aquellos supuestos que requieran el acceso u obtención transfronteriza de las evidencias electrónicas almacenadas por los proveedores de servicio, por lo que quedan expresamente excluidos de este mecanismo los supuestos de obtención de datos mediante interceptación de los mismos en tiempo real y

(25) El carácter personal de los datos en principio determina la necesidad de informar a la persona afectada de la entrega de los datos, si bien, e la autoridad emisora en el marco de las condiciones de la Directiva 2016/680 *relativa a la protección de las personas físicas en lo que respecta al tratamiento de datos personales por parte de las autoridades competentes para fines de prevención, investigación, detección o enjuiciamiento de infracciones penales o de ejecución de sanciones penales, y a la libre circulación de dichos datos y por la que se deroga la Decisión Marco 2008/977/JAI del Consejo* podrá solicitar el retraso, limitación o incluso la no comunicación al afectado.

aquellos otros en los que el proveedor de servicios se encuentra establecido o representado en territorio del Estado emisor.

Tanto las órdenes europeas de entrega como las órdenes europeas de conservación, habrán de ser emitidas o validadas por la Autoridad judicial competente de un Estado miembro y serán transmitidas directamente al establecimiento designado o a un representante legal del prestador de servicios que ofrezca servicios en la Unión situado en otro Estado miembro que queda vinculado por el Reglamento(26), sin intervención de las Autoridades competentes del Estado donde radique el proveedor o el representante legal designado conforme a lo dispuesto en la Directiva complementaria.

Para garantizar el cumplimiento de la nueva normativa, los prestadores de servicios que ofrezcan servicios en los Estados miembros y que no estén establecidos en territorio de la Unión, deberán designar un representante legal para la recepción, el cumplimiento y la ejecución de las órdenes europeas de entrega o de conservación emitidas por las autoridades competentes. El representante legal, cuyo nombramiento se regula en la Directiva, deberá estar establecido en uno de los Estados miembros vinculados por el Reglamento y en el que el prestador de servicios ofrezca sus servicios.

Según lo previsto, tras la entrada en vigor del Reglamento, la Autoridad competente de un Estado miembro podrá dirigirse directamente al representante legal designado por el prestador de servicios responsable del tratamiento de datos que ofrezca sus servicios en la Unión(27) —excluyendo cualquier solicitud relativa a otros servicios prestados fuera de este marco aun cuando el proveedor se encuentre establecido dentro de la Unión— mediante la emisión de una orden europea de entrega o de una orden europea de conservación, con independencia de la ubicación real del establecimiento del proveedor de servicios concernido o del lugar concreto en el que se encuentren instaladas sus infraestructuras para el tratamiento o almace-

(26) Se considerará que existe tal conexión sustancial con la Unión cuando el prestador de servicios tenga un establecimiento en la Unión o, en ausencia de tal establecimiento, sobre la base de la existencia de un número significativo de usuarios en uno o más Estados miembros, o la orientación de las actividades hacia uno o más Estados miembros.

(27) Entiende el legislador de la UE que en los procesos penales estas solicitudes conciernen esencialmente a los proveedores de servicios de comunicaciones electrónicas y los proveedores de servicios de la sociedad de la información que facilitan la interacción entre usuarios que se verían cubiertos por las disposiciones del Reglamento. En tal sentido, los proveedores de servicios obligados no son todos los que entran en la definición de servicios de la sociedad de la información proporcionada por la Directiva (UE) 2015/1535.
En su aplicación habrá de tenerse en cuenta que la Directiva (UE) 2018/1972 Directiva 2018/1972 *por la que se establece el Código Europeo de Comunicaciones Electrónicas* define los servicios de comunicaciones electrónicas como aquellos servicios prestados por

namiento de datos y sin que tales órdenes puedan suponer, en ningún caso, la imposición al proveedor de servicios de una obligación generalizada e indiscriminada de datos.

Según lo que ha transcendido, en sus últimas versiones el Reglamento se aparta de criterio que sostuvo en la propuesta publicada en abril de 2018, conforme al cual se introducía una nueva categoría de datos, referida a los datos de acceso, y, siguiendo con ello el criterio de la Convención de Budapest y de la Directiva 2002/58/CE, establece una clasificación tripartita de los datos que pueden ser objeto de ambas órdenes, distinguiendo entre datos de abonado, datos de tráfico y datos de contenido. No obstante, parece que la pretensión del Reglamento es que las solicitudes de datos relativos a una dirección IP o a un número de acceso a la red o información conexa que solo tengan por finalidad la identificación del suscriptor del servicio sean sometidos al mismo régimen establecido en el Reglamento para los datos abonado.

El borrador contempla el distinto nivel de injerencia en los Derechos fundamentales de cada categoría de datos, y, en base a ello, parece que las órdenes de entrega que afecten a datos de abonados y a datos de acceso podrán ser emitidas tanto por la Autoridad judicial como por el Fiscal o cualquier Autoridad competente definida por el estado emisor para actuar como tal en la investigación en procesos penales, mientras que las órdenes europeas de entrega emitidas para los datos de tráfico —excepto solicitados con el único fin de identificar al usuario— y los datos de contenido habrán de ser emitidas, o en su caso posteriormente validadas, por una Autoridad judicial. Asimismo, se prevé que cuando se trate de una orden de entrega de datos de

---

lo general a cambio de una remuneración a través de redes de comunicaciones electrónicas, que incluyen, con la excepción de los servicios que suministren contenidos transmitidos mediante redes y servicios de comunicaciones electrónicas o ejerzan control editorial sobre ellos, los siguientes tipos de servicios:
a) el «servicio de acceso a internet», entendido según la definición del punto 2) del párrafo segundo del artículo 2 del Reglamento (UE) 2015/2120;
b) el «servicio de comunicaciones interpersonales», y
c) servicios consistentes, en su totalidad o principalmente, en el transporte de señales, como son los servicios de transmisión utilizados para la prestación de servicios máquina a máquina y para la radiodifusión.
Por tanto, en la aplicación del Reglamento sobre las órdenes europeas de entrega y conservación de pruebas electrónicas se incluirán las comunicaciones interpersonales como voz sobre IP, mensajería instantánea y servicios de correo electrónico. Asimismo, será de aplicación a otros proveedores de servicios de la sociedad de la información –en el sentido de la Directiva 2015/1535– que, aun cuando no cumplan los requisitos para ser prestados de servicios de comunicaciones electrónicas, ofrezcan a sus usuarios la capacidad de comunicarse entre sí u ofrecer a sus usuarios servicios que puedan utilizarse para tratar o almacenar datos en su nombre.

tráfico o de contenido se notifique la autoridad del país de ejecución remitiéndole copia de esta, salvo las excepciones que se concreten en el propio Reglamento.

Partiendo del carácter personal de todos los datos, ya sean de abonado, de tráfico o de contenido, el Reglamento ajusta su tratamiento a las garantías y salvaguardas previstas en la normativa de la Unión, conforme a la cual la emisión de una orden de esta naturaleza solo procederá tomando en consideración los derechos del sospechoso y siempre y cuando la medida sea proporcionada, necesaria y adecuada(28) y hubiera podido ser expedida en las mismas condiciones para la obtención de la prueba en un caso nacional. Sin perjuicio de ello, en la medida en que la intensidad de la injerencia en derechos fundamentales no es la misma para todas las categorías de datos, en atención a la misma, se somete la solicitud a distinto régimen de salvaguardas y condiciones de obtención.

Las órdenes europeas de entrega y de conservación habrán de transmitirse respectivamente mediante un certificado de orden europea de entrega (EPOC) o un certificado de orden europea de conservación (EPOC-PR). Ambos certificados se habrán de emitir en una lengua oficial de la Unión aceptada por el destinatario y ajustarse al formato establecido para cada uno de ellos en los anexos I y II que acompañarán al Reglamento y deberán contener la información suficiente para que el prestador de servicios pueda identificar y ponerse en contacto con la autoridad emisora o, en su caso, la autoridad del territorio de ejecución.

En el caso de emisión de una EPOC, el destinatario deberá cumplimentarla con la mayor prontitud y, en todo caso dentro del plazo legalmente establecido(29) remitiendo los datos directamente a la autoridad emisora, o en su caso, a la autoridad policial que se indique en el certificado, salvo que concurra algún motivo de denegación. El Reglamento establecerá procedimientos de comunicación entre el proveedor de servicios y la autoridad emi-

(28) En lo que concierne a las órdenes de entrega de datos de abonado o datos solicitados con el único fin de identificar al usuario, por su menor nivel de injerencia, se prevé que podrán ser emitidas para todo tipo de infracciones penales. En lo que se refiere a las órdenes de entrega de datos de tráfico o de contenido, podrán ser emitidas en los casos de delitos con pena privativa de libertad superior a los tres años pero también se prevé su posible utilización en otros supuestos relativos a delitos que sin ser graves en sí mismos pueden causar daños considerables o de carácter global, o que, en determinados supuestos de conductas delictivas cometidas a través de los sistemas de información la única forma de investigar del delito es mediante la obtención de estos datos.

(29) En el borrador, a más tardar en el plazo de 10 días a partir de la recepción del EPOC que se acortan en los supuestos de emergencia que se establecerán en el propio Reglamento.

sora y, para los casos de obligada notificación a la Autoridad del país de ejecución, entre éste y la autoridad emisora, para la posible transmisión —y, en consecuencia, corrección o reconsideración de la Orden emitida— de interferencias con inmunidades y privilegios o con normas de limitación de responsabilidad penal, errores, insuficiencia de la información proporcionada, posible conflicto con una obligación legal derivada de la legislación de un tercer país, inadecuación con los preceptos del propio Reglamento... etc.,

En los supuestos de EPOC-PR en principio se ha previsto que el destinatario debe conservar los datos solicitados por un plazo máximo de 60 días, ampliable por 30 días más si fuera necesario para que pueda emitirse la orden de producción o entrega. No obstante, si la Autoridad emisora, en el ínterin, presentara la orden de entrega, la conservación se mantendrá durante el período de tiempo necesario para la presentación de los datos de que se trate.

Las últimas noticias indican que se está valorando la instauración de un sistema informático descentralizado —cuya creación y mantenimiento, así como el desarrollo de los programas informáticos aplicables en principio serán responsabilidad de la Comisión corriendo a cargo de cada Estado miembro la instalación, funcionamiento y mantenimiento de los puntos de acceso del sistema informático descentralizado de los que sea responsable— para la comunicación digital segura y el intercambio de datos entre autoridades competentes y proveedores de servicios y de las autoridades competentes entre sí, salvo supuestos excepcionales, descritos en el Reglamento, en los que la transmisión se llevará a cabo por los medios alternativos más adecuados, teniendo en cuenta la necesidad de garantizar un intercambio de información rápido, seguro y fiable.

4.3. La futura Directiva por la que se establecen normas armonizadas para la designación de representantes legales a efectos de recabar pruebas para procesos penales

Como se ha dicho, esta norma complementará el Reglamento con la finalidad de garantizar el cumplimiento de las órdenes que se emitan para la obtención de prueba electrónica en los procesos penales, solventando las dificultades que para ello supondría la circunstancia de que las infraestructuras de los proveedores de servicios obligados pueden encontrarse ubicadas, no ya fuera del Estado miembro donde efectúa la prestación, sino incluso fuera del territorio de la Unión, y superar la inseguridad jurídica generada a los proveedores de servicios por la existencia de marcos jurídicos fragmentados establecidos en las legislaciones nacionales de los Estados miembro para regular estas situaciones.

A tal fin, en la futura Directiva se establece una normativa única que, de forma armonizada, cuando ofrezcan servicios en la Unión, obliga a los proveedores de servicios de comunicaciones electrónicas[30]; proveedores de direcciones IP y de registro de nombres y servicios de la sociedad de la información definidos en el artículo 1, apartado 1, letra b), de la Directiva (UE) 2015/1535 del Parlamento Europeo y del Consejo que ofrezcan a sus usuarios la posibilidad de comunicarse entre sí o que permitan tratar o almacenar datos en su nombre[31], a designar al menos un establecimiento o un representante legal que resida en un Estado miembro de territorio de la Unión en el que ofrezca sus servicios —que podrá ser persona física o jurídica— que será responsable de la recepción, cumplimiento y ejecución de las resoluciones y órdenes dictadas por las autoridades competentes para la obtención de pruebas en los procesos penales que hayan sido dictadas sobre la base del Reglamento, la Directiva 2014/41 o el Convenio relativo a la asistencia judicial en materia penal entre los Estados miembros de la Unión, sin perjuicio del derecho que asiste a las autoridades nacionales a dirigirse directamente a los prestadores de servicio establecidos en su territorio para la obtención de prueba en un proceso penal. Quedarán excluidos de su ámbito

(30) Tal y como aparecen definidos en tal como se define en el artículo 2, apartado 4, de la Directiva la Directiva (UE) 2018/1972: es «servicio de comunicaciones electrónicas»: el prestado por lo general a cambio de una remuneración a través de redes de comunicaciones electrónicas, que incluye, con la excepción de los servicios que suministren contenidos transmitidos mediante redes y servicios de comunicaciones electrónicas o ejerzan control editorial sobre ellos, los siguientes tipos de servicios:
a) el «servicio de acceso a internet», entendido según la definición del punto 2) del párrafo segundo del artículo 2 del Reglamento (UE) 2015/2120;
b) el «servicio de comunicaciones interpersonales», y
c) servicios consistentes, en su totalidad o principalmente, en el transporte de señales, como son los servicios de transmisión utilizados para la prestación de servicios máquina a máquina y para la radiodifusión.

(31) Directiva (UE)2015/1535 *por la que se establece un procedimiento de información en materia de reglamentaciones técnicas y de reglas relativas a los servicios de la sociedad de la información.* Art. 1.1. A efectos de la presente Directiva, se entenderá por:
b) «servicio»: todo servicio de la sociedad de la información, es decir, todo servicio prestado normalmente a cambio de una remuneración, a distancia, por vía electrónica y a petición individual de un destinatario de servicios.
A efectos de la presente definición, se entenderá por:
I) «a distancia», un servicio prestado sin que las partes estén presentes simultáneamente,
II) «por vía electrónica», un servicio enviado desde la fuente y recibido por el destinatario mediante equipos electrónicos de tratamiento (incluida la compresión digital) y de almacenamiento de datos y que se transmite, canaliza y recibe enteramente por hilos, radio, medios ópticos o cualquier otro medio electromagnético,
III) «a petición individual de un destinatario de servicios», un servicio prestado mediante transmisión de datos apetición individual.

de aplicación los prestadores de servicios establecidos en el territorio de un solo Estado miembro que ofrezcan servicios exclusivamente en el territorio de dicho Estado miembro

El establecimiento/s o representante legal designado/s deberán estar adecuadamente facultados para el ejercicio de estas obligaciones por sus correspondientes representantes legales, contando con las competencias y recursos necesarios para dar cumplimiento a las resoluciones y órdenes de esta naturaleza emitidas por cualquier Estado miembro, así como para cooperar con las autoridades competentes al recibir dichas decisiones y órdenes, de conformidad con el marco jurídico aplicable.

A los efectos de la Directiva se entenderá que están *establecidos* en territorio de la Unión los prestadores de servicio que ejercen en territorio de uno o varios Estados miembro una actividad económica por período indefinido y a través de una infraestructura estable desde la que se lleva a cabo su actividad o se gestiona la actividad y que *ofrecen servicios* en territorio de la Unión cuando permita a las personas físicas o jurídicas de un Estado miembro utilizar sus servicios o tenga una conexión sustancial con dicho territorio basada en criterios fácticos específicos tales como tener un establecimiento en la Unión, la existencia de un número significativo de usuarios en uno o más Estados miembro o la orientación de actividades hacia uno o varios Estados miembro.

Cada prestador que ofrezca servicios en territorio de la Unión deberá notificar a la Autoridad central del Estado miembro donde radique su establecimiento, o en el que resida su representante legal, los correspondientes datos de contacto y los cambios o modificaciones que pudiera sufrir, debiendo especificar en la notificación la lengua o lenguas oficiales de la Unión, en las que puede dirigirse el representante legal o el establecimiento designado que habrá de ser una o varias de las lenguas oficiales de conformidad con el Derecho nacional del Estado miembro en el que resida el representante legal o en el que esté establecido el establecimiento designado. Si se hubieran designado varios o representantes legales en la notificación se especificará el ámbito territorial a que se extiende la competencia de cada uno establecimiento designado. Esta información podrá difundirse para facilitar el acceso de las autoridades competentes y será puesta a disposición del público en una página de internet específica de la Red Judicial Europea en materia penal y será actualizada periódicamente.

Por su parte los Estados miembro estarán obligados a implementar la Directiva en el plazo que legalmente se establezca a través de las disposiciones normativas que sean necesarias, asumiendo la obligación de velar por que sus correspondientes Autoridades centrales se coordinen y cooperen entre sí para suministras y facilitar a asistencia necesaria, en particular las referidas a las medidas de ejecución, para el cumplimiento de la Directiva.

4.4. Reglamento de Servicios Digitales

Publicado en el Diario Oficial de la Unión el 27 de octubre de 2022[32], el Reglamento del Parlamento Europeo y del Consejo *relativo a un mercado único de servicios digitales (Ley de servicios digitales) y por el que se modifica la Directiva 2000/31/CE,* forma parte del paquete de medidas que integraba la Estrategia Digital Europea, lanzada por la Comisión Europea en febrero de 2020 con la finalidad de afrontar algunos de los desafíos que plantea el uso generalizado de los modernos servicios de intermediación de la sociedad de la información y su naturaleza transfronteriza mediante el establecimiento de un conjunto de normas uniformes, eficaces y proporcionadas a través de las cuales se regulan las condiciones que han se reunir las prestaciones de los servicios intermediarios en el mercado interior, evitando con ello la fragmentación existente hasta ahora en dicho sector y garantizando con ello la seguridad jurídica.

Así queda expresado en el apartado 1º del art. 1 del Reglamento en el que se señala, «*El objetivo del presente Reglamento es contribuir al correcto funcionamiento del mercado interior de servicios intermediarios estableciendo normas armonizadas para crear un entorno en línea seguro, predecible y fiable que facilite la innovación y en el que se protejan efectivamente los derechos fundamentales amparados por la Carta, incluido el principio de protección de los consumidores*».

Según lo dispuesto en su art. 2.1 quedan vinculados a sus disposiciones los *servicios intermediarios ofrecidos a destinatarios del servicio que tengan su lugar de establecimiento o estén situados en la Unión, con independencia de donde los prestadores de dichos servicios intermediarios tengan su lugar de establecimiento,* el Reglamento por lo que solo será de aplicación a los servicios intermediarios[33] que tengan una conexión sustancial con la Unión con independencia de su lugar donde radiquen y sin perjuicio de la aplica-

(32) https://www.boe.es/buscar/doc.php?id=DOUE-L-2022-81573
(33) Definidos en el art. 2 h como uno de los siguientes servicios de la sociedad de la información:

ción a estos de otras normas de la Unión en otros aspectos de la actividad que realizan.

Al entender del legislador, la consecución de un entorno en línea seguro, predecible y fiable exige que los proveedores de servicios intermediarios mantengan un comportamiento responsable y diligente para lo cual los somete a obligaciones específicas —más o menos flexibles en atención al tamaño del proveedor en el ecosistema online— en lo que se refiere al modo en que deben hacer frente a los contenidos ilícitos, la desinformación y otros riesgos para la sociedad, estableciendo un sistema de exención de responsabilidades de estos prestadores cuando su actuación se ha limitado a una prestación neutral y proceden a retirar los contenidos o a bloquear el acceso a los mismos en el momento en que adquieren conocimiento efectivo o consciencia de actividades o contenidos ilícitos.

El Reglamento distingue los supuestos en los que la actuación del proveedor frente a los contenidos ilícitos —definidos de forma amplia en el art. 3 h) del Reglamento como toda *información que, por sí sola o en relación con una actividad, incluida la venta de productos o la prestación de servicios, incumpla el Derecho de la Unión o el Derecho de cualquier Estado miembro que cumpla el Derecho de la Unión, sea cual sea el objeto o carácter concreto de ese Derecho*[(34)]— es llevada a cabo por iniciativa propia de aquellos en los que actúan en cumplimiento de las órdenes de actuación contra conte-

i) un servicio de «mera transmisión», consistente en transmitir, en una red de comunicaciones, información facilitada por el destinatario del servicio o en facilitar acceso a una red de comunicaciones,
ii) un servicio de «memoria caché», consistente en transmitir por una red de comunicaciones información facilitada por el destinatario del servicio, que conlleve el almacenamiento automático, provisional y temporal de esta información, prestado con la única finalidad de hacer más eficaz la transmisión ulterior de la información a otros destinatarios del servicio, a petición de estos,
iii) un servicio de «alojamiento de datos», consistente en almacenar datos facilitados por el destinatario del servicio y a petición de este.
Como resume la nota de prensa publicada en el portal de la administración electrónica del Gobierno el 2 de noviembre de 2022 se dirige a *cualquier servicio prestado normalmente a cambio de una remuneración, a distancia, por vía electrónica y a petición de un destinatario a título individual.*

(34) En definitiva, como señala en su Preámbulo, será contenido ilícito toda información relacionada con contenidos, productos, servicios y actividades de carácter ilícito, señalándose en el mismo a título de ejemplo: el intercambio de imágenes que representen abusos sexuales de menores; el intercambio ilícito no consentido de imágenes privadas; el acoso en línea; la venta de productos no conformes o falsificados; la venta de productos o la prestación de servicios que infrinjan la legislación en materia de protección de los consumidores; el uso no autorizado de material protegido por derechos de autor, etc.

nidos ilícitos o de entrega de información emitida por la autoridad judicial o administrativa competente que se regulan en los arts. 9 y 10 de la norma[35].

El establecimiento de una regulación armonizada sobre las órdenes de retirada de contenido o las órdenes información que se efectúa en ambos artículos tiene especial relevancia en lo que respecta a las investigaciones penales de los delitos cometidos con apoyo de estos servicios de intermediación. Ello es así porque al carácter transfronterizo que suelen tener estos supuestos se une la necesidad de lograr que sean cumplidas las órdenes dictadas por las autoridades competentes para evitar o minimizar los perjuicios derivados de la transmisión de esta clase de contenidos o, en su caso, para posibilitar el acceso a la información necesaria por parte de dicha autoridad, y este objetivo, sin duda alguna, se ha de ver facilitado por el establecimiento de unos procedimientos únicos para la canalización de las referidas órdenes.

No obstante, es de reseñar que estas disposiciones, como el propio legislador señala en el Preámbulo[36], son de aplicación sin perjuicio del Derecho de la Unión en el ámbito de la cooperación judicial en materia civil o penal, incluidos el Reglamento (UE) 1215/2012 *relativo a la competencia judicial, el reconocimiento y la ejecución de resoluciones judiciales en materia civil y mercantil*[37]; del *Reglamento sobre las órdenes europeas de entrega y conservación de pruebas electrónicas a efectos de enjuiciamiento penal* —aun en trámite legislativo— y del Derecho procesal penal o civil nacional. Por tanto, cuando estos instrumentos, en el contexto de procedimientos penales o civiles correspondientes, establezcan condiciones adicionales o incompatibles con las del propio Reglamento sobre las órdenes de actuación contra contenidos ilícitos o de entrega de información, se podrán dejar de aplicar las disposiciones del Reglamento de Servicios digitales, o se adaptar sus normas a aquella normativa.

(35) Como se desprende del art. 7 del Reglamento, en cumplimiento del Derecho de la Unión, que incluye las disposiciones del propio Reglamento, el proveedor de servicios está obligado a actuar por iniciativa propia tan pronto toma conocimiento efectivo o adquiera conciencia de las actividades o contenidos ilícitos que se están realizando o transmitiendo por el destinatario de sus servicios, ya sea por haberle sido notificado por un tercero ya por haberlo captado con las medidas que haya instaurado a tal fin. Especial interés reviste la regulación específica en el art. 22 de los llamados «alertadores fiables» o «trusted flaggers» respecto de los cuales habrán de adoptarse medidas técnicas y organizativas para asegurar que se dé prioridad a sus notificaciones. Una vez ha tenido conocimiento efectivo, el proveedor, solo quedará exento de responsabilidad si procede sin dilación a la retirada del contenido, o al bloqueo de acceso, o a restringir de otro modo su visibilidad o su monetización comunicando esta decisión y los motivos al destinatario a fin de que pueda utilizar las vías de recurso para impugnar la decisión.

(36) Considerando 34.

(37) https://www.boe.es/doue/2012/351/L00001-00032.pdf

Asimismo, las condiciones y requisitos establecidos en el Reglamento relativas a las órdenes de actuación contra contenidos ilícitos han de entenderse sin perjuicio de otros actos de la Unión que establecen sistemas similares de actuación contra determinados tipos de contenidos ilícitos, como el Reglamento (UE) 2021/784, el Reglamento (UE) 2019/1020 o el Reglamento (UE) 2017/2394.

Según lo establecido en el Reglamento, las Autoridades nacionales competentes, sobre la base del Derecho de la Unión o del Derecho nacional conforme con el Derecho de la Unión, podrán dirigirse a los prestadores de servicios intermediarios, aunque estén establecidos en otro Estado miembro, para recabar bien la actuación contra uno o varios elementos concretos de contenido ilícito, bien la entrega de información acerca de uno varios destinatarios individuales del servicio, siempre y cuando concurra un interés legítimo, y la medida adoptada sea necesaria y proporcionada.

Para ambos tipos de situaciones los artículos 9[(38)] y 10[(39)] , respectivamente, efectúan una relación de las condiciones mínimas que obligadamente

(38) El art. 9 regula las ordenes de actuación en los siguientes términos:
1. Cuando reciban una orden de actuación contra uno o varios elementos concretos de contenido ilícito, dictada por las autoridades judiciales o administrativas nacionales pertinentes, sobre la base del Derecho de la Unión aplicable o del Derecho nacional aplicable en cumplimiento del Derecho de la Unión, los prestadores de servicios intermediarios informarán a la autoridad que haya dictado la orden, o a cualquier otra autoridad especificada en la orden, de cualquier curso dado a la orden sin dilación indebida, especificando si se ha dado curso a la orden y cuándo.
2. Los Estados miembros velarán por que cuando una orden a que se refiere el apartado 1 se transmita al prestador, esta cumpla al menos las siguientes condiciones:
a) que dicha orden contenga los siguientes elementos:
i) una referencia al fundamento jurídico en Derecho de la Unión o nacional de la orden,
ii) una motivación en la que se explique por qué la información es un contenido ilícito, haciendo referencia a una o varias disposiciones específicas del Derecho de la Unión o nacional en cumplimiento del Derecho de la Unión,
iii) información que identifique a la autoridad emisora,
iv) información clara que permita al prestador de servicios intermediarios identificar y localizar el contenido ilícito de que se trate, como uno o varios URL exactos y, en su caso, información adicional,
v) información acerca de los mecanismos de recurso disponibles para el prestador de servicios intermediarios y para el destinatario del servicio que haya proporcionado el contenido,
vi) en su caso, información sobre qué autoridad debe recibir la información sobre el curso dado las órdenes;
b) que el ámbito de aplicación territorial de dicha orden, en virtud de las disposiciones aplicables del Derecho de la Unión y nacional, incluida la Carta y, en su caso, los principios generales del Derecho internacional, se limite a lo estrictamente necesario para alcanzar su objetivo;
c) que dicha orden se transmita en una de las lenguas declaradas por el prestador de servicios intermediarios con arreglo al artículo 11, apartado 3, o en otra lengua oficial de los

habrán de concurrir para generar la obligación del prestador de servicios de intermediación de cumplimentar la orden. En todo caso, dichas órdenes habrán de emitirse de conformidad con lo establecido con el Reglamento General de Protección de Datos (UE) 2016/679, prohibiéndose expresamente en el art. 8 que a través de ellas se pueda imponer al prestador de servicios una obligación general de monitorización de la información que transmitan o almacenen o de llevar a cabo una búsqueda activa de hechos o circunstancias que indiquen actividades ilícitas.

Estados miembros, acordada entre la autoridad que dicte la orden y dicho prestador, y se envíe al punto de contacto electrónico designado por dicho prestador, de conformidad con el artículo 11; cuando no esté redactada en la lengua declarada por el prestador de servicios intermediarios o en otra lengua acordada bilateralmente, la orden podrá transmitirse en la lengua de la autoridad emisora, siempre que vaya acompañada de una traducción a dicha lengua declarada o acordada bilateralmente de, al menos, los elementos establecidos en las letras a) y b) del presente apartado.

3. La autoridad que dicte la orden, o en su caso la autoridad especificada en ella, la transmitirá, junto a cualquier información recibida del prestador de servicios intermediarios sobre el curso dado a dicha orden, al coordinador de servicios digitales del Estado miembro de la autoridad que dicte la orden.

4. Una vez recibida la orden de la autoridad judicial o administrativa, el coordinador de servicios digitales del Estado miembro de que se trate transmitirá, sin dilación indebida, una copia de la orden a que se refiere el apartado 1 del presente artículo a todos los demás coordinadores de servicios digitales a través del sistema establecido de conformidad con el artículo 85.

5. A más tardar cuando se dé curso a la orden, o en su caso en el momento que determine la autoridad emisora en su orden, los prestadores de servicios intermediarios informarán al destinatario del servicio afectado de la orden recibida y del curso que se le haya dado. Esta información proporcionada al destinatario del servicio incluirá la motivación, las vías de recurso que existan y una descripción del ámbito territorial de la orden, de conformidad con el apartado 2.

6. Las condiciones y los requisitos establecidos en el presente artículo se entenderán sin perjuicio del Derecho procesal penal y civil nacional.

(39) El art. 10 referido a las órdenes de entrega de información dispone:
Órdenes de entrega de información:

1. Cuando reciban una orden de proporcionar información específica sobre uno o varios destinatarios individuales del servicio, dictada por las autoridades judiciales o administrativas nacionales pertinentes, sobre la base del Derecho de la Unión aplicable o del Derecho nacional aplicable en cumplimiento del Derecho de la Unión, los prestadores de servicios intermediarios informarán, sin dilación indebida, a la autoridad que haya dictado la orden o a cualquier otra autoridad especificada en la orden, de su recepción, y del curso dado a la orden, especificando si se ha dado curso a la orden y cuándo.

2. Los Estados miembros velarán por que cuando una orden a que se refiere el apartado 1 se transmita al prestador, esta cumpla al menos las siguientes condiciones:

a) que dicha orden contenga los siguientes elementos:

I) una referencia al fundamento jurídico en Derecho de la Unión o nacional de la orden,

II) información que identifique a la autoridad emisora,

III) información clara que permita al prestador de servicios intermediarios identificar al destinatario o destinatarios específicos sobre los que se solicita información, como uno o varios nombres de cuenta o identificadores únicos,

Se pretende asegurar fluidez y la eficiencia de las comunicaciones, en ambos sentidos, relativas a las materias reguladas por el Reglamento, mediante la exigencia de que sea designado un punto único de contacto de correo electrónico que el proveedor de servicios deberá hacer público manteniendo actualizada información referida al mismo.

A su vez, como medida para asegurar el cumplimiento de las obligaciones establecidas se establece que los prestadores de servicios intermediarios que estén establecidos en un tercer país y ofrezcan servicios en la Unión, están obligados a designar a un representante legal en alguno de los Estados miembro de la Unión en los que ofrezca sus servicios. Los representantes legales deberán ser habilitados por el prestador de servicios intermediario al que representa para ser destinatarios de las comu-

---

IV) una motivación en la que se explique con qué fin se requiere la información y por qué el requisito de entrega de la información es necesario y proporcionado para determinar el cumplimiento del Derecho de la Unión o del Derecho nacional en cumplimiento del Derecho de la Unión por parte de los destinatarios de los servicios intermediarios, salvo que no se pueda aportar dicha motivación por razones relacionadas con la prevención, investigación, detección y enjuiciamiento de delitos,
V) información acerca de los mecanismos de recurso disponibles para el prestador y para los destinatarios del servicio de que se trate,
VI) en su caso, información sobre qué autoridad debe recibir la información sobre el curso dado a las órdenes;
b) que dicha orden solo requiera que el prestador aporte información ya recabada para los fines de la prestación del servicio y que esté bajo su control;
c) que dicha orden se transmita en una de las lenguas declaradas por el prestador de servicios intermediarios con arreglo al artículo 11, apartado 3, o en otra lengua oficial de los Estados miembros, acordada entre la autoridad que dicte la orden y dicho prestador, y se envíe al punto de contacto electrónico designado por dicho prestador, de conformidad con el artículo 11; cuando no esté redactada en la lengua declarada por el prestador de servicios intermediarios o en otra lengua acordada bilateralmente, la orden podrá transmitirse en la lengua de la autoridad emisora, siempre que vaya acompañada de una traducción a dicha lengua declarada o acordada bilateralmente de, al menos, los elementos establecidos en las letras a) y b) del presente apartado.
3. La autoridad que dicte la orden o, en su caso, la autoridad especificada en ella, la transmitirán, junto a cualquier información recibida del prestador de servicios intermediarios sobre el curso dado a dicha orden, al coordinador de servicios digitales del Estado miembro de la autoridad que dicte la orden.
4. Una vez recibida la orden de la autoridad judicial o administrativa, el coordinador de servicios digitales del Estado miembro de que se trate transmitirá, sin dilación indebida, una copia de la orden a que se refiere el apartado 1 del presente artículo a todos los demás coordinadores de servicios digitales a través del sistema establecido de conformidad con el artículo 85.
5. A más tardar cuando se dé curso a la orden, o en su caso en el momento que la autoridad emisora determine en su orden, los prestadores de servicios intermediarios informarán al destinatario del servicio de que se trate de la orden recibida y del curso que se le haya dado. Esta información proporcionada al destinatario del servicio incluirá la motivación y las vías de recurso que existan, de conformidad con apartado 2.
6. Las condiciones y los requisitos establecidos en el presente artículo se entenderán sin perjuicio del Derecho procesal penal y civil nacional.

nicaciones enviadas por las autoridades competentes de los Estados miembro sobre todas las cuestiones necesarias para la recepción, el cumplimiento y la ejecución de las decisiones adoptadas con apoyo en el Reglamento, ya sea en lugar de los dichos prestadores ya sea además de los mismos. A tal fin el representante legal designado, que podrá ser tanto una persona física como jurídica, deberá disponer de los poderes y recursos necesarios para cooperar de forma eficiente y en tiempo oportuno con las autoridades pertinentes (art. 13).

Por su parte, cada Estado miembro tiene la obligación de designar a una o varias Autoridades Competentes como responsables de la supervisión de los prestadores de servicios intermediarios y de la ejecución del Reglamento. De entre estas autoridades, han de designar a un Coordinador de Servicios Digitales del Estado miembro de que se trate —cuya necesidad obedece, según aclara el legislador en el preámbulo, a la naturaleza transfronteriza de los servicios y la horizontalidad de las obligaciones impuestas por el Reglamento— y que actuará como punto único de contacto con respecto a todos los asuntos relacionados con la aplicación del Reglamento con los Coordinadores de Servicios Digitales de los demás Estados miembro así como con las autoridades competentes del Estado miembro de que se trate, asumiendo la responsabilidad en todo lo referente a la supervisión y garantía de cumplimiento del Reglamento del Estado al que pertenece, salvo aquellas funciones que dicho Estado haya asignado a sectores o autoridades específicas[40]. Asimismo le corresponde al Coordinador de Servicios Digitales la responsabilidad de coordinar en el ámbito nacional todo lo relacionado con esta materia y de contribuir a la supervisión y garantías de cumplimiento efectivas y coherentes del Reglamento (art 49).

Para concluir este apartado, hay que señalar que para los incumplimientos de las obligaciones establecidas en el Reglamento se establece en su art. 52 un régimen de sanciones, efectivas, proporcionadas y disuasorias que atiende a la naturaleza, gravedad, recurrencia y duración del incumplimiento, en vista del interés público perseguido, el alcance y la clase de actividades realizadas, así como la capacidad económica del infractor.

(40) Considerando 110.

5. REGULACIÓN DE ACCESO A LA EVIDENCIA ELECTRÓNICA EN EL MARCO DEL CONSEJO DE EUROPA

5.1. Convenio de Ciberdelincuencia

Hoy por hoy, el Convenio de Ciberdelincuencia hecho en Budapest el 23 de noviembre de 2001 puede ser considerado el instrumento internacional más relevante a nivel mundial en lo concerniente a la lucha contra la ciberdelincuencia y la obtención de evidencia electrónica. Su publicación responde específicamente a la necesidad de hacer frente de manera concertada a los desafíos que plantea la investigación de los delitos cometidos a través de Internet y otras redes informáticas mediante el establecimiento de una política penal común contra la ciberdelincuencia.

La preponderancia de la Convención de Budapest frente a otros instrumentos internacionales publicados en esta materia obedece en gran medida a su vocación de universalidad ya que, aun cuando este acuerdo internacional nace en el seno del Consejo de Europa, ha sido suscrito por países de todos los continentes, de manera que ya forman parte del Convenio 68 países[(41)], de los que 23 no pertenecen al CoE.

Otro factor que hace que este instrumento resulte especialmente valioso es la capacidad que tiene de adaptación a las nuevas herramientas y formas de criminalidad derivadas del desarrollo tecnológico. El Convenio, por su forma de funcionamiento, se encuentra sometido a un constante proceso de revisión tanto en lo que se refiere a la implementación por las Partes de su normativa como en lo que se refiere a la adaptación de sus preceptos a las nuevas situaciones que van surgiendo como consecuencia de los avances tecnológicos. Este proceso de evaluación y adecuación continua es llevado a cabo en las sesiones periódicas de trabajo[(42)] celebradas por el Comité de la Convención (T-CY) integrado por representantes de todos los Estados Parte pero en las que además participan terceros Estados en calidad de observadores y representantes de organizaciones internaciones y comités del CoE que tienen responsabilidad en esta materia.

El trabajo permanente que se desarrolla en el seno de la Convención ha permitido que, pese a los años transcurridos desde su aprobación, sus disposiciones se hayan ido actualizando y con ello proporcionando respuestas a las nuevas situaciones y cuestiones que se suscitan en la lucha contra la

(41) Tras la ratificación del Convenio por parte de Nigeria el 1 de noviembre de 2022.
(42) Usualmente dos reuniones anuales que tiene lugar en la sede del CoE en Estrasburgo.

ciberdelincuencia como consecuencia del constante desarrollo tecnológicos. Buena muestra de ello son los dos protocolos adicionales a la Convención que han sido publicados con posterioridad a la publicación texto original, cuyas disposiciones, como ocurre con aquel, son vinculantes para los Estados que procedan a su ratificación:

— El Protocolo adicional *relativo a la penalización de actos de índole racista y xenófoba cometidos por medio de sistemas informáticos*, hecho en Estrasburgo el 28 de enero de 2003, de carácter sustantivo y a cuyas conductas se aplicarán las herramientas de investigación establecidas en la propia Convención para persecución de estos delitos cuando son cometidos a través de las TIC y, en caso de ratificación, en el Segundo protocolo adicional.

—El segundo Protocolo Adicional al Convenio sobre Ciberdelincuencia *sobre cooperación reforzada y divulgación de pruebas electrónicas*, adoptado por el Comité de Ministros de Consejo de Europa el 17 de noviembre de 2021 y abierto a la firma en el marco de la conferencia internacional sobre cooperación reforzada y divulgación de pruebas electrónicas, celebrada en Estrasburgo los días 12 y 13 de mayo de 2022.[(43)]

Además, también contribuyen a la aplicabilidad de sus disposiciones las Notas guía (Notas orientativas) que publica el Comité de la Convención de Budapest (T-CY) que son preparadas por grupos de trabajo, conformados por los miembros del Comité designados al efecto y, una vez elaboradas, son sometidas a la aprobación del Pleno del T-CY.

Las Notas Guía pueden responder a diversas finalidades entre las cuales cabe destacar la fijación de pautas para la interpretación de alguno de los preceptos del Convenio; la resolución de dudas acerca de la posible aplicación de sus preceptos a situaciones desconocidas o detectadas tras su publicación; la valoración de la posibilidad de su aplicación extensiva a conductas ilícitas que sin estar expresamente reguladas se asemejan las que si lo están y, por tanto, pueden responder a unos mismos parámetros...etc.

Respecto de la obtención de la prueba electrónica, en la Sección 2ª del Capítulo II de la Convención se establecen una serie de medidas de investigación que han sido formuladas en consideración a los factores que condicionan esta clase de investigaciones: el entorno tecnológico en el que se desenvuelven estas diligencias, la inestabilidad de los datos que conforman las pruebas electrónicas y la importancia que reviste la rapidez en el proceso

(43) A la fecha de publicación de este trabajo ha sido ratificado por 30 Estados parte.

de obtención de la evidencia para la eficacia y el buen fin del procedimiento penal.

5.2. Medidas para la obtención de la evidencia electrónica en la Convención de Budapest

Se encuentran reguladas en los arts. 16 a 21 de la Sección 2ª del Capítulo 2º, de la Convención, con el objeto de posibilitar el acceso a los datos almacenados vinculados a los hechos objeto de investigación penal. A tal fin, se obliga a los Estados Parte a implementar en su legislación interna una serie de medidas en las que se establecen criterios y pautas comunes de actuación destinadas a garantizar la conservación y cesión de los datos informáticos vinculados a las actividades delictivas investigadas y a permitir su utilización por las autoridades competentes de otras Partes en las investigaciones relativas a los delitos y procedimientos específicos a los que se refiere el apartado 2º del artículo 14 del Convenio, que se concretan en:

a) Los delitos previstos de conformidad con los arts. 2 a 11 del presente Convenio;[(44)]
b) Otros delitos cometidos por medio de un sistema informático;
c) Obtención de pruebas electrónicas de un delito.

Como bien señala Elvira Tejada en su trabajo sobre «Las herramientas de investigación tecnológica en la Convención de Budapest y su incorporación a la legislación española»[(45)], dado que en un importante número de supuestos estas pruebas electrónicas se van a encontrar en terceros Estados, es claro que el éxito de cualquier investigación de esta naturaleza tiene que apoyarse tanto en la conservación de las pruebas vinculadas al delito, para poder acceder a ellas, como en su posible traslado o cesión desde el País en el que se encuentran alojadas hasta aquel que precise su obtención con motivo de una investigación. Al mismo tiempo será preciso que estas evidencias sean homologables en el Estado requirente para lo cual resulta fundamental que en el proceso de obtención, custodia y traslado se hayan observado todas las garantías requeridas para posibilitar su incorporación al proceso en curso.

(44) Acceso ilícito (art. 2) Interceptación ilícita (art. 3); Interferencia de datos (art. 4); Interferencia en el sistema (art. 5); Abuso de dispositivos (art. 6); Falsificación informática (art. 7); Fraude informático (art. 8) Delitos relacionados con la pornografía infantil (art. 9); Delitos relacionados con infracciones de la propiedad intelectual y derechos afines (art. 10); tentativa y complicidad (art. 11).

(45) Artículo publicado en la obra colectiva *Nuevas tecnologías y Derecho* de Juruá Editorial Europa, Vila Nova de Gaia, Porto (Portugal) 2019.

Con esta pretensión, asegurar que concurran todas las condiciones necesarias para permitir el acceso a los datos almacenados vinculados a los hechos objeto de investigación penal y, además, que estos datos, reúnan las condiciones necesarias para su validez y eficacia en el Estado parte en cuyo territorio se encuentran alojados posibilitando que puedan ser utilizados a nivel internacional en investigaciones abordadas por otros países Parte, se imponen en los arts. 16 a 21 la adopción de una serie de medidas relativas a:

— La conservación rápida de datos informáticos (art. 16).
— La conservación y revelación parcial rápida de los datos de tráfico de las comunicaciones (art. 17).
— La emisión de ordenes de presentación por parte de la autoridad competente para obtener la comunicación de determinados datos por parte de quien los tiene en su poder o bajo su control (art. 18).
— El registro y confiscación de datos informáticos almacenados (art. 19).
— La obtención en tiempo real (es decir a modo de vigilancia de la comunicación) de datos relativos al tráfico asociados a comunicaciones específicas trasmitidas en su territorio (art. 20).
— La capacidad de interceptar en tiempo real datos relativos al contenido en comunicaciones específicas relacionadas con delitos graves (art. 21).

Estas medidas, que han de ser obligatoriamente implementadas en las legislaciones internas de los Estados Parte, tienen una evidente dimensión internacional que, asimismo es objeto de tratamiento en el en el capítulo III de la Convención, en cuyo artículo 22 se establece como principio general la obligación de las Partes de cooperar entre sí en la mayor medida posible, exigiéndoles que se brinden recíprocamente una amplia cooperación que, como indica el informe explicativo del Convenio, ha de reducir *al mínimo los impedimentos a la circulación fluida y rápida de la información y las pruebas a nivel internacional.*

No obstante ello, y antes de adentrarnos en el análisis de las disposiciones del Convenio que regulan esta materia, debe precisarse, tal y como aclara el art. 23 del Convenio, que las mismas no reemplazan las disposiciones contenidas en los acuerdos internacionales suscritos en materia de asistencia jurídica mutua entre las Partes ni, tampoco, las disposiciones de cooperación internacional previstas en la normativa interna de cada Parte, sino que, por el contrario, su aplicación será subsidiaria, rigiendo como regla general, el obligado cumplimiento de las obligaciones contraídas en Tratados y Acuerdos Internacionales suscritos por los Estados y, en ausencia de acuerdos internacionales aplicables, de forma subsidiaria, la entrada en juego de sus previsiones (art. 39).

El análisis de las medidas establecidas en el convenio para la obtención de las pruebas electrónicas permite afirmar que en las mismas se ha tomado en consideración que la prueba electrónica puede ser obtenida a través de distintas fuentes, ya sea la interceptación en tiempo real de datos transmitidos a través de cualquier red de comunicación, acordada judicialmente; ya el acceso a dispositivos o equipos informáticos o dispositivos de almacenamiento masivo de la información vinculados a la comisión del delito —que a su vez pueden estar ubicados en el territorio del país en el que se desarrolla la investigación o en un tercer Estado— mediante su registro o incautación; ya sea su obtención mediante requerimiento a los proveedores de servicios que almacenan esta información en sistemas informatizados y que, como ya se ha dicho, normalmente son infraestructuras privadas que hacen circular los datos generados por la prestación del servicio de la información de que se trate entre redes y servidores sin sujeción a límites territoriales.

De entre estas medidas, tienen especial incidencia práctica las referidas a la conservación rápida o preservación de datos, las relativas a órdenes de producción o entrega de datos y las que se refieren al registro e incautación de dispositivos o sistemas y a ellas nos vamos a referir a continuación:

1. Conservación rápida de datos.

La conservación rápida o preservación de datos, se establece en el art. 16 del Convenio, y tiene por finalidad posibilitar que se puedan salvaguardar —detener en el tiempo, congelar— con gran rapidez las evidencias electrónicas vinculadas al delito investigado, conservándolas y manteniéndolas inalteradas en tanto se realizan los trámites judiciales oportunos para poder acceder a esa información y utilizarla, como prueba legalmente obtenida, en los procedimientos criminales.[46]

A los efectos de evitar la desaparición o la modificación de las evidencias en el curso de la investigación, el art. 16 del Convenio obliga a los Estados Parte a adoptar en su normativa interna las medidas legislativas y de otro tipo que resulten necesarias *para permitir a sus autoridades competentes ordenar*

(46) Conviene dejar claro que la preservación de datos es una medida distinta de la Conservación de datos a la que se ha hecho referencia en otro apartado de este trabajo, con la que presenta diferencias sustanciales, aunque ambas puedan responder a la misma finalidad.

o imponer de otra manera la conservación rápida de determinados datos electrónicos, incluidos los datos sobre el tráfico, almacenados por medio de un sistema informático, en particular cuando existan razones para creer que los datos informáticos resultan especialmente susceptibles de pérdida o de modificación.

La efectividad de la conservación rápida de datos informáticos almacenados, así establecida, se garantiza con la imposición a las Partes, en los apartados 2 y 3 del propio artículo, del deber de adoptar las medidas necesarias *para obligar* al receptor de la orden a *conservar y a proteger la integridad de dichos datos durante el tiempo necesario, hasta un máximo de noventa días, de manera que las autoridades competentes puedan conseguir su revelación,* y también las medidas legislativas y de otro tipo que resulten necesarias para imponer al encargado de la custodia de los datos un deber de sigilo, obligándolo a *mantener en secreto la aplicación de dichos procedimientos durante el plazo previsto en su derecho interno.*

Cuando esta medida tenga dimensión internacional, será de aplicación el art. 29 de la convención, según el cual cuando la información que se pretenda preservar se encuentre alojada en territorio de otro Estado Parte, la autoridad de la Parte que precisa la preservación podrá solicitar de la Parte en la que esta se ubica que ordene, o asegure de otra forma, la conservación rápida de datos almacenados *por medio de un sistema informático que se encuentre en su territorio, respecto de los cuales la Parte requirente tenga la intención de presentar una solicitud de asistencia mutua con vistas al registro o al acceso de forma similar, la confiscación o la obtención de forma similar, o la revelación de los datos.*

Según aclara el informe explicativo de la Convención, esta medida, a cuyo amparo una Parte puede solicitar de otra que extienda una orden concreta de preservación de datos, evitando de esta manera la desaparición de la prueba en tanto se tramita la petición de asistencia mutua internacional con los requisitos formales necesarios, es una *medida limitada y provisional, concebida para ser aplicada mucho más rápidamente que la ejecución de una solicitud tradicional de asistencia mutua* que tiene naturaleza mucho menos intrusiva que aquella.

En todo caso, tanto en su dimensión interna como en la internacional, la conservación rápida de datos tiene un carácter cautelar y no incide en los derechos fundamentales del afectado a la intimidad, secreto de las comunicaciones o protección de datos, dado que la información que se preserva a través de la misma no es entregada a la Parte requirente, sino que simplemente queda «congelada» en manos de quien la tiene en su poder o, en su caso, la controla, sin quedar sometida a posibles desapariciones o alteraciones ocasionadas voluntaria o involuntariamente en el período de tiempo que precisa la tramitación de la solicitud de auxilio internacional correspondiente. De forma que, si una vez formalizada la solicitud de auxilio internacional se deniega la solicitud de acceso a los datos preservados, y en todo caso una vez transcurrido el plazo legal sin la obtención de una resolución favorable, cesará el deber específico de conservación y serán de aplicación las normas de tramitación ordinarias.

En los apartados a) a f) del propio art 29 se recogen los requisitos formales que han de acompañar a la solicitud de acuerdo de preservación dirigida a otro Estado parte:

— La Autoridad requirente.
— El delito investigado o el procedimiento penal con un breve resumen de los hechos relacionados con el mismo.
— Determinación de los datos que deben conservarse y su relación con el delito investigado.
— Información disponible que permita identificar a la persona encargada de la custodia de los datos informáticos almacenados o la ubicación del sistema informático.
— Necesidad de conservación.
— Intención del requirente de solicitar asistencia mutua para el registro o acceso similar, la confiscación u obtención en forma similar o la revelación de datos informáticos almacenados.

La Parte requerida habrá de adoptar, a su vez, las medidas necesarias para la conservación rápida de los datos especificados de conformidad con su derecho interno, salvo que concurra alguno de los supuestos excepcionales previstos en el apartado 4 y 5 del propio artículo[47]. Una vez adoptada la

(47) 4. *Cuando una Parte exija la doble tipificación penal como condición para atender una solicitud de asistencia mutua para el registro o el acceso de forma similar, la confiscación o la obtención de forma similar o la revelación de datos almacenados, dicha Parte podrá reservarse, en relación con delitos distintos de los previstos con arreglo a los arts. 2 a 11 del presente Convenio , el derecho a denegar la solicitud de conservación en virtud del presente artículo en los casos en que tenga motivos para creer que la condición de la doble tipificación penal no podrá cumplirse en el momento de la revelación.*
5. *Asimismo, las solicitudes de conservación únicamente podrán denegarse si:*
a) *La solicitud hace referencia a un delito que la Parte requerida considera delito político o delito relacionado con un delito político;*
b) *la Parte requerida considera que la ejecución de la solicitud podría atentar contra su soberanía, seguridad, orden público u otros intereses esenciales.*

conservación rápida de datos informáticos almacenados a solicitud de otra Parte, ésta tendrá una duración mínima de sesenta días (plazo que el legislador, según aclara el informe explicativo de la Convención, ha considerado imprescindible para que *la Parte requirente pueda presentar una solicitud de registro o de acceso de forma similar, confiscación u obtención de forma similar, o de revelación de los datos*). El plazo así establecido dejará de correr una vez recibida la solicitud de asistencia mutua de la Parte requirente, pues, en este caso, los datos se seguirán conservando hasta que se adopte una decisión definitiva sobre la citada petición (29.7).

2. Órdenes de presentación de datos

Las órdenes de presentación de datos (órdenes de entrega) se regulan en el art. 18 de la Convención que insta a las Partes a adoptar las medidas legislativa y de otro tipo que se consideren necesarias para facultar a sus autoridades competentes a ordenar a una persona presente en su territorio la comunicación de determinados datos informáticos que obren en su poder, o estén bajo su control, o para ordenar a un proveedor de servicios que ofrezca sus servicios en su territorio a comunicar información que posea o esté bajo su control, si bien, en éste caso, esta obligación se restringe a los datos de abonado en conexión con los servicios que presten.

El propio informe explicativo de la Convención aclara que estas obligaciones se concretan a datos almacenados ya existentes. Por tanto, la comunicación de otros datos que todavía no se han generado —como lo serían los datos relativos al tráfico o los datos de contenido referidos a comunicaciones futuras— quedan extramuros de esta previsión normativa y su obtención habrá de efectuarse al amparo de otras medidas aplicables a estos supuestos también contempladas en la Convención. En el informe explicativo se destaca que con esta medida se evita también que los Estados se vean en la necesidad de aplicar sistemáticamente medidas coercitivas en relación con terceros, tales como el registro y la confiscación de datos, proporcionando medidas menos intrusivas para obtener información relevante para las investigaciones penales.

Se establecen en el artículo que se examina dos modalidades de órdenes de presentación claramente diferenciadas:

— Solicitud a cualquier persona o entidad radicada en el territorio de la Parte que precisa la información para que comunique determinados datos informáticos que posea o que se encuentren bajo su control, almacenados en un sistema informático o en un medio de almacenamiento de datos informáticos. (18.1 a).

— Solicitud efectuada a los proveedores de servicios que ofrezcan sus servicios en territorio del Estado parte requirente, exclusivamente referida a la obtención de datos de abonado (18.1 b).

Ambas son medidas de carácter interno —dirigidas a personas o entidades radicadas en el territorio del Estado emisor o a proveedores que prestan sus servicios en su territorio— pero tienen evidentes repercusiones transfronterizas puesto que la información requerida no tiene por qué estar almacenada necesariamente en territorio de la Parte que emite la solicitud.

Esta concreta circunstancia generó enconados debates en el seno del propio Comité de la Convención que fueron solventados con la publicación de una Nota Guía, el 1 de marzo de 2017, en la que se fijaron los criterios necesarios para la interpretación de este precepto[(48)] que pueden ser sintetizadas en los siguientes puntos:

— En primer lugar, que, tal y como señala el informe explicativo, la orden de entrega que se regula en este artículo solo es de aplicación a los datos almacenados, quedando excluidos los datos que se generen en tiempo real y a los que puedan generarse en un futuro.

— En segundo lugar, que la medida prevista en el apartado a) permite la emisión de solicitudes dirigidas a cualquier persona o entidad que se encuentre presente en el territorio del país requirente para la entrega de datos necesarios para la investigación que obren en su poder, o estén a su disposición, almacenados en un sistema informático o en un medio de almacenamiento de datos informáticos. Esta facultad puede ser ejercida con independencia de la categoría del dato requerido, es decir, ya sea de abonado, de tráfico o de contenido, bastando con que se trate de datos que se encuentren bajo el control de la persona o entidad requerida sin que sea necesario que estén en su poder.

— En lo que respecta a la facultad recogida en el apartado b), se ha de entender que la misma se refiere exclusivamente a órdenes de entrega dirigidas a los proveedores de servicios que operan dentro del territorio del Estado requirente, aunque no estén física o jurídicamente presentes en el mismo.

(48) https://rm.coe.int/16806f943e. La Nota, por falta de consenso, deja sin resolver cuestiones relevantes relativas a la obligatoriedad o no de notificar las órdenes de entrega al Estado donde radique el proveedor o la ejecutoriedad de la orden cuando el proveedor no está establecido en el territorio del Estado emisor.

Como expresamente establece el propio artículo, en estos supuestos solo será posible recabar datos de abonado[(49)], los cuales pueden estar físicamente en posesión del proveedor de servicios o bien encontrarse bajo su control, almacenados remotamente en servidores radicados en terceros Estados.

La Nota Guía no se pronuncia sobre otras cuestiones igualmente controvertidas, como las referidas a la necesidad, o no, de notificar al Estado donde radica el proveedor de la orden emitida o las relativas a la vinculación de un proveedor sometido a otra jurisdicción a la ejecución de una orden cuya imposición forzosa resulta más que dificultosa. Ambas cuestiones, como se verá más adelante, son objeto de tratamiento en el Segundo Protocolo Adicional recientemente publicado.

3. Registro y confiscación de datos almacenados.

Las medidas referidas a registro y confiscación de datos informáticos almacenados se establecen en el art. 19 y están dirigidas a conseguir que la obtención de evidencias electrónicas relacionadas con investigaciones o procedimientos se efectúe con la misma eficacia que las que se obtienen mediante el registro y confiscación de objetos tangibles[(50)]. Si bien, como premisa básica, considera que el registro y confiscación de dispositivos electrónicos para la obtención de evidencias que en ellos se aloja, por su singularidad, precisa de una regulación específica distinta de la establecida para el registro de un domicilio o establecimiento.

En los apartados 1 y 2 del artículo, se regulan los supuestos de registro, o acceso en forma similar, a un sistema informático, distinguiendo los supuestos en los que el registro se efectúa sobre en un sistema informático o parte del mismo que se encuentra a disposición del investigador (apartado 1) de aquellos otros en que los que los datos que se precisan para la investigación

(49) El apartado 3.º del propio artículo dispone lo que por «datos relativos a los abonados» se *entenderá toda información, en forma de datos informáticos o de cualquier otra forma, que posea un proveedor de servicios y esté relacionada con los abonados a dichos servicios, excluidos los datos sobre el tráfico o sobre el contenido, y que permita determinar*:
a) *El tipo de servicio de comunicaciones utilizado, las disposiciones técnicas adoptadas al respecto y el periodo de servicio.*
b) *La identidad, la dirección postal o geográfica y el número de teléfono del abonado, así como cualquier otro número de acceso o información sobre facturación y pago que se encuentre disponible sobre la base de un contrato o de un acuerdo de prestación de servicios.*
c) *Cualquier otra información relativa al lugar en que se encuentren los equipos de comunicaciones, disponible sobre la base de un contrato o de un acuerdo de servicios.*

(50) Apartado 184 del Informe explicativo de la CB.

del delito se encuentran almacenados en un sistema externalizado accesible desde un sistema o dispositivo a disposición de la Parte que realiza la investigación (apartado 2).

Al primero de los supuestos se refiere el art. 19.1 instando a las Partes a adoptar las medidas, ya sean legislativas o de otro tipo, que se estimen necesarias, para facultar a sus autoridades competentes a registrar o tener acceso de similar forma:

> *a) A un sistema informático o a una parte del mismo, así como a los datos informáticos almacenados en el mismo;*
>
> *b) A un medio de almacenamiento de datos informáticos en el que puedan almacenarse datos informáticos, en su territorio.*

El segundo se encuentra regulado en el art. 19.2 en base al cual las Partes deberán adoptar las medidas necesarias para asegurar el registro ampliado, facultando a las autoridades que procedan al registro o tengan acceso similar a un sistema informático para que, cuando tengan razones para creer que los datos que se buscan *están almacenados en otro sistema informático o en una parte del mismo situado en su territorio, y dichos datos sean lícitamente accesibles a través del sistema inicial o estén disponibles... puedan ampliar rápidamente el registro o la forma de acceso similar al otro sistema.*

Como puede observarse, la medida de registro ampliado prevista en el art. 19.2 de la Convención exige que el sistema informático, o parte aquel, a que se extiende el registro acordado por la Autoridad, se encuentre situado «en su territorio»[(51)] lo que, según aclara el informe explicativo de la Convención, es un recordatorio de que los artículos de esta sección *conciernen únicamente a medidas que han de adoptarse a nivel nacional.* Nada dice el Convenio acerca de la forma en que se ha de materializar la realización de las medidas referidas al registro o acceso al dispositivo, ni tampoco la de registro ampliado, por lo que el desarrollo de estas medidas dependerá de la regulación interna de cada Estado parte.

(51) En España tras la reforma de la LECR operada por LO 13/2015 el registro de dispositivos informáticos se ha regulado en sintonía con las disposiciones del legislador europeo en el capítulo XIX del Título VIII del Libro II de la LECrim (arts. 588 sexies a b y c). No obstante, en lo que concierne al registro ampliado, y a diferencia de lo establecido en el art. 19.2 de la CB, el apartado 3 del art. 588 sexies c) no requiere que el sistema al que se accede esté en el propio país que acuerda la medida. La omisión de esta mención, en cierta medida, conlleva la posibilidad de acceso transfronterizo a la información. Tema muy discutido y en el seno de la Convención de Budapest.

El apartado 3° del art. 19 insta a las partes a adoptar las medidas las medidas legislativas o de otro tipo que resulten necesarias para facultar a las autoridades competentes a confiscar u obtener de forma similar los datos informáticos a los que se haya tenido acceso en aplicación de lo dispuesto en los dos apartados anteriores. Según lo establecido estas medidas habrán de incluir las siguientes facultades:

a) Confiscar u obtener de una forma similar un sistema informático o una parte del mismo, o un medio de almacenamiento de datos informáticos;

b) realizar y conservar una copia de dichos datos informáticos;

c) preservar la integridad de los datos informáticos almacenados de que se trate;

d) hacer inaccesibles o suprimir dichos datos informáticos del sistema informático al que se ha tenido acceso.

En relación con estas facultades, no ha de olvidarse que las previsiones establecidas en estos preceptos recaen sobre datos intangibles. Por esta razón se requiere a las Partes a adoptar medidas adicionales dirigidas a su salvaguarda —preservación de su integridad y cadena de custodia— asegurando de esta forma que estos datos son conservados en el mismo estado en que fueron incautados.

Por último, el apartado 4° del propio artículo se refiere a la posibilidad de recabar la colaboración de administradores o responsables de los sistemas informáticos para la realización del registro. A este fin, insta a las Partes a que adopten las medidas necesarias para facultar a sus autoridades competentes a ordenar a cualquier persona que conozca el funcionamiento del sistema informático o las medidas aplicadas para proteger los datos contenidos en el mismo a que facilite toda la información necesaria, dentro de lo razonable, para permitir la aplicación efectiva de las medidas previstas en los apartados 1 y 2 del art. 19.

Para los supuestos de carácter transfronterizo, en el art. 31, Título 2° de la Sección 2ª del capítulo III de la Convención se prevé a adopción de la medida de asistencia mutua para la ejecución del registro, confiscación o revelación de información de datos almacenados en un sistema informático de otro Estado Parte, incluidos los datos preservados en aplicación de lo establecido en el art. 29.

Según lo previsto en este artículo, *una Parte <u>podrá solicitar</u> a otra Parte que registre o acceda de forma similar, confisque u obtenga de forma similar* *y revele datos almacenados por medio de un sistema informático situado en el territorio de la Parte requerida, incluidos los datos conservados en aplicación del artículo 29.*

En los apartados 2° y 3° del art. 31 se establece que en estos casos la Parte requerida debe responder aplicando los instrumentos internacionales aplicables a la cooperación internacional en materia penal, los acuerdos basados en legislación uniforme o recíproca y de conformidad con otras disposiciones aplicables en éste capítulo, haciéndolo lo antes posible si existen razones para creer que los datos contenidos están especialmente expuestos al riesgo de pérdida o modificación o, cuando, los instrumentos internacionales aplicables prevean la cooperación rápida entre las Partes.

5.3. Medidas para facilitar la obtención transfronteriza de la prueba electrónica

En el mismo capítulo III se establecen otras medidas que igualmente están destinadas a agilizar la obtención transfronteriza de evidencias electrónicas, entre la que cabe destacar la previsión efectuada en el apartado 3° del artículo 25 de la posibilidad de que en los supuestos de urgencia se proceda a la transmisión de las solicitudes de asistencia, o comunicaciones relacionadas con las mismas, por medios rápidos de comunicación, incluidos el fax y los correos electrónicos, siempre y cuando ofrezcan niveles adecuados de seguridad y autenticación y con confirmación oficial *a posteriori* si así lo exige la parte requerida. En el apartado 5° del propio art. 25, se dispone que en los casos en que la asistencia mutua se encuentre condicionada a la existencia de una doble tipificación, este requisito se dará por cumplido cuando la conducta investigada también sea delito en el derecho interno de la Parte requerida con independencia de que lo incluya en otra categoría de delitos o lo denomine con otra terminología.

También es de destacar la regulación en el artículo 26 de la medida de transmisión espontánea a otra Parte de información obtenida en el marco de investigaciones propias cuando la Parte que efectúa la comunicación considere que la revelación de dicha información puede ayudar a la Parte receptora a iniciar o llevar a cabo investigaciones o procedimientos relativas a delitos previstos en el Convenio o a la emisión de una petición de cooperación de dicha Parte.

En el marco de la necesaria cooperación para agilización de los procedimientos tiene especial importancia el establecimiento en el art. 35 de una

Red 24/7, integrada por puntos de contacto de todas las Partes, con la finalidad de facilitar y asegurar la ayuda inmediata para el éxito de las investigaciones informáticas. La labor de los puntos de contactos que conforman la red conllevará el asesoramiento técnico, la conservación rápida de datos, la obtención de pruebas, el suministro de información jurídica y la localización de sospechosos, en lo que se refiere a la utilización de la Red 24/7 para la obtención de datos relacionados con investigaciones penales concretas, es de reseñar, que se encuentra expresamente regulada en el Segundo protocolo de la Convención de Budapest.

El art. 27 establece los procedimientos a seguir para la tramitación de las solicitudes de asistencia mutua en ausencia de acuerdos internacionales aplicables.[52] De entre sus disposiciones cabe destacar la disposición recogida en el apartado 9.a. que permite que en casos de urgencia las autoridades puedan enviarse directamente las solicitudes de asistencia o las comunicaciones al respecto, remitiendo simultáneamente copia a la Autoridad Central de la Parte a través de la Autoridad Central de la Parte requirente. Según lo

(52) Artículo 27. Procedimientos relativos a las solicitudes de asistencia mutua en ausencia de acuerdos internacionales aplicables.

1. Cuando entre las Partes requirente y requerida no se encuentre vigente un tratado de asistencia mutua o un acuerdo basado en legislación uniforme o recíproca, serán de aplicación las disposiciones de los apartados 2 a 10 del presente artículo. Las disposiciones del presente artículo no serán de aplicación cuando exista un tratado, acuerdo o legislación de este tipo, salvo que las Partes interesadas convengan en aplicar en su lugar la totalidad o una parte del resto del presente artículo.

2.a) Cada Parte designará una o varias autoridades centrales encargadas de enviar solicitudes de asistencia mutua y de dar respuesta a las mismas, de su ejecución y de su remisión a las autoridades competentes para su ejecución.

b) Las autoridades centrales se comunicarán directamente entre sí.

c) En el momento de la firma o del depósito de su instrumento de ratificación, aceptación, aprobación o adhesión, cada Parte comunicará al Secretario General del Consejo de Europa los nombres y direcciones de las autoridades designadas en cumplimiento del presente apartado.

d) El Secretario General del Consejo de Europa creará y mantendrá actualizado un registro de las autoridades centrales designadas por las Partes. Cada Parte garantizará en todo momento la exactitud de los datos que figuren en el registro.

3. Las solicitudes de asistencia mutua en virtud del presente artículo se ejecutarán de conformidad con los procedimientos especificados por la Parte requirente, salvo que sean incompatibles con la legislación de la Parte requerida.

4. Además de las condiciones o de los motivos de denegación contemplados en el apartado 4 del artículo 25, la Parte requerida podrá denegar la asistencia si:

a) La solicitud se refiere a un delito que la Parte requerida considera delito político o delito vinculado a un delito político;

b) la Parte requerida considera que la ejecución de la solicitud podría atentar contra su soberanía, seguridad, orden público u otros intereses esenciales.

5. La Parte requerida podrá posponer su actuación en respuesta a una solicitud cuando dicha actuación pudiera causar perjuicios a investigaciones o procedimientos llevados a cabo por sus autoridades.

establecido en el apartado 9.b. cualquier solicitud o comunicación en virtud de este apartado podrá efectuarse a través de la Organización Internacional de Policía Criminal (INTERPOL).

Por su complejidad, las disposiciones recogidas en el art. 32, relativas a los supuestos de acceso transfronterizo a datos sin necesidad de asistencia mutua y sin la autorización de la Parte donde se aloje, requieren un análisis específico, pues su interpretación y aplicación ha sido objeto de importantes controversias en el seno del T-CY.

5.4. El art. 32 de la Convención de Budapest sobre acceso transfronterizo a datos almacenados, con consentimiento o cuando estén a disposición del público

Según lo establecido en este artículo una Parte podrá, sin autorización de otra Parte:

6. Antes de denegar o posponer la asistencia, la Parte requerida estudiará, previa consulta cuando proceda con la Parte requirente, si puede atenderse la solicitud parcialmente o con sujeción a las condiciones que considere necesarias.
7. La Parte requerida informará sin demora a la Parte requirente del resultado de la ejecución de una solicitud de asistencia. Deberá motivarse cualquier denegación o aplazamiento de la asistencia solicitada. La Parte requerida informará también a la Parte requirente de cualquier motivo que haga imposible la ejecución de la solicitud o que pueda retrasarla de forma significativa.
8. La Parte requirente podrá solicitar a la Parte requerida que preserve la confidencialidad de la presentación de una solicitud en virtud del presente capítulo y del objeto de la misma, salvo en la medida necesaria para su ejecución. Si la Parte requerida no puede cumplir esta petición de confidencialidad, lo comunicará inmediatamente a la Parte requirente, que determinará entonces si pese a ello debe procederse a la ejecución de la solicitud.
9.a) En casos de urgencia, las solicitudes de asistencia mutua o las comunicaciones al respecto podrán ser enviadas directamente por las autoridades judiciales de la Parte requirente a las autoridades correspondientes de la Parte requerida. En tal caso, se enviará al mismo tiempo copia a la autoridad central de la Parte requerida a través de la autoridad central de la Parte requirente.
b) Cualquier solicitud o comunicación en virtud de este apartado podrá efectuarse a través de la Organización Internacional de Policía Criminal (INTERPOL).
c) Cuando se presente una solicitud en aplicación de la letra a) del presente artículo y la autoridad no sea competente para tramitarla, remitirá la solicitud a la autoridad nacional competente e informará directamente a la Parte requirente de dicha remisión.
d) Las solicitudes y comunicaciones efectuadas en virtud del presente apartado que no impliquen medidas coercitivas podrán ser remitidas directamente por las autoridades competentes de la Parte requirente a las autoridades competentes de la Parte requerida.
e) En el momento de la firma o el depósito de su instrumento de ratificación, aceptación, aprobación o adhesión, cada Parte podrá informar al Secretario General del Consejo de Europa de que, por razones de eficacia, las solicitudes formuladas en virtud del presente apartado deberán dirigirse a su autoridad central.

a) Tener acceso a datos informáticos almacenados que se encuentren a disposición del público (fuente abierta), con independencia de la ubicación geográfica de dichos datos; o

b) tener acceso o recibir, a través de un sistema informático situado en su territorio, datos informáticos almacenados situados en otra Parte*, si la Parte obtiene el consentimiento lícito y voluntario de la persona legalmente autorizada para revelar los datos a la Parte por medio de ese sistema informático.*

Como puede apreciarse, ambas son medidas que suponen el acceso transfronterizo a datos, pero cada una de ellas tiene un alcance muy diferente. Así como la aplicación de la medida prevista en el apartado a) no plantea ningún problema porque, al referirse al acceso a información que se encuentra alojada en fuentes abiertas a disposición de cualquiera, y por tanto también de las autoridades responsables de la investigación criminal en el ejercicio legítimo de sus funciones, hay consenso generalizado en la consideración de que el acceso a dicha información es perfectamente legítimo sea cual sea el lugar físico donde en definitiva se encuentren alojados los datos.

La situación es muy distinta en lo que se refiere a la previsión contenida en el apartado b), referido al acceso o recepción a través de un sistema informático de datos almacenados en otra Parte pues al entender de un significativo número de Estados Parte esta facultad implica una injerencia injustificada en la soberanía la Parte en cuyo territorio se encuentren alojados los datos concernidos.

Ante la falta de acuerdo en el T-CY sobre la interpretación de este apartado y su consiguiente aplicación a supuestos concretos, se decidió constituir un grupo de trabajo ad-hoc al que, partiendo de la premisa de que la disposición prevista en este apartado no resuelve todos los supuestos de acceso transfronterizo a la evidencia, se le encomendó buscar soluciones consensuadas en torno a siguientes cuestiones:

— El alcance del apartado b) del artículo 32 de la Convención de Budapest.

— El empleo de medidas de investigación transfronterizas en Internet.

— Los retos que se plantean en las investigaciones transfronterizas por razón del derecho internacional aplicable y la soberanía de los Estados.

El grupo de trabajo ad-hoc elaboró un informe, que fue aprobado por el Comité en diciembre de 2013,[(53)] en el que se efectuaban las siguientes propuestas sobre los temas sometidos a su consideración:

— Necesidad de un uso más eficaz de las normas de cooperación internacional de la propia Convención.
— Conveniencia de publicar una Nota Guía sobre la interpretación del artículo 32 de la Convención, cuyo borrador se adjuntaba al informe.
— Posible elaboración de un Protocolo adicional a la Convención sobre el acceso transfronterizo a la evidencia.

En diciembre de 2014 el T-CY aprobó la Nota Guía del art. 32[(54)] a través de la cual se intenta dar respuesta a la primera de las cuestiones planteadas, fijando el alcance del apartado b) de dicho artículo mediante la delimitación del concepto «*acceso fronterizo*» considerando que ha de entenderse por tal «*acceder de forma unilateral a los datos almacenados en otra parte sin solicitar asistencia mutua*». Según lo establecido en la Nota Guía, solo encajan en tal concepto los supuestos en los que el lugar donde se encuentran alojados los datos es conocido, quedando fuera del mismo otras situaciones tales como las que se plantean cuando los datos se encuentran almacenados en el propio Estado o cuando se desconoce su ubicación respecto de las cuales habría que estar a la legislación interna de cada Estado para determinar la legitimidad de la búsqueda o acceso.

La Nota considera que son dos los supuestos en los que, en aplicación de este apartado, cabe el acceso transfronterizo sin necesidad de asistencia legal mutua ni de notificación al Estado parte en cuyo territorio se encuentran alojados los datos[(55)]:

a) Supuestos en los que los datos se encuentran almacenados en otro país, por decisión propia del titular o del proveedor de servicios, en los que el titular *por voluntad propia cede o permite el acceso a la información* a las autoridades competentes.
b) Supuestos en los que el investigado de forma voluntaria otorga expresamente el consentimiento para que la policía u órganos de inves-

(53) https://rm.coe.int/CoERMPublicCommonSearchServices/DisplayDCTMContent?documentId=09000016802e79b
(54) https://rm.coe.int/CoERMPublicCommonSearchServices/DisplayDCTMContent?documentId=09000016802e726a
(55) No es precisa la notificación a la parte donde se alojan los datos pero tampoco se excluye la posibilidad de hacerla.

tigación accedan a sus datos con independencia del lugar donde se encuentren alojados.

Se considera que quien tiene autoridad legal sobre los datos es la persona que debe prestar el consentimiento(56), bien cediéndolos bien permitiendo el acceso de las Autoridades competentes, cuando los datos que se persiguen se encuentren almacenados en un tercer país, ya sea por propia voluntad del titular ya sea por decisión del Proveedor de servicios. En principio, se rechaza que los proveedores de Servicios puedan expresar su consentimiento para el acceso a los datos de sus usuarios de forma válida y voluntaria, pues, por lo general, se limitan a conservar datos de los que no son dueños.

Por último, se aclara que para la aplicación de este artículo es preciso que la legislación interna del país que accede al dato admita a su vez el acceso o revelación de datos informáticos almacenados en su propio territorio a través de un sistema informático, pues, en caso contrario, no estaría permitido el acceso transfronterizo al dato.

La presentación de esta Nota guía, se acompañó con la reafirmación del Grupo de trabajo sobre la existencia de otros supuestos de acceso transfronterizo a la evidencia que no quedan resueltos en el art. 32, tales como las situaciones en las que no existe consentimiento del titular pero la Autoridad Judicial acuerda el acceso a los datos, o aquellas en las que se desconoce la ubicación de los datos o estos se encuentran deslocalizados.

La necesidad de buscar soluciones a estos y otros problemas que surgen con ocasión del acceso transfronterizo a la evidencia dio lugar a la creación de un nuevo grupo de trabajo, el denominado «Cloud Evidence Group» (CEG) que en noviembre de 2016(57) presentó un informe al TCY en el que, además de avalar la interpretación del art. 32 efectuada en la Nota Guía, señalaba la necesidad de resolver otras muchas cuestiones suscitadas para el acceso transfronterizo a los datos, tales como las que se plantean cuando se desconoce dónde se encuentran alojados los datos o cuando estos se encuentran deslocalizados —pudiendo estar duplicados en distintos servidores de otras tantas jurisdicciones o fraccionados o moverse de una a otra jurisdicción— o aquellos en los que el proveedor se ve sometido a diversas juris-

(56) En aplicación de la legislación aplicable en cada caso, pudiendo tratarse de personas físicas o jurídicas.

(57) https://rm.coe.int/CoERMPublicCommonSearchServices/DisplayDCTMContent?documentId=09000016806a495e

dicciones porque su sede, infraestructuras, o los servidores donde almacena los datos se encuentran en territorio de distintos Estados.

Se trata de situaciones complejas que, en el marco de un estricto cumplimiento de las condiciones y garantías necesarias y de los requisitos exigidos por la normativa de protección de datos, requieren la adopción de soluciones armonizadas que por un lado permitan superar las fragmentación de las soluciones aportadas por las regulaciones internas de los Estados proporcionando seguridad jurídica a las acciones que impliquen o puedan implicar el acceso transfronterizo a los datos y por otro supongan el establecimiento de procedimientos de asistencia judicial recíproca más eficaz y de sistemas que fomenten la cooperación directa con proveedores de servicios de otras jurisdicciones.

En su informe, el Cloud Evidence Group recomendaba la preparación de un Segundo Protocolo adicional a la Convención. Esta propuesta fue aprobada por el T-CY que, con esta finalidad, extendió las competencias del grupo de trabajo a la elaboración de un borrador del nuevo protocolo, dando inicio con ello a un proceso que culminó recientemente con la adopción de Segundo protocolo Adicional por el Comité de Ministros del Consejo de Europa el 17 de noviembre de 2021, abierto a la firma el 12 de mayo de 2022 en la sede del Consejo de Europa en Estrasburgo (Francia).

6. EL SEGUNDO PROTOCOLO ADICIONAL

En línea con las iniciativas adoptadas por la Unión Europea en el paquete e-Evidence —Reglamento y Directiva— al que se ha hecho referencia con anterioridad a propósito de la normativa emanada de la Unión Europea, el Segundo Protocolo adicional también tiene por objetivo reforzar y mejorar la cooperación internacional en la obtención de evidencias electrónicas alojadas en el extranjero. Este objetivo queda claramente expresado en el Preámbulo del nuevo Protocolo en el que, tras poner de relieve la realidad en la que se desarrollan las actuales investigaciones, en las que las *pruebas de cualquier delito penal se almacenan cada vez más en forma electrónica en sistemas informáticos de jurisdicciones extranjeras, múltiples o desconocidas,* se concluye que para responder a este fenómeno resultan necesarias *medidas adicionales para obtener legalmente dichas pruebas a fin de permitir una respuesta eficaz de la justicia penal y defender el Estado de Derecho* siendo precisa también *una mayor y más eficaz cooperación entre los Estados y el sector privado* y una *mayor claridad o seguridad jurídica para los proveedores de servicios y otras entidades en relación con las circunstancias en que pueden responder a las solicitudes directas de las autoridades de justicia penal de otras Partes para la divulgación de datos electrónicos.*

Con este propósito, el Segundo Protocolo dispone una serie de medidas o instrumentos adicionales, para reforzar la cooperación en las investigaciones y procedimientos penales específicos sobre delitos relacionados con sistemas y datos informáticos, o sobre cualquier delito que requiera la obtención de pruebas en forma electrónica, que presenten una dimensión internacional, a través de las cuales se establecen mecanismos simplificados de obtención de las evidencias generadas y almacenadas en otros países, en el marco de los principios informadores de los ordenamientos jurídicos nacionales y reuniendo las condiciones de autenticidad e integridad que garanticen su validez como medio de prueba en otros países.

Partiendo de las constatadas dificultades para la obtención de evidencias electrónicas alojadas en terceros países en el curso de las investigaciones penales, se prevén dos líneas de actuación: la primera de ellas dirigida a *mejorar la cooperación y la capacidad de las autoridades de justicia penal para obtener pruebas electrónicas,* la segunda destinada a mejorar la cooperación *entre las Partes y los proveedores de servicios y otras entidades, y para obtener la divulgación de pruebas electrónicas con el fin de investigaciones o procedimientos penales específicos*[(58)].

a) Procedimientos para mejorar la cooperación internacional entre autoridades para la divulgación de datos informáticos almacenados.

Las medidas que responden a esta finalidad se desarrollan en los arts. 8 y 9, ubicados en la sección 3ª del Protocolo, y en el art. 10 que integra la sección 4:

— El art. 8 establece un mecanismo para la obtención más rápida de datos de información del suscriptor o datos de tráfico de un proveedor de servicios que se encuentre en el territorio de otra Parte, que viene a complementar las disposiciones de asistencia mutua ya contempladas en el texto original del Convenio o en los acuerdos multilaterales o bilaterales alcanzados por las Partes.

(58) Informe explicativo adicional.

Para ello, el precepto insta a las partes a la adopción de las medidas necesarias para facultar a sus autoridades competentes[59] a la emisión de una orden de obtención de datos (orden de producción) que se presentará a la autoridad competente de la Parte requerida para que ésta, a su vez, pueda obligar a un proveedor de servicios radicado en su territorio a la entrega de datos de abonado o tráfico que tenga almacenados o a su disposición.

Son supuestos en los que el *proveedor de servicios ha de estar físicamente radicado en territorio de la Parte requerida*[60] y para cuyo cumplimiento, conforme a lo dispuesto en el apartado 2 del propio artículo, se impone a las partes la obligación de adoptar las medidas legislativas o de otra índole que sean necesarias para dar efecto a las órdenes de esta naturaleza presentadas en su territorio, de forma que, cuando la Parte requirente opte por este procedimiento la Parte requerida ha de estar facultada por su legislación interna para obligar al proveedor de servicios concernido a proporcionar los datos de abonado o de tráfico que se solicitan.

La orden, así emitida, deberá reunir unos requisitos formales que se regulan en el art. 8.3 a.[61] y deberá acompañarse de la información de apoyo necesaria para que la Parte requerida pueda hacer efectiva la orden. Esta información, en principio, será para *uso exclusivo de la Parte requerida* y no podrá ser compartida con el proveedor de servicios sin el consentimiento de la Parte requirente. Según lo dispuesto en el apartado 3.b., entre otros aspectos la información de apoyo deberá especificar los motivos jurídicos que, conforme a su legislación interna, facultan a la autoridad a emitir la orden, las disposiciones legales referidas al delito perseguido y las penas señaladas, los motivos que tiene para creer que la información está en poder o bajo el control del proveedor de servicios, un resumen de hechos y la pertinencia

(59) A tenor de lo establecido en el párrafo 2.b. del Artículo 3, *por «autoridad competente» se entenderá una autoridad judicial, administrativa u otra autoridad encargada de hacer cumplir la ley que esté facultada por la legislación nacional para ordenar, autorizar o llevar a cabo la ejecución de medidas en virtud del presente Protocolo con el fin de recopilación o producción de pruebas con respecto a investigaciones o procedimientos penales específicos.*

(60) Cualquier duda que pudiera surgir al respecto queda aclarada en el propio informe explicativo del documento.

(61) La orden deberá especificar:
I. la autoridad emisora y la fecha de emisión;
II. una declaración de que la orden se presenta en virtud del presente Protocolo;
III. el nombre y la dirección del proveedor o proveedores de servicios que deben ser notificados;
IV. el delito o delitos que son objeto de la investigación o procedimiento penal;
V. la autoridad que solicita la información o los datos, si no es la autoridad emisora, y
VI. una descripción detallada de la información o los datos concretos solicitados

de la información requerida para la investigación. El art. 8.4. prevé la posibilidad de que la Parte requerida declare en el momento de la firma que requiere información justificativa adicional para dar efecto a las órdenes previstas en este artículo.

A partir de la fecha de recepción de la orden que reúna los requisitos formales previstos en el art. 8.3.a. y vaya acompañada con la información de apoyo y, en su caso, la información justificativa adicional, la Parte requerida deberá hacer esfuerzos razonables para notificar al proveedor de servicios en un plazo de 45 días, si no antes, y ordenará la devolución de la producción a más tardar en 20 días para la información de los abonados, y 45 días para los datos de tráfico (art. 8.6).

El art. 8.8 contempla la posibilidad de que la Parte requerida se niegue a dar cumplimiento a la solicitud por concurrir las causas previstas en el art 25.4 y 27.4[(62)] del Convenio o de pueda imponer condiciones para dar cumplimiento a la solicitud. Sin embargo, esta cláusula ha de interpretarse en forma restrictiva, pues, como se señala expresamente en el apartado 142 del informe explicativo del Protocolo[(63)] *a fin de promover el principio de brindar la más amplia cooperación los motivos de denegación establecidos por una Parte requerida deben ser limitados y ejercitados con moderación.*

— Por su parte los arts. 9 y 10 del Segundo Protocolo se refieren a medidas destinadas a agilizar la entrega de datos en supuestos de emergencia. Tales situaciones aparecen definidas en el art. 3.2.c. del propio Protocolo que entiende por tales aquellas *en la que existe un riesgo significativo e inminente para la vida o la seguridad de cualquier persona física*[(64)]. En caso de concurrir esta situación se establecen dos procedimientos para la divulgación acelerada de la información que, si bien complementan el uso de otras medidas de cooperación internacional ya previstas, presentan la innovación, según señala el informe explicativo, de que en la regulación establecida en estos nuevos artículos se obliga a todas las Partes a proporcionar unos canales

(62) Sujeción a las condiciones previstas en el derecho interno de la Parte requerida o en los tratados de asistencia mutua aplicables, incluidos los motivos por los que la Parte requerida puede denegar la cooperación (25.4), solicitud referida a un delito que la Parte requerida considera delito político o delito vinculado a un delito político o cuya ejecución considera que podría atentar contra su soberanía, seguridad, orden público u otros intereses esenciales (art. 27.4).

(63) https://search.coe.int/cm/pages/result_details.aspx?objectid=0900001680a48e4b

(64) Una situación que, como pone de manifiesto el informe explicativo del Protocolo en su apartado 172, es mucho más restringida que los supuestos de urgencia a que se refiere el art. 25.3 de la Convención.

específicos para una cooperación rápida y acelerada en situaciones de emergencia.

— Art. 9. Establece una medida para la divulgación rápida de datos informáticos almacenados por proveedores de servicio ubicados en el territorio de otra Parte, a través de la Red 24/7 prevista en el art 35 del Convenio. Conforme a lo dispuesto en ese artículo cada Parte ha de adoptar las medidas legislativas y de otra índole que resulten necesarias para que su punto de contacto en la Red 24/7, *pueda en caso de emergencia, transmitir una solicitud a un Punto de Contacto de otra Parte y recibir una solicitud de éste en la que se pida asistencia inmediata para obtener de un proveedor de servicios en el territorio de esa Parte la divulgación acelerada de determinados datos informáticos almacenados que estén en posesión o bajo el control de ese proveedor de servicios, sin necesidad de una solicitud de asistencia mutua.* Esta medida será de aplicación siempre y cuando se trate de casos de emergencia surgidos en el curso de una investigación o proceso penal específico[(65)].

Esta norma, conforme a la cual el Punto de Contacto de un Estado parte puede transmitir una solicitud de entrega de información al punto de contacto de otro Estado parte o, a la inversa, puede ser receptor de una solicitud de asistencia inmediata para obtener de un proveedor de servicios radicado en su territorio la divulgación rápida de determinados datos que tenga almacenados o bajo su control, se apoya en la estimación de que la Red 24/7 es una herramienta especialmente apta para la consecución de este objetivo, ello en la medida en que posibilita una comunicación rápida que, a tenor de lo dispuesto en el apartado 4, puede hacerse por correo electrónico e incluso verbalmente solicitando confirmación electrónica, sin verse sometida a los retrasos que genera la necesidad de traducir la solicitud[(66)].

(65) Según lo dispuesto en el art. 2 del Protocolo conforme al cual: Salvo que se especifique lo contrario en el presente Protocolo, *las medidas descritas en el presente Protocolo se aplicarán*:
a. *Entre las Partes en el Convenio que sean Partes en el presente Protocolo, a las investigaciones o procedimientos penales específicos relativos a los delitos relacionados con sistemas y datos informáticos, y a la obtención de pruebas en forma electrónica de un delito penal, y*
b. *En lo que respecta a las Partes en el Primer Protocolo que sean Partes en el presente Protocolo, a investigaciones o procedimientos penales específicos relativos a delitos penales tipificados con arreglo al Primer Protocolo.*

(66) Ello sin perjuicio de que, conforme a la previsión establecida en el apartad 5 del propio art. 9, el Estado parte pueda exigir en el instrumento de ratificación o aprobación que, tras la ejecución de la orden, el Estado requirente documente formalmente la solicitud, remitiéndola junto con la documentación de apoyo en un formato específico y por el conducto que se indique.

El mecanismo previsto en este artículo será aplicable en situaciones de emergencia, tanto para la obtención de datos de abonado como de datos de tráfico o de contenido. En el apartado 3 del artículo 9 se establecen los requisitos formales que habrá de reunir la medida[(67)], pudiendo declarar el Estado Parte, al depositar el instrumento de ratificación o aprobación, que no dará cumplimiento a estas solicitudes cuando solo se pretenda la divulgación de datos de abonado (art. 9.4), una previsión que, según aclara el informe explicativo, encuentra su razón de ser en la necesidad de no sobrecargar a los puntos de contacto con requerimientos que pueden ser cumplimentados por otras vías, tales como la prevista en el art. 7 —a la que haremos referencia a continuación al analizar las medidas de cooperación con los proveedores de servicio— o en el art. 8 anteriormente analizado.

En cualquier caso, ha de aclararse que la medida prevista en este artículo no implica necesariamente que el punto de contacto requerido haya de proporcionar los datos requeridos a través de la solicitud. Ciertamente, en algunos casos, en atención al tipo de dato de que se trate, el punto de contacto estará en condiciones de requerir directamente al proveedor de servicios la conservación o la entrega de la información, pero en otros supuestos habrá de solicitar la asistencia de la autoridad competente conforme a su legislación interna. En determinadas situaciones la labor del punto de contacto se limitará al asesoramiento al Estado requirente respecto de los proveedores de servicios afectado y de la legislación interna sobre obtención de pruebas lo que, sin duda alguna, contribuirá en gran medida a agilizar la cumplimentación de la orden.

— Art. 10: en él se establece otro procedimiento de asistencia mutua en caso de emergencia que, al igual que el previsto en el art. 9, tiene por objeto *proporcionar un procedimiento rápido y expedito para las solicitudes de asistencia mutua realizadas en situaciones de emergencia*[(68)]. En referencia a las

(67) La solicitud en virtud del párrafo 1 deberá especificar:
a. la autoridad competente que solicita los datos y la fecha en que se emitió la solicitud;
b. una declaración de que la solicitud se emite en virtud del presente Protocolo;
c. el nombre y la dirección del proveedor o proveedores de servicios en posesión o control de los datos solicitados;
d. el delito o delitos objeto de la investigación o procedimiento penal y una referencia a sus disposiciones jurídicas y a las penas aplicables;
e. hechos suficientes que demuestren que existe una emergencia y cómo los datos buscados se relacionan con ella;
f. una descripción detallada de los datos solicitados;
g. cualquier instrucción especial de procedimiento, y
h. cualquier otra información que pueda ayudar a obtener la divulgación de los datos solicitados.

(68) Informe explicativo al Segundo Protocolo Adicional.

dudas que puede plantear su similitud con el art. 25.3 de la Convención, al que anteriormente nos hemos referido, se aclara en el informe explicativo que se diferencia del mismo[69]en que éste último tiene un contenido más amplio, que permite solicitudes de asistencia en circunstancias urgentes que no alcanzan los niveles de emergencia a que se refiere el art. 3.2.c., como sería el caso (señalado en el propio informe explicativo a título de ejemplo) de los *riesgos continuos pero no inminentes para la vida o la seguridad de las personas, destrucción potencial de evidencia que puede resultar de la demora, una fecha de juicio que se acerca rápidamente u otro tipo de urgencias*. El mecanismo previsto en el artículo 10 consiste en la emisión de una solicitud de asistencia aún más rápida y expedita en casos de peligro o inminente para la vida o la seguridad de las personas, que habrá de acompañarse de una descripción de los hechos, acreditativa de la situación de emergencia y de la forma en que la asistencia solicitada se relaciona con dicha situación.

El requerimiento puede ser efectuado en formato electrónico sin perjuicio de la posibilidad, prevista en el propio artículo 10, de que se exijan niveles adecuados de seguridad y autenticación antes de su aceptación y de que la Parte requerida solicite de forma rápida y expedita información complementaria para evaluar la solicitud que, asimismo, deberá ser proporcionada de forma rápida y expedita por la Parte solicitante. Se prevé en el apartado 6 que las autoridades responsables de la asistencia mutua de la Parte requirente y las de la Parte requerida, podrán acordar que el resultado de la ejecución se remita por un canal alternativo distinto del utilizado para enviar la solicitud lo que, entre otras razones, puede obedecer a la finalidad *de acelerar la transmisión o mantener la integridad de la evidencia*[70].

El apartado 5 del artículo 9 obliga a las partes a asegurar su disponibilidad 24 horas al día, siete días de la semana, para dar respuesta a las solicitudes que se efectúen por esta vía, lo que se justifica en el informe explicativo en la necesidad de establecer procedimientos que garanticen la *posibilidad de contactar con el personal para revisar las solicitudes de emergencia fuera del horario comercial normal.*

(69) Dispone este apartado que, *en casos de urgencia, cada Parte podrá transmitir solicitudes de asistencia o comunicaciones relacionadas con las mismas por medios rápidos de comunicación, incluidos el fax y el correo electrónico, en la medida en que dichos medios ofrezcan niveles adecuados de seguridad y autenticación (incluido el cifrado, en caso necesario), con confirmación oficial posterior si la Parte requerida lo exige. La Parte requerida aceptará la solicitud y dará respuesta a la misma por cualquiera de estos medios rápidos de comunicación.*

(70) Informe explicativo al Segundo Protocolo Adicional.

b) Procedimientos para mejorar la cooperación directa con proveedores y entidades de otras Partes.

Las medidas que responden a este objetivo se recogen en los Art. 6 y 7 del Segundo Protocolo, y a través de ellas, se pretende facultar a las Autoridades competentes de una Parte para poder dirigirse directamente a un proveedor de servicios o entidad privada que se encuentre en territorio de otra Parte recabando del mismo información almacenada básica, que puede incidir en la intimidad o la privacidad, pero no en otros derechos fundamentales de mayor nivel, que esté en su poder o bajo se control

— Art. 6. El mismo dispone que cada Parte deberá adoptar las medidas legislativas y de otra índole necesarias para facultar a sus autoridades competentes a *emitir* en el transcurso de investigaciones o procedimientos penales específicos *una solicitud a una entidad que preste servicios de nombres de dominio en el territorio de otra Parte para obtener la información que esté en posesión o bajo el control de la entidad, con el fin de identificar o ponerse en contacto con el titular de un nombre de dominio*(71) asimismo, en el art. 6.2, se obliga a cada Parte a adoptar las medidas legislativas y de otra índole que sean *necesarias para permitir que una entidad en su territorio divulgue dicha información en respuesta a una solicitud* de esta naturaleza.

La información sobre la que recae esta medida constituye el punto de partida de la mayoría de las investigaciones relacionadas con los delitos cometidos a través de dispositivos o sistemas informáticos y se encuentra en manos de las entidades privadas que ofrecen servicios de registro de nombres de dominio(72). Pese a su importancia para las investigaciones de esta naturaleza, esta materia concreta no fue objeto de tratamiento en el texto original de la Convención de Budapest ya que en la fecha de su publicación, anterior al Reglamento General de Protección de Datos, la información sobre nom-

(71) Los nombres de dominio son nombres asociados a una dirección IP que identifican a una web de forma fácil.

(72) Recuerda el informe explicativo que *estos incluyen organizaciones que venden nombres de dominio al público («registradores»), así como operadores de registro regionales o nacionales que mantienen bases de datos autorizadas («registros») de todos los nombres de dominio registrados para un dominio de nivel superior y que aceptan solicitudes de registro. En ciertos casos, dicha información puede ser información personal y puede estar protegida por las normas de protección de datos en la Parte donde se encuentra la entidad respectiva que brinda servicios de registro de nombres de dominio (el registrador o registro) o donde se encuentra la persona a quien se refieren los datos.*
Esta actividad se supervisa por el ICANN (Corporación de Internet para la Asignación de Nombres y Números) que es una organización privada (no gubernamental) sin fines de lucro, responsable de asignar el espacio de las direcciones numéricas de protocolo de Internet (IP), y coordinar el sistema de nombres de dominio (DNS).

bres de dominio era pública y accesible a través de las herramientas de búsqueda WHOIS, si bien con la publicación del RGPD dejó de tener este carácter, generando con ello la necesidad de regular el acceso a los nombres de dominio en el curso de las investigaciones criminales de forma expresa.

Con apoyo en este artículo la autoridad competente podrá dirigirse directamente a la entidad que presta servicios de registro de dominio, sin intermediación del Estado parte donde ésta se encuentre radicada. No obstante, como quiera que no se establece que hayan de adoptarse medidas legislativas o de otro tipo para obligar a quien ofrece servicios de registro de nombres de dominio a divulgar la información requerida sino, tan solo, para permitirla, tal solicitud no vincula al proveedor de registro de nombres de dominio. En caso de que la entidad requerida no cooperara con la Parte requirente, ésta, según dispone el art. 6.5, podrá pedir al proveedor concernido para que explique la razón por la que no divulga la información solicitada y, en su caso, podrá solicitar consultas con la Parte en la que se encuentre la entidad requerida, para determinar las medidas disponibles para obtener la información.

La solicitud no tiene por qué ir acompañada de una relación de los hechos investigados, pues de hecho esta información en muchas investigaciones penales habrá sido declarada secreta y no podrá ser compartida. No obstante, según se aclara en el informe explicativo, es posible que la entidad que recibe una solicitud, al amparo de lo previsto en este artículo, cuando de otro modo no pueda ejecutar la solicitud, pueda recabar la información adicional necesaria para cumplimentar la solicitud de forma positiva.

— El art 7 establece otra medida de cooperación directa con el proveedor de servicios, en este caso para la obtención de información de suscriptores. En realidad, se trata de una medida que ya podía ser adoptada al amparo del art. 18 de la Convención, pero en este artículo se regula más detalladamente con el objetivo de proporcionarle una mayor efectividad.

El precepto que se examina insta a las Partes a adoptar las medidas legislativas y de otra índole que sean necesarias para facultar a su autoridad competente *para emitir una orden que se presentará directamente a un proveedor de servicios en el territorio de otra Parte*, a fin de obtener la divulgación de información especificada y almacenada del abonado que se encuentra en sus manos a bajo su control, siempre y cuando dicha información sea necesaria para las investigaciones o procedimientos penales específicos de la Parte emisora.

La efectividad de la medida se procura garantizar obligando a las partes a la adopción de las medidas legislativas y de otra índole que sean necesarias para que un proveedor de servicios pueda responder aportando los datos de abonados solicitados (apartado 2). El contenido que ha de tener la solicitud y la información complementaria que ha de remitirse junto con aquella se regulan respectivamente en los apartados 3 y 4 del artículo.

Conforme a lo previsto en el art. 7.7, el incumplimiento de la orden recibida no otorga a la Parte requirente el derecho a forzar al proveedor de servicios a la ejecución de la orden; en estos casos la vía procedente para la obtención de la información será la puesta en marcha del mecanismo previsto en el art. 8 —emisión de orden a otra Parte para la producción acelerada de información sobre el abonado— o bien el empleo de otras vías de asistencia mutua.

Las partes, en momento de la ratificación o aprobación del protocolo, pueden declarar que, en todos los casos, o en casos determinados, las solicitudes dirigidas al proveedor de servicios sean notificadas a las autoridades competentes en el mismo momento en que se efectúan, las cuales, si entienden que dicha información puede perjudicar las investigaciones penales que están desarrollándose en esta Parte, o cuando concurren las causas de denegación de asistencia legal mutua previstas en el apartado 4 del art. 25 o del apartado 4 del art. 27 del Convenio, ordenarán sin demora al proveedor de servicios que no divulguen la información(73).

Con independencia de ello, la Parte requirente, podrá exigir que el proveedor de servicios deba consultar a las autoridades nacionales antes de enviar la información que se le requiere si bien estas limitaciones habrán de ser de carácter excepcional pues, como ya se ha dicho con anterioridad, en el informe explicativo se insiste en que *la cooperación debe ser, en principio, amplia y los impedimentos estrictamente limitados.*

(73) Art. 25. 4. *Salvo que se establezca específicamente otra cosa en los artículos del presente capítulo, la asistencia mutua estará sujeta a las condiciones previstas en el derecho interno de la Parte requerida o en los tratados de asistencia mutua aplicables, incluidos los motivos por los que la Parte requerida puede denegar la cooperación. La Parte requerida no ejercerá el derecho a denegar la asistencia mutua en relación con los delitos mencionados en los artículos 2 a 11 únicamente porque la solicitud se refiere a un delito que considera de naturaleza fiscal.*

Art. 27.4. *Además de las condiciones o de los motivos de denegación contemplados en el apartado 4 del artículo 25, la Parte requerida podrá denegar la asistencia si:*

a) *La solicitud se refiere a un delito que la Parte requerida considera delito político o delito vinculado a un delito político;*

b) *la Parte requerida considera que la ejecución de la solicitud podría atentar contra su soberanía, seguridad, orden público u otros intereses esenciales.*

Corresponde a cada Estado regular quien es la autoridad competente a estos efectos, pero, sin perjuicio de ello, en el apartado 2.b. del art. 7 se prevé la posibilidad de que en el momento de la ratificación, aceptación o aprobación del Segundo Protocolo una parte pueda declarar expresamente que «*la orden en virtud del párrafo 1 del artículo 7* deba *ser emitida por un fiscal u otra autoridad judicial, o bajo su supervisión, o de lo contrario ser emitida bajo una supervisión independiente*».

Para concluir cabe señalar que, el informe explicativo reiteradamente afirma que las instrucciones especiales que puede dar la Autoridad que solicita cualquiera de las medidas antedichas cubren la posibilidad de requerir la confidencialidad de la medida, incluida una solicitud de no divulgación de la orden al afectado o a otros terceros.

9.

SEGURIDAD, IDENTIDAD Y TERCERO DE CONFIANZA

Joaquín Delgado Martín
Magistrado Sala Penal de la Audiencia Nacional. Miembro de la Red Judicial de Expertos en Derecho UE (REDUE)

La seguridad jurídica es una condición necesaria para el desarrollo de negocios jurídicos y prestación de servicios online, tanto en el ámbito público como en el privado (confianza digital). Con este trabajo pretendemos contestar a la siguiente pregunta: **¿cómo se logra la seguridad digital**? La respuesta la vamos a afrontar partiendo del Reglamento UE 910/14 (eIDAS) y en torno a los tres elementos básicos del sistema: la identificación electrónica; los servicios electrónicos de confianza digital; y la autenticación de documentos electrónicos. Y terminaremos por abordar el futuro próximo a través de la propuesta de Reglamento eIDAS 2.

1. SOBRE EL REGLAMENTO UE 910/14 (EIDAS)

La normativa de referencia en materia de seguridad digital es el Reglamento (UE) N.º 910/2014 del Parlamento Europeo y del Consejo de 23 de julio de 2014, relativo a la identificación electrónica y los servicios de confianza para las transacciones electrónicas en el mercado interior y por la que se deroga la Directiva 1999/93/CE. Recordemos que esta norma, en cuanto Reglamento UE, es directamente aplicable en España sin necesidad de transposición en el ordenamiento interno; aunque la misma ha sido complementada por la Ley 6/2020, de 11 de noviembre, reguladora de determinados aspectos de los servicios electrónicos de confianza, y que deroga la Ley 59/2003.

Como vemos, esta normativa sustituye a la regulación de la firma electrónica[(1)], pero va mucho más allá abordando elementos de identificación electrónica y de prestación de servicios digitales de confianza. El Reglamento UE 910/14 se viene denominando eIDAS porque hace referencia a tres elementos:

(1) Ley 59/2003, de 19 de diciembre, de firma electrónica, como transposición de la Directiva 1999/93/CE del Parlamento Europeo y del Consejo, de 13 de diciembre, por la que se establece un marco comunitario para la firma electrónica.

— *Electronic IDentification*: **identificación electrónica** para servicios públicos online. Establece las condiciones en que los Estados miembros deberán reconocer los medios de identificación electrónica de las personas físicas y jurídicas pertenecientes a un sistema de identificación electrónica de otro Estado miembro que haya sido notificado

— *Authentication*: **autenticación** es un proceso electrónico que posibilita la identificación electrónica de una persona física o jurídica, o la acreditación del origen y la integridad de datos en formato electrónico. De esta manera, puede servir para dos finalidades básicas:

— Acreditación de la identificación electrónica.

— Acreditación de la autenticidad e integridad de un documento electrónico. Regula su régimen de autenticación, sus efectos jurídicos y su valor como prueba.

— *Trust Services*: **servicios de confianza digital**. Recoge la normativa para la prestación de este tipo de servicios mediante los denominados prestadores de servicios de confianza

2. IDENTIFICACIÓN ELECTRÓNICA

2.1. ¿Qué es y para qué sirve la identificación digital?

La **identidad electrónica o digital** es el conjunto de rasgos de una persona (o de una entidad/colectividad) que la caracterizan frente a los demás(2) en Internet. ALLENDE(3) la define como un conjunto finito de atributos que permite a una persona, animal, cosa o proceso ser identificado como único y probar su identidad frente a terceros electrónicamente. Y añade que la persona digital se compone de varias identidades digitales, estando a su vez cada una de estas identidades representada por uno o varios identificadores y atributos que son únicos en un contexto específico. Desde una dimensión jurídica, resulta estrictamente necesaria para la realización de actos y negocios jurídicos online, tanto en el ámbito público como en el privado.

La **identificación** consiste en comprobar/acreditar la identidad que la persona que actúa en relación con una entidad, siendo **electrónica** cuando la misma tiene lugar online (e-administración). Una vez que la persona ha

(2) Diccionario Real Academia de la Lengua Española.

(3) Marcos ALLENDE LÓPEZ, «Identidad digital auto-gestionada: El futuro de la identidad digital: Auto-gestión, billeteras digitales y blockchain», Publicaciones Banco Interamericano de Desarrollo, septiembre 2020, página 12; https://publications.iadb.org/es/identidad-digital-auto-gestionada-el-futuro-de-la-identidad-digital-auto-gestion-billeteras

sido identificada ante la entidad, la misma estará autorizada para ejercitar una facultad (derecho) o para realizar un acto o negocio jurídico; y podrá realizar actos jurídicos de información o de trámite de forma electrónica ante la Administración. En este sentido, el artículo 3.1 del Reglamento eIDAS define identificación electrónica como «*el proceso de utilizar los datos de identificación de una persona en formato electrónico que representan de manera única a una persona física o jurídica o a una persona física que representa a una persona jurídica*».

2.2. ¿Cómo se realiza la identificación digital?

La inmensa mayoría de las necesidades de autenticación remota y de identidad electrónica sigue concentrándose en el sector privado, en particular en ámbitos como la banca, las telecomunicaciones y los operadores de plataformas, a los que la ley exige verificar la identidad de sus clientes(4).

Sin embargo, la identificación electrónica también ha devenido estrictamente necesaria en el sector público, dado que son muy numerosos los supuestos de prestación de servicios online por las distintas administraciones. La existencia de este marco legal de la identificación electrónica y de los servicios digitales de confianza ha puesto encima de la mesa la relevancia de su utilización por parte de las Administraciones públicas y por el propio sistema de justicia (Judicial-Tech), así como por las diferentes profesiones jurídicas (Legal-Tech)(5).

En la actualidad no existe una infraestructura o plataforma común(6) para otorgar la identidad digital y para su acreditación (identificación), que permita la **autenticación** de la persona y la **autorización** para su acceso al negocio jurídico o al servicio en internet de que se trate. De esta forma, cada entidad busca su propia solución tecnológica/organizativa, bien desarro-

(4) Exposición de Motivos Reglamente eIDAS.

(5) Facundo ROJO, «Legaltech y eIDAS, de la mano de la transformación digital del sector jurídico», *Red seguridad: revista especializada en seguridad informática, protección de datos y comunicaciones*, n.º. 82, 2018, págs. 26-27; https://www.redseguridad.com/revistas/red/082/26/index.html

(6) Moisés BARRIO ANDRÉS destaca que las limitaciones técnicas de Internet han impedido hasta ahora que exista una única plataforma de identificación; en «Manual de Derecho Digital», editorial Tirant Lo Blanch, 2ª edición, 2022, página 239.

llando un sistema propio, bien acudiendo a un sistema externo[(7)] (por ejemplo, desarrollado por grandes empresas TIC).

Cristopher ALLEN[(8)], ha definido varias fases: Fase Uno o de Identidad Centralizada (control administrativo por una sola autoridad o jerarquía); Fase dos o de Identidad federada (control administrativo por múltiples autoridades federadas); Fase tres o de Identidad centrada en el usuario (control individual o administrativo a través de múltiples autoridades sin necesidad de una federación); y Fase Cuatro o de Identidad Auto-Soberana (control individual a través de cualquier cantidad de autoridades).

En el momento actual, es necesario que **un tercero (intermediario) autorizado certifique la identidad del usuario**. Y en el futuro, ¿asistiremos a la consolidación de una identidad Auto-Soberana (SSI-Self-Sovereign Identity)? Esta última es la opción de la propuesta de Reglamente eIDAS 2 y que examinaremos más adelante. Siguiendo a Moisés BARRIO[(9)], cabe señalar que son múltiples los métodos utilizados al efecto:

— Mediante opciones de autenticación operados el propio gobierno o la propia empresa: DNI electrónico, sistema cl@ve PIN; pantallas de inicio de sesión en un sitio web bancario.

— Mediante servicios *ad hoc* prestados por terceros: inicio de sesión con una cuenta de red social, o una cuenta de servicio de pago como Paypal.

— Mecanismos que requieren un hardware adicional: lectores de huellas dactilares, escáneres de iris conectados a los dispositivos de los ordenadores de los usuarios...

Como se ha señalado, en el marco actual necesitamos un tercero intermediario (Proveedor de identidad-IIP ó IdP) que proporciona los servicios de identificación digital de las personas, así como de autenticación de las mismas ante otras entidades que suministran servicios online (proveedores de

(7) Alberto PARTIDA recuerda que, como los datos que generan estos procesos de identificación tienen un gran valor comercial, pronto aparecieron alianzas de grandes compañías que proporcionan estos servicios a través de APIs programáticas. Actualmente, la mayoría de las necesidades de comprobación de identidad de modo digital y remoto residen en el sector privado; en «eIDAS: Innovación legislativa... compitiendo con gigantes», revista SIC nº 147; https://revistasic.es/revista-sic/sic-147/cavilaciones-seguras/

(8) Cristopher ALLEN, «The Path to Self-Sovereign Identity», 25 de abril de 2016, http://www.lifewithalacrity.com/2016/04/the-path-to-self-sovereign-identity.html

(9) Moisés BARRIO ANDRÉS, «Manual de...», obra citada, página 239.

servicios en internet ó ISP). Las diferentes relaciones entre los dos tipos de proveedores dan lugar a distintos modelos (ALLENDE[(10)]):

A. *Centralizado:* cada servicio digital que consumimos está actuando al mismo tiempo como proveedor de identidad y proveedor de servicios. Algunos ejemplos de este modelo son los sitios web en los que iniciamos sesión con el usuario y contraseña que hemos creado previamente al registrarnos (redes sociales, correo electrónico, etc.).

B. *Identidad suministrada por un tercero:* el proveedor de identidad y el proveedor de servicios son entidades diferentes que se comunican entre sí. Cada vez que una persona física o jurídica desea acceder al servicio digital ofrecido por el proveedor de servicios, dicha persona recurre a su proveedor de identidad para autenticarse en su nombre en lugar de autenticarse directamente frente al proveedor de servicios. Por ejemplo, en lugar de iniciar sesión en un sitio web con un nuevo usuario y contraseña específicos, tenemos la opción de autenticarnos con nuestra cuenta de Facebook o Google. Existen tres tipos o submodelos de terceros proveedores de identidad:

— Proveedor de identidad único; en el que el propio gobierno es generalmente dicho proveedor. Por ejemplo, la tarjeta de identificación de Estonia y la identificación móvil para una gran cantidad de servicios; o el sistema de autenticación digital para los servicios del gobierno holandés (DigID).

— Múltiples proveedores de identidad. El gobierno es el responsable de definir los criterios y completar la acreditación de los proveedores de identidad. Por ejemplo, el Sistema Público de Identidad Digital (SPID) italiano, para servicios administrativos públicos gestionados por la Agencia de Identidad Digital (AgID).

— Brókers con múltiples proveedores de identidad. El gobierno es no solo responsable de definir los requisitos y proporcionar acreditación a los proveedores de identidad, sino también de actuar como bróker o designar a una entidad para que actúe como tal. Por ejemplo, el programa GOV.UK Verify, un sistema de autenticación externo que permite a los ciudadanos del Reino Unido acceder a diferentes servi-

(10) En este punto reproducimos la exposición de Marcos ALLENDE LÓPEZ, ya que resulta muy clara y explicativa: «Identidad digital auto-gestionada: El futuro de la identidad digital: Auto-gestión, billeteras digitales y blockchain», Publicaciones Banco Interamericano de Desarrollo, septiembre 2020, páginas 16 Y SS; https://publications.iadb.org/es/identidad-digital-auto-gestionada-el-futuro-de-la-identidad-digital-auto-gestion-billeteras

cios gubernamentales en línea utilizando hasta diez proveedores de identidad diferentes.

C. *Federado:* existen varios proveedores de identidad que han establecido previamente acuerdos entre ellos y operan bajo un marco de confianza común. Este modelo puede ser tanto público y avalado por la regulación (como el eIDAS en la Unión Europea), como privado y habilitado por acuerdos privados entre las partes.

D. *Centrado en el usuario:* el usuario almacena en su dispositivo personal autenticadores y credenciales que han sido emitidas por diferentes proveedores de servicios, de tal forma que es el propio usuario quien tiene el control de sus datos.

Si todas las claves y autenticadores se encuentran en su dispositivo: funciona como un modelo centralizado en el que el proveedor de servicios le permite autenticarse con una clave almacenada en un hardware en lugar de con un usuario y una contraseña.

E. *Identidad auto-gestionada:* ni el proveedor de identidad, ni tampoco el proveedor de servicios administra las credenciales y autenticadores de las personas en su nombre, quedando el rol del proveedor de identidad limitado a ser un simple emisor de identidad. La identidad autogestionada emplea dos elementos esenciales para la gestión de la identidad:

— Registros descentralizados de información: las pruebas de la propiedad de los identificadores descentralizados y las credenciales verificables se almacenan en una red o registro descentralizado. El emisor deja todas las pruebas criptográficas necesarias para verificar esa credencial digital (firmas digitales, sellos de tiempo, etc.) en un registro descentralizado público. Esto permite que cualquiera pueda verificar las credenciales digitales sin necesidad de interactuar con el emisor directamente.

— Billeteras digitales: son repositorios personales portables y seguros. Puede ser por ejemplo aplicaciones móviles que nos permiten administrar nuestros identificadores, autenticadores, datos y credenciales verificables en nuestro teléfono, estando éstos completamente protegidos y bajo nuestro control. De este modo, podemos decidir qué información compartimos y con quién, en forma de presentaciones verificables.

2.3. Identificación electrónica en la Unión Europea: sistema del Reglamento eIDAS

El Reglamento eIDAS solamente se refiere solamente a aquellos supuestos en los que una persona nacional de un Estado miembro de la UE ha de identificarse para realizar actos jurídicos ante los servicios públicos de otro Estado miembro de la UE. De esta manera, no se refiere a la identificación digital para realizar actos online con entidades privadas.

La determinación de los concretos medios de identificación electrónica corresponde a cada Administración pública de los diferentes Estados miembros de la UE, quien también decidirá si interviene o no el sector privado en tales medios. El Reglamento eIDAS establece las condiciones en que los Estados miembros deberán reconocer los medios de identificación electrónica de las personas físicas y jurídicas pertenecientes a un sistema de identificación electrónica notificado de otro Estado miembro (principio de reconocimiento mutuo). Como afirma el Considerando (12) del Reglamento, «*uno de los objetivos del presente Reglamento es eliminar las barreras existentes para el uso transfronterizo de los medios de identificación electrónica utilizados en los Estados miembros para autenticar al menos en los servicios públicos. El presente Reglamento no se propone intervenir en los sistemas de gestión de la identidad electrónica e infraestructuras conexas establecidos en los Estados miembros. Lo que pretende es garantizar que sean posibles la identificación y la autenticación electrónicas seguras para el acceso a los servicios transfronterizos en línea ofrecidos por los Estados miembros*».

Téngase en cuenta, en la mayoría de los casos, los ciudadanos de un Estado miembro no pueden utilizar su identificación electrónica para autenticarse en otro Estado miembro porque los sistemas nacionales de identificación electrónica en su país no son reconocidos en otros Estados miembros. En este contexto, unos medios de identificación electrónica mutuamente reconocidos facilitarían la prestación transfronteriza de numerosos servicios en el mercado interior y permitirían a las empresas actuar fuera de sus fronteras sin encontrar obstáculos en su interacción con las autoridades públicas.

El Reglamento eIDAS define entre sus objetivos del artículo 1: «*establecer las condiciones en que los Estados miembros deberán reconocer los medios de identificación electrónica de las personas físicas y jurídicas pertenecientes a un sistema de identificación electrónica notificado de otro Estado miembro*». Este objetivo lo consigue.

a) **Regulando una serie de condiciones** (artículo 6) que han de cumplir los medios de comunicación:

— Que el medio de identificación electrónica haya sido expedido en virtud de un sistema de identificación electrónica incluido en la lista publicada por la Comisión de conformidad con el artículo 9.

— Que el nivel de seguridad de este medio de identificación electrónica corresponda a un nivel igual o superior al nivel de seguridad requerido por el organismo del sector público para acceder a dicho servicio en línea en el primer Estado miembro, siempre que el nivel de dicho medio de identificación electrónica corresponda a un nivel de seguridad sustancial o alto.

— Que el organismo público en cuestión utilice un nivel de seguridad sustancial o alto en relación con el acceso a ese servicio en línea.

b) Imponiendo a los Estados la **obligación de reconocer** los medios de identificación de otro Estado miembro que cumplan dichas condiciones.

c) Estableciendo un **marco de interoperabilidad en torno a Nodos de Conexión**:

— El Reglamento y su legislación de desarrollo establecen un marco de interoperabilidad al que deben ajustarse las infraestructuras nacionales de identificación electrónica de los Estados miembros.

— Y se contempla un sistema de comunicación segura entre los nodos de interoperabilidad operados por los distintos Estados miembros (nodos eIDAS)[(11)].

— Esos nodos de interoperabilidad se comunican entre sí en las transacciones transfronterizas; y se conectan a nivel nacional con los servicios electrónicos para:

— Uso de ciudadanos no nacionales para el acceso a servicios electrónicos del país (mediante identificación electrónica del otros país).

(11) NODO eIdAS Español: https://administracionelectronica.gob.es/ctt/eidas#.YwhqWPFByqA

— Y uso de ciudadanos nacionales para el acceso a servicios electrónicos de otros países (mediante identificación electrónica admitida por el ordenamiento nacional).

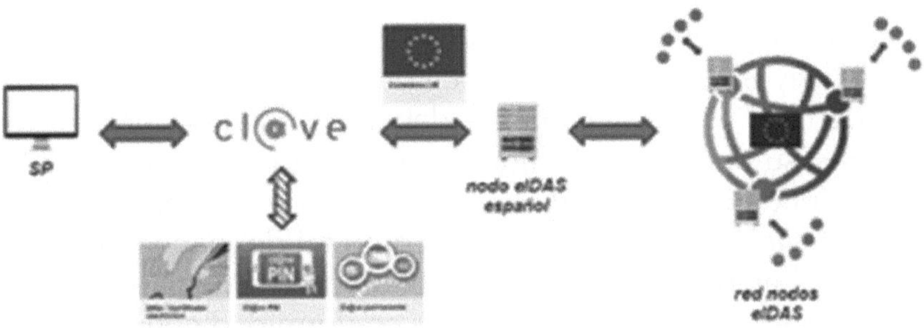

[Fuente del esquema: https://www.gtt.es/boletinjuridico/finalizado-con-exito-el-proyecto-europeo-para-la-conexion-de-servicios-publicos-al-nodo-eidas-red-es-coordinador-del-proyecto/].

2.4. Identificación electrónica en las relaciones con la Administración pública española

Nuestro ordenamiento jurídico permite varias posibilidades (artículos 9, 13 y 14 39/2015, de 1 de octubre, del Procedimiento Administrativo Común de las Administraciones Públicas; y artículos 26 a 31 del Real Decreto 203/2021, de 30 de marzo, por el que se aprueba el Reglamento de actuación y funcionamiento del sector público por medios electrónicos):

a) **Sistemas fundamentados en certificados digitales de firma electrónica cualificada o bien de sello electrónico cualificada**(12). Deben admitirse necesariamente por las Administraciones (art. 26.2 *in fine* Real Decreto 2013/2021). El carácter cualificado abre la puerta a la aplicación del principio de reconocimiento mutuo en otros Estados de la UE (art. 6

(12) Ignacio ALAMILLO recuerda que cabe apreciar positivamente la reinstauración del derecho de los interesados al uso de la firma electrónica avanzada basada en certificado cualificado gracias a la uniformización del tratamiento de los artículos 9.2 y 10.2 de la LPAC operada por el citado RD-ley 14/2019; en «La identidad digital autosoberana y el principio de sólo una vez, como palanca de transformación digital», https://www.uv.es/catedra-pagoda/ca/actualitat/la-identidad-digital-autosoberana-principio-solo-una-vez-por-ignacio-alamillo-1286053802801/Novetat.html?id=1286166499302

Reglamento 910/14). Los atributos mínimos de estos sistemas son los siguientes (artículo 27 Real Decreto 2013/2021).

— Los sistemas basados en certificados cualificados de firma electrónica admitidos por las Administraciones Públicas para la identificación electrónica de persona física a que se refiere el artículo 9.2.a) de la Ley 39/2015, de 1 de octubre, emitidos al amparo de la Ley 6/2020, de 11 de noviembre, deberán contener como atributos, al menos, su nombre y apellidos y su número de Documento Nacional de Identidad, Número de Identificación de Extranjero o Número de Identificación Fiscal que conste como tal de manera inequívoca. La comprobación de la identidad y otras circunstancias de los solicitantes del certificado, se realizará de conformidad con lo previsto en el artículo 7 de la Ley 6/2020, de 11 de noviembre).

— Los certificados electrónicos cualificados de representante de persona jurídica deberán contener, como mínimo, la denominación y el Número de Identificación Fiscal de la persona jurídica y el nombre y apellidos y número de Documento Nacional de Identidad, o Número de Identificación de Extranjero o Número de Identificación Fiscal de la persona que actúa como representante.

— Los sistemas basados en certificados cualificados de sello electrónico admitidos por las Administraciones Públicas para la identificación electrónica de persona jurídica a que se refiere el artículo 9.2.b) de la Ley 39/2015, de 1 de octubre, emitidos al amparo de la Ley 6/2020, de 11 de noviembre, deberán contener, como mínimo, su denominación y su Número de Identificación Fiscal.

b) **Otros sistemas que la Administración considere válidos**, destacando los sistemas de clave concertada (pero éstos no son los únicos), siempre que los mismos se encuentren previamente autorizados por la Secretaría General de Administración Digital del Ministerio de Asuntos Económicos y Transformación Digital, que solo podrá ser denegada por motivos de seguridad pública, previo informe vinculante de la Secretaría de Estado de Seguridad del Ministerio del Interior (artículo 26.2-c Real Decreto 2013/2021).

— Los sistemas de clave concertada o cualquier otro sistema que las Administraciones Públicas considere válido, admitidos para la identificación electrónica de persona física de conformidad con el artículo 9.2.c) de la Ley 39/2015, de 1 de octubre, deberán ajustarse a lo previsto en el Esquema Nacional de Seguridad y contener, como mínimo, el nombre y apellidos y el número de Documento Nacional de Identidad, Número de Identificación de Extranjero, Número de Identificación Fiscal y, para los casos en que así se establezca en la definición del sistema, el número de pasaporte (art. 28.1 Real Decreto 2013/2021).

— En el ámbito estatal, la creación de los nuevos sistemas de identificación será aprobada por orden de la persona titular del Ministerio o, en su caso, resolución de la persona titular de la Presidencia o de la Dirección del organismo público o entidad de derecho público vinculado o dependiente por razón del ámbito material en que se vaya a utilizar, previa autorización de la Secretaría General de Administración Digital a que se refiere el apartado anterior (art. 28.1 Real Decreto 2013/2021).

2.5. Identificación electrónica en el sistema de justicia

En este apartado analizamos la forma de identificación y firma de un ciudadano cuando opta por relacionarse con la Administración de Justicia por medios electrónicos (al amparo del derecho reconocido por el artículo 4.2 de la Ley 18/2011) o de un profesional cuando se relaciona con la Administración de Justicia (de conformidad con el artículo 6.2 de la Ley 18/2011).

Antes de su reforma por la Ley 3/2020, el artículo 4.2 de la Ley 18/2011 establecía que los ciudadanos tienen en relación con la utilización de los medios electrónicos en la actividad judicial los siguientes derechos: «*f) A utilizar los sistemas de identificación y firma electrónica del documento nacional de identidad o cualquier otro reconocido para cualquier trámite electrónico con la Administración de Justicia en los términos establecidos por las leyes procesales*». Por otra parte, el artículo 6.2 de la Ley 18/2011 disponía que los profesionales tienen, en relación con la utilización de los medios electrónicos en la actividad judicial los siguientes derechos: «d) *A utilizar los sistemas de firma electrónica del Documento Nacional de Identidad o cualquier otro reconocido, siempre que dicho sistema le identifique de forma unívoca como profesional para cualquier trámite electrónico con la Administración en los términos establecidos por las leyes procesales*».

Sin embargo, las medidas y limitaciones obligadas por la declaración de estado de alarma dificultaron sobremanera la realización presencial de trámites por interesados que, de acuerdo con la normativa vigente, no están obligados a realizarlos electrónicamente. De esta manera, en 2020 se dieron mayores facilidades para que pueda iniciar y completar electrónicamente los procedimientos ante la Administración de Justicia. Estas mayores facilidades se realizan mediante una reforma de la Ley 18/2011, que no está ligada a la situación excepcional de pandemia.

La Ley 3/2020 dio una nueva redacción a la letra f) del artículo 4.2 Ley 18/11: «*A utilizar los sistemas de identificación y firma establecidos en los artículos 9 y 10 de la Ley 39/2015, de 1 de octubre, del Procedimiento Administrativo Común de las Administraciones Públicas*»; así como una nueva redacción a la letra d) del artículo 6.2 Ley 18/11: « *A utilizar los sistemas de identificación y firma establecidos en los artículos 9 y 10 de la Ley 39/2015, de 1 de octubre, del Procedimiento Administrativo Común de las Administraciones Públicas, siempre que dicho sistema le identifique de forma unívoca como profesional para cualquier trámite electrónico con la Administración en los términos establecidos por las leyes procesales*»; y esta letra d) tiene un segundo párrafo con el siguiente contenido: : «*A tal efecto, el Consejo General o el superior correspondiente deberá poner a disposición de las oficinas judiciales los protocolos y sistemas de interconexión que permitan el acceso necesario por medios electrónicos al registro de profesionales colegiados ejercientes previsto en el artículo 10 de la Ley 2/1974, de 13 de febrero, sobre Colegios Profesionales, garantizando que en él consten sus datos profesionales, tales como número de colegiado, domicilio profesional, número de teléfono y dirección de correo electrónico*».

Con la remisión a los artículos 9 y 10 de la Ley 39/2015, los interesados puedan identificarse electrónicamente ante la Administración de Justicia a través de los dos sistemas que se exponen a continuación.

2.5.1. Servicios de certificación cualificados

La normativa permite el uso de sistemas de firma electrónica o de sello electrónico expedidos por prestadores incluidos en la **Lista de confianza de prestadores de servicios de certificación**. Cabe recordar que, con fundamento en la figura anglosajona del «Trusted Third Party» (TTP), se han desarrollado los llamados Terceros de Confianza o Prestadores de Servicios de Confianza Digital.

De esta forma, en los órganos judiciales se podrá presentar un documento con firma electrónica cualificada: una firma electrónica avanzada que se crea mediante un dispositivo cualificado de creación de firmas electrónicas y que se basa en un certificado cualificado de firma electrónica (artículo 3.15 Reglamento eIDAS); o bien con sello electrónico cualificado (para personas jurídicas). Y, por otra parte, los ciudadanos y profesionales podrán identificarse para la realización de actos procesales en órganos judiciales mediante sistemas basados en certificados electrónicos cualificados de firma electrónica o de sello electrónico.

2.5.2. Otros sistemas de identificación

Por otro lado, también puede utilizarse **cualquier sistema que las Administraciones consideren válido** en los términos y condiciones que se establezca, siempre que cuenten con un registro previo como usuario que permita garantizar su identidad, previa autorización por parte de la Secretaría General de Administración Digital del Ministerio de Política Territorial y Función Pública.

Para facilitar la relación electrónica con la Administración, y también con la Administración de Justicia, la letra c) de los artículos 9 y 10 de la Ley 39/2015 permite la utilización de sistemas de firma electrónica no criptográfica, siempre que cuenten con un registro previo como usuario que permita garantizar su identidad, y que cumplan determinados requisitos establecidos por el órgano competente de la Administración:

— Para la Administración General del Estado, debemos acudir a la Resolución de 29 de abril de 2020, de la Secretaría General de Administración Digital, por la que se acuerda la continuación de los procedimientos administrativos de autorización de nuevos sistemas de identificación y firma electrónica mediante clave concertada y cualquier otro sistema que las Administraciones consideren válido a que se refieren los artículos 9.2 c) y 10.2 c) de la Ley 39/2015.

— Para la Administración de Justicia, nos encontramos con la Resolución de 19 de marzo de 2022, de la Secretaría General para la Innovación y Calidad del Servicio Público de Justicia, por la que se establecen las condiciones de uso del certificado electrónico para personas físicas, como mecanismo de identificación y firma de las personas interesadas en las actuaciones realizadas mediante presencia telemática con los órganos judiciales y demás pertenecientes a la Administración de Justicia. Esta Resolución regula los criterios para la utilización de sistemas de firma electrónica no criptográfica, la garantía de funcionamiento, el procedimiento general para la acreditación de la autenticidad de la expresión de la voluntad y consentimiento de la persona interesada, las garantías en el proceso de firma, la gestión de las evidencias de autenticación, y el justificante de firma

2.6. Valoración de la situación actual: hacia un nuevo sistema

El sistema actual de identificación electrónica presenta graves problemas que se pueden sintetizar de la siguiente forma:

— **Fragmentación**: entre diferentes entidades (públicas-privadas-terceros de confianza); uso de distintas tecnologías; y utilización de multitud de contraseñas y credenciales para acceso online.

— **Falta de control**: las personas no tenemos el control de nuestros datos (atributos) en Internet. Se almacenan en bases de datos en poder de terceros.

Esta problemática genera **riesgos sobre la privacidad**, es decir, en relación con la protección (control) de nuestros datos personales; peligros de **ciberseguridad** (hackers....); sin olvidar que estamos en manos de terceros proveedores (posibles suspensiones del servicio...).

3. SERVICIOS DE CERTIFICACIÓN ELECTRÓNICA

3.1. ¿Qué son y para qué sirven?

Son servicios prestados en forma electrónica por terceros (entidades públicas o privadas) para otorgar confianza (seguridad) en las relaciones online de las personas con las entidades públicas o en los negocios jurídicos privados online. Emiten certificados elementos que permiten la autenticación de las personas en las sedes electrónicas de las Administraciones Públicas como la AEAT, el SEPE o los Ayuntamientos, entre otros; la realización de trámites online con las Administraciones Públicas, como cambiar de domicilio fiscal, presentar y pagar impuestos, solicitar la tarjeta sanitaria europea, solicitar pensiones y prestaciones o modificar datos bancarios son algunos de los trámites que podemos gestionar de forma online, sin salir de casa o hacer colas en las administraciones; la firma de documentos como contratos (laborales, universidad, alquiler, mercantiles), justificantes, peticiones, citaciones, etcétera. Entre otras posibilidades, pueden consistir en:

— **Emitir certificaciones electrónicas**: los certificados digitales constituyen una credencial personal que otorga a su titular la capacidad de interactuar por internet, desde la ubicación que quiera, sin la intervención de nadie más y en el momento que desee. De esta manera, un certificado electrónico (o certificado digital) es un fichero digital emitido por una tercera parte de confianza (una autoridad de certificación o prestador de servicios de confianza) que garantiza la vinculación entre la identidad de una persona o entidad y su clave pública, por tanto, permite identificar a su titular de forma inequívoca[13].

— Puede ser firma electrónica (para personas físicas) o sello electrónico (para personas jurídicas).

— Una vez emitido el certificado, su titular (persona física o persona jurídica) puede usarlos para:

— Autenticarse (identificarse) ante una entidad pública o privada para la realización de una actuación online.

— Autenticar (firmar) un documento electrónico.

— **Crear, verificar y validar** firmas electrónicas y sellos electrónicos.

— **Autenticar un documento electrónico**, es decir, garantizar la autenticidad e integridad de los datos de un documento electrónico.

— *Sello de tiempo electrónico:* datos en formato electrónico que vinculan otros datos en formato electrónico con un instante concreto, aportando la prueba de que estos últimos datos existían en ese instante.

— *Servicio de entrega electrónica certificada:* un servicio que permite transmitir datos entre partes terceras por medios electrónicos y aporta pruebas relacionadas con la gestión de los datos transmitidos, incluida la prueba del envío y la recepción de los datos, y que protege los datos transmitidos frente a los riesgos de pérdida, robo, deterioro o alteración no autorizada.

— *Servicio de archivo digital:* garantiza la recepción, el almacenamiento, la eliminación y la transmisión de datos o documentos electrónicos para asegurar su integridad y la exactitud de su origen y sus características jurídicas a lo largo del período de conservación (se contiene en la propuesta de Reglamento eIDAS 2).

— *Servicio de libro mayor electrónico:* registro electrónico inviolable de datos que garantiza la autenticidad y la integridad de los datos que contiene, la exactitud de su fecha y hora y su orden cronológico («*electronic ledgers*») (propuesta de Reglamento eIDAS2).

(13) https://www.aepd.es/es/preguntas-frecuentes/12-sede-electronica/FAQ-1205-que-es-un-certificado-electronico

— **Autenticar un sitio web**:

— Certificado de autenticación de sitio web: una declaración que permite autenticar un sitio web y vincula el sitio web con la persona física o jurídica a quien se ha expedido el certificado.

— **Preservar** las firmas, sellos o certificados electrónicos relativos a estos servicios.

3.2. Sistema de certificación electrónica en la Unión Europea

3.2.1. Modalidades de servicios de certificación

El Reglamento eIDAS recoge la normativa de este tipo de servicios mediante prestadores de servicios de confianza con dos elementos básicos:

1. Regula cinco tipos de servicios electrónicos:

a. Firma electrónica.

b. Sello electrónico.

c. Sello de tiempo electrónico.

d. Entrega electrónica.

e. Autenticación de sitio web.

2. Y establece las condiciones para que dichos servicios electrónicos puedan ser objeto de reconocimiento mutuo en los Estados miembros de la UE.

3.2.2. Prestadores de servicios de confianza

A partir del día 1 de julio de 2016, resultó de aplicación con carácter general el Reglamento UE 910/2014, de 23 de julio, relativo a la identificación electrónica y los servicios de confianza para las transacciones electrónicas en el mercado interior (llamado «Reglamento eIDAS»[14]; que ha supuesto un importante cambio en la actuación de los terceros de confianza.

(14) Nacho ALAMILLO DOMINGO, cuando habla de la innovación principal de este Reglamento, se refiere a que «es un modelo regulatorio de fuerte control previo por el supervisor, así como la obligación de certificar la seguridad técnica de los dispositivos empleados para la creación de firma o sello electrónico cualificado, de modo que se alivia enormemente la carga de probar que en efecto una firma o sello electrónico, o un sello de tiempo electrónico, son realmente cualificados»; en «Los servicios de confianza y la prueba electrónica», E-book «La prueba electrónica. Validez y eficacia procesal», *Juristas con Futuro*, 2016, p. 150.

El art. 3.19 del Reglamento UE define «prestador de servicios de confianza», como «una persona física o jurídica que presta uno o más servicios de confianza, bien como prestador cualificado o como prestador no cualificado de servicios de confianza»; y en su apartado 16 se define «servicio de confianza» como «el servicio electrónico prestado habitualmente a cambio de una remuneración, consistente en: a) la creación, verificación y validación de firmas electrónicas, sellos electrónicos o sellos de tiempo electrónicos, servicios de entrega electrónica certificada y certificados relativos a estos servicios, o b) la creación, verificación y validación de certificados para la autenticación de sitios web, o c) la preservación de firmas, sellos o certificados electrónicos relativos a estos servicios». Como puede observarse, existe un concepto legal de prestador de servicio de confianza, que va más allá del vínculo con un proceso de contratación electrónica.

El Reglamento UE 910/2014, de 23 de julio, contempla una serie de obligaciones y requisitos a los prestadores de servicios de confianza digital, estableciendo asimismo la necesidad de auditorías(15). Este régimen se fundamenta en tres elementos: inicio sometido a autorización; actividad sometida a control/supervisión; y mayor publicidad, transparencia y fluidez de la información(16). Y también regula las «listas de confianza» con información relativa a los prestadores cualificados de servicios de confianza con respecto a los cuales sea responsable cada Estado, junto con la información relacionada con los servicios de confianza cualificados prestados por ellos; así como la «etiqueta de confianza UE» para aquellos prestadores cualificados de servicios de confianza que hayan obtenido la cualificación del art. 21.2, 2.º del Reglamento. En dicho Reglamento se regulan servicios tales como la entrega electrónica certificada, la validación de firmas electrónicas cualificadas, o los certificados cualificados de sello electrónico(17).

La Decisión de Ejecución (UE) 2015/1505 de la Comisión de 8 de septiembre de 2015, por la que se establecen las especificaciones técni-

(15) Paloma LLANEZA recuerda que «la seguridad de un prestador de servicio de confianza y de los servicios que presta es tan robusta como cualquiera de los elementos de su operación. No se puede ser una entidad de confianza si no se es confiable»; en «La seguridad y la evaluación de conformidad y certificación de PSC a eIDAS y servicios, un enfoque global», *Revista SIC,* n.º 144, abril 2021, pp. 124 y ss., https://revistasic.es/sic144/revista-sic144.pdf

(16) Jaime DOMÍNGUEZ-MACAYA LAURNAGA, «Modificaciones en la firma electrónica motivadas por el paquete de nuevas directivas de contratos públicos y por el Reglamento Europeo eldAS», *Práctica Contratación Administrativa,* n.º 137, mayo-junio 2015, n.º 137, 1 de mayo de 2015, Editorial Wolters Kluwer.

(17) Guidelines for Trust Service Providers, disponible en la página web de la Agencia Europea ENISA: https://www.enisa.europa.eu/topics/trust-services/

cas y los formatos relacionados con las listas de confianza de conformidad con el artículo 22.5 del Reglamento UE 910/2014, requiere (en consonancia con lo previsto en el artículo 22.1 del citado Reglamento) que cada Estado miembro debe establecer, mantener y publicar listas de confianza con información relativa a los prestadores cualificados de servicios electrónicos de confianza junto con la información relacionada con los servicios electrónicos de confianza cualificados prestados por ellos. La Lista de Servicios de Confianza UE (EU Trust Services Dashboard) se encuentra en la siguiente web: https://esignature.ec.europa.eu/efda/home/#/screen/browse. De esta manera, el Ministerio de Energía, Turismo y Agenda Digital ha elaborado una Lista de confianza de prestadores de servicios electrónicos de confianza (TSL) correspondiente a los prestadores que proporcionan servicios electrónicos de confianza cualificados y que están establecidos y supervisados en España(18).

3.3. Firma electrónica

3.3.1. Concepto

La firma electrónica puede definirse como *«los datos en formato electrónico anejos a otros datos electrónicos o asociados de manera lógica con ellos que utiliza el firmante para firmar»* (artículo 3.13 del Reglamento eIDAS). Estos datos permanecen en un ordenador o dispositivo electrónico, o son grabados en soportes magnéticos, o son transmitidos desde un dispositivo electrónico a otro a través de redes telemáticas. Presenta tres características(19):

a) Se trata de un conjunto de datos consignados electrónicamente, es decir, susceptibles de ser tratados, almacenados y remitidos a través de terminales de ordenadores.

b) Dichos datos se emplean para identificar a quien los consigna, emite, trata o custodia.

c) Y se basa en utilización de clave: solamente quien tiene acceso a ella puede firmar electrónicamente con la misma.

---

(18) https://sedediatid.mineco.gob.es/Prestadores/Paginas/Inicio.aspx

(19) Leopoldo GONZÁLEZ-ECHENIQUE CASTELLANOS DE UBAO, «La firma electrónica: análisis del nuevo régimen jurídico contenida en la Ley 59/2003 de 19 de diciembre», *Revista ICE*, febrero 2004, n.º 813, pp. 153 y ss. Disponible en web: http://www.revistasice.com/CachePDF/ICE_813_153-171__53A03855324E882EF1F80C8790B5CDDD.pdf

Dentro de esta categoría general caben heterogéneas posibilidades[20]. Por un lado, encontramos las más simples, como la grabación de su voz en el documento en cuestión; la reproducción electrónica de la firma manuscrita (consistente en la inserción de una imagen leída con un escáner de una firma manuscrita en un documento creado con un tratamiento de textos); la utilización de un número de identificación personal, o el uso de usuario y contraseña; la selección de un signo afirmativo en la pantalla electrónica mediante el ratón o con el dedo en una pantalla táctil; la firma con un lápiz electrónico al usar una tarjeta de crédito o débito en una tienda. Y, por otra parte, las más complejas como las realizadas mediante un dispositivo biométrico; sin perjuicio de las que puedan nacer en un futuro como consecuencia de la evolución de la tecnología.

3.3.2. Reglamento eIDAS

Su regulación principal se contiene en el Reglamento eIDAS, que aborda la cuestión con fundamento en dos pilares básicos:

— En primer lugar, no se han de negar efectos jurídicos a una firma electrónica por el hecho de serlo o porque no cumpla los presupuestos para tener el carácter de cualificada (**principio de no discriminación**)[21]. De esta manera, corresponde a los ordenamientos internos de los Estados miembros de la UE determinar los concretos efectos jurídicos de las diferentes modalidades de firma electrónica que reconozcan; salvo la firma electrónica cualificada, que ha de tener los mismos efectos en todos los Estados miembros.

— En segundo lugar, contempla **una modalidad de firma electrónica (cualificada)** regulando de forma completa sus requisitos; y establece que la misma ha de tener plenos efectos jurídicos (equivalentes a los de una firma manuscrita) en todos los Estados miembros de la UE (**principio de reconocimiento mutuo**).

(20) Juan Francisco RODRÍGUEZ AYUSO, «Control de la identidad de los ciudadanos en el acceso a los servicios públicos: la Administración electrónica y la defensa de la privacidad», *Revista General de Derecho Administrativo,* 57 (2021), p. 15.

(21) Véase Paloma LLANEZA, *Reglamento eIDAS. Nuevos servicios de confianza, identificación electrónica, y sus prestadores,* editorial Comares, 2018, p. 15.

3.3.3. Modalidades de la firma electrónica

Podemos distinguir tres modalidades de firma electrónica:

A. Firma electrónica común, simple o no avanzada: es el conjunto de datos en formato electrónico anejos a otros datos electrónicos o asociados de manera lógica con ellos que utiliza el firmante para firmar (artículo 3.13 del Reglamento eIDAS), pero no tiene el carácter de avanzada. Como se ha afirmado anteriormente, existen muchas posibilidades de firma electrónica común.

B. Firma electrónica avanzada: según el artículo 3.14 Reglamento eIDAS, es la firma electrónica que cumple los requisitos contemplados en el artículo 26:

a) estar vinculada al firmante de manera única;

b) permitir la identificación del firmante;

c) haber sido creada utilizando datos de creación de la firma electrónica que el firmante puede utilizar, con un alto nivel de confianza, bajo su control exclusivo, y

d) estar vinculada con los datos firmados por la misma de modo tal que cualquier modificación ulterior de los mismos sea detectable.

Además de servir como un medio de identificación del firmante, también garantiza la integridad del documento firmado, impidiendo los cambios o alteraciones posteriores al momento de la firma. Este tipo de firma funciona de la siguiente forma[(22)]:

— Se genera mediante un medio (una clave criptográfica[(23)]) que solamente posee el firmante y que es única para cada documento, estando relacionada con éste de forma totalmente unívoca.

— Es criptografía de clave pública. Se utiliza una pareja de claves, de tal manera que lo que se cifra con una solamente puede ser descifrado con la otra: una es la clave privada (mecanismo de creación de firma), que solamente posee el firmante; y otra es la clave pública (mecanismo de reconocimiento de firma), que se da a conocer de forma pública.

---

(22) En este punto seguimos la exposición de José Félix MUÑOZ SORO, *La gestión y valoración de los documentos judiciales en el nuevo contexto tecnológico*, Zaragoza: Cátedra Logisman de Gestión Tecnológica Documental, Universidad de Zaragoza, 2013, pp. 28 y 29.

(23) Se utilizan algoritmos criptográficos asimétricos.

— Para garantizar la autenticidad del origen del documento, el emisor cifra un resumen del mismo con su clave privada.

— Para comprobar la firma, se descifra ésta con la clave pública del emisor, de tal forma que se obtiene un resumen, que deberá corresponderse con el del documento.

C. Firma electrónica cualificada: es una firma electrónica avanzada que se crea mediante un dispositivo cualificado de creación de firmas electrónicas y que se basa en un certificado cualificado de firma electrónica (artículo 3.15 Reglamento eIDAS). Por tanto, cualificada = avanzada + certificado por servicio cualificado.

La firma electrónica avanzada (cualificada o no) es criptográfica. El cifrado utiliza un algoritmo y una clave para transformar una entrada (texto sin formato) en una salida cifrada (texto cifrado). Un algoritmo dado siempre transformará el mismo texto sin formato en el mismo texto cifrado si se usa la misma clave. Cabe recordar que existen tres tipos de técnicas criptográficas[(24)]:

— *Criptografía de clave simétrica*. Tanto el remitente como el receptor comparten una única clave. El remitente utiliza esta clave para cifrar texto sin formato y enviar el texto cifrado al receptor. Por otro lado, el receptor aplica la misma clave para descifrar el mensaje y recuperar el texto sin formato.

— *Criptografía de clave pública*. Se utilizan dos claves relacionadas (clave pública y privada). La clave pública se puede distribuir libremente, mientras que su clave privada emparejada permanece en secreto.

— *Funciones hash*. No se utiliza ninguna clave en este algoritmo. Se calcula un valor hash de longitud fija según el texto sin formato que hace que sea imposible recuperar el contenido del texto sin formato. Muchos sistemas operativos también utilizan las funciones hash para cifrar contraseñas.

Su funcionamiento se resume en el siguiente esquema (Universidad Politécnica de Valencia[(25)]):

(24) https://www.iebschool.com/blog/que-es-la-criptografia-y-para-que-sirve-finanzas

(25) https://www.upv.es/contenidos/CD/info/711250normalc.html

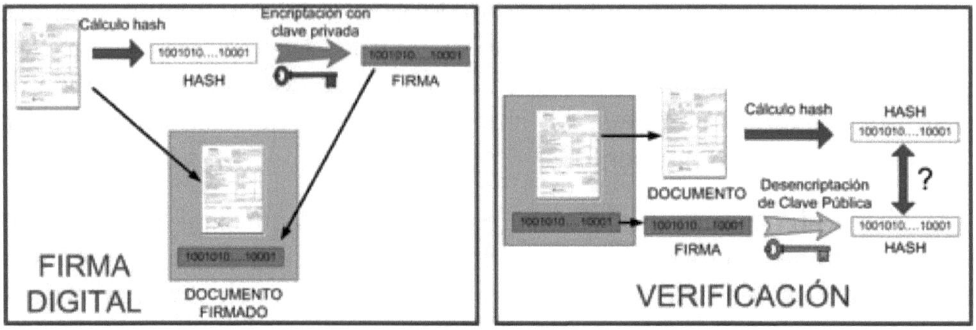

3.4. Otros servicios digitales de confianza

— **Sello electrónico**: datos en formato electrónico anejos a otros datos en formato electrónico, o asociados de manera lógica con ellos, para garantizar el origen y la integridad de estos últimos (artículo 3.25 Reglamento eIDAS):

— Y sello electrónico cualificado es un sello electrónico avanzado que se crea mediante un dispositivo cualificado de creación de sellos electrónicos y que se basa en un certificado cualificado de sello electrónico (artículo 3.25 Reglamento eIDAS).

— **Sello de tiempo electrónico**: datos en formato electrónico que vinculan otros datos en formato electrónico con un instante concreto, aportando la prueba de que estos últimos datos existían en ese instante (artículo 3.33 Reglamento eIDAS):

— Sello cualificado de tiempo electrónico: un sello de tiempo electrónico que cumple los requisitos establecidos en el artículo 42 (artículo 3.34 Reglamento eIDAS).

— **Servicio de entrega electrónica certificada**: un servicio que permite transmitir datos entre partes terceras por medios electrónicos y aporta pruebas relacionadas con la gestión de los datos transmitidos, incluida la prueba del envío y la recepción de los datos, y que protege los datos transmitidos frente a los riesgos de pérdida, robo, deterioro o alteración no autorizada (artículo 3.36 Reglamento eIDAS).

— Servicio cualificado de entrega electrónica certificada: un servicio de entrega electrónica certificada que cumple los requisitos establecidos en el artículo 44 (artículo 3.37 Reglamento eIDAS).

— **Certificado de autenticación de sitio web**: una declaración que permite autenticar un sitio web y vincula el sitio web con la persona física o jurídica a quien se ha expedido el certificado (artículo 3.38 Reglamento eIDAS).

— Certificado cualificado de autenticación de sitio web: un certificado de autenticación de sitio web expedido por un prestador cualificado de servicios de confianza y que cumple los requisitos establecidos en el anexo IV (artículo 3.39 Reglamento eIDAS).

4. DOCUMENTOS ELECTRÓNICOS

4.1. Delimitación conceptual

El artículo 3.35 del Reglamento (UE) 910/2014 lo define como «*todo contenido almacenado en formato electrónico, en particular, texto o registro sonoro, visual o audiovisual*».

El documento electrónico tiene **pleno valor jurídico**, porque «*no se denegarán efectos jurídicos ni admisibilidad como prueba en procedimientos judiciales a un documento electrónico por el mero hecho de estar en formato electrónico*» (artículo 46 Reglamento UE 910/2014). De esta manera, puede ser aportado al juicio como prueba de hechos.

4.2. Valor probatorio de los documentos con firma electrónica

Como recuerda ABEL LLUCH[(26)], la firma electrónica es un mero instrumento tecnológico que permite garantizar la autenticidad e integridad de los documentos electrónicos; de esta manera, el documento electrónico constituye el medio de prueba.

Cabe resaltar que la normativa del Reglamento eIDAS reúne dos características básicas: en primer lugar, recoge un principio general, esto es, no se deben denegar efectos jurídicos a una firma por el mero hecho de ser electrónica o por no cumplir todos los requisitos de la firma electrónica cualificada; y, en segundo lugar, delega en las legislaciones nacionales los efectos jurídicos de tales firmas, salvo para la firma cualificada, que debe tener los mismos efectos jurídicos que la firma manuscrita.

(26) Xavier ABEL LLUCH, «Prueba electrónica», dentro de la obra colectiva *La prueba electrónica*, JM Bosch Editor, 2011, p. 177.

Los efectos probatorios del documento con firma electrónica se contienen en el Reglamento eIDAS. Cabe destacar el artículo 25.1 Reglamento eIDAS: «*No se denegarán efectos jurídicos ni admisibilidad como prueba en procedimientos judiciales a una firma electrónica por el mero hecho de ser una firma electrónica o porque no cumpla los requisitos de la firma electrónica cualificada*».

Este tipo de documento tiene unos efectos similares al documento privado, sin que la introducción de esta modalidad de firma aporte las consecuencias probatorias del documento público electrónico. Por tanto, su valor probatorio dependerá en gran medida de la postura procesal de las partes: impugnación y/o presentación de pruebas complementarias sobre su autenticidad e integridad.

A. Firma electrónica avanzada cualificada con la que se hayan firmado los datos incorporados al documento electrónico:

— *Valor probatorio:* Una firma electrónica cualificada tendrá un efecto jurídico equivalente al de una firma manuscrita en papel (art. 25.2 eIDAS).

— En caso de *impugnación* de la autenticidad de la firma electrónica reconocida con la que se hayan firmado los datos incorporados al documento electrónico: se aplica el artículo 326.4 LEC, al haberse utilizado los servicios de certificación electrónica cualificada:

— *Si se hubiera utilizado algún servicio de confianza cualificado de los previstos en el Reglamento citado en el apartado anterior, se presumirá que el documento reúne la característica cuestionada y que el servicio de confianza se ha prestado correctamente si figuraba, en el momento relevante a los efectos de la discrepancia, en la lista de confianza de prestadores y servicios cualificados.*

— *Si aun así se impugnare el documento electrónico, la carga de realizar la comprobación corresponderá a quien haya presentado la impugnación. Si dichas comprobaciones obtienen un resultado negativo, serán las costas, gastos y derechos que origine la comprobación exclusivamente a cargo de quien hubiese formulado la impugnación. Si, a juicio del tribunal, la impugnación hubiese sido temeraria, podrá imponerle, además, una multa de 300 a 1200 euros.*

B. Firma electrónica avanzada no cualificada. No se le puede negar efectos probatorios (artículo 25.1 Reglamento eIDAS); sus concretas consecuencias se contienen en el artículo 326.3 LEC: «*Cuando la parte a quien interese* *la eficacia de un documento electrónico lo solicite o se impugne su autenticidad, integridad, precisión de fecha y hora u otras características del documento electrónico que un servicio electrónico de confianza no cualificado de los previstos en el Reglamento (UE) 910/2014 del Parlamento Europeo y del Consejo, de 23 de julio de 2014, relativo a la identificación electrónica y los servicios de confianza para las transacciones electrónicas en el mercado interior, permita acreditar, se procederá con arreglo a lo establecido en el apartado 2 del presente artículo y en el Reglamento (UE) n.º 910/2014».*

De los artículos 326.2 y 320 LEC se deduce el siguiente régimen:

— *Cuando se impugnare la autenticidad de un documento privado, el que lo haya presentado podrá pedir el cotejo pericial de letras o proponer cualquier otro medio de prueba que resulte útil y pertinente al efecto* (326.2,1º LEC).

— *Si del cotejo o de otro medio de prueba se desprendiere la autenticidad del documento, se procederá conforme a lo previsto en el apartado tercero del artículo 320. Cuando no se pudiere deducir su autenticidad o no se hubiere propuesto prueba alguna, el tribunal lo valorará conforme a las reglas de la sana crítica* (326.2,2º LEC).

— *Si los documentos públicos estuvieran en soporte electrónico, el cotejo con los originales se practicará por el Letrado de la Administración de Justicia en la oficina judicial, a presencia, si concurrieren, de las partes y de sus defensores, que serán citados al efecto* (320.2,2º LEC).

— *Cuando de un cotejo o comprobación resulte la autenticidad o exactitud de la copia o testimonio impugnados, las costas, gastos y derechos que origine el cotejo o comprobación serán exclusivamente de cargo de quien hubiese formulado la impugnación. Si, a juicio del tribunal, la impugnación hubiese sido temeraria, podrá imponerle, además, una multa de 120 a 600 euros* (320.3 LEC).

C. Firma electrónica simple, con la que se hayan firmado los datos incorporados al documento electrónico. Tampoco se le puede negar efectos probatorios (artículo 25.1 Reglamento eIDAS), siendo aplicables las normas de los documentos electrónicos privados.

4.3. Otras presunciones recogidas en el Reglamento eIDAS

— **Sellos electrónicos** (art. 35.2 eIDAS) + los **sellos de tiempo** (art. 41.2 eIDAS) **+ servicio cualificado de entrega** (art. 43.2 eIDAS) = la firma o el sello correspondiente disfrutan de presunción de integridad o de exactitud:

— Art. 35.2 eIDAS: *Un sello electrónico cualificado disfrutará de la presunción de integridad de los datos y de la corrección del origen de los datos a los que el sello electrónico cualificado esté vinculado.*

— Art. 41.2 eIDAS: *Los sellos cualificados de tiempo electrónicos disfrutarán de una presunción de exactitud de la fecha y hora que indican y de la integridad de los datos a los que la fecha y hora estén vinculadas.*

— Art. 43.2 eIDAS: *Los datos enviados y recibidos mediante un servicio cualificado de entrega electrónica certificada disfrutarán de la presunción de la integridad de los datos, el envío de dichos datos por el remitente identificado, la recepción por el destinatario identificado y la exactitud de la fecha y hora de envío y recepción de los datos que indica el servicio cualificado de entrega electrónica certificada.*

— **Certificados de sitio web** (art. 45 eIDAS) = no contempla una presunción semejante a la de los sellos electrónicos, sellos temporales, y certificados de recepción y envío de datos.

4.4. Eficacia probatoria de documentos electrónicos en otros Estados de la UE

Los documentos expedidos mediante los servicios de confianza cualificados ante un Estado UE también despliegan eficacia probatoria en otro Estado UE de conformidad con las siguientes reglas:

— **Firma electrónica** (art. 25.3 eIDAS) + **sellos electrónicos** (art. 35.3 eIDAS) + los **sellos de tiempo** (art. 41.3 eIDAS) = la firma o el sello correspondiente serán reconocidos como cualificados en todos los Estados miembros de la UE:

— Art. 25.3 eIDAS: *Una firma electrónica cualificada basada en un certificado cualificado emitido en un Estado miembro será reconocida como una firma electrónica cualificada en todos los demás Estados miembros.*

— Art. 35.3 eIDAS: *Un sello electrónico cualificado basado en un certificado cualificado emitido en un Estado miembro será reconocido como un sello electrónico cualificado en todos los demás Estados miembros.*

— Art. 41.3 eIDAS: *Un sello electrónico cualificado basado en un certificado cualificado emitido en un Estado miembro será reconocido como un sello electrónico cualificado en todos los demás Estados miembros.*

— Datos enviados y recibidos mediante servicios de entrega electrónica certificada + certificados de sitio web = Reglamento eIDAS guarda silencio a este respecto.

5. FUTURO: EL REGLAMENTO EIDAS 2

Abordamos la propuesta de Reglamento del Parlamento Europeo y del Consejo de fecha 3 de junio de 2021 COM(2021) 281, por el que se modifica el Reglamento (UE) n.º 910/2014 en lo que respecta al establecimiento de un Marco para una Identidad Digital Europea. Dos son sus principales novedades, que se examinan a continuación.

A. En primer lugar, la propuesta de Reglamento eIDAS 2 pretende **profundizar en la regulación de la identificación electrónica para fomentar su uso transfronterizo, mediante la definición de un marco de identidad digital europea**. El Reglamento eIDAS supuso un gran avance en materia de servicios de confianza y de autenticación de documentos electrónicos, pero no en materia de sistemas de identificación electrónica transfronterizos por parte de las administraciones públicas[27]. En la Exposición de Motivos de la propuesta de Reglamento se destaca lo siguiente: «*Desde la entrada en vigor de la sección del Reglamento relativa a la identidad electrónica en septiembre de 2018, tan solo catorce Estados miembros han notificado al menos un sistema de identidad electrónica. Como resultado de ello, solamente un 59% de los residentes en la UE tienen acceso a sistemas transfronterizos de identidad electrónica fiables y seguros. Solo hay siete sistemas completamente móviles que responden a las expectativas actuales de los usuarios. Puesto que no todos los nodos técnicos establecidos para garantizar la conexión con el marco de interoperabilidad contemplado en el Reglamento eIDAS se encuentran plenamente operativos, el acceso transfronterizo es limitado; asimismo, los servicios públicos accesibles a escala nacional a los que también se puede acceder a través de la red eIDAS son muy escasos*». Esta regulación ha de resultar **aplicable tanto en las relaciones con las Administraciones públicas, como en la realización de negocios jurídicos online en el ámbito privado**; téngase en cuenta que la inmensa mayoría de las necesidades de autenticación remota y de identidad electrónica sigue concentrándose en el sector privado, en particular en ámbitos como la banca, las telecomunicaciones y

(27) Claudia MORGADO considera que lo que promueve la propuesta de eIDAS 2 es el derecho (gratuito y voluntario) de toda persona a tener una identidad digital reconocida en cualquier lugar de la Unión Europea; en «Propuesta de eIDAS 2. El nuevo paradigma de la identificación digital europea», 23 de julio de 2021, https://www.cuatrecasas.com/es/spain/articulo/nueva-propuesta-eidas-2-nuevo-paradigma-identificacion-digital-europea

los operadores de plataformas, a los que la ley exige verificar la identidad de sus clientes

B. En segundo lugar, con la finalidad de responder a las necesidades de unos mercados dinámicos y a los avances tecnológicos(28), **aumenta el catálogo de servicios de confianza que puedan alcanzar la condición de cualificados**, debiéndose señalar los siguientes:

— Servicio de archivo de documentos electrónicos (*archiving services*).
— Servicio de atestación electrónica de atributos (*attestation of attributes*).
— Servicio de registro de datos electrónicos en libros de contabilidad electrónicos (*electronic ledgers*).
— Servicio de gestión de dispositivos remotos de creación de firmas electrónicas y sellos electrónicos (*remote signing*).

5.1. La identificación electrónica en la propuesta Reglamento eIDAS 2

Frente al sistema vigente, la propuesta de Reglamento eIDAS 2 es mucho más ambiciosa, contemplando un sistema para la identificación digital en toda la UE:

— **Ante entidades públicas y ante entidades privadas.**
— Basado en la **identidad Auto-Soberana** (SSI.Self-Sovereign Identity)(29). Este tipo de solución tiene el propósito de reaccionar frente a los riesgos del sistema actual que se describieron anteriormente:

— Frente a riesgos de ciberseguridad, pretende aprovechar la mayor seguridad de **tecnología blockchain**(30).

(28) Ricardo OLIVA LEÓN, «Monedero digital de identidad europea y propuesta de Reglamento eIDAS 2», 16 de junio de 2021, https://www.algoritmolegal.com/entorno-juridico-internet/reglamento-eidas-2/

(29) Steffen SCHWALM e Ignacio ALAMILLO-DOMINGO, «Self-Sovereign-Identity & eIDAS: a Contradiction? Challenges and Chances of eIDAS 2.0», *European Review of Digital Administration & Law,* Erdal 2021, Volume 2, Issue 2, pp. 89-108.

(30) EIDAS 2 está basado en los conceptos de la identidad descentralizada. No deja de ser sorprendente que, con un origen en el mundo tan alternativo como el del blockchain, este modelo haya servido de base para la nueva regulación de identidad europea; «La historia de la identidad auto soberana», 23 de mayo de 2022; https://es.validatedid.com/posts/la-historia-de-la-identidad-auto-soberana.

— Frente a los riesgos sobre la privacidad: quiere posibilitar un efectivo **control de los datos por su titular**. No se puede deletrear identidad sin un «yo» (ALLEN).

OLIVA destaca determinados ejemplos de uso[31]: un ciudadano podrá descargarse, almacenar y utilizar datos personales básicos (permiso de conducir, un diploma de estudios o una tarjeta bancaria) de modo digital sin necesidad de tener que llevarlos físicamente; permitirá acreditar la edad en una discoteca de tal forma que, en vez de mostrar el DNI físico, el ciudadano utilizará su Monedero Digital de Identidad Europeo sin tener que mostrar al guardia de seguridad ningún otro dato personal; posibilitará el alquiler de un coche en el aeropuerto sin tener que hacer colas y sin tener que escanear una copia del pasaporte o documento de identidad, permiso de conducción y tarjeta de crédito, y sin tener que firmarse todos los documentos presencialmente, por lo que la empresa de alquiler podrá darle al ciudadano la llave del auto en el aparcamiento o bien permitirle que el vehículo arranque a través de su teléfono móvil; y facilitará demostrar la identidad en un país diferente al de origen. En el nuevo país de residencia el ciudadano podrá contratar diversos servicios en línea (abrir una cuenta bancaria, comprar una tarjeta SIM para su teléfono móvil o abonarse a una tarjeta de transporte público).

5.1.1. Conceptos fundamentales

Los elementos fundamentales del sistema diseñado por la propuesta eIDAS 2 son los siguientes:

— **Identidad digital:** conjunto de atributos en un contexto digital (online).

— **Atributo**: un rasgo, característica o cualidad de una persona física o jurídica o de una entidad, en formato electrónico[32].

— **Identidad basada en atributos**: el ciudadano puede decidir cada vez qué elementos de su identidad (atributos) comparte con cada uno de sus interlocutores[33] (**minimización**).

(31) Ricardo OLIVA LEÓN, «Monedero digital de identidad europea y propuesta de Reglamento eIDAS 2», 16 de junio de 2021, https://www.algoritmolegal.com/entorno-juridico-internet/reglamento-eidas-2/

(32) Artículo 3.43 de la propuesta Reglamento eIDAS 2.

(33) Alberto PARTIDA, «eIDAS: Innovación legislativa... compitiendo con gigantes», *Revista SIC,* n.º 147; https://revistasic.es/revista-sic/sic-147/cavilaciones-seguras/

— **Declaración electrónica de atributos**: es una declaración en formato electrónico que permite la autenticación de atributos[34].

— **Identidad auto-soberana**: es la identidad gestionada por cada persona individualmente, sin dependencia de terceras partes[35].

— **Registros descentralizados de información**: las pruebas de la propiedad de los identificadores descentralizados y las credenciales verificables se almacenan en una red o registro descentralizado. El emisor deja todas las pruebas criptográficas necesarias para verificar esa credencial digital (firmas digitales, sellos de tiempo, etc.) en un registro descentralizado público. Esto permite que cualquiera pueda verificar las credenciales digitales sin necesidad de interactuar con el emisor directamente.

— **Billeteras digitales**: son repositorios personales portables y seguros. Pueden ser aplicaciones móviles que nos permiten administrar nuestros identificadores, autenticadores, datos y credenciales verificables en nuestro teléfono, estando éstos completamente protegidos y bajo nuestro control. De este modo, podemos decidir qué información compartimos y con quién, en forma de presentaciones verificables.

5.1.2. Principios de la Identidad Autosoberana

Siguiendo a ALLEN[36], los principios de la identidad Auto-Soberana (SSI-Self-Sovereign Identity) son los siguientes:

1. **Existencia**: el usuario debe tener una existencia independiente. La identidad auto soberana simplemente hace públicos y accesibles algunos aspectos del «yo» que ya existe.
2. **Control**: el usuario debe controlar su identidad. A pesar de que la identidad del usuario está sometida al tratamiento por parte algoritmos que la validan, el usuario debe ser la máxima autoridad de su propia identidad. Siempre deberá poder consultarla, actualizarla o, incluso, esconderla.
3. **Acceso**: el usuario debe poder acceder a sus propios datos. No puede haber datos ocultos o información inaccesible para el dueño de la identidad.

(34) Artículo 3.44 de la propuesta Reglamento eIDAS 2.

(35) Ignacio ALAMILLO, «El uso de sistemas de identidad auto-soberana en el sector público español y en la Unión Europea», *Blockchain Law Institute,* 2019.

(36) Cristopher Allen, «The Path to Self-Sovereign Identity», 25 de abril de 2016, http://www.lifewithalacrity.com/2016/04/the-path-to-self-sovererеign-identity.html

4. **Transparencia**: los algoritmos y los sistemas deben ser transparentes.

5. **Persistencia**: las identidades deben ser longevas. A ser posible, deberían durar para siempre o, como mínimo, hasta cuando el usuario quiera. Esto no puede contradecir el «derecho al olvido»: el usuario debe poder eliminar una identidad si así lo desea.

6. **Portabilidad**: la información y los servicios relacionados con la identidad deben ser fácilmente transportables. La portabilidad garantiza que la identidad de un usuario puede ser transferida y almacenada en múltiples lugares, a su propia discreción.

7. **Interoperabilidad**: la identidad puede utilizarse de la forma más amplia posible. El objetivo de crear un sistema de identidad digital es que la información esté disponible en todo el mundo, sin que el usuario pierda el control de su identidad.

8. **Consentimiento**: el usuario debe consentir el uso de su identidad. Aunque otros usuarios, como la empresa en la que trabaja, el seguro médico o un amigo pueden presentar datos, el usuario siempre tiene que dar el consentimiento para que estos datos sean válidos.

9. **Minimización**: la divulgación de los datos propios debe ser mínima. Cuando se comparten datos de un usuario, la divulgación de la información debe incluir la menor cantidad posible de información para poder llevar a cabo la transacción. Por ejemplo, si se requiere la edad mínima de un usuario para una transacción, no se puede exigir que proporcione la fecha exacta de su nacimiento, sino simplemente que cumple la condición.

10. **Protección**: los derechos de los usuarios deben ser respetados. Cuando hay un conflicto entre las necesidades de la red de identidad y los derechos de los usuarios, la red debe estar a favor de preservar las libertades y derechos de las personas.

5.1.3. Sistema de identificación eIDAS 2

La propuesta eIDAS 2 regula los EUDI Wallet (**European Union Digital Identity Wallet**) o Cartera IDUE (**Cartera de Identidad Digital de la Unión Europea**). Esta Cartera es expedida por el Estado miembro para permitir a la persona titular almacenar sus datos identificativos, sus credenciales y otros atributos conectados con su identidad, pudiendo usarla tanto para la identificación online como offline de personas físicas y jurídicas, así como para acceder a todo tipo de servicios públicos o privados (proveedores de servicios de transporte, energía, bancos y servicios financieros, seguridad social, salud, agua, servicios postales, infraestructura digital, educación o telecomunicaciones), bajo el control de su titular, en el ámbito territorial de toda la Unión Europea. El sistema funciona de la siguiente forma:

— Cada Estado miembro emitirá una cartera de identidad digital europea dentro de los doce meses siguientes a la entrada en vigor del presente Reglamento.
— Las carteras serán emitidas por entidades independientes, pero reconocidas por un Estado miembro.
— Los Estados miembros informarán a la Comisión, sin dilación indebida, sobre las carteras de identidad digital europea que se hayan emitido; e informarán a la Comisión sin dilación indebida cuando la certificación sea cancelada.
— Sobre la base de la información recibida, la Comisión establecerá, publicará y mantendrá una lista de carteras de identidad digital europea certificadas.

5.2. Servicio de libro mayor electrónico

El servicio de registro de datos electrónicos en libros de contabilidad electrónicos (*electronic ledgers*) es un tipo de servicio que se fundamenta en las llamadas DLT y que tiene múltiples aplicaciones. Como recuerda la Exposición de Motivos de la propuesta de Reglamento eIDAS2, en 2017, los sectores bancario y financiero concentraban el 75% de los casos de uso de los libros mayores electrónicos; hoy en día dichos casos de uso presentan una diversidad creciente: el 17% corresponde a la comunicación y los medios de información, el 15% a la producción industrial y los recursos naturales, el 10% al sector público, el 8% al sector de los seguros, el 5% al comercio al por menor, el 6% al transporte y el 5% a los servicios esenciales

5.2.1. ¿Qué son las DLT (Distributed Ledger Technology) o Tecnología Libro Mayor Distribuido?

En esta parte, la propuesta de Reglamento contiene una regulación de las DLT, pretendiendo establecer un marco de confianza y responsabilidad. Las DLT (Distributed Ledger Technology) o Tecnología Libro Mayor Distribuido consisten en un consenso de datos digitales replicados, compartidos y sincronizados geográficamente que están distribuidos en múltiples sitios, países o instituciones[37]. De esta manera, no existe una autoridad, administrador o almacenamiento de datos centralizado que ejerza de árbitro y verificador; convirtiéndolo en un sistema más seguro (no se puede «hackear» la base de datos al no haber un ordenador central al que atacar)[38]: la propia naturaleza de un DLT los hace inmunes a los ataques cibernéticos, porque todas las copias almacenadas en la red habrían de ser atacadas al mismo tiempo para que el ataque tuviera éxito. Una de las formas más representativas de esta tecnología DLT o tecnologías de libro mayor distribuido son los sistemas de pago.

Las tecnologías DLT son el género, siendo la tecnología Blockchain una especie dentro del mismo, de tal forma que todas las redes blockchain son tecnologías DLT pero no todas las DLT son tecnología blockchain. Ambas utilizan protocolos del tipo P2P o peer-to-peer. Sin embargo, a diferencia de Blockchain, las DLT no necesariamente necesitan tener una estructura de datos en bloques[39].

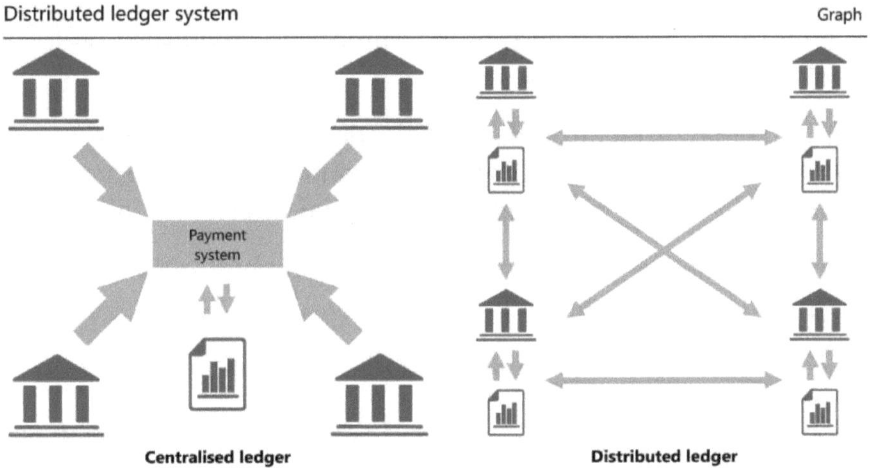

Fuente: https://www.iebschool.com/blog/que-son-las-dlt-y-en-que-se-diferencian-de-blockchain-digital-business/

(37) https://www.diariobitcoin.com/glossary/dlt/

(38) Javier SÁEZ HURTADO, «Qué son las DLT y en qué se diferencian de Blockchain», 1 de julio de 2021, https://www.iebschool.com/blog/que-son-las-dlt-y-en-que-se-diferencian-de-blockchain-digital-business/

(39) Javier SÁEZ HURTADO, «Qué son las DLT y en qué se diferencian de Blockchain», 1 de julio de 2021, https://www.iebschool.com/blog/que-son-las-dlt-y-en-que-se-diferencian-de-blockchain-digital-business/

5.2.2. *¿Qué es y para qué sirve el servicio de libro mayor electrónico?*

El libro mayor electrónico es un «*registro electrónico inviolable de datos que garantiza la autenticidad y la integridad de los datos que contiene, la exactitud de su fecha y hora y su orden cronológico*» (artículo 3.53 del proyecto). Siguiendo a OLIVA LEÓN, se puede señalar diversos casos de uso[(40)]: la puesta en común de datos de fuentes descentralizadas, las soluciones de identidad autónomas, para atribuir la propiedad de los activos digitales (muy útil en los procesos de tokenización de activos), para registrar los procesos comerciales, para auditar el cumplimiento de los criterios de sostenibilidad y para diversos casos de uso en los mercados de capital.

5.2.3. *¿Cuáles son sus efectos jurídicos?*

La utilización de «electronic ledgers» (artículo 45 nonies de la propuesta de Reglamento eIDAS2) tendrá los siguientes efectos jurídicos:

1. No se denegarán efectos jurídicos ni admisibilidad como prueba en procedimientos judiciales a un libro mayor electrónico por el mero hecho de estar en formato electrónico o de no cumplir los requisitos de los libros mayores electrónicos cualificados.

2. Un libro mayor electrónico **cualificado** gozará de **la presunción de unicidad y autenticidad de los datos que contiene, de la exactitud de su fecha y hora y del orden cronológico secuencial interno** del libro mayor.

El artículo 45 decies de la propuesta de Reglamento eIDAS2 recoge los requisitos para los «electronic ledgers»:

a) Estar creado por uno o más prestadores cualificados de servicios de confianza.

b) Garantizar la unicidad, autenticidad y correcta secuenciación de las entradas de datos grabadas en el libro mayor.

c) Garantizar el orden cronológico secuencial correcto de los datos que contiene el libro mayor y la exactitud de la fecha y la hora de la entrada de datos.

d) Grabar datos de modo que sea posible detectar de forma inmediata cualquier modificación posterior de estos.

---

(40) Ricardo OLIVA LEÓN, «Monedero digital de identidad europea y propuesta de Reglamento eIDAS 2», 16 de junio de 2021, https://www.algoritmolegal.com/entorno-juridico-internet/reglamento-eidas-2/

Por último, el apartado 2 del artículo 45 decies establece que *se presumirá el cumplimiento de los requisitos establecidos en el apartado 1 cuando un libro mayor electrónico se ajuste a las normas a que se refiere el apartado 3*; es decir: *la Comisión podrá establecer, por medio de actos de ejecución, números de referencia de normas para los procesos de ejecución y registro de un conjunto de datos en un libro mayor electrónico cualificado, así como para la creación de dicho libro mayor. Estos actos de ejecución se adoptarán con arreglo al procedimiento de examen contemplado en el artículo 48, apartado 2.*

5.3. Servicio de declaración electrónica de atributos

5.3.1. ¿Qué es y para qué sirve?

La declaración electrónica de atributos (attestation of attributes) es una declaración en formato electrónico que permite la autenticación de atributos. Como se recuerda en la Exposición de Motivos de la Propuesta eIDAS 2 (apartado 27), cualquier entidad que recopile, cree y emita atributos certificados, como diplomas, permisos o certificados de nacimiento, debe tener la posibilidad de expedir declaraciones electrónicas de atributos; y las partes usuarias deben utilizar las declaraciones electrónicas de atributos como equivalentes a las declaraciones emitidas en formato impreso.

La propuesta contempla que no se deben denegar los efectos jurídicos de una declaración electrónica de atributos por el mero hecho de haber sido emitida en formato electrónico o porque no cumpla todos los requisitos de la declaración electrónica de atributos cualificada. Con este fin, deberán establecerse requisitos generales para asegurar que una declaración electrónica de atributos cualificada tenga un efecto jurídico equivalente al de las declaraciones legalmente emitidas en formato impreso. Sin embargo, tales requisitos deberán aplicarse sin perjuicio del Derecho nacional o de la Unión que defina los requisitos adicionales específicos del sector con respecto a los efectos jurídicos subyacentes de cada formato, y, en particular, el reconocimiento transfronterizo de la declaración electrónica de atributos cualificada, cuando corresponda.

5.3.2. ¿Qué efectos jurídicos tiene la declaración electrónica de atributos?

— No se denegarán efectos jurídicos ni admisibilidad como prueba en procedimientos judiciales a una declaración electrónica de atributos por el mero hecho de estar en formato electrónico.

— Y no se deben denegar los efectos jurídicos de una declaración electrónica de atributos porque no cumpla todos los requisitos de la declaración electrónica de atributos cualificada; otra cosa es que no concurran los efectos jurídicos privilegiados que se recogen en el siguiente apartado.

— Una declaración electrónica cualificada de atributos:

— Tendrá los mismos efectos jurídicos que las declaraciones lícitamente emitidas en formato impreso.
— La emitida en un Estado miembro será reconocida como declaración electrónica cualificada de atributos en cualquier otro Estado miembro.
— Se presumirá el cumplimiento de los requisitos establecidos en el anexo V cuando una declaración electrónica cualificada de atributos se ajuste a las normas que establezca la Comisión por medio de un acto de ejecución sobre la implantación de las carteras de identidad digital europea

5.3.3. ¿Qué requisitos que debe cumplir la declaración cualificada de atributos?

Una declaración electrónica cualificada de atributos es la emitida por un prestador cualificado de servicios de confianza y que cumple los requisitos establecidos en el anexo V. La declaración electrónica de atributos cualificada contendrá (Anexo V):

a) Una indicación, al menos en un formato adecuado para el tratamiento automático, de que la declaración ha sido expedida como declaración electrónica de atributos cualificada.
b) Un conjunto de datos que represente inequívocamente al prestador cualificado de servicios de confianza que expide la declaración electrónica de atributos cualificada, incluyendo como mínimo el Estado miembro en el que dicho prestador está establecido, y

— para las personas jurídicas: el nombre y, cuando proceda, el número de registro según consten en los registros oficiales,
— para las personas físicas: el nombre de la persona,

c) Un conjunto de datos que represente inequívocamente a la entidad a que se refieren los atributos declarados; si se usara un seudónimo, se indicará claramente;

d) El atributo o atributos declarados, incluyendo, cuando proceda, la información necesaria para identificar el alcance de dichos atributos;

e) Los datos relativos al inicio y final del período de validez de la declaración;

f) El código de identidad de la declaración, que debe ser único para el prestador cualificado de servicios de confianza y, si procede, la indicación del régimen de declaraciones al que pertenece la declaración de atributos;

g) La firma electrónica avanzada o el sello electrónico avanzado del prestador de servicios de confianza expedidor;

h) El lugar en que está disponible gratuitamente el certificado que respalda la firma electrónica avanzada o el sello electrónico avanzado a que se hace referencia en la letra f);

i) La información o la localización de los servicios que pueden utilizarse para consultar el estado de validez de la declaración cualificada.

En relación con los servicios públicos, la propuesta eIDAS 2 contiene una norma específica (artículo 45 ter): *cuando la legislación nacional exija una identificación electrónica utilizando un medio de identificación electrónica y una autenticación para acceder a un servicio en línea prestado por un organismo público, los datos de identificación personal contenidos en la declaración electrónica de atributos no sustituirán a la identificación electrónica utilizando un medio de identificación electrónica y una autenticación para la identificación electrónica a menos que el Estado miembro o el organismo público lo autoricen expresamente. En tal caso, también se aceptarán las declaraciones electrónicas cualificadas de atributos procedentes de otros Estados miembros.*

5.4. Otros servicios de certificación electrónica o de confianza en eIDAS 2

5.4.1. Servicio de gestión de dispositivos remotos de creación de firmas electrónicas y sellos electrónicos

La firma en la nube es un sistema de firma electrónica o de sello electrónico en el que los certificados digitales de los firmantes se alojan en un servidor centralizado (servidor seguro—HSM), en vez de hacerlo en los dispositivos de cada signatario. Se trata de un servicio prestado en soluciones móviles y en la nube, en los que el entorno es gestionado por un prestador de servicios de confianza en nombre del titular (*remote signing*). Este tipo de firma electrónica (o de sello electrónico) proporciona a sus usuarios una movilidad completa, porque les permite firmar desde cualquier dispositivo conectado a Internet, incluidos teléfonos móviles, computadoras portátiles y tabletas. De esta manera, libera a las entidades y empresas de la necesidad de instalar localmente dispositivos de firma.

En la normativa vigente actual, este servicio puede ser prestado por entidades de prestación de servicios de confianza. El Reglamento eIDAS 2 regulará las condiciones para que dicho servicio tenga el carácter de cualificado:

— Dispositivo cualificado remoto de creación de firmas: un dispositivo cualificado de creación de firmas utilizado por un prestador cualificado de servicios de confianza para generar, gestionar o duplicar los datos de creación de firmas electrónicas en nombre de un signatario.

— Dispositivo cualificado remoto de creación de sellos: un dispositivo cualificado de creación de sellos utilizado por un prestador cualificado de servicios de confianza para generar, gestionar o duplicar los datos de creación de firmas electrónicas en nombre de un creador de sellos.

— La gestión de dispositivos cualificados remotos de creación de firmas electrónicas como servicio cualificado es una función reservada en exclusiva a un proveedor cualificado de servicios de confianza que:

— Cree o gestione datos de creación de firmas electrónicas en nombre del signatario.

— Duplique los datos de creación de firmas electrónicas exclusivamente con fines de copia de seguridad (sin perjuicio de lo dispuesto en el punto 1, letra d, del anexo II), siempre y cuando se cumplan los requisitos siguientes:

— la seguridad de los conjuntos de datos duplicados es del mismo nivel que para los conjuntos de datos originales;

— el número de conjuntos de datos duplicados no supera el mínimo necesario para garantizar la continuidad del servicio;

— Cumple todos los requisitos identificados en el informe de certificación del dispositivo cualificado remoto específico de creación de firmas emitido en virtud del artículo 30.

5.4.2. Servicio de archivo electrónico

Destinado a la conservación de documentos electrónicos (servicios de archivo digital), se trata de un servicio que garantiza la recepción, el almacenamiento, la eliminación y la transmisión de datos o documentos electrónicos para asegurar su integridad y la exactitud de su origen y sus características jurídicas a lo largo del período de conservación.

Y dicho servicio será cualificado si cumple los requisitos exigidos por el artículo 45 octies: solamente podrá prestar un servicio cualificado de archivo electrónico un prestador cualificado de servicios de confianza que utilice procedimientos y tecnologías capaces de ampliar la fiabilidad del documento electrónico más allá del período de validez tecnológico. A tal efecto, se contempla que, dentro de los doce meses siguientes a la entrada en vigor del presente Reglamento, la Comisión establecerá, por medio de actos de ejecución, los números de referencia de las normas para los servicios de archivo electrónico.

10.

ACTIVOS Y MEDIOS DE PAGO DIGITALES. REGLAMENTO MICA

Eloy Velasco
Magistrado-Juez de la Audiencia Nacional

1. INTRODUCCIÓN
2. EMISORES (ISSUES) DE CRIPTOACTIVOS
3. PRESTADORES DE SERVICIOS DE CRIPTOACTIVOS (CASP)
4. ABUSO DE MERCADOS
5. ENTIDADES SUPERVISORAS

1. INTRODUCCIÓN

El Reglamento MiCA forma parte del *DIGITAL FINANCE PACKAGE (DFP),* **paquete en materia de finanzas** digitales de la Unión Europea, que, de una manera ordenada y segura consta de cuatro propuestas legislativas:

— ***RÉGIMEN PILOTO***: Reglamento sobre régimen piloto de las infraestructuras del mercado basadas en tecnología de registro descentralizado (TRD) con un sandbox de entrenamiento y prueba con sistema de permisos para poder operar con limitación de valores admitidos a cotización.

— ***DORA***: Reglamento sobre (*Resiliencia*) resistencia operacional digital del sector financiero, que modifica Reglamentos anteriores, con la intención de mitigar riesgos derivados de la dependencia de proveedores de Operadoras tecnológicas (externalización) al prestar servicios financieros.

— ***MiCA***: Reglamento de mercado de criptoactivos que regula el régimen para poder emitir los que actualmente no están regulados, sus proveedores y los transaccionadores por cuenta de tercero.

— MODIFICACIÓN DE **OTRAS DIRECTIVAS**: Con la intención de aclarar o modificar normas conexas de la UE en materia de servicios financieros, entre ellas, el Reglamento TFR 2015/847 relativo a la información que acompaña a las TRANSFERENCIAS DE FONDOS.

1.1. Estructura

Se trata de un Reglamento (en consecuencia, una norma de aplicación directa en los 27 países de la Unión desde el mismo día de su entrada en vigor/aplicación y con idéntico texto y obligaciones para todos sus EMs) con claras pretensiones de realizar una **armonización legal** directa, para, adaptándose a la **era digital**, contribuir a una economía con visión de futuro, posibilitando **tecnologías innovadoras**, en especial la cadena de bloques y la tecnología de **registro descentralizado**, y los **negocios** a ellas vinculados.

Consta de 126 artículos.

Su **Título I**, contempla su **Objeto, ámbito de aplicación y definiciones.**

Su **Título II**, regula **los Criptoactivos distintos de fichas referenciadas a activos (ARTs) o fichas de dinero electrónico (EMTs).**

Su **Título III**, contempla **las Fichas referenciadas a activos (ARTs)**

Dentro de él se regulan: la Autorización para la oferta pública de fichas referenciadas a activos y la solicitud de su admisión a negociación en una plataforma de negociación de criptoactivos (Cap. I), las Obligaciones de los emisores de fichas referenciadas a activos (Cap. II), la reserva de activos (Cap. III), las adquisiciones de emisores de fichas referenciadas a activos (Cap. IV), las fichas significativas referenciadas a activos (Cap. V) y la Liquidación ordenada (Cap. VI).

Su **Título IV**, contempla sus **Fichas de dinero electrónico (EMTs).**

Comprende: Requisitos que deben cumplir todos los emisores de Fichas de dinero electrónico (Cap. I) y fichas significativas de dinero electrónico (Cap. II).

Su **Título V**, contempla la **Autorización y condiciones de ejercicio de la actividad de los proveedores de servicios de criptoactivos.**

Abarca la regulación de: Autorización de los proveedores de servicios de criptoactivos (Cap. I), Obligaciones de todos los proveedores de servicios de criptoactivos (Cap. II), Obligaciones para la prestación de servicios específicos de criptoactivos (Cap. III) y Adquisición de proveedores de servicios de criptoactivos (Cap. IV).

Su **Título VI**, regula la **Prevención del abuso de mercado en relación con criptoactivos.**

Su **Título VII**, regula las **Autoridades competentes: ABE y AEVM.**

Dentro de él, contempla las Facultades de las autoridades competentes y cooperación entre las autoridades competentes, la ABE y la AEVM (Cap. I), Medidas y sanciones administrativas de las autoridades competentes (Cap. II), Responsabilidades de la ABE en materia de supervisión de emisores de fichas significativas referenciadas a activos y de fichas significativas de dinero electrónico y colegios de supervisores (Cap. III) y Facultades y competencias de la ABE en relación con los emisores de fichas significativas referenciadas a activos y de fichas significativas de dinero electrónico (Cap. IV).

Su **Título VIII**, regula los **Actos delegados y actos de ejecución**

Finalmente, su **Título IX:** las **Disposiciones transitorias y finales.**

Los **Anexos** describen ***el* contenido mínimo exigible a los libros blancos** de emisores de criptoactivos **(I), de ARTs (II), y de EMTs (III),** los requisitos mínimos de **capital** de los proveedores de servicios de criptoactivos **(IV),** así como las **infracciones posibles** a los emisores de ARTs significativas **(V)** y de EMTs significativas **(VI).**

1.2. Objetivos. (Art. 1)

El Reglamento MiCA regula la materia relativa al *mercado de criptoactivos* (Market in crypto assets).

Intenta establecer **seguridad jurídica** en ese sector pretendiendo la:

— Estabilidad y política monetaria ordenada —seguridad jurídica— y la

— Uniformidad —y libre competencia— en el mercado —único— interior de servicios financieros de los 27 EMs.

Conforme a lo dispuesto en el (Art. 1) su **materia de regulación** principal es el:

1. Proceso de **emisión** y negociación —proveedores de servicios— de **criptoactivos** (referenciados a activos y de dinero electrónico) —transparencia y divulgación de información—.
2. Prestación de **servicios** con criptoactivos por emisores y proveedores
3. **Gobernanza**: operativa, organización, gobierno interno
4. Medios de **protección al consumidor** (información sobre riesgos, costes y cargos) e inversor minorista y
5. Medidas de **prevención de abuso de mercado** o que afecten a su integridad.

De manera que el Reglamento MiCA intenta:

— Normalizar el tráfico mercantil de los distintos tipos de criptoactivos que aporten **seguridad y estabilidad** financiera (utility tokens, stablecoins (ARTs) + e-money tokens (EMTs) y NFT fraccionables).

— Regula todas las **stablecoins** (no excluye las algorítmicas) pero sí excluye que devenguen interés.

— Se adentra en materia de **sostenibilidad** para evitar fuertes impactos en el medio ambiente, da mayor libertad al funcionamiento operativo y tecnológico (no prohíbe el protocolo de consenso Proof of work PoW), pero exige informar sobre la huella medioambiental y cumplir los desarrollos que indique la ESMA.

— Tampoco regula las **finanzas descentralizadas:** deja sus protocolos y prácticas (staking/yield farming) fuera del alcance del supervisor.

1.3. Entrada en vigor/aplicación

Tiene prevista su aplicación (Art. 126) 18 meses después de los 20 días (de entrada en vigor) que siguen a su publicación en el DOUE (período de año y medio en que las empresas implicadas deberán cumplir los requisitos que se imponen para poder ejercer sus prestaciones con las garantías para el inversor que pretende sentar la norma): de manera que se calcula que su entrada en aplicación real operará a **principios de 2024**.

1.4. Conceptos (Art. 3)

De los diferentes conceptos que describe este precepto, destacamos los siguientes:

El concepto general de **Criptoactivo** (Art. 3.1.2): representación digital de valor o derechos que puede transferirse y almacenarse electrónicamente, mediante la tecnología de registro descentralizado (TRD) o una tecnología similar.

Busca la norma una **definición** lo más **amplia** posible y duradera a fin de abarcar todos los tipos de criptoactivos que actualmente quedan fuera del ámbito de aplicación de la legislación de la Unión en materia de servicios financieros.

A la vez que, para contribuir igualmente al objetivo de luchar contra el blanqueo de capitales y la financiación del terrorismo, se pretende que su concepto se corresponda con la definición de «**activos virtuales**» establecida en las recomendaciones del Grupo de Acción Financiera Internacional (GAFI).

La consecución de sendos objetivos permitirá así que los crioptoactivos aporten ventajas tanto a los participantes en el mercado como a sus consumidores, ya que al simplificar su emisión, los procesos de captación de capital e intensificar la competencia, supondrán una forma más barata, menos gravosa y más inclusiva de financiar a las pequeñas y medianas empresas (pymes).

De esta amanera, el Reglamento MiCA incluye y regula los **servicios que prestan empresas profesionales con activos digitales o electrónicos** que transmiten valor en el mercado de tráfico jurídico por una vía electrónica entre partes no confiables, cuyas atribuciones principales son ser transferibles, almacenables y negociables electrónicamente, a través de tecnología de registro descentralizado (TRD) o cadena de bloques, que permite que esas transacciones de valor electrónicas y seguras entre partes no confiables, se ejecuten sin la presencia de intermediarios centralizados —no hay una Autoridad central ni intermediadora—.

Dentro de los criptoactivos, la norma define, describe y clasifica los (**tokens** o fichas) **de carácter no financiero** (pues estos se regulan por otros instrumentos normativos, singularmente, la Directiva MIFID y el Reglamento MIFID2), de manera que con su expresa observación legal acaba con los efectos negativos de su anterior falta de normación, especialmente posibilitando una ordenada observación de los **servicios relacionados con los criptoactivos**: (Art. 3.1.9) explotación de plataformas de negociación de criptoactivos, canje de criptoactivos por moneda fiat u otros criptoactivos, custodia de criptoactivos...., de modo que así, amplía la protección de sus tenedores también a la normativa relativa a la protección de los consumidores, a la vez que potencia la seguridad de la integridad del mercado secundario de esos criptoactivos, para evitar en lo posible manipulaciones de ese concreto mercado.

Define así tres **subcategorías de criptoactivos**, que conforman el:

1.4.1. Ámbito objetivo del Reglamento

1) Ficha referenciada a activos (Assets Refered Tokens) como (art. 3.1.3): un tipo de criptoactivo que, a fin de mantener un valor estable, se referencia al valor de varias monedas fiat de curso legal, una o varias materias primas, uno o varios criptoactivos, o una combinación de dichos activos.

El objetivo que, con frecuencia, se persigue al estabilizar el valor es que los titulares de las fichas referenciadas a activos (conocidas como stablecoins) las usen como medio de pago para la compra de bienes y servicios y como depósito de valor.

2) Ficha de dinero electrónico (E-Money Tokens) (Art. 3.1.4): un tipo de criptoactivo cuya principal finalidad es la de ser usado como medio de intercambio y que, a fin de mantener un valor estable, se referencia al valor de una moneda fiat de curso legal.

De manera que la EMT (que también es una stablecoin) únicamente se referencia a una concreta y única moneda fiat (v. gr: el euro) de curso legal, y no a varias ni a materias primas, de manera que se convierte en la representación digital de una moneda fiat, e igual que ella, se usa como medio de pago, como dinero electrónico, sustituyendo a las monedas y billetes a la hora de efectuar pagos, que pueden resultar así más baratos, rápidos y eficientes, en particular en su uso a nivel transfronterizo, dado que se limitan el número de intermediarios.

3) Ficha de servicio (Utility Tokens) (Art. 3.1.5): un tipo de criptoactivo usado para dar acceso digital a un bien o un servicio, disponible mediante TRD, y aceptado únicamente por el emisor de la ficha en cuestión.

Al perseguir fines no financieros relacionados con la explotación de una plataforma digital y de servicios digitales, deben considerarse un tipo específico de criptoactivos, que, como decimos, dan acceso a un bien o servicio —aplicación de un registro distribuido—, que deben estar aceptados por su emisor, para dejar que terceros usuarios los disfruten.

1.4.2. Ámbito subjetivo del Reglamento

Por otra parte —y es una de sus finalidades principales (Art. 1 b y c), si no la principal— la norma regula de un modo armonizado especialmente los **servicios conexos o relacionados con criptoactivos** siempre que permanezcan ajenos a la materia —excluida— de servicios financieros, de cara a favorecer la innovación y la competencia leal, garantizando al mismo tiempo un elevado nivel de protección de los consumidores y de integridad de los mercados de criptoactivos, permitiendo a sus proveedores expandir sus negocios a escala transfronteriza y facilitándoles el acceso a los servicios bancarios, a la vez que garantizando la estabilidad financiera y abordando los riesgos relacionados con la política monetaria que puedan derivarse de aquellos criptoactivos que, a fin de estabilizar su precio, se referencian a una moneda, un activo o una cesta de activos.

Por otra parte, ese reforzamiento de la protección de los consumidores, la integridad del mercado y la estabilidad financiera (art. 1 d), **no pretende regular la tecnología subyacente** del uso de registros descentralizados, que se mantiene neutral y que únicamente se contempla como necesaria para la emisión o transferencia de estos activos digitales.

Así, se potencia en el seno de la Unión Europea la **innovación digital** mediante el fomento de la confianza en este tipo de activos digitales a la vez que se **desarrolla su mercado** sin perder las oportunidades que brindan los servicios digitales innovadores, los instrumentos de **pago alternativos** o las nuevas **fuentes de financiación** para las empresas.

Por ello, describe 1) al **Emisor (Issuer) de criptoactivos como** (art. 3.1.6): la persona jurídica que oferta al público cualquier tipo de criptoactivo o que solicita la admisión de cualquier tipo de criptoactivo en una plataforma de negociación de criptoactivos, entendiendo por **Oferta pública** (art. 3.1.7): la oferta hecha a terceros de adquirir un criptoactivo a cambio de una moneda fiat u otros criptoactivos.

Y 2) **Proveedor de servicios de criptoactivos** (art. 3.1.8): la persona cuya actividad o negocio consista en la prestación profesional (por lo tanto, no esporádica) de uno o varios servicios de criptoactivos a terceros, que se describen como: todo servicio y actividad, en relación con cualquier criptoactivo, enumerando como propios los siguientes (art. 3.1.9):

a) la **custodia y la administración** de criptoactivos por cuenta de terceros;

b) la **explotación de una plataforma de negociación** de criptoactivos;

c) el **canje** de criptoactivos por una moneda fiat de curso legal;

d) el **canje** de criptoactivos por otros criptoactivos;

e) la **ejecución de órdenes** relacionadas con criptoactivos por cuenta de terceros;

f) la **colocación** de criptoactivos;

g) la **recepción y transmisión de órdenes** relacionadas con criptoactivos por cuenta de terceros;

h) el **asesoramiento** sobre criptoactivos.

1.5. Exclusiones

La finalidad de normar los servicios vinculados con criptoactivos excluyendo (Art. 2) los financieros —porque ya se regulan en la Directiva 2009/110/CE y el proyecto de Reglamento de servicios finacieros MIFID 2—, supone la exclusión reguladora de ciertos negocios vinculados con criptoactivos tales como:

— ***Mercado DeFi***: Empresas financieras que usan como capas, estructuras descentralizadas (TRD/DLT) en las que replican productos financieros clásicos.

— *Ventajas*: eliminan costes de intermediación, automatizan los productos con protocolos matemáticos.

— *Desventajas*: tiene una escalabilidad menor, no están sujetas a supervisión financiera, no aplican la protección del consumidor, se fundan en smart contracts en otras redes y carecen de personalidad jurídica.

— ***NFTs (no fraccionables)***: representan un activo (físico o virtual), no escalable, sino escaso y único, no interoperable, que necesita de un smart contract implementado en redes de criptos. Se usan principalmente en el mundo del arte, la tokenización de contratos...

— ***CBDCs***: Criptoactivos emitidos por Bancos Centrales que actúan en su calidad de autoridad monetaria o por otras autoridades públicas, así como los servicios conexos prestados por esos Bancos o autoridades.

1.6. Compatibilidad con la evolución del mercado y la tecnología y con la normativa penal: Persecución del Fraude, Falsedad, delitos contra el mercado, Blanqueo o lavado de activos y financiación del terrorismo

Importa asimismo recordar que la regulación de estos servicios vinculados a los criptoactivos se basa en conceptuaciones amplias que permitan la **neutralidad de la tecnología** sobre la que discurren, la incorporación de sus nuevos desarrollos y además su **compatibilidad con el respeto de la normativa penal** que combate los delitos relacionados con su utilización, en especial por su importancia y mayor incidencia estadística: el Fraude, la Falsedad, los Delitos contra el mercado y los consumidores —especialmente la alteración de precios y la información privilegiada— y el Blanqueo o lavado de activos y la Financiación del terrorismo (AML y FT).

1.7. Marcos regulatorios (resumen)

En función del tipo de servicio prestado la normativa que analizamos impone un marco de exigencia diferente, que esquemáticamente indicamos a continuación:

— ***LEVE***: **Título II**: emisión de criptoactivos no e—money, ni ART: **utility tokens**, esto es fichas de servicio, con obligatoria personalidad jurídica en un EM e información adecuada (*whitepaper*: folleto de emisión: con requerimientos legales, descripción del proyecto, características del activo). Al suponer riesgo leve para estabilidad financiera, NO exigen autorización previa, sino notificar al supervisor. Impone responsabilidad indemnizatoria de daños y ¿lucro cesante? si no cumple lo establecido en la norma. Cabe desistir de su compra en 14 días, salvo en casos de reventa o mercado secundario.

— ***MEDIO*: Título III**: Para **ARTs**. Sujetos a (una única: one stop shop/passporting) autorización previa (de una Autoridad nacional) en un EM, que se erige en válida para cualquiera de los 27 EMs restantes. Exige un Whitepaper más extenso. Permite revocar la autorización, si opera inactividad por 6 meses consecutivos. Exige respaldo mediante reserva de activo por cada criptoactivo y unos fondos propios líquidos. Establece un procedimiento de queja y reclamaciones. Regula la responsabilidad indemnizatoria en caso de incumplimiento.

— ***ALTO*: Título IV**. Para **EMTs,** referidos a una única moneda fiat. Como es dinero electrónico sólo se autorizará a entidades de crédito o de dinero electrónico. Impone el derecho de canjeo: por el valor nominal del valor de referencia al momento de solicitar el reembolso.

En todos los casos los prestadores de servicios y emisores que regula deben operar con la forma de **persona jurídica** que debe tener su sede social en el territorio de un EM de la Unión Europea.

Impone un **sistema de supervisión** que radica en la Autoridad competente de cada EM que puede autorizar, inspeccionar, revocar, sancionar, requerir información, transferir contratos a otro prestador si hay anulación de autorización... y que, como decimos, cuando autoriza a prestar el servicio en su territorio, igualmente sirve para que la empresa autorizada pueda también ejercer sus servicios en cualquiera de los otros 27 Estados de la Unión Europea (one stop shop/passporting).

2. EMISORES (ISSUES) DE CRIPTOACTIVOS

Definición

Incluye su definición legal (Art. 3.1.6) a toda persona jurídica que oferte públicamente cualquier tipo de criptoactivo o que solicite su admisión en una plataforma de negociación de criptoactivos.

2.1. De UTILITY TOKENS (UTs)

Deberes y obligaciones

Conforme al (Art. 4.1), cualquier emisor de criptoactivos que no sean ARTs ni EMTs, esto es, de **utility tokens (UTs)** o critopactivos de servicio —aquellos que se usan para dar acceso digital a un bien o servicio disponible mediante TRD, únicamente aceptado por el emisor de la ficha en cuestión— debe:

— Ser persona jurídica.
— Haber elaborado el correspondiente libro blanco.
— Haberlo notificado.
— Haberlo publicado y
— Actuar con honestidad, imparcialidad, profesionalidad, imparcialidad, sin conflicto de interés y con seguridad (art. 13).

Información

Algunas de sus obligaciones, por ejemplo (Art. 4.2) la de elaborar y publicar su libro blanco (Whitepaper), **se excluyen** en casos como cuando los criptoactivos se oferten gratuitamente; o se creen automáticamente mediante minería, como recompensa por el mantenimiento de la TRD o la validación de operaciones; o sean únicos y no fungibles respecto de otros criptoactivos; o se oferten a menos de ciento cincuenta personas físicas o jurídicas por Estado Miembro, cuando estas personas actúen por cuenta propia; o a lo largo de un período de doce meses, la contraprestación total de su oferta pública de criptoactivos en la Unión no exceda de 1 000 000 EUR —para no grabar en exceso a pymes o start ups—; o la cantidad equivalente en otra moneda o en criptoactivos o se dirija exclusivamente a inversores cualificados y solo estos puedan ser titulares de los criptoactivos.

Lo anterior, no obstante, no significa que se las excluya de la regulación en favor de los consumidores, en especial, contra el empleo de cláusulas abusivas cuando impliquen una relación de empresa a consumidor.

Si la oferta pública se refiera a fichas de servicio relativas a uno que aún no esté disponible (Art. 4. 3), la duración de la oferta pública descrita en su libro blanco no podrá exceder de doce meses.

Libro blanco

Debe informarse (Art. 5) a los posibles compradores de criptoactivos de las características, las funciones y los riesgos de los criptoactivos que se propongan adquirir.

Por ello el momento de su oferta exige la elaboración, notificación a la autoridad competente y la publicación de un documento, denominado «libro blanco de criptoactivos», **Whitepaper**, que contenga la información de divulgación obligatoria recogida en ese (Art. 5.1): acerca del emisor, el proyecto que se pretenda llevar a cabo con el capital obtenido, la oferta pública de criptoactivos o su admisión a negociación en una plataforma de negociación de criptoactivos, los derechos y obligaciones asociados a los criptoactivos, la tecnología subyacente empleada en relación con tales activos y los riesgos correspondientes, y debe hacerse su publicidad de manera imparcial, clara y no engañosa (Art. 5.2).

Supervisión

Antes de que un criptoactivo se oferte al público en la Unión Europea o se admita a negociación en una plataforma de negociación de criptoactivos, es preciso que el emisor notifique su libro blanco (Art. 7.2), y, en su caso, las comunicaciones publicitarias (Art. 6), a la Autoridad competente del Estado Miembro en el que tenga su domicilio social o una sucursal.

En el caso de un emisor establecido en un tercer país, el libro blanco de criptoactivos, y, en su caso, las comunicaciones publicitarias, deben notificarse a la Autoridad competente del Estado Miembro en el que esté previsto ofertar los criptoactivos (Art. 7.4) o del primer Estado Miembro en el que se solicite la admisión a negociación en una plataforma de negociación de criptoactivos.

El sistema de supervisión que instaura la norma, para evitar exceso de carga administrativa burocrática, no impone la aprobación del libro blanco antes de su publicación, sino tan sólo la facultad de que la Autoridad pueda, tras la misma, de solicitar que incluya información adicional en el libro blanco (Art. 7.2), y, en su caso, en las comunicaciones publicitarias, en el bien entendido de que además (Art. 82.1), pueden suspender o prohibir una oferta pública de criptoactivos o su admisión a negociación cuando en uno u otro caso no se cumplan los requisitos aplicables y publicar advertencias sobre los emisores que no reúnan tales requisitos, ya sea en su sitio web o a través de un comunicado de prensa.

Publicación

Sólo se puede proceder a la publicación del libro blanco o las comunicaciones publicitarias una vez haya sido notificado a la Autoridad competente y sólo entonces (Art. 10) puede ofertar sus criptoactivos o solicitar la admisión de los mismos a negociación en una plataforma en toda la Unión Europea.

Derecho desistimiento

Al adquirir UTs directamente del emisor o de un proveedor de servicios de criptoactivos que los coloque por cuenta del emisor, se debe reconocer a los consumidores un derecho de desistimiento (Art. 12) durante un período de tiempo limitado tras la adquisición.

Para evitar fluctuaciones de valor, cuando transcurra el plazo de adquisición que fije el emisor, el consumidor ya no podrá desistir, como tampoco lo podrá hacer en aquellos casos en que ya se admita a negociación el criptoactivo en una plataforma (Art. 12.4 y 5).

Otros deberes del emisor

Incluso cuando estén exentos de la obligación de publicar un libro blanco de criptoactivos, los emisores de UTs deben (Art. 13):

— actuar con honestidad, imparcialidad y profesionalidad;

— comunicarse con los titulares de criptoactivos de manera imparcial, clara y veraz;

— detectar, prevenir, gestionar y comunicar los conflictos de intereses;

— adoptar medidas administrativas eficaces para garantizar que sus sistemas y protocolos de seguridad se atengan a los estándares de la Unión Europea que irán emitiendo las directrices al respecto de la Autoridad Europea de Valores y Mercados (AEVM), en estrecha cooperación con la Autoridad Bancaria Europea (ABE).

Responsabilidad

Se impone responsabilidad civil a los emisores de criptoactivos y a sus órganos de dirección con respecto a la información facilitada al público a través del libro blanco de criptoactivos (Art. 14).

2.2. De TOKENS referenciados a activos (ARTs)

En lo que respecta a los ARTs —que tratan de estabilizar su valor tomando como referencia varias monedas fiat, una o varias materias primas, uno o varios criptoactivos diferentes, o una cesta de estos activos (Art. 3.1.3)—, los **requisitos exigibles** a sus emisores **aumentan y se hacen más estrictos** porque, al poder ser adoptados de manera generalizada por los usuarios para transferir valor o como medio de pago, generan **mayores riesgos** para los consumidores y la integridad del mercado.

ARTs Algorítmicos:

Excluye la norma aquellas criptomonedas estables algorítmicas que, pese a observar protocolos que prevean el aumento o disminución de la oferta para referenciar su valor, no se vinculen a uno o varios activos diferentes (Art. 3.1.3).

Domicilio social europeo

Entre las mayores exigencias a las emisoras de ARTs figura la de que tengan su domicilio social en la Unión (Art. 15.2), de manera que se garantice mejor su supervisión y el seguimiento adecuado de sus ofertas públicas.

Autorización previa

Sólo se permiten las ofertas públicas de ARTs en la Unión Europea o la solicitud de su admisión a negociación en una plataforma cuando la Autoridad competente haya autorizado (Art. 15.1) al emisor en cuestión y aprobado el correspondiente libro blanco de criptoactivos (Art. 17).

Esa autorización previa, no obstante, no se exige (Art. 15.3 y 4) cuando las ARTs se oferten solo a inversores cualificados o cuando la oferta pública no supere un umbral determinado ni a las Entidades de crédito autorizadas en virtud de la Directiva 2013/36/UE del Parlamento Europeo y del Consejo.

Libro Blanco, notificación previa y Autorización

Igualmente se exige (Art. 17) a toda emisora de ARTs la elaboración del libro blanco de criptoactivos, a fin de informar a los compradores de sus características y riesgos, debiendo también realizar su notificación a la Autoridad competente pertinente, antes de su publicación.

Las autoridades competentes deben denegar (Art. 19.2) una autorización cuando el modelo de negocio del futuro emisor de fichas referenciadas a activos pueda suponer una amenaza grave para la estabilidad financiera, la transmisión de la política monetaria y la soberanía monetaria.

Antes de conceder una autorización o denegarla (Art. 18.3), es preciso que la autoridad competente consulte a la ABE y a la AEVM, y, cuando las ARTs estén referenciadas a monedas de la Unión, también al Banco Central

Europeo (BCE) y al Banco central nacional que emita la moneda. La ABE, la AEVM y, en su caso, el BCE y los bancos centrales nacionales han de transmitir a la Autoridad competente un dictamen no vinculante sobre la solicitud del futuro emisor.

En caso de autorizar a un futuro emisor de ARTs, se requiere igualmente que la Autoridad competente apruebe (Art. 19.1) el libro blanco de criptoactivos elaborado por esa entidad.

La autorización de la Autoridad competente debe tener validez en toda la Unión Europea y permitir al emisor de las fichas referenciadas a activos ofertar dichos criptoactivos en el mercado único, así como solicitar su admisión a negociación en una plataforma de negociación de criptoactivos.

Del mismo modo, también el libro blanco de criptoactivos debe tener validez en toda la Unión Europea, sin que los Estados Miembros puedan imponer requisitos adicionales (one *stop* shop/passporting) (Art. 15.5 y 6).

Información y Libro blanco emisores ARTs

Los emisores de ARTs deben proporcionar a sus titulares información clara, imparcial y no engañosa.

En consecuencia, en su libro blanco deben incluir información (Art. 17) sobre:

— el mecanismo de estabilización,
— la política de inversión de los activos de reserva,
— las modalidades de custodia de los activos de reserva y
— los derechos que se reconocen a los titulares.

Cuando los emisores de ARTs no reconozcan a todos los titulares de las fichas un crédito directo o un derecho directo de reembolso (Art. 17.1 *in fine*) sobre los activos de reserva, deben advertirlo de forma clara e inequívoca en el libro blanco correspondiente.

La misma declaración ha de constar en las comunicaciones publicitarias cuando este no reconozca los mencionados derechos directos a todos los titulares de las fichas ARTs.

Información adicional y otras obligaciones de emisores de ARTs

Además de la información del libro blanco, es preciso que los emisores de ARTs faciliten información de manera continua a los titulares de las fichas.

En particular, deben publicar en su sitio web (Art. 24 y 26), como mínimo una vez al mes, la cantidad de ARTs en circulación y el valor y la composición de los activos de reserva, debiendo también comunicar cualquier hecho que pueda afectar de manera significativa al valor de las fichas referenciadas a activos o a los activos de reserva, con independencia de que los criptoactivos en cuestión se hayan admitido o no a negociación en una plataforma de negociación de criptoactivos (Art. 21).

Se les exige igualmente que actúen siempre con honestidad, imparcialidad y profesionalidad y en el mejor interés de los titulares de las fichas (Art. 23).

También deben fijar un procedimiento claro (Art. 27) para la tramitación de las reclamaciones que reciban de parte de los titulares de los criptoactivos y tiene que definir su política para detectar, gestionar y, en su caso, comunicar los conflictos de intereses (Art. 28) que puedan surgir de las relaciones con sus administradores, accionistas, clientes o proveedores terceros de servicios.

Deben disponer de un sistema sólido de gobernanza (Art. 30), incluida una estructura organizativa clara, con líneas de responsabilidad bien definidas, transparentes y coherentes, y procesos eficaces para la detección, la gestión, el seguimiento y la comunicación de los riesgos a los que estén o puedan estar expuestos.

Su órgano de dirección y sus accionistas deben satisfacer los requisitos de honorabilidad y experiencia suficiente (Art. 30.2), así como los criterios de idoneidad en relación con la lucha contra el blanqueo de capitales y la financiación del terrorismo.

Asimismo, los emisores de ARTs han de emplear recursos proporcionados a la magnitud de sus actividades y garantizar en todo momento la continuidad y la regularidad de sus actividades. Para ello, deben establecer una estrategia de continuidad de la actividad con el fin de asegurar, en caso de interrupción de sus sistemas y procedimientos, la realización de sus actividades de pago fundamentales.

También deben contar con un sólido mecanismo de control interno y valoración de riesgos, así como un sistema que garantice la integridad y la confidencialidad de la información recibida.

Gestión auxiliada por tercero

Cuando los emisores de ARTs se sitúen en el centro de una red de entidades que se encargan de la emisión de esos criptoactivos, su transferencia y su distribución a los titulares, deben celebrar y mantener acuerdos contractuales adecuados con dichas entidades terceras, mediante los que se garantice el mecanismo de estabilización y la inversión de los activos de reserva que respalden el valor de las fichas, la custodia de esos activos de reserva y, en su caso, la distribución de las fichas al público.

Estabilidad financiera: requisitos de capital y reserva

Para afrontar los riesgos para la estabilidad financiera del sistema financiero en general, los emisores de ARTs deben estar sujetos a requisitos de capital.

Esos requisitos han de ser proporcionados al volumen de la emisión de fichas referenciadas a activos y, por consiguiente, han de calcularse como un porcentaje de la reserva de activos que respalden el valor de las mismas.

Para ello, las Autoridades competentes podrán obligar a aumentar o disminuir el importe de los fondos propios (Art. 31) exigidos teniendo en cuenta, entre otros factores: la valoración del mecanismo de evaluación de riesgos del emisor, la calidad y la volatilidad de los activos de la reserva que respalden las fichas referenciadas a activos, o el valor agregado y el número de las fichas referenciadas a activos.

Además, los emisores de ARTs para estabilizar el valor de sus fichas, han de constituir y mantener una reserva de activos (Art. 32) que respalde sus criptoactivos en todo momento, garantizando una gestión prudente de la misma, y, en particular, que la creación o la destrucción de ARTs siempre vaya acompañada del aumento o la disminución correspondientes de los activos de reserva, gestionando esos flujos debidamente para evitar efectos adversos en el mercado de los activos de reserva.

Es por eso que deben establecer, mantener y documentar detalladamente políticas que describan, entre otros aspectos, la composición de los activos de reserva, la asignación de activos, la evaluación exhaustiva de los riesgos asociados a los activos de reserva, el procedimiento para la creación y la destrucción de las ARTs, el procedimiento para la compra de las ARTs y su reembolso con cargo a los activos de reserva y, en caso de invertirse los activos de reserva, la política de inversión que siga el emisor.

Para prevenir el riesgo de pérdida en relación con sus ARTs y preservar su valor, los emisores deben adoptar una política adecuada para la custodia de los activos de reserva (Art. 33), que ha de garantizar que los activos de reserva se mantengan totalmente separados de los activos propios del emisor en todo momento, que los activos de reserva estén libres de cargas y no se pignoren para servir de garantía, y que el emisor de las ARTs pueda acceder con rapidez a los activos de reserva.

En función de su naturaleza, los activos de reserva deben ser custodiados, bien por una entidad de crédito en el sentido del Reglamento (UE) n.º 575/2013, bien por un proveedor de servicios de criptoactivos autorizado.

Las entidades de crédito o los proveedores de servicios de criptoactivos encargados de la custodia de esos activos de reserva que respalden las ARTs deben responder de la pérdida de esos activos de reserva ante el emisor o los titulares de las fichas, salvo que puedan demostrar que esta se haya producido como resultado de un acontecimiento externo que escape de su razonable control (Art. 33.8).

Inversión de los activos de reserva

Para proteger a los titulares de ARTs frente a la disminución del valor de los activos que respalden el valor de las fichas, los emisores de fichas referenciadas a activos han de invertir (Art. 34) los activos de reserva en activos seguros y de bajo riesgo que presenten un mínimo riesgo de crédito y de mercado.

Como los ARTs se pueden usar como medio de pago, el emisor de los mismos debe asumir toda ganancia o pérdida resultante de la inversión de los activos de reserva.

ARTs sin reembolso ni crédito

Como cabe emitir ARTs tanto que ofrezcan a todos sus titulares ciertos derechos —v. gr.: el de reembolso o un crédito frente al emisor o sobre los activos de reserva— (Art. 35), como que no, restringiéndolos a titulares específicos, los emisores de Arts. han de informar a los titulares de las fichas del reconocimiento o no de un crédito directo frente al emisor o de derechos de reembolso.

Cuando reconozcan derechos directos frente al emisor o sobre los activos de reserva a todos los titulares, deben precisar las condiciones para su ejercicio concreto.

Cuando, por el contrario, restrinjan los derechos directos frente al emisor o sobre los activos de reserva a un número limitado de titulares de fichas, han de reconocer, no obstante, unos derechos mínimos a todos los titulares de las fichas.

Liquidez

Por otra parte, es necesario que los emisores de ARTs garanticen la liquidez (Art. 35.4) de las fichas mediante la celebración y el mantenimiento de acuerdos apropiados con los proveedores de servicios de criptoactivos que estén a cargo de colocar cotizaciones en firme y de manera previsible para comprar y vender las ARTs a cambio de moneda fiat.

Cuando el valor de los ARTs varíe significativamente con respecto al valor de los activos de reserva, los titulares de las fichas deben tener derecho a solicitar, directamente al emisor, el reembolso de sus fichas referenciadas a activos con cargo a los activos de reserva.

Los emisores de ARTs que cesen voluntariamente su actividad o se sometan a una liquidación ordenada han de disponer de acuerdos contractuales para garantizar que el producto de los activos de reserva se abone a los titulares de las fichas.

Prohibición del pacto de interés

Para asegurar que los ARTs se usen principalmente como medio de intercambio y no como depósito de valor, la norma impide que sus emisores, así como los proveedores de servicios de criptoactivos, concedan a los usuarios de dichas fichas intereses (Art. 36) en función del tiempo durante el cual las mantengan.

ARTs y EMTs significativos

Algunos ARTs y EMTs han de considerarse significativos (Art. 39) debido a las considerables dimensiones de la potencial base de clientes de sus promotores y accionistas, a su eventualmente elevada capitalización bursátil, al tamaño que podría alcanzar la reserva de activos que respalde el valor de las fichas, al número elevado de operaciones, a la posible interconexión con el sistema financiero o a la posibilidad de que se usen a nivel transfronterizo.

Las fichas significativas referenciadas a activos o de dinero electrónico, que podrían ser usadas por un gran número de titulares y plantear retos específicos en términos de estabilidad financiera, transmisión de la política monetaria o soberanía monetaria, deben estar sujetas a requisitos más estrictos que otras fichas referenciadas a activos o de dinero electrónico.

Requisitos adicionales para emisores de ARTs significados

Comoquiera que debido a su gran escala, las ARTs significativas pueden plantear mayores riesgos para la estabilidad financiera que otros criptoactivos y fichas referenciadas a activos de emisión más limitada, sus emisores deben cumplir requisitos más estrictos (Art. 41) que los de otros criptoactivos o ARTs de emisión más limitada.

En concreto, deben ser sometidos a requisitos de capital más elevado y requisitos de interoperabilidad, así como exigirles la adopción de una política de gestión de la liquidez.

Plan de liquidación

Finalmente, los emisores de ARTs deben disponer de un plan de liquidación ordenada (Art. 42) para garantizar la protección de los derechos de los titulares de las fichas en caso de cesar sus operaciones o llevar a cabo una liquidación ordenada de sus actividades de conformidad con la normativa nacional en materia de insolvencia.

2.3. De tokens de dinero electrónico

Autorización

Los emisores de fichas de dinero electrónico (EMTs) han de estar autorizados (Art. 43), bien como una entidad de crédito, en virtud de la Directiva 2013/36/UE, bien como una entidad de dinero electrónico, en virtud de la Directiva 2009/110/CE, y cumplir los requisitos operativos pertinentes de esta última Directiva, salvo que se especifique otra cosa en el propio Reglamento MiCA.

Elaboración y notificación del libro blanco

Asimismo, deben elaborar un libro blanco de criptoactivos (Art. 46) y notificarlo a su Autoridad competente.

Cuando la emisión de EMTs no supere un determinado umbral o cuando únicamente puedan ser titulares de las fichas inversores cualificados, no es necesario que los emisores estén sujetos a los requisitos de autorización.

No obstante, los emisores han de elaborar en todo caso el libro blanco de criptoactivos y notificarlo a su Autoridad competente.

Crédito y reembolso a la par

Los titulares de EMTs poseen un crédito frente al emisor correspondiente y también el derecho a solicitar en cualquier momento el reembolso a la par (Art. 44) con la moneda fiat a la que esté referenciada la ficha de dinero electrónico.

Por su parte, se permite a los emisores de EMTs cobrar una comisión cuando los titulares de las fichas soliciten el reembolso de sus fichas en la moneda fiat, comisión que ha de ser proporcionada a los costes reales asumidos por el emisor de EMTs.

Por el contrario (Art. 45), los emisores de EMTs, así como los proveedores de servicios de criptoactivos, tiene prohibido conceder a los titulares de dichas fichas intereses en función del tiempo durante el cual las mantengan.

Libro blanco de emisión de EMT

El libro blanco de criptoactivos de un emisor de EMts ha de contener (Art. 46) toda la información pertinente acerca del emisor y la oferta de fichas de dinero electrónico, o su admisión a negociación en una plataforma de negociación de criptoactivos, a fin de que los posibles compradores puedan tomar una decisión fundada sobre su compra o no y comprender los riesgos asociados a la oferta de las fichas.

También debe indicar explícitamente que se reconoce a los titulares de EMTs un crédito en forma de derecho de reembolso de sus fichas en moneda fiat, a la par y en todo momento.

Inversión de los fondos recibidos a cambio de EMTs

La inversión de los fondos recibidos a cambio de los EMTs, ha de hacerse en activos denominados en la misma moneda (Art. 49) que la que sirva de referencia a las fichas para evitar riesgos de cambio.

EMTs significativos

Las EMTs significativas (Art. 50) pueden plantear mayores riesgos aún para la estabilidad financiera que las fichas de dinero electrónico no significativas y el dinero electrónico tradicional.

En consecuencia, sus emisores estén sujetos a requisitos adicionales (Art. 52).

En concreto, se les somete a requisitos de capital más elevados que los aplicables a otros emisores de EMTs, a requisitos de interoperabilidad y a la exigencia de adoptar una política de gestión de la liquidez.

Otros requisitos para emisores de EMTs

Finalmente, los emisores de EMTs deben satisfacer determinados requisitos aplicables a los emisores de ARTs, como los referidos a la custodia, las normas de inversión en relación con los activos de reserva y la obligación de establecer un plan de liquidación ordenada.

3. PRESTADORES DE SERVICIOS DE CRIPTOACTIVOS (CASP)

Definición y tipos

Los Proveedores de servicios de criptoactivos son entidades —siempre persona jurídica (Art. 53)— cuya actividad o negocio consiste en la prestación profesional —no esporádica— de uno o varios servicios de criptoactivos a terceros (Art. 3.1.8), pudiendo estos consistir en cualquiera de los siguientes que se enumeran (Art. 3.1.9):

a) la custodia y la administración de criptoactivos por cuenta de terceros (Art. 67);
b) la explotación de una plataforma de negociación de criptoactivos (Art. 68);
c) el canje de criptoactivos por una moneda fiat de curso legal (Art. 69);
d) el canje de criptoactivos por otros criptoactivos(Art. 69);
e) la ejecución de órdenes relacionadas con criptoactivos por cuenta de terceros (Art. 70);
f) la colocación de criptoactivos (Art. 71);
g) la recepción y transmisión de órdenes relacionadas con criptoactivos por cuenta de terceros (Art. 72);
h) el asesoramiento sobre criptoactivos (Art. 73).

3.1. Deberes y obligaciones comunes

Domicilio social en la Unión Europea

Sólo se permite la prestación de servicios vinculados con criptoactivos a entidades jurídicas con domicilio social en un Estado Miembro (Art. 53) y que estén autorizadas como proveedores de servicios de criptoactivos por la Autoridad competente del Estado Miembro de su domicilio social.

Servicios prestados por entidades de terceros países

Las empresas prestadoras de servicios en materia de criptoactivos de terceros países —ajenos a los 27 de la Unión Europea— son libres de ejercer su actividad con personas establecidas en la Unión Europea que, por iniciativa propia, los reciban (Art. 53.3).

Pero cuando esa empresa de un tercer país preste servicios de criptoactivos por iniciativa de una persona establecida en la Unión, la norma considera que el servicio no se ha prestado en la Unión Europea, y no dispensa al cliente la protección que diseña el Reglamento MiCA (Art. 58).

Por el contrario, cuando la empresa de un tercer país capte clientes o posibles clientes en la Unión Europea, o anuncie o promocione sus servicios o actividades relacionados con criptoactivos en el territorio de la Unión Europea, la norma considera que no lo hace a iniciativa del cliente europeo, exigiendo, en consecuencia, que la tal empresa del tercer país deba estar autorizada como proveedora de servicios de criptoactivos por parte de la Autoridad nacional competente, que será la que los autorice y supervise, correspondiendo su concesión, denegación o revocación a la Autoridad competente del Estado Miembro en el que la entidad tenga su domicilio social.

Autorización

En su caso la autorización (Art. 53) debe indicar los servicios de criptoactivos que el proveedor puede prestar y ser válida en toda la Unión Europea (one stop shop/passporting).

Registro de proveedores de servicios de criptoactivos

La AEVM debe crear un registro de proveedores de servicios de criptoactivos (Art. 57) con información sobre las entidades autorizadas para prestar esos servicios en toda la Unión Europea.

En él deben incluirse los libros blancos de criptoactivos notificados a las Autoridades competentes y publicados por los emisores de criptoactivos.

Entidades de crédito y de servicio de inversión autorizadas

Determinadas entidades sujetas a la legislación de la Unión Europea en materia de servicios financieros pueden prestar servicios de criptoactivos sin autorización previa.

Es el caso de las entidades de crédito autorizadas en virtud de la Directiva 2013/36/UE para las que MiCA no impone requisitos adicionales de autorización para prestar servicios de criptoactivos, o las empresas de servicios de inversión autorizadas, en virtud de la Directiva 2014/65/UE, a prestar uno o varios de los servicios de inversión definidos en dicha Directiva y que sean similares a los servicios de criptoactivos que se propongan prestar.

Otras exigencias

Se requiere que los proveedores de servicios de criptoactivos actúen siempre con honestidad, imparcialidad y profesionalidad en el mejor interés de sus clientes (Art. 59).

Los servicios de criptoactivos deben considerarse «servicios financieros» según la definición de la Directiva 2002/65/CE del Parlamento Europeo y del Consejo.

Cuando se comercialicen a distancia, los contratos entre los proveedores de servicios de criptoactivos y los consumidores han de estar sujetos a dicha Directiva.

Es preciso que los proveedores de servicios de criptoactivos proporcionen a sus clientes información clara, imparcial y no engañosa, y los adviertan de los riesgos asociados a los criptoactivos (Art. 59).

Además, deben hacer públicas sus políticas de precios, establecer un procedimiento (Art. 64) de tramitación de reclamaciones y adoptar una política sólida para detectar, prevenir, gestionar y comunicar los conflictos de intereses.

Y para garantizar la protección de los consumidores, los proveedores de servicios de criptoactivos han de cumplir determinados requisitos prudenciales (Art. 60) del tipo de establecer un importe fijo o en proporción a sus gastos fijos generales del año anterior, en función de los tipos de servicios que presten.

Requisitos organizativos

En lo que hace a los requisitos organizativos (Art. 61) la norma exige que los administradores y principales accionistas de empresas proveedoras de servicios de criptoactivos deban satisfacer los criterios de idoneidad en relación con la lucha contra el blanqueo de capitales y la financiación del terrorismo.

En su consecuencia, deben contratar a administradores y personal con competencias, conocimientos y experiencia adecuados, y tomar todas las medidas razonables para desempeñar sus funciones, en particular mediante la preparación de un plan de continuidad de la actividad; deben disponer de mecanismos sólidos de control interno y evaluación de riesgos, así como de sistemas y procedimientos adecuados para garantizar la integridad y la confidencialidad de la información recibida; deben contar con mecanismos adecuados para llevar registros de todas las operaciones, todas las órdenes y todos los servicios relacionados con los criptoactivos que presten y deben disponer de sistemas para detectar posibles casos de abuso de mercado por parte de los clientes.

Protección del derecho de propiedad sobre el criptoactivo

Para garantizar la protección de los consumidores, se requiere que los proveedores de servicios de criptoactivos cuenten con mecanismos adecuados para proteger los derechos de propiedad (Art. 63) ligados a la tenencia de criptoactivos por parte de los clientes.

Cuando su modelo de negocio los obligue a mantener fondos, según se definen en el artículo 4, punto 25, de la Directiva (UE) 2015/2366 del Parlamento Europeo y del Consejo, en forma de billetes, monedas, dinero escritural o dinero electrónico pertenecientes a sus clientes, los proveedores de servicios de criptoactivos han de depositar dichos fondos en una entidad de crédito o un Banco central.

Los proveedores de servicios de criptoactivos únicamente deben estar autorizados a efectuar operaciones de pago en relación con los servicios de criptoactivos que ofrezcan cuando estén autorizados como entidades de pago de conformidad con la Directiva (UE) 2015/2366.

Obligaciones específicas

En función de los servicios que presten y puesto que cada tipo de servicio plantea unos riesgos concretos, los proveedores de servicios de criptoactivos deben estar sujetos a requisitos específicos para esos servicios.

Custodia y administración por cuenta de terceros

Son servicios consistentes en la guarda o el control, por cuenta de terceros, de criptoactivos o de los medios de acceso a esos criptoactivos, en su caso en forma de claves criptográficas privadas.

El Reglamento MiCA les impone (Art. 67) a sus prestadores tener una relación contractual con sus clientes, con cláusulas contractuales obligatorias, y establecer y aplicar una política de custodia., erigiendo a los mismos en responsables de todo daño que se produzca a raíz de un incidente relacionado con las TIC, incluidos los incidentes derivados de ciberataques, robos o cualquier tipo de disfunción.

Negociación (trading)

Son servicios consistentes en la gestión de una o varias plataformas de negociación de criptoactivos, en las que múltiples terceros que compran y venden intereses relacionados con criptoactivos pueden interactuar de tal manera que nace un contrato, bien al canjearse un criptoactivo por otro, bien al canjearse un criptoactivo por una moneda fiat de curso legal.

Sus proveedores deben (Art. 68) disponer de normas de funcionamiento detalladas, velar por que sus sistemas y procedimientos sean suficientemente resistentes, y están sujetos a requisitos de transparencia prenegociación y posnegociación adaptados al mercado de criptoactivos.

Asimismo, deben velar por que las operaciones ejecutadas en su plataforma de negociación de criptoactivos se liquiden y registren rápidamente en la TRD y tener una estructura de comisiones transparente respecto de los servicios prestados, a fin de evitar la presentación de órdenes que pudieran contribuir al abuso de mercado o a anomalías en las condiciones de negociación.

Intercambio por fiat o por criptoactivos

Son servicios consistentes en la celebración de contratos de compra o venta de criptoactivos con terceros, a cambio de una moneda fiat de curso legal o de otros criptoactivos, utilizando capital propio.

Sus proveedores (Art. 69) han de establecer una política comercial no discriminatoria, debiendo publicar, bien cotizaciones en firme, bien el método que usen para determinar el precio de los criptoactivos que deseen comprar o vender.

Por otra parte, están sujetos a requisitos de transparencia posnegociación.

Ejecución de órdenes/acuerdos con criptoactivos por cuenta de terceros

Son servicios consistentes en la celebración de acuerdos, por cuenta de terceros, para la compra o venta de uno o varios criptoactivos, o para la suscripción de uno o varios criptoactivos.

A sus proveedores se les obliga (Art. 70) a establecer una política de ejecución y tratar siempre de obtener el mejor resultado posible para sus clientes, debiendo tomar todas las medidas necesarias para evitar que sus empleados hagan un uso indebido de la información relacionada con las órdenes de los clientes.

Los proveedores de servicios de criptoactivos que reciban órdenes y las transmitan a otros proveedores de servicios de criptoactivos han de adoptar procedimientos para el envío rápido y correcto de dichas órdenes y no deben recibir ningún beneficio monetario o no monetario por transmitir las mencionadas órdenes a una plataforma concreta de negociación de criptoactivos o a otro proveedor de servicios de criptoactivos.

Colocación de criptos para emisores potenciales

Son servicios consistentes en la comercialización, entre compradores definidos, de criptoactivos de nueva emisión, o de criptoactivos ya emitidos, pero no admitidos a negociación en una plataforma de negociación de criptoactivos, y que no conllevan una oferta pública ni una oferta a los actuales titulares de criptoactivos del emisor.

La norma (Art. 71) exige que transmitan a sus clientes información sobre el modo en el que se proponen prestar su servicio antes de celebrar un contrato y les impone la adopción de medidas específicas para prevenir los conflictos de intereses derivados de dicha actividad.

Recepción y transmisión de órdenes relacionadas con criptoactivos por cuenta de terceros

Son servicios consistentes en la recepción de la orden de una persona de comprar o vender uno o varios criptoactivos, o de suscribir uno o varios criptoactivos, y la transmisión de esa orden a un tercero para su ejecución, con las mismas obligaciones (Art. 72) dichas en el supuesto precedente.

Asesoramiento

Son servicios consistentes en proponer, hacer o comprometerse a hacer recomendaciones personalizadas o específicas a un tercero, bien a petición de ese tercero, bien a iniciativa del proveedor de servicios de criptoactivos que presta el asesoramiento, acerca de la adquisición o la venta de uno o varios criptoactivos, o del uso de servicios de criptoactivos.

Para ello (Art. 73) han de proceder a una valoración preliminar de la experiencia, los conocimientos, los objetivos y la capacidad para soportar pérdidas de sus clientes.

Cuando estos últimos no faciliten a los proveedores de servicios de criptoactivos información sobre su experiencia, sus conocimientos, sus objetivos ni su capacidad para soportar pérdidas, o sea evidente que carecen de la experiencia o los conocimientos suficientes para comprender los riesgos asociados, o de la capacidad para soportar pérdidas, los proveedores de servicios de criptoactivos deben advertirlos de que el criptoactivo o los servicios de criptoactivos podrían no ser adecuados para ellos.

Al prestar asesoramiento, conviene que los proveedores de servicios de criptoactivos elaboren un informe en el que se resuman las necesidades y demandas de los clientes y el asesoramiento prestado.

4. ABUSO DE MERCADOS

Para garantizar la confianza de los clientes en los mercados de criptoactivos y la integridad de estos mercados, la norma establece disposiciones específicas para prevenir el abuso de mercado en relación con los criptoactivos que se admitan a negociación en una plataforma de negociación de criptoactivos (Arts. 76-80).

Pero para no ahogar a las pymes —que normalmente son las que conforman el grueso de los emisores y proveedores de servicios de criptoactivos—, siendo desproporcionado aplicarles todas las disposiciones del Reglamento (UE) n.º 596/2014 del Parlamento Europeo y del Consejo, el Reglamento, establece normas específicas para prohibir determinadas conductas que podrían socavar la confianza de los usuarios en los mercados de criptoactivos y la integridad de estos mercados, como las operaciones con información privilegiada (Art. 78), la comunicación ilícita de información privilegiada (Art. 77) y la manipulación de mercado (Art. 80) relacionada con criptoactivos, que se aplicarán cuando estos se admitan a negociación en una plataforma de negociación de criptoactivos.

5. ENTIDADES SUPERVISORAS

Facultades

El Reglamento otorga a las Autoridades competentes facultades (Art. 82) suficientes para supervisar la emisión de criptoactivos, incluidas las fichas referenciadas a activos (ARTs) y las fichas de dinero electrónico (EMTs), así como para supervisar a los proveedores de servicios de criptoactivos, y entre ellas, la facultad para suspender o prohibir la emisión de criptoactivos o la prestación de un servicio de criptoactivos, y para investigar las infracciones de las normas relativas al abuso de mercado.

Cooperación transfronteriza

Dado el evidente carácter transfronterizo de los mercados de criptoactivos, es preciso que las Autoridades competentes cooperen entre sí (Art. 83) para detectar y prevenir toda infracción del marco jurídico por el que se regulan los criptoactivos y sus mercados.

Potestad sancionadora

Además, las Autoridades competentes deben estar facultadas para imponer sanciones (Art. 92) a los emisores de criptoactivos, incluidas las fichas referenciadas a activos o las fichas de dinero electrónico, así como a los proveedores de servicios de criptoactivos.

Facultades para el ABE

Se otorga a la ABE (Art. 98) la tarea de supervisar a los emisores de ARTs significativas, una vez que las fichas hayan sido clasificadas como tales, dado que se pueden usar como medio de intercambio y para efectuar grandes volúmenes de operaciones de pago con carácter transfronterizo.

Colegio de supervisores de la ABE para ARTs significativas

La ABE debe crear un colegio de supervisores para los emisores de ARTs significativas.

Como tales emisores suelen situarse en el centro de una red de entidades que se encargan de la emisión de esos criptoactivos, de su transferencia y su distribución a los titulares, el colegio de supervisores requiere contar entre sus miembros con todas las Autoridades competentes de las entidades pertinentes y los proveedores de servicios de criptoactivos que se ocupen, entre otras actividades, de la custodia de los activos de reserva, la explotación de las plataformas de negociación de criptoactivos en las que las ARTs significativas se admitan a negociación, y la custodia y la administración de esas fichas por cuenta de los titulares.

El colegio de supervisores (Arts. 99-102) ha de facilitar la cooperación y el intercambio de información entre sus miembros, y emitir dictámenes no vinculantes sobre medidas de supervisión o modificaciones relativas a la autorización de los emisores de ARTs significativas, o sobre las entidades pertinentes que presten servicios o lleven a cabo actividades en relación con tales fichas.

Supervisión de emisores de EMTs

La realizarán las Autoridades competentes encargadas de la supervisión en virtud de la Directiva 2009/110/CE.

Pero, en vista del posible uso generalizado de las EMTs significativas como medio de pago y los riesgos que pueden plantear para la estabilidad financiera, se impone una doble supervisión de los emisores de tales fichas por parte tanto de las Autoridades competentes como de la ABE.

La ABE debe supervisar el cumplimiento, por parte de los emisores de EMTs significativas, de los requisitos adicionales específicos que se establecen en el presente Reglamento respecto de dichas fichas.

Colegio de supervisores de la ABE para EMTs significativos

La ABE también ha de crear un colegio de supervisores para los emisores de EMTs significativos (Art. 101).

Y como estos emisores de EMTs significativos suelen situarse en el centro de una red de entidades que se encargan de su emisión, su transferencia y su distribución a los titulares, igualmente se requiere que su Colegio de supervisores cuente entre sus miembros con todas las Autoridades competentes de las entidades pertinentes y los proveedores de servicios de criptoactivos que se ocupen, entre otras actividades, de la explotación de las plataformas de negociación de criptoactivos en las que las EMTs significativas se admitan a negociación, y la custodia y la administración de esas fichas por cuenta de los titulares.

El colegio de supervisores de emisores de EMTs significativas ha de facilitar la cooperación y el intercambio de información entre sus miembros, y emitir dictámenes no vinculantes sobre modificaciones de la autorización o medidas de supervisión en relación con los emisores de EMTs significativas, o sobre las entidades pertinentes que presten servicios o lleven a cabo actividades en relación con tales fichas.

Inspecciones a emisoras de ARTs

La ABE, dentro de sus facultades supervisoras está facultada, entre otras cosas, para llevar a cabo inspecciones *in situ* de los emisores de ARTs significativas, pudiendo asimismo adoptar medidas de supervisión e imponer multas.

Supervisión de requisitos adicionales a emisoras de EMTs significativos

Asimismo, la ABE está facultada para supervisar el cumplimiento de los requisitos adicionales establecidos en el presente Reglamento por parte de los emisores de EMts significativos.

Tasas que cobrará la ABE

La ABE cobrará tasas (Art. 119) a los emisores de ARTs y EMTs significativos con los que cubrir sus costes, incluidos los gastos generales.

Para el caso de los emisores de ARTs significativas, las tasas han de ser proporcionadas al volumen de sus activos de reserva.

Para el de los emisores de EMts significativos, las tasas han de ser proporcionadas al importe de los fondos que reciban a cambio de las fichas.

Poderes que se confiere a la Comisión para el desarrollo de la aplicación del reglamento MiCA

Para la aplicación uniforme del Reglamento MiCA, se delega en la Comisión (Art. 121) el poder de adoptar actos de conformidad con el artículo 290 del Tratado de Funcionamiento de la Unión Europea (TFUE) por lo que respecta a la modificación de las definiciones establecidas en el mismo con el fin de adaptarlas a la evolución del mercado y la tecnología, la especificación de los criterios y los umbrales para determinar si ART o una EMT deben considerarse significativas, y la especificación del tipo y el importe de las tasas que puede cobrar la ABE por la supervisión de los emisores de ARTs y EMTs significativos.

Normas técnicas auxiliares

Con el fin de promover la aplicación coherente del Reglamento MiCA, así como una protección adecuada de los inversores y los consumidores en toda la Unión Europea, se confía en la ABE y la AEVM, dados sus conocimientos altamente especializados, para la elaboración de los proyectos de normas técnicas de regulación que no impliquen decisiones estratégicas y su presentación a la Comisión.

La Comisión queda facultada para adoptar las normas técnicas de regulación que elaboren la ABE y la AEVM en relación con el procedimiento para la aprobación de los libros blancos de criptoactivos que elaboren las entidades de crédito al emitir ARTs, la información que ha de facilitarse en la solicitud de autorización como emisor de ARTs, la metodología de cálculo de los requisitos de capital aplicables a los emisores de ARTs, el sistema de gobernanza de los emisores de ARTs, la información necesaria para la valoración de las participaciones cualificadas en el capital de un emisor de ARTs, el procedimiento en materia de conflictos de intereses que establezcan los emisores de ARTs, el tipo de activos en los que los emisores de ARTs pueden invertir, las obligaciones que se imponen a los proveedores de servicios de criptoactivos que garanticen la liquidez de las ARTs, el procedimiento para la tramitación de reclamaciones de los emisores de ARTs, el funcionamiento del colegio de supervisores de emisores de ARTs significativas y emisores de EMTs, la información necesaria para la valoración de las participaciones cualificadas en el capital de un proveedor de servicios de criptoactivos, el intercambio de información entre las Autoridades competentes, la ABE y la AEVM en virtud del presente Reglamento, y la cooperación entre las Autoridades competentes y terceros países.

Normas transitorias

Para no perturbar a los participantes del mercado que presten servicios y lleven a cabo actividades en relación con criptoactivos emitidos antes de la entrada en vigor del presente Reglamento, conviene (Art. 123) que esos emisores estén exentos de la obligación de publicar un libro blanco de criptoactivos y de otros requisitos aplicables.

No obstante, tal exención no aplica a los emisores de fichas referenciadas a activos, los emisores de EMTs ni a los proveedores de servicios de criptoactivos que deban, en cualquier caso, obtener una autorización tan pronto como el presente Reglamento entre en vigor.

Acomodación a la Directiva de protección del Whistleblower

Como se debe garantizar la existencia de mecanismos adecuados para alentar a los denunciantes a poner sobre alerta a las Autoridades competentes con posible información acerca de infracciones reales o posibles del presente Reglamento MiCA, que les posibilite imponer multas mientras protege a aquellos de posibles represalias, se acuerda modificar la Directiva (UE) 2019/1937 del Parlamento Europeo y del Consejo (Arts. 124 y 125), de manera que se aplique a las infracciones del presente Reglamento.

Entrada en vigor

Acaba la norma indicando la fecha de aplicación (Art. 126) del presente Reglamento que, como hemos indicado más arriba, debe aplazarse dieciocho meses con el fin de que puedan adoptarse las normas técnicas de regulación, las normas técnicas de ejecución y los actos delegados necesarios para especificar determinados elementos del Reglamento.

11.

INTELIGENCIA ARTIFICIAL. REGLAMENTO DEL PARLAMENTO EUROPEO Y DEL CONSEJO POR EL QUE SE ESTABLECEN NORMAS ARMONIZADAS EN MATERIA DE INTELIGENCIA ARTIFICIAL

Julián García Marcos
Magistrado-Juez de la Audiencia Provincial de Gipuzkoa

1. LA INTELIGENCIA ARTIFICIAL EN EL CONTEXTO EUROPEO

Tal como pone de manifiesto Víctor Moreno Catena[1] *«es claro que la Inteligencia Artificial debe regularse»*.

La capacidad de las herramientas informáticas para influir en la conducta de las personas con claro riesgo para sus derechos y libertades exige una intervención pública.

Quizá por ello, en su día, la presidenta de la Comisión Europea, Ursula von der Leyen, prometió que en sus primeros meses de mandato presentaría un plan en materia de Inteligencia Artificial y gestión de datos con la finalidad de recuperar la soberanía digital de la Unión Europea frente a super-potencias como China o los Estados Unidos.

En el Libro blanco sobre la Inteligencia Artificial[2] ya se decía que *«el uso de la Inteligencia Artificial presenta tanto oportunidades como amenazas»* señalando que *«los principales riesgos relacionados con el uso de la Inteligencia Artificial afectan a la aplicación de las normas diseñadas para proteger los derechos fundamentales (como la protección de los datos personales y la privacidad, o la no discriminación) y la seguridad»*.

Tras un exhaustivo análisis de riesgos llegaba a la conclusión de que *«puede que se requiera nueva legislación específica sobre Inteligencia Artificial, a fin de adaptar el marco jurídico de la UE a la evolución tecnológica y comercial actual y futura»*.

(1) Los datos en el sistema de justicia y la propuesta de Reglamento UE sobre Inteligencia Artificial en *Uso de la información y de los datos personales en los procesos: los cambios en la Era Digital*, Ignacio Colomer Hernández (Director) y otros, Thomson Reuters-Aranzadi, 2021.

(2) Versión íntegra en: https://ec.europa.eu/info/sites/default/files/commission-white-paper-artificial-intelligence-feb2020_es.pdf

Sin obviar la innovación y el desarrollo[3] la Comisión se inclinó por un instrumento legislativo horizontal apoyado en un enfoque basado en los riesgos.

La Propuesta incluiría una lista de prácticas de Inteligencia Artificial prohibidas cuyo uso se considera inaceptable por ser contrario a los valores de la Unión.

Los requisitos relativos a la fiabilidad de los datos, la documentación y la trazabilidad, la comunicación de información y la transparencia, la vigilancia humana, la solidez y la precisión serían de obligado cumplimiento para los Sistemas de Inteligencia Artificial de Alto Riesgo.

Las empresas podrían introducir Códigos de Conducta para Sistemas de Inteligencia Artificial distintos a los de Alto Riesgo de forma voluntaria.

El 21 de abril de 2021 fue publicada la versión definitiva de la Propuesta de Reglamento (UE) de la Comisión Europea sobre el marco jurídico aplicable a los sistemas de Inteligencia Artificial.

Recientemente, el 3 de noviembre de 2022, la presidenta del Consejo Europeo ha presentado ante el Comité de representantes permanentes de los Gobiernos de los Estados miembros de la Unión Europea la versión final de la Propuesta de Reglamento de Inteligencia Artificial. Dicha versión final será debatida en el Consejo de Telecomunicaciones de la Unión Europea a fin de que elaborar una orientación general que será la finalmente debatida entre la Comisión Europea, el Parlamento y el Consejo de la Unión Europea.

2. LA INTELIGENCIA ARTIFICIAL: UNA VISIÓN GENERAL Y UNA APROXIMACIÓN CONCEPTUAL

Desde hace más de 50 años el Cine se ha aproximado a la Inteligencia Artificial desde muy distintas perspectivas.

En 1968 Stanley Kubrick nos presentó a HAL 9000 (2001: Una odisea del espacio) como un ordenador capaz de tomar decisiones contra el criterio humano.

(3) El artículo 53 de la Propuesta de Reglamento de Inteligencia Artificial se refiere a los llamados «sandbox» cuando asevera que *«los espacios controlados de pruebas para la IA establecidos por las autoridades competentes de uno o varios Estados miembros o por el Supervisor Europeo de Protección de Datos proporcionarán un entorno controlado que facilite el desarrollo, la prueba y la validación de sistemas innovadores de IA durante un período limitado antes de su introducción en el mercado o su puesta en servicio, en virtud de un plan específico»*.

C3PO y R2D2 son robots inteligentes que ocupan una posición preminente en el universo Star Wars creado por George Lucas (Star Wars, 1977).

El Skynet de James Cameron (Terminator, 1984) era un complejo sistema que decidía destruir la raza humana en el mismo momento en que se daba cuenta de que era capaz de pensar de forma autónoma.

En el universo creado por las hermanas Wachowski en Matrix (Matrix, 1999) la humanidad está esclavizada por máquinas e inteligencias artificiales.

Puede ser, quizá, por la influencia que en la sociedad siempre ha tenido el Séptimo arte y su universalidad que, cuando pensamos en Inteligencia Artificial, lo hacemos en Computadoras capaces de sentir, discernir y tomar decisiones como si se tratara de seres humanos.

Lo que, técnicamente, se denomina **Inteligencia Artificial General** exige que un Ordenador *«piense»* de forma comparable al ser humano, que sea capaz de realizar tareas en todos los ámbitos de la vida de manera hábil y flexible.

Ahora bien, tal como pone de manifiesto Neil Wilkins(4), *«nadie ha descubierto como generar Inteligencia Artificial General en una computadora»*.

La Inteligencia Artificial que usamos actualmente, en cambio, es la que técnicamente se denomina **Inteligencia Artificial Estrecha**.

En este tipo de Inteligencia las máquinas carecen de Inteligencia de tipo humano y no pueden manejarse en múltiples ámbitos simultáneamente.

Es desde esta línea desde la que el artículo 3 de la Propuesta de Reglamento de la Comisión define «Sistema de inteligencia artificial» como *«el software que se desarrolla empleando una o varias de las técnicas y estrategias que figuran en el anexo I*(5) *y que puede, para un conjunto determinado de objetivos definidos por seres humanos, generar información de salida*

(4) *«Inteligencia Artificial: Una Guía Completa sobre la IA, el Aprendizaje Automático, el Internet de las Cosas, la Robótica, el Aprendizaje Profundo, el Análisis Predictivo y el Aprendizaje Reforzado»*, Neil Wilkins, Editorial Brevex Publications, 2019.

(5) El Anexo I se refería a: 1) Estrategias de aprendizaje automático, incluidos el aprendizaje supervisado, el no supervisado y el realizado por refuerzo, que emplean una amplia variedad de métodos, entre ellos el aprendizaje profundo. 2) Estrategias basadas en la lógica y el conocimiento, especialmente la representación del conocimiento, la programación (lógica) inductiva, las bases de conocimiento, los motores de inferencia y deducción, los sistemas expertos y de razonamiento (simbólico). 2) Estrategias estadísticas, estimación bayesiana, métodos de búsqueda y optimización.

como contenidos, predicciones, recomendaciones o decisiones que influyan en los entornos con los que interactúa».

Dicha definición *«pretende ser lo más tecnológicamente neutra posible y resistir al paso del tiempo lo mejor posible, habida cuenta de la rápida evolución tecnológica y del mercado en relación con la IA».*

Pero, tal como ponía de manifiesto Carlos Fernández Hernandez(6), en la práctica, la redacción del artículo 3 de la Propuesta, puesta en relación con el Anexo I, *«abarca casi todos los programas de ordenador»,* con un alcance tan amplio que puede generar inseguridad jurídica para los desarrolladores, operadores y usuarios de estos sistemas.

Y es que para muchos autores *«la noción de Inteligencia Artificial* (exclusivamente) *está* (necesariamente) *asociada con el concepto de aprendizaje automático (machine learning), y no con simples procesos de automatización en los que se ejecutan reglas preprogramadas de acuerdo con un razonamiento lógico».*

En lo que hemos denominado Inteligencia Artificial Estrecha el Sistema no es sólo capaz de ofrecer una respuesta a través de una operación matemática que maneja cientos, miles o millones de datos sino que *«aprenden»* de dichas operaciones y utilizan lo aprendido para tomar decisiones(7).

Lasse Rouhiainen(8), de forma mucho más precisa, entiende la Inteligencia Artificial como la **capacidad de las máquinas para usar algoritmos, aprender de los datos empleados y utilizar lo aprendido en la toma de decisiones tal como lo haría un ser humano.**

(6) «La futura regulación europea de la Inteligencia Artificial: objetivos, principios y pautas», Carlos Hernandez Fernandez, artículo publicado con el título *Aproximación al futuro marco normativo europeo de la inteligencia artificial,* en el núm. 23 (julio-septiembre de 2021), de la *Revista de Privacidad y Derecho Digital.*

(7) El aprendizaje automático es un aspecto de la informática que determina que una máquina o un ordenador sea capaz de aprender del manejo que hace de un flujo de datos sin ser programado para ello. Y lo hace a partir de unos datos que ya han sido previamente etiquetados u organizados por el ser humano (aprendizaje supervisado), de datos que no han sido previamente etiquetados (aprendizaje no supervisado) o de la experiencia. Y es en esta última modalidad donde, si relacionamos aprendizaje con problemas muy complejos y grandes cantidades datos, encontramos el aprendizaje profundo y la esencia de la Inteligencia Artificial Estrecha.

(8) *Inteligencia artificial: 101 cosas que debes saber hoy sobre nuestro futuro,* Lasse Rouhiainen, Ed. Alienta Editorial, 2018.

Y en el Considerando 6 de la Propuesta de Reglamento que el Consejo de la Unión Europea presentó el pasado 3 de noviembre de 2022 se especifica que *«un sistema que utiliza reglas definidas únicamente por personas físicas para las operaciones de ejecución automática no deben considerarse un sistema de Inteligencia Artificial»* y se profundiza en el concepto de *«machine learning»*[(9)] para terminar definiendo el «Sistema de Inteligencia Artificial» prescindiendo de la remisión al Anexo I como *«un sistema diseñado para funcionar con un cierto nivel de autonomía y que, con base en datos e inputs proporcionados por máquinas y/o humanos, infiere cómo lograr un conjunto determinado de objetivos definidos por humanos utilizando aprendizaje automático y/o enfoques basados en la lógica y el conocimiento y produce salidas generadas por el sistema, como contenido (sistemas generativos de Inteligencia Artificial), predicciones, recomendaciones o decisiones, influyendo en los entornos con los que el sistema de Inteligencia Artificial interactúa»*[(10)].

Tal como recoge el propio Fernández Hernández[(11)], la propuesta que el Consejo de la Unión Europea ofrece es más precisa, con la finalidad de *«garantizar una mayor claridad jurídica y reflejar mejor lo que debe entenderse por un sistema de Inteligencia Artificial»*.

3. EL CONTENIDO DEL REGLAMENTO DEL PARLAMENTO EUROPEO Y DEL CONSEJO POR EL QUE SE ESTABLECEN NORMAS ARMONIZADAS EN MATERIA DE INTELIGENCIA ARTIFICIAL

Tal como pone de manifiesto la Exposición de motivos de la Propuesta de Reglamento *«sigue un enfoque basado en los riesgos que distingue entre los usos de la Inteligencia Artificial que generan i) un riesgo inaceptable, ii) un riesgo alto, y iii) un riesgo bajo o mínimo»*.

---

(9) «El Consejo de la UE ultima la versión final del Reglamento de Inteligencia Artificial», Carlos Hernández Fernández, artículo disponible en https://diariolaley.laleynext.es/dll/2022/11/08/el-consejo-de-la-ue-ultima-la-version-final-del-reglamento-de-inteligencia-artificial

(10) Literalmente, en su versión en inglés: *«a system that is designed to operate with a certain level elements of autonomy and that, based on machine and/or humanprovided data and inputs, infers how to achieve a given set of human-defined objectives using machine learning and/or logic- and knowledge based approaches, and produces system-generated outputs such as content (generative AI systems), predictions, recommendations or decisions, influencing the environments with which the AI system interacts»*.

(11) Carlos Hernandez Fernandez, «La futura regulación europea de la Inteligencia Artificial: objetivos, principios y pautas», *cit.*

3.1. Prácticas de inteligencia artificial prohibidas

La Propuesta de Reglamento enumera una serie de sistemas de Inteligencia Artificial *«cuyo uso se considera inaceptable por ser contrario a los valores de la Unión, por ejemplo, porque violan derechos fundamentales»*.

Y, tal como recoge Fernández Hernández[12] y de acuerdo con el Considerando 14 de la Propuesta *«es necesario prohibir determinadas prácticas de Inteligencia Artificial (aquellas que plantean un riesgo inaceptable), definir los requisitos que deben cumplir los sistemas de Inteligencia Artificial de alto riesgo y las obligaciones aplicables a los operadores pertinentes, e imponer obligaciones de transparencia a determinados sistemas de Inteligencia Artificial (aquellos que implican un riesgo bajo o mínimo)»*.

En consecuencia, empieza el **artículo 5. 1 a)** de la Propuesta de la Comisión prohibiendo

> *«la introducción en el mercado, la puesta en servicio o la utilización de un sistema de Inteligencia Artificial que se sirva de técnicas subliminales que trasciendan la conciencia de una persona para alterar de manera sustancial su comportamiento de un modo que provoque o sea probable que provoque perjuicios físicos o psicológicos a esa persona o a otra»*.

Un ejemplo de estas prácticas sería, según la propia Comisión, aquel *«sistema de Inteligencia Artificial usado para encontrar la frecuencia más adecuada para maximizar el efecto que en el conductor de un camión produce un sonido reproducido en la cabina para prolongar las horas de vigilia»*.

Desde que James Vicary alcanzara la notoriedad, en los años 50, sosteniendo haber sido capaz de aumentar la venta de Coca Cola y palomitas en los cines mediante la introducción, durante la proyección, de milésimas de segundo de un mensaje, apenas perceptible, pero que invitaba al espectador a beber o comer lo cierto es que ha sido en el ámbito de la publicidad donde la utilización de las técnicas subliminales ha generado mayor controversia.

Ahora bien, si consideramos que dichas técnicas ejercen una influencia directa sobre la conducta de aquel que las recibe, de tal manera que son susceptibles de cambiar su comportamiento y motivación, sin que el receptor sea consciente de ello, perdiendo su capacidad de poder elegir, es evidente

(12) Carlos Fernández Hernández, «La futura regulación europea de la Inteligencia Artificial: objetivos, principios y pautas», *cit.*

que atentan directamente contra la libertad individual siendo lógica su prohibición por una Propuesta de Reglamento especialmente preocupada por la defensa de los derechos fundamentales frente a las nuevas tecnologías[13].

Es por ello, como asevera el Dr. Marcos López Oneto[14], que pudiera ser conveniente que el precepto aludiera expresamente a la manipulación, control o perturbación de la voluntad o la personalidad.

La descripción de estos sistemas de Inteligencia Artificial que efectúa la originaria propuesta de Reglamento ha sido, asimismo, objeto de crítica por autores como el Dr. Michael Veale y otros en su artículo *«Demystifying the Draft EU Artificial Intelligence Act»*[15].

Para estos autores para que la *«alteración»* a la que alude el precepto nos lleve a considerar como prohibido el Sistema es necesario que concurran ciertas condiciones:

a. En primer lugar, dicha alteración debe de ser intencionada, esto es, aquel que introduzca en el mercado, ponga en servicio o utilice esta tecnología debe tener la intención de manipular o alterar la mente humana.

De hecho, el Considerando 16 dice que *«no puede darse por supuesta esa intención de alterar sustancialmente el comportamiento de una persona, si dicha alteración es el resultado de factores externos al sistema de Inteligencia Artificial que escapan al control del proveedor o el usuario»*.

El Consejo de la Unión Europea parece atemperar esta necesaria intencionalidad cuando añade a la definición de Sistemas prohibidos a

(13) En determinados ámbitos la prohibición de este tipo de Sistemas puede resultar redundante si tenemos en cuenta que ya el artículo 8 de la Directiva 2005/29/CE del Parlamento Europeo y del Consejo, de 11 de mayo de 2005, relativa a las prácticas comerciales desleales de las empresas en sus relaciones con los consumidores en el mercado interior considera como prácticas comerciales «agresivas» aquellas que, en su contexto fáctico, teniendo en cuenta todas sus características y circunstancias, merme o pueda mermar de forma importante, mediante el acoso, la coacción, incluido el uso de la fuerza, o la influencia indebida, la libertad de elección o conducta del consumidor medio con respecto al producto y, por consiguiente, le haga o pueda hacerle tomar una decisión sobre una transacción que de otra forma no hubiera tomado.

(14) Artículo disponible en https://ceedia.org/2021/07/19/un-analisis-critico-constructivo-de-la-propuesta-de-reglamento-de-la-ue-por-el-que-se-establecen-normas-armonizadas-sobre-la-inteligencia-artificial-artificial-intelligence-act-2/

(15) Artículo disponible en https://arxiv.org/abs/2107.03721

aquellos que, meramente, tienen como «efecto» la alteración de la mente humana[16].

b. En segundo lugar, el Sistema debe alterar el comportamiento humano *«trascendiendo»* la consciencia de forma que se explote una vulnerabilidad para conseguir el fin de manipular el comportamiento del usuario.

c. Y, en tercer lugar, se precisa que dichos sistemas causen o sean susceptibles de causar *«perjuicios físicos o psicológicos a esa persona o a otra»* lo cual, para ellos, convierte la prohibición en mera retórica.

Debemos subrayar que la Propuesta de Reglamento que ha presentado el Consejo de la Unión Europea introduce el adverbio *«razonablemente»* cuando habla de *«ser susceptibles de causar»* perjuicios lo cual, indudablemente, atempera la rigidez del requisito mencionado.

El **artículo 5.1.b)** de la Propuesta de la Comisión prohíbe, asimismo,

> *«la introducción en el mercado, la puesta en servicio o la utilización de un sistema de IA que aproveche alguna de las vulnerabilidades de un grupo específico de personas debido a su edad o discapacidad física o mental para alterar de manera sustancial el comportamiento de una persona que pertenezca a dicho grupo de un modo que provoque o sea probable que provoque perjuicios físicos o psicológicos a esa persona o a otra»*[17].

La Comisión pone un ejemplo de dichos sistemas de Inteligencia Artificial cuando se refiere a un *«muñeco dotado de voz integrada que anima a un menor a cambiar su comportamiento, enfrentarse a nuevos retos disfrazándolo de juego o diversión»*.

---

(16) En la redacción de la Propuesta de Reglamento del Consejo la prohibición quedaría redactada de la siguiente forma: *«AI system that deploys subliminal techniques beyond a person's consciousness with the objective to or the effect of to materially distorting a person's behaviour in a manner that causes or is reasonably likely to cause that person or another person physical or psychological harm»*.

(17) De nuevo, en el ámbito comercial, nos encontramos con una prohibición similar a la que aparece en el artículo 5 de la antes mencionada Directiva 2005/29/CE del Parlamento Europeo y del Consejo, de 11 de mayo de 2005, relativa a las prácticas comerciales desleales de las empresas en sus relaciones con los consumidores en el mercado interior que habla de *«las prácticas comerciales que puedan distorsionar de manera sustancial, en un sentido que el comerciante pueda prever razonablemente, el comportamiento económico únicamente de un grupo claramente identificable de consumidores especialmente vulnerables a dichas prácticas o al producto al que se refieran, por padecer estos últimos una dolencia física o un trastorno mental o por su edad o su credulidad, deberán evaluarse desde la perspectiva del miembro medio de ese grupo»*.

El Dr. Veale[18] encuentra en esta segunda modalidad prohibida similares limitaciones a las ya señaladas criticando que la Propuesta de la Comisión sólo se refiera a vulnerabilidad por razón de la edad o discapacidad física o mental.

En la Propuesta presentada por el Consejo de la Unión Europea, no obstante, se suprime la referencia *«física o mental»* cuando se habla de discapacidad y se añade también la vulnerabilidad *«por una específica situación social o económica»* lo que, sin duda, amplia el alcance de la prohibición.

La prohibición que refiere el **artículo 5.1 c)** se relaciona con lo que los autores han venido a denominar «*Social Scoring*».

Tal como destaca el Dr. Lopez Oneto[19] con esta previsión la Propuesta de Reglamento pretende poner límite a los «Sistemas de Crédito Social» como el defendido por el Gobierno Chino.

Literalmente en la Propuesta de la Comisión se prohíbe,

> *«la introducción en el mercado, la puesta en servicio o la utilización de sistemas de IA por parte de las autoridades públicas o en su representación con el fin de evaluar o clasificar la fiabilidad de personas físicas durante un período determinado de tiempo atendiendo a su conducta social o a características personales o de su personalidad conocidas o predichas, de forma que la clasificación social resultante provoque una o varias de las situaciones siguientes: i) un trato perjudicial o desfavorable hacia determinadas personas físicas o colectivos enteros en contextos sociales que no guarden relación con los contextos donde se generaron o recabaron los datos originalmente; ii) un trato perjudicial o desfavorable hacia determinadas personas físicas o colectivos enteros que es injustificado o desproporcionado con respecto a su comportamiento social o la gravedad de este».*

Para que estas prácticas de «*Calificación Social*» realizadas por sistemas de Inteligencia Artificial resultan prohibidas requerían, por tanto, en la Propuesta de la Comisión Europea:

1) Que dichos sistemas sean empleados por autoridades públicas o por alguien *«en su representación»*.

2) Que dichos sistemas sirvan para clasificar la «*fiabilidad*» de personas físicas (en su versión en inglés, «*trustworthiness*»); y

3) que la clasificación social resultante suponga un trato perjudicial hacia dichas personas en contextos diferentes a aquellos de donde se

(18) Dr. Michael Veale y otros, «Demystifying the Draft EU Artificial Intelligence Act»' *cit.*

(19) Lopez Oneto, «Un análisis crítico-constructivo de la Propuesta de Reglamento de la UE por el que se establecen normas armonizadas sobre la Inteligencia Artificial», *cit.*

extrajeron los datos o un trato perjudicial que, *per se*, resulta desproporcionado o injustificado.

La idea básica de estos Sistemas es perfilar y mensurar el comportamiento social y confiabilidad de todos los individuos y, a partir de ello, determinar el acceso a servicios, ayudas, contratos, o bien cargas, gravámenes, sanciones o penas.

Lo cierto es que la Propuesta de Reglamento prohíbe este tipo de sistemas de Inteligencia Artificial en coherencia, dice, con «*la legislación vigente en materia de protección de datos, protección de los consumidores y servicios digitales, que garantiza que las personas físicas sean debidamente informadas y puedan decidir libremente no ser sometidas a la elaboración de perfiles u otras prácticas que puedan afectar a su conducta*» entendiendo, en su Considerando 17, que «*sistemas de Inteligencia Artificial que proporcionan calificaciones sociales de personas físicas para su uso con fines generales por parte de las autoridades públicas o en representación de estas pueden tener resultados discriminatorios y abocar a la exclusión a determinados grupos*» y «*pueden menoscabar el derecho a la dignidad y la no discriminación y los valores de igualdad y justicia*».

Ahora bien, al igual que ocurre con los supuestos de los apartados a) y b) de este articulo 5 el Dr. Veale[20] entiende que el legislador europeo tiene mucho trabajo por delante para conseguir que esta previsión sea aplicable, con claridad, a algún supuesto.

a. Destacaba este autor que la «*fiabilidad*» de las personas físicas (elemento determinante de la clasificación como «prohibidos» de estos Sistemas) no se define en la Propuesta de Reglamento[21].

Quizá por las dificultades que tendría entrar a definir este concepto la Propuesta del Consejo Europeo prescinde de este término para aludir, exclusivamente, a la evaluación o clasificación de personas físicas.

(20) Dr. Michael Veale y otros, «Demystifying the Draft EU Artificial Intelligence Act»' *cit.*

(21) Para el Dr. Veale esta «fiabilidad» podría verse frustrada por mala fe, falta de cuidado, por el desprecio por los compromisos alcanzados o por la ineptitud en el desarrollo de una tarea con lo que la gran mayoría de las Clasificaciones efectuadas pueden verse comprometidas.

b. Criticaba que la prohibición se refiera únicamente a las autoridades públicas[22] cuando existen empresas claves cuyas «Clasificaciones» pueden resultar incluso más perjudiciales para las personas que las desarrolladas por el sector público.

En la Propuesta presentada por el Consejo se elimina toda referencia al uso *por parte de las autoridades públicas o en su representación* de este tipo de Sistemas.

c. Ponían de manifiesto las dificultades que puede conllevar la interpretación del requisito vinculado a los perjuicios en la calificación *«en contextos diferentes a aquellos de donde se extrajeron»* los datos que hayan sido empleados para realizarla en tanto en cuanto, es evidente, en ocasiones será muy difícil discriminar si nos encontramos o no en el mismo contexto[23].

El **art. 5.1.d)** de la Propuesta de Reglamento prohíbe:

«el uso de sistemas de identificación biométrica remota «en tiempo real» en espacios de acceso público» por las autoridades encargadas de la aplicación de la ley para la prevención, la investigación, la detección o el enjuiciamiento de infracciones penales o la ejecución de sanciones penales, incluidas la protección y prevención frente a amenazas para la seguridad pública».

Como defiende Silvia Barona Vilar[24] cuando de forma masiva se emplean técnicas de videovigilancia con herramientas de Inteligencia Artificial (por ejemplo, empleo de medios biométricos de identificación a través de la apariencia) se está permitiendo un control intenso y permanente de lugares o espacios que lleva a atentar derechos y provocar decisiones lesivas contra la ciudadanía.

(22) Es verdad, tal como pone de manifiesto Víctor Moreno Catena, que algunos de los Sistemas de Calificación Social empleados por personas privadas pueden constituir Sistemas de Inteligencia Artificial de alto riesgo, conforme al Anexo III de la Propuesta de Reglamento de Inteligencia Artificial y sujetas, en definitiva, a un estricto régimen de control, como veremos.

(23) Señalan, así, que si bien en ocasiones dicha valoración puede resultar sencilla (como cuando se emplean los datos de tarjetas de crédito para valorar el posible acceso a beneficios sociales) en otros la misma puede resultar complicada (como cuando pretendemos valorar las necesidades de protección social de un menor teniendo en cuenta que sus padres se han divorciado o, llevado al extremos, sus padres se han olvidado de una cita urgente con el médico de atención primaria).

(24) «La digitalización y la algoritmización, claves del nuevo paradigma de justicia eficiente y sostenible» en *Uso de la información y de los datos personales en los procesos: los cambios en la Era Digital*, Ignacio Colomer Hernández (Director) y otros, Thomson Reuters-Aranzadi, 2021.

Y tal como reza el Considerando 18 el uso de esta tecnología «*invade especialmente los derechos y las libertades de las personas afectadas, en la medida en que puede afectar a la vida privada de una gran parte de la población, provocar la sensación de estar bajo una vigilancia constante y disuadir indirectamente a los ciudadanos de ejercer su libertad de reunión y otros derechos fundamentales*».

Ahora bien, al respecto de esta previsión de la Propuesta de Reglamento es necesario detenerse en varios aspectos de su tenor así como analizar las numerosas excepciones que la Propuesta de Reglamento prevé.

a. En primer lugar, ha de destacarse que la Propuesta de Reglamento *prohíbe, únicamente, el uso* de este tipo de sistemas de identificación biométrica.

Tal como ponen de manifiesto algunos autores esto permitiría a los Estados de la Unión Europea vender este tipo de sistemas a terceros Estados[25].

b. En segundo lugar, debe señalarse que la prohibición alcanza, en principio, el uso de estos sistemas por parte de las autoridades encargadas de la aplicación de la ley para la prevención, la investigación, la detección o el enjuiciamiento de infracciones penales o la ejecución de sanciones penales y no así la utilización de estas herramientas por parte de personas privadas.

Tal como veremos con posterioridad los Sistemas de Inteligencias Artificial destinados a utilizarse en la identificación biométrica remota «*en tiempo real*» de personas físicas por parte de personas privadas aparecen regulados como Sistemas de Inteligencia Artificial de alto riesgo en el Anexo III de la Propuesta de Reglamento.

c. En tercer lugar, cabría preguntarse qué quiere decir la Propuesta de Reglamento de Inteligencia Artificial cuando habla de «*espacio de acceso público*».

Es cierto que, en nuestro sistema, ésta es una de las cuestiones más espinosas que, actualmente, se están planteando en la práctica del Foro.

(25) Así podía haber ocurrido, por ejemplo, con la venta de software de reconocimiento facial efectuada por la Compañía Firm/Morpho a la Oficina de Seguridad Pública de Shangai. Noticia disponible en: https://contrainformacion.es/empresas-de-la-ue-venden-herramientas-de-vigilancia-a-responsables-de-abusos-contra-los-derechos-humanos-en-china-segun-informe-de-amnistia-internacional/

Mientras que la Fiscalía Española se refiere a dichos *«espacios públicos»* como aquellos en que una persona no puede ejercer su derecho a la intimidad, donde no puede reservar al conocimiento de los demás lo que está sucediendo al no disponer de un derecho de exclusión del lugar la Jurisprudencia menor (valga como ejemplo la reciente SAP de Barcelona, Sala de vacaciones, n.º 397/2020 de 26 de agosto de 2020) viene entendiendo como «clave» el carácter público del uso del espacio, aunque el acceso al mismo sea restringido, considerando que será público aquel lugar donde no puedan desarrollarse actos que afecten al núcleo duro del derecho fundamental a la intimidad personal.

La propuesta de la Reglamento de Inteligencia Artificial define «espacio de acceso público» en el apartado 39 del art. 2 en el sentido de *«cualquier lugar físico accesible para el público, con independencia de que deban cumplirse determinadas condiciones para acceder a él»*.

En la propuesta presentada por el Consejo se afina más en la definición al entender como «espacio de acceso público» *«cualquier lugar físico de propiedad pública o privada accesible para un número indeterminado de personas físicas independientemente de si se han predeterminado ciertas condiciones o circunstancias para el acceso e independientemente de las posibles restricciones de capacidad»* poniendo como ejemplo de actividades que en dichos lugares pueden realizarse las comerciales (por ejemplo, tiendas, restaurantes, cafés), servicios (por ejemplo, bancos, actividades profesionales, hostelería), actividades deportivas (por ejemplo, piscinas, gimnasios, estadios), transporte (por ejemplo, estaciones de autobús, metro y ferrocarril, aeropuertos, medios de transporte), entretenimiento (por ejemplo, cines, teatros, museos, conciertos y salas de conferencias) ocio u otros (por ejemplo, vías y plazas públicas, parques o bosques).

El Considerando 9 la Propuesta de la Comisión señalaba que *«esta noción no abarca aquellos lugares de carácter privado a los que, por lo general, no pueden acceder libremente terceros, incluidas las fuerzas o cuerpos de seguridad, a menos que hayan sido invitados o autorizados específicamente, como viviendas, clubes privados, oficinas, almacenes y fábricas»* referencia que ha sido suprimida por en la Propuesta del Consejo.

d. En cuarto lugar, exige la Propuesta de Reglamento que esos Sistemas de Inteligencia Artificial trabajen *«en tiempo real»* (en contraposición al Sistema de Identificación remota *«en diferido»)* entendiéndose que el Sistema trabaja *«en tiempo real»* cuando la recogida de los datos biométricos, la comparación y la identificación se producen sin una demora significativa.

Este término engloba no solo la identificación instantánea, sino también demoras mínimas limitadas, a fin de evitar su elusión.

e. En quinto lugar, debe señalarse que la Directiva (UE) 2016/680 del Parlamento y del Consejo preveía, en su artículo 10, que *«el tratamiento de (...) datos biométricos dirigidos a identificar de manera unívoca a una persona física (...) solo se permitirá cuando sea estrictamente necesario, con sujeción a las salvaguardias adecuadas para los derechos y libertades del interesado y únicamente cuando: a) lo autorice el Derecho de la Unión o del Estado miembro; b) sea necesario para proteger los intereses vitales del interesado o de otra persona física, o c) dicho tratamiento se refiera a datos que el interesado haya hecho manifiestamente públicos».*[26]

Tal como pone de manifiesto el Dr. Veale[27], las previsiones de la Propuesta de Reglamento, a este respecto, vendrían a ser como una *«ley especial»* en relación con las de la Directiva 2016/680 del Parlamento Europeo y del Consejo de forma que, cuando se utilicen Sistemas de Inteligencia Artificial en las condiciones señaladas, aún con los fines citados, la práctica estaría prohibida para las autoridades competentes.

Ello sin perjuicio de las excepciones previstas en el propio artículo 5.1.d) que permitirían el uso de estas tecnologías de Inteligencia Artificial para:

1) La búsqueda selectiva de posibles víctimas concretas de un delito, incluidos menores desaparecidos

2) La prevención de una amenaza específica, importante e inminente para la vida o la seguridad física de las personas físicas o de un atentado terrorista

En la Propuesta de Reglamento del Consejo se suprime la referencia «inminente» de este apartado.

3) La detección, la localización, la identificación o el enjuiciamiento de la persona que ha cometido o se sospecha que ha cometido alguno

(26) Y en España, por ejemplo, ya existe una previsión legal al respecto del tratamiento de datos biométricos con fines de *prevención, investigación, detección o enjuiciamiento de infracciones penales cuál* es la del art. 13.2 de la Ley Orgánica 7/2021 de 26 de mayo que prevé que *«las autoridades competentes, en el marco de sus respectivas funciones y competencias, podrán tratar datos biométricos dirigidos a identificar de manera unívoca a una persona física con los fines de prevención, investigación, detección de infracciones penales, incluidas la protección y la prevención frente a las amenazas contra la seguridad pública».*

(27) Dr. Michael Veale y otros, «Demystifying the Draft EU Artificial Intelligence Act», *cit.*

de los delitos mencionados en el artículo 2, apartado 2, de la Decisión Marco 2002/584/JAI del Consejo (delitos para los que se permite, con carácter general, la emisión de una Orden Europea de Detención) para el que la normativa en vigor en el Estado miembro implicado imponga una pena o una medida de seguridad privativas de libertad cuya duración máxima sea al menos de tres años[28].

En la Propuesta de Reglamento del Consejo se suprimen las referencias a la detección o al enjuiciamiento así como a la comisión o sospecha de comisión de forma que el tipo quedaría redactado de forma, entendemos, más precisa, de la siguiente forma: *«La localización o identificación de una persona física con el fin de llevar a cabo una investigación criminal, enjuiciamiento o ejecutar una sanción penal por los delitos a los que se refiere el artículo 2, apartado 2, del Marco del Consejo Decisión 2002/584/JHA33 y sancionables en el Estado miembro afectado por una pena privativa de libertad o una orden de privación de libertad por un período máximo de al menos tres años, u otros delitos específicos punibles en el Estado miembro afectado por una pena privativa de libertad o una orden de privación de libertad por un máximo período de al menos cinco años, según lo determine la legislación de ese Estado miembro»*.

Como destaca Víctor Moreno Catena[29] *«para la investigación penal de una gran mayoría de delitos»*, por tanto, *«la prohibición que el precepto proclama se ve reducida prácticamente a la nada»*.

Al respecto de estas últimas excepciones, cualquier *uso* (*«individual use»*, en la versión en inglés, referencia de la que prescinde la Propuesta del Consejo) *de los sistemas de identificación biométrica remota en tiempo real en espacios de acceso público»* por las autoridades encargadas de la aplicación de la ley para la prevención, la investigación, la detección o el enjuiciamiento de infracciones penales o la ejecución de sanciones penales habrá de ser autorizado, reza el propio artículo 5 de la Propuesta de Reglamento, por parte de una autoridad judicial o una autoridad administrativa independiente del Estado miembro donde vaya a utilizarse dicho sistema quien deberá motivar dicha decisión efectuando un juicio de proporcionalidad basado en el per-

(28) Tal como pone de manifiesto Carlos Fernández Hernández el Consejo ha introducido una enmienda a este precepto para añadir, como supuesto excepcional, la prevención de amenazas sustanciales y específicas a las infraestructuras críticas, la vida, la salud o la seguridad de las personas y los ataques terroristas.

(29) V. Moreno Catena, «Los datos en el sistema de justicia y la propuesta de Reglamento UE sobre Inteligencia Artificial» en *Uso de la información y de los datos personales en los procesos: los cambios en la Era Digital, cit.*

juicio que produciría la utilización del sistema en relación con las consecuencias que no utilizar el sistema podría tener para los derechos y libertades de las personas.

La principal duda que plantea este régimen de autorización, más aún tras el dictado de la Sentencia del Tribunal Europeo de Derechos Humanos en el caso HK v. Procurator de 2 de marzo de 2021, es la posibilidad de que el uso de estos sistemas pueda ser autorizado por el Ministerio Fiscal allí donde así proceda.

La Propuesta de Reglamento prevé, por último, un *«régimen de urgencia»* que autorizaría el empleo de estas tecnologías con los fines predichos y en circunstancias singulares.

Interesante es, por último, la referencia que efectúa la Propuesta del Consejo en el sentido de que dicha autorización será solicitada sin demora indebida durante el uso del sistema de Inteligencia Artificial, y si tal se deniega la autorización, se suspenderá su uso con efecto inmediato.

3.2. Sistemas de inteligencia artificial de alto riesgo y gobernanza

3.2.1. Sistemas de inteligencia artificial de alto riesgo

Un reciente artículo publicado en la página web de Montrealethics[30] concluía, en relación con el empleo, por parte de la Policía autónoma del País Vasco (España) de un algoritmo específicamente diseñado para valorar el riesgo en el que se encuentra una víctima en el momento de interponer una denuncia que los *«usuarios (policía agentes, jueces, fiscales, trabajadores sociales y profesionales de la salud) de las herramientas de evaluación de riesgos deben recibir una formación específica en algoritmos, para que sean capaces de identificar riesgos algorítmicos y daños, en lugar de confiar demasiado en estas herramientas (...) En segundo lugar, rechazar la suposición de que la tecnología resuelve problemas automáticamente en todos los escenarios (...) los algoritmos y las herramientas de evaluación de riesgos no pueden pensar como personas (...) En última instancia, es fundamental que los usuarios judiciales entiendan su importante función de supervisión. papel, que un algoritmo no puede reemplazarlos y que es automático la evaluación puede estar equivocada»*.

(30) Artículo disponible en: https://montrealethics.ai/judging-the-algorithm-a-case-study-on-the-risk-assessment-tool-for-gender-based-violence-implemented-in-the-basque-country/

Dicho estudio partía de un supuesto base: el empleo en instancias judiciales de una herramienta diseñada para Cuerpos Policiales, su utilización como elemento decisorio en la adopción de medidas cautelares en los primeros momentos de la Instrucción Penal y la posibilidad de que, evidentemente, dicho algoritmo pudiera equivocarse.

Ya en el Libro Blanco sobre la Inteligencia Artificial se decía que *«una aplicación de Inteligencia Artificial determinada debe considerarse de riesgo elevado considerando tanto el sector como si el uso previsto en el sector supone riesgos significativos»*.

Y que *«la evaluación del nivel de riesgo de un uso determinado puede basarse en las repercusiones para las partes afectadas. Por ejemplo, el uso de aplicaciones de Inteligencia Artificial con efectos jurídicos o similares en los derechos de un particular o de una empresa; aplicaciones que presenten el riesgo de causar lesiones, la muerte, o daños materiales o inmateriales significativos; aplicaciones que produzcan efectos que las personas físicas o jurídicas no puedan evitar razonablemente»*.

La Propuesta de Reglamento de Inteligencia Artificial no se olvida de este tipo de Sistemas y en el Considerando 27 afirma que *«la introducción en el mercado o la puesta en servicio de sistemas de Inteligencia Artificial de alto riesgo en la Unión debe supeditarse al cumplimiento por su parte de determinados requisitos obligatorios, los cuales deben garantizar que los sistemas de Inteligencia Artificial de alto riesgo disponibles en la Unión o cuya información de salida se utilice en la Unión no entrañen riesgos inaceptables para intereses públicos importantes de la Unión Europea, reconocidos y protegidos por el Derecho de la Unión. La calificación «de alto riesgo» debe limitarse a aquellos sistemas de Inteligencia Artificial que tengan consecuencias perjudiciales importantes para la salud, la seguridad y los derechos fundamentales de las personas de la Unión»*.

El artículo 6 de la Propuesta de la Comisión, en una bizarra redacción que ha sido enmendada por el Consejo, considera de Alto Riesgo aquellos Sistemas que cumplieran dos condiciones:

1) Que constituyan (*«itself»*, dice la Propuesta) uno de los productos contemplados en la legislación de armonización de la Unión Europea mencionada en el Anexo II de la Propuesta o estuvieran destinados a ser utilizados como un componente de seguridad de dichos productos.

La sección A de dicho Anexo se refiere a la Normativa Europea de Armonización reguladora de máquinas, juguetes, embarcaciones de recreo y motos acuáticas, ascensores, atmósferas potencialmente explosivas, equipos radioeléctricos, equipos a presión, transportes por cable, equipos de protección individual, aparatos que queman combustibles gaseosos, productos sanitarios y productos sanitarios para diagnóstico in vitro.

La sección B del Anexo II se refiere a la Normativa Europea de Armonización aprobada en determinados ámbitos como la aviación civil, la vigilancia del mercado de determinados vehículos de dos, tres o cuatro ruedas, vigilancia de mercado de vehículos agrícolas o forestales, equipamiento marítimo, inter-operatividad del sistema ferroviario, vigilancia del mercado de los vehículos de motor y sus remolques y de sistemas, componentes y unidades técnicas independientes destinados a dichos vehículos y la Agencia de seguridad Europea de la Aviación.

2) Que para su introducción en el mercado o puesta en servicio estén sujetos a una evaluación de conformidad realizada por un organismo independiente.

En todo caso, la propia Propuesta de Reglamento de la Comisión considera como Sistemas de Inteligencia Artificial de Alto Riesgo los mencionados en el Anexo III de la misma[31].

1. Sistemas de Inteligencias Artificial vinculados con la Identificación biométrica y categorización de personas físicas y más concretamente aquellos destinados a utilizarse en la identificación biométrica remota «en tiempo real» o «en diferido» de personas físicas.

La propia Propuesta de Reglamento define estos Sistemas en su artículo 3 apartado 36 como aquellos destinados a identificar a personas físicas a distancia comparando sus datos biométricos con los que figuran en una base de datos de referencia ya sea en tiempo real o en diferido.

Ya mencionamos *ut supra que* la Propuesta de Reglamento prohíbe (con excepciones) el *«uso de sistemas de identificación biométrica remota en tiempo real en espacios de acceso público»* por las autoridades encargadas de la aplicación de la ley para la prevención, la investigación, la detección o el enjuiciamiento de infracciones penales.

(31) Salvo que, dice la Propuesta de Reglamento aprobada por el Consejo de la Unión Europea, *«la información obtenida del Sistema no constituye la única base o es puramente accesoria con respecto a la acción o decisión relevante que debe ser tomada por el humano, y por lo tanto no es probable que conduzca a un riesgo significativo para la salud, seguridad o derechos fundamentales»*.

Fuera de ese concreto supuesto, esto es, cuando estos Sistemas de Inteligencia Artificial no son empleados por autoridades competentes en espacios de acceso público o cuando se trata de uso de sistemas de identificación biométrica remota en diferido por las autoridades encargadas de la aplicación de la ley, los Sistemas de Inteligencia Artificial relacionados con la identificación biométrica son de alto riesgo.

Y ello, principalmente, porque, como reza el Considerando 33, *«las imprecisiones técnicas de los sistemas de Inteligencia Artificial destinados a la identificación biométrica remota de las personas físicas pueden dar lugar a resultados sesgados y tener consecuencias discriminatorias»*.

Con anterioridad a la Propuesta de Reglamento de Inteligencia Artificial, ya se había planteado en España la posible utilización por parte de una entidad privada como es Mercadona, S.A.[32] de un sistema biométrico de identificación en tiempo real.

En palabras del propio establecimiento la utilización de este tipo de Sistemas viene *«motivada por el riesgo derivado de la comisión de hechos delictivos»*.

Se trataría de *«un proceso de reconocimiento facial consiste en comparar una muestra biométrica dubitada, obtenida a través de una o varias imágenes de una persona, frente a una base de datos de muestras biométricas ya asociadas de forma indubitada a la identidad de una persona, que han registradas previamente a través de una o varias fotografías»*.

Para ello, añade, *«las muestras biométricas dubitadas son transformadas en patrones. Posteriormente, a través del reconocimiento facial, las muestras biométricas son comparadas con la plantilla indubitada guardada previamente, a través de cálculos algorítmicos que se evalúan con base en umbrales de coincidencia previamente establecidos»*.

La Agencia Española de Protección de datos[33], que *«el tratamiento de datos personales a través de reconocimiento facial en los términos que la mercantil ha implantado en sus supermercados, no permite aplicar la exención del artículo 9.2.f) del Reglamento General de Protección de datos a la prohibición general que impone el artículo 9.1 de dicha norma»*, esto es, la Agencia Española de Protección de datos no considera que dicho tratamiento

(32) https://es.wikipedia.org/wiki/Mercadona
(33) Resolución dictada por la Agencia de Protección de datos en la que se termina sancionando a Mercadona (Procedimiento n.º PS/00120/2021).

sea necesario para la formulación, el ejercicio o la defensa de reclamaciones por parte de Mercadona.

Además, continua la Agencia Española de Protección de datos, *«tampoco sería lícito acudir directamente a lo dispuesto en el artículo 6.1.e) toda vez que no se puede compartir que con la medida de identificación implantada se esté protegiendo el interés público»*.

Y a mayor abundamiento señala la Agencia Española de Protección de datos que *«no se informa de forma significativa sobre la lógica aplicada en el tratamiento de reconocimiento facial aplicado, ni permite a los afectados ejercer sus derechos dada la inmediatez del tratamiento»* y que *«los tratamientos llevados a cabo a través de tecnología de reconocimiento facial son tratamientos de riesgo extremadamente elevado (inaceptable), con alta probabilidad de incidencia y gravedad lo que hace que el riesgo inherente sea muy alto y muy complicada su disminución a riesgo residual aceptable, lo que permitiría con alta probabilidad que se realizaran tratamientos de diversa índole (…) con gran impacto al margen de lo estrictamente necesario»*.

Mercadona pretendió emplear este sistema para garantizar la ejecución de Sentencias condenatorias penales en el sentido de proceder a la inmediata identificación de aquellas personas que pretendieran acceder al establecimiento y tuvieran prohibido este acceso por decisión judicial.

Instaba Mercadona en escrito presentado ante un Juzgado de lo Penal de Barcelona que *«se acordará permitir a dicha mercantil el uso de medios electrónicos, consistentes en la detección de entrada a los establecimientos de esta cadena respecto de los dos condenados (…) tratándose de un sistema automático que detectaría la entrada de los penados, a través de medios electrónicos, esto es, a través de un circuito cerrado de video grabación y con ello se aseguraría la proporcionalidad de los medios utilizados al tiempo que la efectividad de la medida»*.

El Juzgado de lo Penal n.º 24 de Barcelona denegó la citada autorización.

Y en el Recurso de Apelación planteado ante la Audiencia Provincial de Barcelona ésta asevera, entre otras cosas, que *«para que el reconocimiento facial pudiera tener un mejor amparo legal necesitaría de una ley específica»* y *«no existe hoy día norma alguna en nuestro ordenamiento jurídico relativa al reconocimiento facial»*.

«La existencia de un interés público no legitima cualquier tipo de tratamiento de datos personales, sino que deberá estarse, en primer lugar, a las condiciones que haya podido establecer el legislador (...) así como a los (...) principios del artículo 5 del Reglamento General de protección de datos, especialmente a los de limitación de la finalidad y minimización de datos. Y en el caso de que vayan a ser objeto de tratamiento alguno o algunos de los datos personales incluidos en las categorías especiales de datos a los que se refiere el artículo 9.1. del Reglamento General de Protección de datos, que concurra alguna de las circunstancias contempladas en su apartado 2 que levante la prohibición de tratamiento de dichos datos.

Y concluye que *«la medida peticionada por parte de la entidad, mercantil, MERCADONA S.A, en modo alguno resulta proporcional, necesaria ni asimismo idónea»*.

La Propuesta de Reglamento del Consejo se refiere, únicamente, a Sistemas remotos de identificación biométrica.

2. Sistemas de Inteligencia Artificial vinculados a la gestión y funcionamiento de infraestructuras esenciales y destinados a utilizarse como componentes de seguridad en la gestión y funcionamiento del tráfico rodado y el suministro de agua, gas, calefacción y electricidad.

Tal como reza el Considerando 34 la razón de esta previsión es que *«su fallo o defecto de funcionamiento puede poner en peligro la vida y la salud de las personas a gran escala y alterar de manera apreciable el desarrollo habitual de las actividades sociales y económicas»*.

3. En el ámbito de la **Educación y formación profesional**: a) sistemas de Inteligencia Artificial destinados a utilizarse para determinar el acceso o la asignación de personas físicas a los centros de educación y formación profesional; b) sistemas de Inteligencia Artificial destinados a utilizarse para evaluar a los estudiantes de centros de educación y formación profesional y para evaluar a los participantes en pruebas generalmente necesarias para acceder a centros de educación.

Explica el Considerando 35 que estos Sistemas *«pueden decidir la trayectoria formativa y profesional de una persona y, en consecuencia, afectar a su capacidad para asegurar su subsistencia»*. Por ende, añade, *«Cuando no se diseñan y utilizan correctamente, estos sistemas pueden violar el derecho a la educación y la formación, y el derecho a no sufrir discriminación, además de perpetuar patrones históricos de discriminación»*.

4. Sistemas de Inteligencia Artificial destinados a utilizarse para la contratación o selección de personas físicas, especialmente para anunciar puestos vacantes, clasificar y filtrar solicitudes o evaluar a candidatos en el transcurso de entrevistas o pruebas o para tomar decisiones relativas a la promoción y resolución de relaciones contractuales de índole laboral, a la asignación de tareas y al seguimiento y evaluación del rendimiento y la conducta de las personas en el marco de dichas relaciones.

Hace unos días la prensa anunciaba la puesta en marcha de una herramienta que venía a revolucionar los procesos de selección de personal.

Dicha herramienta sustituiría los test psicotécnicos por aplicaciones que valorarían los rasgos de personalidad de los candidatos a través del lenguaje empleado en las entrevistas de trabajo[34].

Al respecto de esta cuestión resultan ciertamente interesantes las reflexiones que, ya hace tiempo, realizó Cathy O´Neil en su obra *«Armas de destrucción matemática: como el Big data aumenta la desigualdad y amenaza la democracia»*[35].

Esta autora ponía de manifiesto un llamativo supuesto (real) en el que un joven con trastorno bipolar que había dejado de asistir a sus clases durante un tiempo pretendía acceder al mercado laboral a través de un rudimentario empleo a tiempo parcial en una cadena de supermercados.

Solicitado el acceso a dicho empleo este joven ni siquiera fue llamado a la entrevista previa siendo que, posteriormente, tuvo noticia que la razón de ello era que en el análisis de las propuestas se habían tenido en cuenta determinados datos médicos aportados por él mismo en un test de personalidad que, por otro lado, le cerró posteriormente las puertas en varios empleos más.

Roland Behm, padre de este joven, se ha convertido, posteriormente, en un verdadero paladín de la lucha contra la discriminación en el Mercado Laboral.

Tal como se recoge en uno de sus recientes artículos[36] empleado un Sistema de Inteligencia Artificial en la contratación *«la mayoría de los candida-*

(34) Noticia disponible aquí: https://www.diariovasco.com/economia/inteligencia-artificial-entrevista-trabajo-20221024150848-nt.html

(35) *Armas de destrucción matemática: como el Big data aumenta la desigualdad y amenaza la democracia*, Cathy O´Neil, Editorial Capitán Swing, 2018.

(36) Artículo disponible en: https://www.technologyreview.es/s/13562/la-sutil-discriminacion-de-las-ia-de-contratacion-contra-la-discapacidad

tos no saben por qué fueron rechazados para el trabajo (...) ***los candidatos no saben que están siendo calificados o evaluados por un ordenador***».

Como advierte el propio Roland Behm las empresas «***no han invertido el tiempo y el esfuerzo necesarios*** *para comprender los sistemas que están tomando decisiones que cambian la vida para muchas personas*».

En otro capítulo de su obra Cathy O´Neil[37] habla sobre los programas de software empleados por la empresa privada para la «optimización» del empleo y la planificación de horarios.

Dichos programas, dice O´Neil, son instrumentos completamente opacos y crean un bucle de retroalimentación absolutamente nocivo pues están especialmente diseñados para que la empresa ahorre costes y los trabajadores no puedan organizar adecuadamente su tiempo.

La Comisión quiere, a través del control de este tipo de Sistemas, no sólo luchar contra la perpetuación de determinados patrones de desigualdad y discriminación ocultos a los propios trabajadores e ignorados por las empresas, como defiende Roland Behm, sino velar por la seguridad y salud en el trabajo frente a Sistemas de Inteligencia Artificial que controlan el rendimiento y el comportamiento en el trabajo como los descritos por Cathy O´Neil.

5. En el **acceso y disfrute de servicios públicos y privados esenciales y sus beneficios** algunos sistemas de Inteligencia Artificial serían de alto riesgo.

Tal como pone de manifiesto Carlos Fernández Hernández en un reciente artículo[38] la Ley española 15/2022 integral para la igualdad de trato y la no discriminación ha introducido en nuestro ordenamiento la primera referencia expresa a la limitación de la Inteligencia Artificial en el funcionamiento de las Administraciones Públicas.

Y lo ha hecho, dice este autor, aún con fines meramente programáticos, con el fin de evitar sesgos previendo la realización de evaluaciones de impacto e imponiendo a las herramientas utilizadas la inclusión en su diseño de criterios de minimización, transparencia y control.

(37) C. O´Neill, «Armas de destrucción matemática: como el Big data aumenta la desigualdad y amenaza la democracia», *cit*.

(38) Artículo disponible en: https://diariolaley.laleynext.es/dll/2022/07/13/la-ley-15-2022-introduce-la-primera-regulacion-positiva-de-la-inteligencia-artificial-en-espana

Y es que, como si la Propuesta de Reglamento Artificial estuviera parafraseando a Cathy O´Neil[39], nos encontramos, de nuevo, con un régimen de limitación de prácticas de Inteligencia Artificial ya criticadas en su obra de referencia[40].

Por eso la Propuesta de Reglamento explica, en su Considerando 37, que:

1. *«Deben considerarse de alto riesgo los* ***Sistemas de Inteligencia Artificial usados para evaluar la calificación crediticia o solvencia de personas físicas, ya que deciden si dichas personas pueden acceder a recursos financieros o servicios esenciales como la vivienda, la electricidad y los servicios de telecomunicaciones»*** dado que *«pueden discriminar a personas o grupos y perpetuar patrones históricos de discriminación, por ejemplo, por motivos de origen racial o étnico, discapacidad, edad u orientación sexual, o generar nuevas formas de efectos discriminatorios».*

Se exceptúan *«los sistemas de Inteligencia Artificial puestos en servicio por parte de proveedores a pequeña escala para su uso propio».*

2. Los **Sistemas de Inteligencia Artificial destinados a ser utilizados por las autoridades públicas o en su nombre para evaluar la admisibilidad de las personas físicas para acceder a prestaciones y servicios de asistencia pública, así como para conceder, reducir, retirar o recuperar dichas prestaciones y servicios lo que se viene a decir es que se utilizan para decidir si las autoridades deben denegar, reducir, revocar o reclamar dichas ayudas y servicios** pueden afectar de un modo considerable a los medios de subsistencia de las personas y podrían infringir sus derechos fundamentales, como el derecho a la protección social, a la no discriminación, a la dignidad humana o a una tutela judicial efectiva.

Es por ello por lo que dichos Sistemas han de ser considerados, asimismo, de Alto Riesgo.

3. Por último, se consideran de alto riesgo los **Sistemas de Inteligencia Artificial destinados a utilizarse para el envío o el establecimiento de prio-**

---

(39) C. O´Neill, «Armas de destrucción matemática: como el Big data aumenta la desigualdad y amenaza la democracia», *cit.*

(40) Por ejemplo, en relación con la Calificación Crediticia, O´Neil ponía de manifiesto que, en la actualidad, las empresas manejan infinidad de datos sobre nosotros. Y a partir de esos datos predicen nuestra solvencia asignándonos una determinada calificación electrónica. Esas calificaciones, dice, son arbitrarias, no están reguladas, no dan explicaciones sobre su funcionamiento y, a menudo, son injustas.

ridades en el envío de servicios de primera intervención en situaciones de emergencia, por ejemplo bomberos y servicios de asistencia médica.

El Consejo Económico y Social Europeo recomendó, en su informe a la Propuesta de la Comisión, ampliar el ámbito de aplicación del punto 5, letra b), del anexo III a todos los **Sistemas de Inteligencia Artificial destinados a la evaluación de la admisibilidad de los servicios privados esenciales**.

Y, finalmente, por el Consejo de la Unión Europea se ha propuesto la introducción como de Alto Riesgo de aquellos **Sistemas de Inteligencia Artificial destinados a ser utilizados para la evaluación de riesgos en relación con las personas físicas y tarificación en el caso de seguros de vida y salud** con excepción de los puestos en servicio por parte de proveedores a pequeña escala.

Esta enmienda es lógica, aunque insuficiente, dejando al margen a muchas Compañías de Seguros que, utilizando algoritmos propios, crean Clasificaciones Electrónicas que acaban desplazando factores objetivos y afectando, en definitiva, al precio del seguro.[41]

6. Sistemas de Inteligencia Artificial relacionados con la aplicación de la Ley.

Cada vez que se comete un delito, los cuerpos policiales y judiciales realizan actas e informes con todos los detalles: cuándo se ha producido, dónde, quién lo ha hecho (incluyendo todo tipo de características demográficas del sujeto), quién ha sido la víctima, qué estaba sucediendo en ese momento en ese lugar.

Dicha información es susceptible de ser tratada a través de Sistemas de Inteligencia Artificial.

Prescindiendo de antecedentes remotos[42] hace ya una década y gracias a estas técnicas, el ayuntamiento de Nueva York pudo determinar que Brooklyn era el distrito con mayor índice de crímenes, que estos se daban normalmente entre las 3:00 pm y las 7:00 pm, con una tasa más baja en enero (quizás debido a las vacaciones de Navidad) y que en su mayoría eran robos a pequeña escala, con mayor frecuencia los viernes, cuando también hay

(41) C. O´Neil, «Armas de destrucción matemática: como el Big data aumenta la desigualdad y amenaza la democracia», *cit.*

(42) Artículo disponible en: http://crimina.es/blog/2016/07/25/sabes-que-es-el-crime-mapping-conoce-esta-importante-linea-de-investigacion-que-desarrolla-crimina/

una mayor concentración cerca de los bancos, donde suceden cuatro veces más de delitos.

Y para conseguir toda esa información, el Ayuntamiento de **Nueva York** (que representaba la décima ciudad más peligrosa del mundo en 2010 según el Instituto de Seguridad Mundial) y la firma española Synergic Partners, **consultora parte del grupo** Telefónica, integraron datos de la propia policía (denuncias), del padrón (capacidad adquisitiva, niveles de desempleo, etc.), noticias de incidentes obtenidos del New York Times, cotización bursátil, eventos programados para la ciudad e incluso datos meteorológicos. En total, se estudiaron **78 variables** y 4,2 Tb de información.

Se alcanzó un promedio de precisión del 72%, con respecto al tiempo que ocurrirá un crimen, así como la identificación de falsas amenazas.

Ese nivel de precisión podía llegar hasta el 83% para los asesinatos (el tipo de delito con la mayor cantidad de información disponible).

Cuerpos policiales de varios países del mundo, ayudados por empresas especializadas en este sector, han visto en estas herramientas la forma de adelantarse a determinados delitos para poder responder de una manera más efectiva. **El objetivo es predecir los delitos para actuar antes de que se produzcan.**

Hunchlab, software vendido hace unos años por Azavea a Shotspotter, analiza datos y estadísticas relacionados con crímenes y delitos para establecer patrones que podrían repetirse en el futuro. Para ello no sólo toma en cuenta los delitos ocurridos, sino factores tan variados como la localización de los colegios y los bares, los horarios de los eventos deportivos locales e incluso las fases lunares. Gracias a estos datos han conseguido crear determinados patrones ya conocidos, como los que indican que hay menos delitos en días fríos, y otros sorprendentes, como aquellos que sugieren una mayor tasa de robo de coches si están aparcados cerca de un colegio.

PredPol es un programa cuyo algoritmo tiene en cuenta localizaciones, periodos de tiempo y tipos de crimen. Su fortaleza se basa en que trata de determinar aquellas zonas de una ciudad en la que con mayor probabilidad de producirá un nuevo delito. En el año 2017 ya se utilizaba en 50 cuerpos policiales de Estados Unidos y el Reino Unido. En San Fernando, cerca de Los Ángeles, las zonas en las que la policía utilizó PredPol consiguieron ver su tasa de delitos reducida en un 13%, cuando en el resto de la ciudad crecía un 0,4%.

HART es una herramienta empleada por la Policía de Durham (Reino Unido) para predecir si los sospechosos tienen un bajo, moderado o alto riesgo de cometer nuevos delitos dentro de un determinado período de tiempo.

En España, actualmente, también se manejan herramientas similares.

Mas allá del ya mencionado EPV-R, VioGen es una herramienta creada en el marco un programa de la Secretaría de Estado para la Seguridad del Ministerio del Interior destinado a luchar contra la violencia de género(43) y que con fundamento en los datos obtenidos en dos tests de evaluación del riesgo de las denunciantes o víctimas ya con sentencia, determina un nivel de riesgo de agresión que conlleva un grado específico de protección policial, tanto antes como después del juicio o incluso cuando éste no se llegue a producir. VioGen parte de un primer cuestionario denominado VPR (Valoración Policial del Riesgo) y de un segundo, VPER (Valoración Policial de Evolución del Riesgo), que se realiza de forma general un año después del primero, cuando normalmente ya se ha celebrado el juicio y sea cual sea la sentencia. De esa evaluación se extraen cinco niveles de riesgo: no apreciado, bajo, medio, alto y extremo. Cada uno de ellos lleva aparejado un protocolo de actuación del que la denunciante o víctima es partícipe, así como todas las administraciones con competencias en la materia y el juzgado que instruye o ha juzgado la causa.

Al lado de VioGen tenemos Veripol, sistema empleado en sede policial para verificar las denuncias falsas.

Para Silva Barona Vilar(44), la Policía ha pasado de actuar *ex post* a actuar *ex ante*. Se abandona la Policía intuitiva y se acude a herramientas computacionales y algoritmos que trabajan con predicciones.

Ahora bien, a dichas herramientas, como también se pone de manifiesto ut supra en el artículo de la Dra. Valdivia mencionado(45), les falta transparencia. Si los datos con los que se trabaja no son buenos los resultados son nefastos.

(43) Noticia disponible en: http://www.interior.gob.es/documents/642012/8791743/Libro+Violencia+de+G%C3%A9nero/19523de8-df2b-45f8-80c0-59e3614a9bef

(44) S. Barona Vilar, «La digitalización y la algoritmización, claves del nuevo paradigma de justicia eficiente y sostenible» en *Uso de la información y de los datos personales en los procesos: los cambios en la Era Digital, cit.*

(45) Artículo citado: https://montrealethics.ai/judging-the-algorithm-a-case-study-on-the-risk-assessment-tool-for-gender-based-violence-implemented-in-the-basque-country/

Es por ello que la evaluación y determinación del riesgo vienen acompañados de una serie de actuaciones concretas obligadas y otras complementarias en cada una de las escalas.

Es la forma de evitar las suspicacias que ha despertado en Estados Unidos COMPAS, una herramienta de gestión de casos y apoyo a la toma de decisiones utilizada por los tribunales de diversos estados para evaluar la probabilidad de que un acusado se convierta en reincidente.

Eric Loomis fue condenado por un delito de resistencia a la Policía en La Crosse (Wisconsin). El juez le impuso una pena de 6 años de prisión valorando, entre otras cosas, el resultado arrojado por un algoritmo secreto llamado COMPAS, utilizado en Wisconsin para determinar la posibilidad de que una persona reincida. La Sentencia que condenaba al Sr. Loomis fue objeto de recurso (basado, principalmente, en el desconocimiento de los factores que Compas tenía en cuenta para generar un resultado (los creadores de Compas rechazaban, por motivos comerciales, aportar datos de su algoritmo defendiendo que sólo interesaba el resultado)) pero, finalmente, la Corte Suprema norteamericana rechazó el recurso del Sr. Loomis aseverando que en el caso concreto se tuvieron en cuenta los documentos que obraban en el expediente judicial y que el pronóstico resultó debidamente individualizado para el Sr. Loomis.

La Unión Europea también lleva tiempo tratando de adecuarse a las nuevas circunstancias previendo respuestas ante los problemas que puedan generarse en el empleo de este tipo de técnicas.

Y la Propuesta de Reglamento de Inteligencia Artificial supone un importante paso en este sentido.

¿Cómo debe operarse con técnicas o herramientas que se alimentan de cantidades masivas de datos, provenientes de orígenes cada vez más numerosos en nuestro día a día?

El artículo 22.1 del Reglamento (UE) 2016/679 del Parlamento Europeo y del Consejo de 27 de abril de 2016 recoge el derecho de todo interesado «*a no ser objeto de una decisión basada únicamente en el tratamiento automatizado, incluida la elaboración de perfiles, que produzca efectos jurídicos en él o le afecte significativamente de modo similar*».

Se establecen como principios fundamentales, a este respecto, el derecho a obtener una intervención «humana» y la transparencia.

En este sentido, el Reglamento recoge, entre otras, la obligación de informar al interesado sobre la existencia de decisiones automatizadas y la elaboración de perfiles o la obligación de proporcionar al interesado toda la información pertinente en los casos en los que el responsable del tratamiento «*proyecte el tratamiento ulterior de datos personales para un fin que no sea aquel para el que se recogieron*» aspectos, ambos, básicos en entornos de utilización de tecnologías que se basan, precisamente, en la automatización de los procesos a través de un uso intensivo de algoritmos, así como en la dedicación de los datos personales a fines secundarios, diferentes de la finalidad para la que fueron obtenidos en un primer momento.

La Directiva relativa a la protección de las personas físicas en lo que respecta al tratamiento de datos personales por parte de las autoridades competentes para fines de prevención, investigación, detección o enjuiciamiento de infracciones penales o de ejecución de sanciones penales, y a la libre circulación de dichos datos (Directiva (UE) 2016/680 del Parlamento Europeo y del Consejo) prevé expresamente la posible utilización de datos para los fines de prevención, investigación, detección o enjuiciamiento de infracciones penales o de ejecución de sanciones penales, incluidas la protección y la prevención frente a las amenazas contra la seguridad pública cuando son distintos de aquel para el que se recogen siempre que:

> a) El responsable del tratamiento esté autorizado a tratar dichos datos personales para dicho fin de conformidad con el Derecho de la Unión o del Estado miembro, y
>
> b) el tratamiento sea necesario y proporcionado para ese otro fin de conformidad con el Derecho de la Unión o del Estado miembro.[46]

En la Propuesta de Reglamento de Inteligencia Artificial se va un poco más allá y se consideran de alto riesgo muchos de Sistemas de Inteligencia Artificial asimilados a los que venimos comentando o hemos relacionado *ut supra*, al hablar del Sistema de Valoración de riesgos en el ámbito de la Violencia de Género.

En línea con sus anteriores Considerandos precisa, en su Considerando 38, que estos sistemas se caracterizan «*por un importante desequilibrio de poder y pueden dar lugar a la vigilancia, la detención o la privación de libertad de una persona física, así como a otros efectos negativos sobre los derechos*

(46) Lo que con algunas pequeñas modificaciones, viene a recoger el actual artículo 6 de la Ley Orgánica 7/2021 de 26 de mayo de protección de datos personales tratados con fines de prevención, detección, investigación y enjuiciamiento de infracciones penales.

fundamentales que garantiza la Carta» debiendo ser conscientes de que *«si el sistema de IA no está entrenado con datos de buena calidad, no cumple los requisitos oportunos en términos de precisión o solidez, o no se diseña y prueba debidamente antes de introducirlo en el mercado o ponerlo en servicio, puede señalar a personas de manera discriminatoria, incorrecta o injusta. Además, podría impedir el ejercicio de importantes derechos procesales fundamentales, como el derecho a la tutela judicial efectiva y a un juez imparcial, así como los derechos de la defensa y la presunción de inocencia, sobre todo cuando dichos sistemas de IA no sean lo suficientemente transparentes y explicables ni estén bien documentados».*

En consecuencia, según la Comisión, serían de alto riesgo:

a) Sistemas de Inteligencia Artificial destinados a utilizarse por parte de las autoridades encargadas de la aplicación de la ley para llevar a cabo evaluaciones de riesgos individuales de personas físicas con el objetivo de determinar el riesgo de que se cometan infracciones penales o reincidan en su comisión, así como el riesgo para las potenciales víctimas de delitos.

La Propuesta de Reglamento del Consejo prescinde de la referencia a «*evaluaciones de riesgos individuales de personas físicas*» para caracterizar estos Sistemas de Alto Riesgo.

b) Sistemas de Inteligencia Artificial destinados a utilizarse por parte de las autoridades encargadas de la aplicación de la ley como polígrafos y herramientas similares, o para detectar el estado emocional de una persona física.

«c) Sistemas de Inteligencia Artificial destinados a utilizarse por parte de las autoridades encargadas de la aplicación de la ley para detectar las ultra-falsificaciones a las que hace referencia el artículo 52, apartado 3[47]*».*

La Propuesta de Reglamento del Consejo prescinde de considerar estos Sistemas como de Alto Riesgo.

d) Sistemas de Inteligencia Artificial destinados a utilizarse por parte de las autoridades encargadas de la aplicación de la ley para la evalua-

(47) Este artículo 52.3 de la Propuesta se refiere a Sistemas de Inteligencia Artificial que genere o manipule contenido de imagen, sonido o vídeo que se asemeje notablemente a personas, objetos, lugares u otras entidades o sucesos existentes, y que pueda inducir erróneamente a una persona a pensar que son auténticos o verídicos.

ción de la fiabilidad de las pruebas durante la investigación o el enjuiciamiento de infracciones penales.

e) Sistemas de Inteligencia Artificial destinados a utilizarse por parte de las autoridades encargadas de la aplicación de la ley para predecir la frecuencia o reiteración de una infracción penal real o potencial con base en la elaboración de perfiles de personas físicas, de conformidad con lo dispuesto en el artículo 3, apartado 4, de la Directiva (UE) 2016/680 del Parlamento Europeo y del Consejo[48], o en la evaluación de rasgos y características de la personalidad o conductas delictivas pasadas de personas físicas o grupos.

f) Sistemas de Inteligencia Artificial destinados a utilizarse por parte de las autoridades encargadas de la aplicación de la ley para la elaboración de perfiles de personas físicas, de conformidad con lo dispuesto en el artículo 3, apartado 4, de la Directiva (UE) 2016/680, durante la detección, la investigación o el enjuiciamiento de infracciones penales.

> *«g) Sistemas de Inteligencia Artificial destinados a utilizarse para llevar a cabo análisis sobre infracciones penales en relación con personas físicas que permitan a las autoridades encargadas de la aplicación de la ley examinar grandes conjuntos de datos complejos vinculados y no vinculados, disponibles en diferentes fuentes o formatos, para detectar modelos desconocidos o descubrir relaciones ocultas en los datos».*

La Propuesta de Reglamento del Consejo elimina toda referencia a estos últimos como Sistemas de Alto Riesgo.

7. Sistemas de Inteligencia Artificial vinculados a la gestión de la migración, el asilo y el control fronterizo.

Como dice el Considerando 39 *«es sumamente importante que los sistemas de Inteligencia Artificial que se utilizan en estos contextos sean precisos, no discriminatorios y transparentes, a fin de garantizar que se respeten los derechos fundamentales de las personas afectadas y, en particular, sus derechos a la libre circulación, la no discriminación, la intimidad personal y la protección de los datos personales, la protección internacional y la buena administración». Además «afectan a personas que con frecuencia se encuen-*

(48) El apartado 4° del artículo 3 de la Directiva se refiere a la «elaboración de perfiles» y la define como toda forma de tratamiento automatizado de datos personales consistente en utilizar datos personales para evaluar determinados aspectos personales de una persona física, en particular para analizar o predecir aspectos relativos al rendimiento profesional, situación económica, salud, preferencias personales, intereses, fiabilidad, comportamiento, ubicación o movimientos de dicha persona física.

tran en una situación especialmente vulnerable y dependen del resultado de las actuaciones de las autoridades públicas competentes».

Es por ello que se consideran de alto riesgo:

a) Los sistemas de IA destinados a utilizarse por parte de las autoridades públicas competentes como polígrafos y herramientas similares, o para detectar el estado emocional de una persona física;

b) Los sistemas de IA destinados a utilizarse por parte de las autoridades públicas competentes para evaluar un riesgo, como un riesgo para la seguridad, la salud o relativo a la inmigración ilegal, que plantee una persona física que pretenda entrar o haya entrado en el territorio de un Estado miembro.

c) Los sistemas de IA destinados a utilizarse por parte de las autoridades públicas competentes para la verificación de la autenticidad de los documentos de viaje y los documentos justificativos de las personas físicas y la detección de documentos falsos mediante la comprobación de sus elementos de seguridad.

La Propuesta de Reglamento del Consejo elimina toda referencia a estos últimos como Sistemas de Alto Riesgo.

d) Los sistemas de IA destinados a ayudar a las autoridades públicas competentes a examinar las solicitudes de asilo, visado y permisos de residencia, y las reclamaciones asociadas con respecto a la admisibilidad de las personas físicas solicitantes.

8. Sistemas de Inteligencia Artificial vinculados a la Administración de justicia y procesos democráticos.

Más allá de COMPAS o de herramientas ya mencionados como EPV-R (herramienta de valoración de riesgo en el ámbito de la violencia doméstica) y tal como pone de manifiesto Eloy Velasco en su ponencia *«Inteligencia Artificial: aspectos penales y procesales»* determinadas técnicas y aplicaciones de Inteligencia Artificial podrían ser determinantes en labores nucleares del proceso penal, como probar hechos punibles o algoritmizar indicios y elementos medibles para auxiliar al Juez a la hora de condenar o absolver.

Y es que, como advierte Moreno Catena[(49)] hemos de ser conscientes de que el aparato de justicia tiene a su disposición enormes cantidades de datos

(49) V. Moreno Catena, «Los datos en el sistema de justicia y la propuesta de Reglamento UE sobre Inteligencia Artificial» en *Uso de la información y de los datos personales en los procesos: los cambios en la Era Digital, cit.*

los cuales pueden ser objeto de explotación con distintos fines, especialmente usando herramientas de Inteligencia Artificial.

Durante años ciertas herramientas se han ido incorporando al mundo jurídico de forma que, por ejemplo, ECHO ha permitido plantear hipótesis de acusación o defensa, AGATHA ofrece construcción de teorías que permiten sustentar disertaciones jurídicas o ELIBI pronostica el comportamiento de defensa de los sujetos[(50)].

Ciertos sectores defienden, incluso, la capacidad de los Sistemas de Inteligencia Artificial para tomar decisiones, valorando hechos y pruebas.

En Estonia[(51)] existe la figura del robot-juez que automatiza la tramitación y decisión judicial de pequeñas reclamaciones económicas.

En China se está promoviendo la creación de Tribunales Virtuales competentes en asuntos relativos a operaciones en red, comercio electrónico o propiedad intelectual[(52)].

Pero lo que resulta evidente es que las técnicas y aplicaciones de Inteligencia Artificial referenciadas podrían servir para auxiliar al Juez a través de análisis acelerados de datos personales vinculados al sospechoso tratados con técnicas basadas en patrones de comportamiento, detectores de la veracidad o mentira en la declaración del investigado o del acusado en el juicio oral o análisis del material probatorio acopiado mediante las diligencias llevadas a cabo durante la fase de instrucción.

Teniendo en cuenta que estas herramientas no son transparentes, al igual que ya expusimos en el ámbito policial o pasó con COMPAS, por poner un ejemplo pueden generar situaciones de desigualdad.

El Considerando 40 de la Propuesta de Reglamento considera que este tipo de Sistemas *«pueden tener efectos potencialmente importantes para la democracia, el Estado de Derecho, las libertades individuales y el derecho a la tutela judicial efectiva y a un juez imparcial»*.

(50) S. Barona Vilar, «La digitalización y la algoritmización, claves del nuevo paradigma de justicia eficiente y sostenible» en *Uso de la información y de los datos personales en los procesos: los cambios en la Era Digital, cit.*

(51) Noticia de referencia aquí: https://www.thetechnolawgist.com/2019/06/12/estonia-se-prepara-para-tener-jueces-robot-basados-en-inteligencia-artificial/

(52) Más información al respecto aquí: https://medium.com/astec/las-cortes-de-internet-de-china-hacia-el-tribunal-de-justicia-del-futuro-6521a2834757

Y, quizá, es por ello que, con el fin de *«evitar el riesgo de posibles sesgos, errores y opacidades»,* la Propuesta de Reglamento de Inteligencia Artificial considera de alto riesgo los sistemas de Inteligencia Artificial destinados a ayudar a una autoridad judicial en la investigación e interpretación de hechos y de la ley, así como en la aplicación de la ley a un conjunto concreto de hechos.

No alcanza, esta calificación, tal como destaca Víctor Moreno Catena[(53)], a los sistemas que se refieran a la organización de la Justicia y/o asignación de recursos así como a las actividades administrativas accesorias y tareas generales del sistema judicial (anonimización de las resoluciones judiciales, comunicaciones o recursos informáticos)

En la Propuesta de Reglamento que ha presentado el Consejo cambia la redacción de este último precepto refiriendo como de alto riesgo, únicamente, aquellos Sistemas de Inteligencia Artificial destinados a *ser usados por* una autoridad judicial en la *interpretación de hechos y de la ley,* así como en la aplicación de la ley a un conjunto concreto de hechos

3.2.2. Gobernanza

En el Libro blanco sobre la Inteligencia Artificial se preveía la necesidad de *«una estructura de gobernanza europea sobre Inteligencia Artificial en forma de un marco para la cooperación de las autoridades nacionales competentes, a fin de evitar la fragmentación de responsabilidades, incrementar las capacidades de los Estados miembros y garantizar que Europa se provea a sí misma de la capacidad necesaria para probar y certificar los productos y servicios provistos de Inteligencia Artificial».*

Una estructura que *«debe garantizar la mayor participación de partes interesadas posible»* y debe *«mantener inalteradas las competencias y responsabilidades derivadas del Derecho vigente de la Unión Europea en lo que se refiere a las autoridades competentes en sectores o cuestiones específicos».*

Con este fundamento y con el fin de garantizar el cumplimiento de las normas la Propuesta de Reglamento de Inteligencia Artificial prevé *«un sistema de gobernanza a escala de los Estados miembros, el cual aprovechará las estructuras ya existentes, y también por medio de un mecanismo de coo-*

(53) V. Moreno Catena, «Los datos en el sistema de justicia y la propuesta de Reglamento UE sobre Inteligencia Artificial» en *Uso de la información y de los datos personales en los procesos: los cambios en la Era Digital, cit.*

peración a escala de la Unión con el que se establecerá un Comité Europeo de Inteligencia Artificial».

3.2.2.1. Requisitos generales

Dicho régimen de Gobernanza, no obstante, parte del respeto a una serie de principios o requisitos de carácter general.

Como dice la Exposición de Motivos de la Propuesta de Reglamento determinados Sistemas *«tendrán que cumplir una serie de requisitos horizontales obligatorios que garanticen su fiabilidad y ser sometidos a procedimientos de evaluación de la conformidad antes de poder introducirse en el mercado (...) Del mismo modo, se imponen obligaciones previsibles, proporcionadas y claras a los proveedores y los usuarios de dichos sistemas, con el fin de garantizar la seguridad y el respeto de la legislación vigente protegiendo los derechos fundamentales durante todo el ciclo de vida de los sistemas de Inteligencia Artificial»*.

«Con el objetivo de mitigar los riesgos que presentan para los usuarios y las personas afectadas (...)» la Propuesta de Reglamento considera preciso *«aplicar ciertos requisitos obligatorios que tengan en cuenta la finalidad prevista del uso del sistema y estén en consonancia con el sistema de gestión de riesgos que debe establecer el proveedor»*.

Dichos requisitos se encuentran regulados en el Capítulo 2 del Título III de la Propuesta de Reglamento de Inteligencia Artificial.

1. En primer lugar, conforme a lo dispuesto en el art. 11 de la Propuesta de Reglamento de Inteligencia Artificial, antes de la introducción en el mercado o puesta en servicio de un Sistema de Inteligencia Artificial de alto riesgo se elaborará una documentación técnica.

Dicha documentación *«se redactará de modo que demuestre que el sistema de Inteligencia Artificial de alto riesgo cumple los requisitos establecidos en el presente capítulo»*.

2. En segundo lugar, conforme a lo dispuesto en el artículo 9 de la Propuesta de Reglamento de Inteligencia Artificial *«se establecerá, implantará, documentará y mantendrá un sistema de gestión de riesgos asociado a los sistemas de Inteligencia Artificial de alto riesgo»*.

Dicho sistema de gestión de riesgos *«consistirá en un proceso iterativo continuo que se llevará a cabo durante todo el ciclo de vida de un sistema de Inteligencia Artificial de alto riesgo, el cual requerirá actualizaciones sistemáticas periódicas».*

Los sistemas de Inteligencia Artificial de alto riesgo serán sometidos a pruebas destinadas a determinar cuáles son las medidas de gestión de riesgos más adecuadas en cualquier momento del proceso de desarrollo y, en todo caso, antes de su introducción en el mercado o puesta en servicio.

3. En tercer lugar, en el caso de que se trate de Sistemas de Inteligencia Artificial que requieran de datos, *«los conjuntos de datos de entrenamiento, validación y prueba serán pertinentes y representativos, carecerán de errores y estarán completos. (...) Tendrán las propiedades estadísticas adecuadas, también en lo que respecta a las personas o los grupos de personas en relación con los que se pretenda utilizar el sistema de Inteligencia Artificial de alto riesgo, cuando proceda».*

Como excepción al régimen previsto en el artículo 9.1 del Reglamento General de Protección de datos[(54)], la Propuesta de Reglamento de Inteligencia Artificial prevé la posibilidad de que los proveedores traten dichos datos ofreciendo siempre las salvaguardas adecuadas para los derechos y las libertades fundamentales de las personas físicas.

4. En cuarto lugar, con el fin de controlar el funcionamiento del Sistema de Inteligencia Artificial de alto riesgo *«los sistemas de Inteligencia Artificial de alto riesgo se diseñarán y desarrollarán con capacidades que permitan registrar automáticamente eventos mientras están en funcionamiento»* (artículo 12 de la Propuesta).

La Propuesta de Reglamento del Consejo se refiere, con mayor precisión, a la necesidad de que el Sistema se diseñe de forma que permita técnicamente el registro automático de eventos (*«logs»*) durante todo el ciclo de vida del sistema.

De acuerdo con el art. 13 de la Propuesta *«los sistemas de Inteligencia Artificial de alto riesgo se diseñarán y desarrollarán de un modo que garantice que funcionan con un nivel de transparencia suficiente».*

---

(54) El artículo 9.1 del Reglamento General de Protección de datos prohíbe expresamente *«el tratamiento de datos personales que revelen el origen étnico o racial, las opiniones políticas, las convicciones religiosas o filosóficas, o la afiliación sindical, y el tratamiento de datos genéticos, datos biométricos dirigidos a identificar de manera unívoca a una persona física, datos relativos a la salud o datos relativos a la vida sexual o las orientación sexuales de una persona física».*

En la Propuesta de Reglamento del Consejo, evitando interpretaciones puramente subjetivas, se prescinde de la exigencia de que la transparencia sea tal «*que los usuarios interpreten y usen correctamente su información de salida*».

Además «*irán acompañados de las instrucciones de uso correspondientes en un formato digital o de otro tipo adecuado*».

Asimismo, conforme a lo dispuesto en el artículo 15, «*se diseñarán y desarrollarán de modo que, en vista de su finalidad prevista, alcancen un nivel adecuado de precisión, solidez y ciberseguridad y funcionen de manera consistente en esos sentidos durante todo su ciclo de vida*».

Por último, en coherencia con lo dispuesto en el artículo 22 del Reglamento General de Protección de datos[55], en la Propuesta de Reglamento de Inteligencia Artificial se prevé que «*los sistemas de Inteligencia artificial de alto riesgo se diseñarán y desarrollarán de modo que puedan ser vigilados de manera efectiva por personas físicas durante el período que estén en uso*».

En el caso de sistemas de Inteligencia Artificial destinados a utilizarse en la identificación biométrica remota «en tiempo real» o «en diferido» de personas físicas se garantizará «*que el usuario no actúe ni tome ninguna decisión sobre la base de la identificación generada por el sistema, salvo que un mínimo de dos personas físicas la hayan verificado y confirmado*».

El objetivo de la vigilancia humana, conforme a lo dispuesto en el artículo 14, sería «*prevenir o reducir al mínimo los riesgos para la salud, la seguridad o los derechos fundamentales que pueden surgir cuando un sistema de Inteligencia Artificial de Alto Riesgo se utiliza conforme a su finalidad prevista o cuando se le da un uso indebido razonablemente previsible*».

3.2.2.2. Obligaciones de los actores que interviene en el proceso de vida útil del sistema

Más allá de los requisitos generales a los que hemos hecho referencia la Propuesta de Reglamento de Inteligencia Artificial viene a recoger cuáles son las obligaciones de determinados actores que intervienen en el proceso de vida útil de la máquina.

(55) De acuerdo con dicho artículo todo interesado «*tendrá derecho a no ser objeto de una decisión basada únicamente en el tratamiento automatizado*» siendo que «*el responsable del tratamiento adoptará las medidas adecuadas para salvaguardar los derechos y libertades y los intereses legítimos del interesado, como mínimo el derecho a obtener intervención humana por parte del responsable*».

3.2.2.2.1. Obligaciones de los proveedores

Serán «*Proveedores*» a los efectos de la Propuesta de Reglamento de Inteligencia Artificial «*toda persona física o jurídica, autoridad pública, agencia u organismo de otra índole que desarrolle un sistema de Inteligencia Artificial o para el que se haya desarrollado un sistema de Inteligencia Artificial con vistas a introducirlo en el mercado o ponerlo en servicio*[(56)] *con su propio nombre o marca comercial*».

Las obligaciones de los Proveedores de Sistemas de Inteligencia Artificial están previstas en los artículos 16 y siguientes de la Propuesta.

El artículo 17 hace a los Proveedores responsables de un sistema de gestión de calidad que, documentado, garantice el cumplimiento del Reglamento.

Asimismo, los Proveedores deberán elaborar la documentación técnica a la que se refiere el artículo 11.

Conforme al artículo 19 serán los Proveedores los obligados a asegurar que los Sistemas de Inteligencia Artificial sean sometidos al Procedimiento de Evaluación de la conformidad oportuno conforme a lo dispuesto en el artículo 43.

A estos efectos,

1. En el caso de **sistemas de Inteligencia Artificial destinados a utilizarse en la identificación biométrica remota «en tiempo real» o «en diferido» de personas físicas**:

a. Si el Proveedor, al demostrar el cumplimiento de los requisitos que la Ley prevé para los Sistemas de Inteligencia Artificial de alto riesgo se atiene a normas armonizadas o especificaciones comunes[(57)] podrá elegir entre el procedimiento de evaluación de la conformidad fundamentado en un control interno (Anexo VI) o el procedimiento de evaluación de la conformidad fundamentado en la evaluación del sistema de gestión de la

(56) Es la «introducción en el mercado» el primer suministro de un sistema de Inteligencia Artificial *para su distribución o utilización* en el mercado de la Unión en el transcurso de una actividad comercial y es «puesta en servicio» el suministro de un sistema de IA *para su primer uso* directamente al usuario o para uso propio.

(57) Al respecto de las Normas armonizadas, artículo 40 de la Propuesta de Reglamento de Inteligencia Artificial y de las Especificaciones Comunes, artículo 41, hablaremos a propósito de la Gobernanza.

calidad y la evaluación de la documentación técnica, con la participación de un organismo notificado (Anexo VII).

b. Si al demostrar el cumplimiento de estos requisitos el proveedor no se atiene a normas armonizadas o especificaciones comunes deberá seguir el procedimiento de evaluación de la conformidad con la participación de un organismo notificado (Anexo VII).

c. Si no existen normas armonizadas o especificaciones comunes el proveedor habrá de atenerse al procedimiento de evaluación de la conformidad con la participación de un organismo notificado (Anexo VII).

2. En el **resto de Sistemas de Inteligencia Artificial de alto riesgo mencionados en el Anexo III** los proveedores se atendrán al procedimiento de evaluación de la conformidad fundamentado en un control interno (Anexo VI[(58)]).

3. Si hablamos de **Sistemas de Inteligencia Artificial destinados a utilizarse para evaluar la solvencia de personas físicas o establecer su calificación crediticia** introducidos en el mercado o puestos en servicio por entidades de crédito reguladas por la Directiva 2013/36/UE, la evaluación de la conformidad se llevará a cabo como parte del procedimiento a que se refieren los artículos 97 a 101 de la mencionada Directiva.

4. En el caso de los **Sistemas de Inteligencia Artificial del Anexo II, letra A** (vinculados a máquinas, juguetes, embarcaciones de recreo y motos acuáticas, ascensores, atmósferas potencialmente explosivas, equipos radioeléctricos, equipos a presión, transportes por cable, equipos de protección individual, aparatos que queman combustibles gaseosos, productos sanitarios y productos sanitarios para diagnóstico in vitro) el proveedor se atendrá a la evaluación de la conformidad pertinente exigida por los actos legislativos que regulen cada uno de estos sectores.

Mientras que la Propuesta de Reglamento de la Comisión preveía que los sistemas de Inteligencia Artificial de alto riesgo se deberían someter a un nuevo procedimiento de evaluación de la conformidad siempre que se modi-

(58) Esto nos lleva a considerar que, en definitiva, el papel que se atribuye en la Propuesta de Reglamento de Inteligencia Artificial a los Organismos Notificados es mínima desde el momento en que el Procedimiento regulado en el Anexo VII de la Propuesta (aquel en que intervienen Organismos Notificados) sólo entrará en juego en el caso de Sistemas de Inteligencia Artificial destinados a utilizarse en la identificación biométrica remota «en tiempo real» o «en diferido» de personas físicas cuando no existan normas armonizadas o los proveedores no se sujeten a dichas normas armonizadas.

fiquen de manera sustancial, la Propuesta del Consejo no prevé esta nueva evaluación.

Conforme a lo dispuesto en el artículo 48 de la Propuesta «Marcado CE de conformidad» o «Marcado CE» es un marcado con el que un Proveedor indica que un sistema de Inteligencia Artificial es conforme con los requisitos establecidos en el título III, capítulo 2, del presente Reglamento y otra legislación de la Unión aplicable que armonice las condiciones para la comercialización de productos.

Además de todo ello se impone a los Proveedores de Sistemas de Inteligencia Artificial de alto riesgo la obligación de conservar los archivos de registro que generen sus sistemas.

3.2.2.2.2. Obligaciones del fabricante

La referencia a las obligaciones que el artículo 24 de la Propuesta de Reglamento de Inteligencia Artificial de la Comisión imponía al Fabricante, sustancialmente las mismas obligaciones que se imponían al Proveedor, se suprimen en la Propuesta de Reglamento de Inteligencia Artificial del Consejo.

3.2.2.2.3. Obligaciones del importador

Es «Importador», conforme a la Propuesta, *«toda persona física o jurídica establecida en la Unión que introduzca en el mercado o ponga en servicio un sistema de Inteligencia Artificial que lleve el nombre o la marca comercial de una persona física o jurídica establecida fuera de la Unión»*.

Conforme al artículo 26 se imponen al Importador:

a. la obligación de asegurarse de que el proveedor de dicho sistema de Inteligencia Artificial ha llevado a cabo el procedimiento de evaluación de conformidad oportuno

b. la obligación de asegurarse que el proveedor ha elaborado la documentación técnica de conformidad con el anexo IV;

c. la obligación de comprobar que el sistema lleva el marcado de conformidad pertinente y va acompañado de la documentación y las instrucciones de uso necesarias.

En el caso de que el Importador tuviera motivos para considerar que un sistema de Inteligencia Artificial no es conforme al Reglamento se abstendrá de introducirlo en el Mercado Interior.

3.2.2.2.4. Obligaciones del distribuidor

Es «Distribuidor» *«toda persona física o jurídica que forme parte de la cadena de suministro, distinta del proveedor o el importador, que comercializa un sistema de Inteligencia Artificial»* y deberá, conforme a lo dispuesto en el artículo 27 del Reglamento verificar *«que éste lleve el marcado CE de conformidad necesario y vaya acompañado de la documentación y las instrucciones de uso oportunas, y se cerciorarán de que el proveedor y el importador del sistema, según corresponda, hayan cumplido las obligaciones establecidas en el presente Reglamento»*.

En el caso de que el Distribuidor tuviera motivos para considerar que un sistema de Inteligencia Artificial no es conforme al Reglamento se abstendrá de introducirlo en el Mercado Interior.

No obstante, en el caso de que dicho Sistemas ya hubiera sido comercializado[(59)] *«adoptarán las medidas correctoras necesarias para que sea conforme, retirarlo del mercado o recuperarlo, o velarán por que el proveedor, el importador u otro operador pertinente, según proceda, adopte dichas medidas correctoras»*.

3.2.2.2.5. Obligaciones del usuario

Conforme al artículo 29 de la Propuesta de la Comisión el Usuario de un Sistema de Inteligencia Artificial de Alto riesgo utilizará dicho sistema conforme a la información facilitada por el Proveedor para informar, en particular, de la finalidad prevista y de la correcta utilización de un sistema de Inteligencia Artificial, lo que incluye el entorno geográfico, conductual o funcional específico en el que se pretende utilizar el sistema de Inteligencia Artificial de alto riesgo.

Además, conservarán los archivos de registro que los sistemas de Inteligencia Artificial de Alto Riesgo generen automáticamente en la medida en que dichos archivos estén bajo su control.

(59) Por «comercialización» debe entenderse *«todo suministro de un sistema de IA para su distribución o utilización en el mercado de la Unión en el transcurso de una actividad comercial»*.

3.2.2.3. Gobernanza

A la hora de analizar el régimen de Gobernanza vamos a partir del estudio de tres conceptos fundamentales: armonización, Comité Europeo de Inteligencia Artificial y autoridades nacionales competentes.

3.2.2.3.1. Armonización

El artículo 40 de la Propuesta de Reglamento de Inteligencia Artificial establece una presunción de conformidad con los requisitos generales establecidos en el Capítulo 2 del Título III para aquellos Sistema de Inteligencia Artificial que se adecuen a *«normas armonizadas, o partes de estas, cuyas referencias se hayan publicado en el Diario Oficial de la Unión Europea»*.

En el caso de que estas normas armonizadas no existan o sean insuficientes la Comisión, mediante actos de ejecución, podrá adoptar especificaciones comunes en relación con los requisitos establecidos de conformidad con el procedimiento de examen a que se refiere el artículo 74, apartado 2 [(60)].

Ello nos lleva, necesariamente, tal como pone de manifiesto el Dr. Veale[(61)], a referirnos a los organismos que en marco de la Unión Europea tienen atribuida la «armonización» tal como se refiere a ello el Reglamento (UE) n.º 1025/2012 del Parlamento Europeo y del Consejo de 25 de octubre de 2012.

Aunque dichos organismos europeos de normalización no aparecen, siquiera, mencionados en el texto originario de la Propuesta[(62)], asumen un gran protagonismo en la materia siendo, por tanto, fundamentalmente, y a petición de la Comisión, competencia del Comité Europeo de Normalización (CEN) y del Comité Europeo de Normalización Electrotécnica (CENELEC) la definición de especificaciones técnicas o cualitativas voluntarias con las que

(60) El artículo 74.2 de la Propuesta de Reglamento de Inteligencia Artificial se remite al artículo 5 del Reglamento (UE) N.º 182/2011 del Parlamento Europeo y del Consejo de 16 de febrero de 2011 por el que se establecen las normas y los principios generales relativos a las modalidades de control por parte de los Estados miembros del ejercicio de las competencias de ejecución por la Comisión.

(61) Dr. Michael Veale y otros, «Demystifying the Draf EU Artificial Intelligence Act», *cit.*

(62) Sí que aparecen mencionados, no obstante, en la Propuesta de Reglamento del Consejo de la Unión Europea en cuyo artículo 40.2 se establece que cuando la Comisión emita una solicitud de estandarización a las organizaciones europeas de estandarización especificará que las normas sean coherentes, claras, fáciles de implementar y redactadas de tal manera que puedan cumplir en particular los siguientes objetivos:

pueden ser conformes actuales o futuros productos, procesos de producción o sistemas.

Tal como hemos aseverado anteriormente, en algunos casos, aquel Proveedor que demuestre el cumplimiento de los requisitos que la Ley prevé para los Sistemas de Inteligencia Artificial de Alto Riesgo conforme a normas armonizadas o especificaciones comunes será suficiente con que se someta al procedimiento de evaluación de la conformidad fundamentado en un control interno mencionado en el anexo VI de la Propuesta de Reglamento de Inteligencia Artificial.

Ahora bien, los Proveedores no tienen por qué atender, necesariamente, estas normas armonizadas pues pueden someterse al procedimiento de evaluación de la conformidad fundamentado en la evaluación del sistema de gestión de la calidad y la evaluación de la documentación técnica, con la participación de un Organismo Notificado (Anexo VII[(63)]).

3.2.2.3.2. Autoridades nacionales competentes

Aunque el Capítulo 2 de Título VI (Gobernanza) de la Propuesta de Reglamento de la Comisión lleva por título «Autoridades nacionales competentes» en la redacción originaria de dicha Propuesta, salvo excepciones, será una **Autoridad Nacional de Supervisión** la que actuará, en cada Estado Miembro, como **Autoridad Notificante** y como **Autoridad de Vigilancia de Mercado** encargándose de garantizar la aplicación y ejecución del Reglamento.

Dice el artículo 59.2 de la Propuesta de Reglamento de la Comisión establece que *«cada Estado miembro designará una autoridad nacional de supervisión entre las autoridades nacionales competentes»* y dicha *«autoridad nacional de supervisión actuará como autoridad notificante y como autoridad*

a) Velar por que los sistemas de Inteligencia Artificial introducidos en el mercado o puestos en servicio en la Unión sean proteger y respetar los valores de la Unión y reforzar la soberanía digital de la Unión openautonomía estratégica.
b) Promover la inversión y la innovación en IA, incluso mediante el aumento de certidumbre, así como competitividad y crecimiento del mercado de la Unión.
c) Mejorar la gobernanza de múltiples partes interesadas, representativas de todas las partes interesadas (por ejemplo, la industria, las pymes, la sociedad civil, los investigadores).
d) Contribuir al fortalecimiento de la cooperación global sobre normalización en el campo de IA que sea coherente con los valores e intereses de la Unión.

(63) Tal como pone de manifiesto el Dr. Michael Veale y otros, «Demystifying the Draf EU Artificial Intelligence Act», *cit.* llama la atención, en cambio, que en el caso de especificaciones comunes el artículo 41.4 establezca que *«cuando los proveedores no cumplan las especificaciones comunes (…) justificarán debidamente que han adoptado soluciones técnicas como mínimo equivalentes a aquellas»*.

de vigilancia del mercado, salvo que un Estado miembro tenga razones organizativas o administrativas para designar más de una autoridad».

No obstante, la Propuesta de Reglamento presentada por el Consejo diferencia claramente entre la Autoridad Notificante y la Autoridad de Vigilancia de Mercado y, en este sentido, establece que *«cada Estado miembro designará o establecerá, al menos, una autoridad notificante y, al menos, una autoridad de vigilancia de mercado».*

Estas autoridades actuarán con imparcialidad y objetividad. Los Estados miembros deberán facilitar a dichas autoridades los medios necesarios para desarrollar sus funciones.

Junto a estas autoridades la Propuesta de Reglamento se refiere a las **Autoridades Notificadas** quienes, conforme a lo dispuesto en el artículo 3 de la Propuesta, serían organismos independientes que desempeñan actividades de evaluación de la conformidad, entre las que figuran la prueba, la certificación y la inspección.

En este sentido, el Anexo VII de la Propuesta establece que la conformidad basada en la evaluación del sistema de gestión de la calidad y la evaluación de la documentación técnica (que entraría en juego en los casos en que, tratándose de Sistemas de Inteligencia Artificial destinados a utilizarse en la identificación biométrica, el proveedor no se atiene a normas armonizadas o especificaciones comunes o no existen dichas normas armonizadas o especificaciones) será evaluado por un Organismo Notificado, que determinará si cumple los requisitos especificados en el artículo 17.

Además, el Organismo Notificado comprobará la documentación técnica e, incluso, *«se concederá acceso al organismo notificado al código fuente del sistema de Inteligencia Artificial para, en caso necesario y previa solicitud motivada, evaluar la conformidad del sistema de Inteligencia Artificial de alto riesgo».*

En este sentido,

a. Cuando un sistema de Inteligencia Artificial cumpla los requisitos establecidos el Organismo Notificado expedirá un certificado UE de evaluación de la documentación técnica.

b. En el caso de que el sistema de Inteligencia Artificial no cumpla los requisitos establecidos el organismo notificado se negará a expedir el certificado UE de evaluación de la documentación técnica e informará de ello al solicitante, motivando detalladamente su negativa.

c. Cualquier cambio del sistema de Inteligencia Artificial que pueda afectar al cumplimiento de los requisitos o a su finalidad prevista estará sujeto a la aprobación del Organismo Notificado que haya expedido el certificado UE de evaluación de la documentación técnica.

Aunque en España se desconoce quién asumirá competencias como Organismo Notificante y quiénes asumirán el rol de Organismos Notificados lo cierto es que los Presupuestos General del Estado ya reservaron, en su momento, una partida para la creación de una Agencia de Supervisión de Inteligencia Artificial e instituciones como la Real Academia de la Lengua Española ya han mostrado su interés por constituirse en Organismos Notificados.[64]

3.2.2.3.3. El comité europeo de inteligencia artificial

El artículo 56 de la Propuesta de Reglamento de Inteligencia Artificial prevé la creación de un Comité Europeo de Inteligencia Artificial.

La función fundamental de este Comité será la de prestar asesoramiento y asistencia a la Comisión a fin de contribuir a la cooperación efectiva de las autoridades nacionales de supervisión y asistirlas para garantizar la aplicación coherente del Reglamento[65].

El Comité, que estará presidido por la Comisión, estará compuesto por las Autoridades Nacionales de Supervisión, representadas por el jefe de dicha autoridad o un funcionario de alto nivel equivalente, y el Supervisor Europeo de Protección de Datos[66].

(64) Tal como puede leerse aquí: https://www.businessinsider.es/quiere-rae-vigilar-ia-nueva-regulacion-europea-1041479

(65) Dispone el artículo 58 de la Propuesta de Reglamento de Inteligencia Artificial que cuando el Comité preste asistencia y asesoramiento a la Comisión «*en particular: a) recopilará y compartirá conocimientos técnicos y buenas prácticas entre los Estados miembros; b) contribuirá a uniformizar las prácticas administrativas en los Estados miembros, incluidas las relativas al funcionamiento de los espacios controlados de pruebas a que se refiere el artículo 53; c) emitirá dictámenes, recomendaciones o contribuciones por escrito sobre cuestiones relacionadas con la aplicación del presente Reglamento, en particular: i) sobre especificaciones técnicas o normas existentes relativas a los requisitos establecidos en el título III, capítulo 2; ii) sobre el uso de normas armonizadas o especificaciones comunes a que se refieren los artículos 40 y 41; iii) sobre la preparación de documentos de orientación, incluidas las directrices relativas a la fijación de multas administrativas a que se refiere el artículo 71*».

(66) En coherencia con el sistema diseñado por la Propuesta de Reglamento del Consejo de la Unión Europea, en ésta se prevé que el Comité esté compuesto por un representante de cada Estado miembro y el Supervisor Europeo de Protección de datos.

El Comité podrá invitar a expertos y observadores externos o a otras autoridades nacionales distintas a las autoridades nacionales de supervisión.

3.2.2.3.4. Vigilancia de mercado

Tal como pone de manifiesto la Exposición de Motivos de la Propuesta de Reglamento de Inteligencia Artificial *«todos los proveedores de sistemas de Inteligencia Artificial de alto riesgo deben contar con un sistema de seguimiento posterior a la comercialización»*.

Este sistema de seguimiento, conforme a lo dispuesto en el art. 61, recabará, documentará y analizará de manera activa y sistemática datos pertinentes proporcionados por usuarios o recopilados a través de otras fuentes sobre el funcionamiento de los sistemas de Inteligencia Artificial de alto riesgo durante toda su vida útil.

Los Proveedores notificarán cualquier incidente grave o fallo de funcionamiento de dichos sistemas que constituya un incumplimiento de las obligaciones a las Autoridades de Vigilancia del Mercado(67) de los Estados miembros donde se haya producido dicho incidente o incumplimiento.

Por último, se concederá a dichas Autoridades de Vigilancia de Mercado *«pleno acceso a los conjuntos de datos de entrenamiento, validación y prueba utilizados por el proveedor»* y se prevé que las autoridades u organismos públicos nacionales encargados de supervisar o hacer respetar las obligaciones contempladas en el Derecho de la Unión en materia de protección de los derechos fundamentales(68) con respecto al uso de sistemas de Inteligencia Artificial de alto riesgo puedan solicitar cualquier documentación que sea necesaria para el ejercicio de las competencias derivadas de su mandato.

---

(67) Conforme a lo dispuesto en el artículo 3 de la Propuesta de Reglamento de Inteligencia Artificial es Autoridad nacional de vigilancia de mercado aquella autoridad nacional que lleva a cabo actividades para velar por que los productos cumplan los requisitos establecidos por la legislación de armonización de la Unión aplicable y garantizar la protección del interés público amparado por dicha legislación y adopta las medidas previstas en el Reglamento UE del Parlamento y del Consejo de 20 de junio de 2019 relativo a la vigilancia del mercado y la conformidad de los productos y por el que se modifican la Directiva 2004/42/CE y los Reglamentos (CE) n.º 765/2008 y (UE) n.º 305/2011.

(68) Entre estas autoridades a las que se refiere el artículo 64 de la Propuesta de Reglamento se encuentran, lógicamente, la autoridad encargada de la aplicación de la Ley a las que se refiere el apartado 40 del artículo 3 de la Propuesta.

3.3. Sistemas de inteligencia artificial distintos de los de alto riesgo y códigos de conducta

Dispone el artículo 69 de la Propuesta de Reglamento de Inteligencia Artificial que se fomentará la *«elaboración de códigos de conducta»* destinados a promover la aplicación voluntaria de los requisitos exigidos a Sistemas de Inteligencia Artificial de Alto Riesgo a **sistemas de Inteligencia Artificial distintos**, en la medida de lo posible y teniendo en cuenta las soluciones técnicas disponibles que permitan la aplicación de dichos requisitos.

Los Códigos de Conducta podrán ser elaborados por los Proveedores de Sistemas de Inteligencia Artificial, por organizaciones que los representen o por ambos también con la participación de usuarios o de cualquier otra persona interesada.

3.4. Sistemas de inteligencia artificial y transparencia

El artículo 52 de la Propuesta de Reglamento de Inteligencia Artificial se refiere a ciertos Sistemas de Inteligencia Artificial que, o bien están destinados a interactuar con seres humanos (bots) o generan contenidos que pueden conllevar riesgos específicos de suplantación o falsificación.

Dichos Sistemas de Inteligencia Artificial pueden ser Sistemas de Inteligencia Artificial de Alto Riesgo y, en consecuencia, estar sometidos al régimen previsto en el Capítulo 2 del Título III de la Propuesta de Reglamento de Inteligencia Artificial o Sistemas distintos a los definidos como de alto riesgo, en cuyo caso, como hemos visto *ut supra*, sujetos a la sumisión voluntaria al mencionado régimen.

Sin perjuicio de los requisitos a cumplir si estos Sistemas son de Alto Riesgo, la Propuesta de Reglamento de Inteligencia Artificial establece una serie de obligaciones de transparencia para sus proveedores o usuarios.

Establece el apartado 1 del artículo 52 de la Ley que:

> *«los proveedores garantizarán que los Sistemas de Inteligencia Artificial destinados a interactuar con personas físicas* (bots y sistemas conversacionales) *estén diseñados y desarrollados de forma que dichas personas estén informadas de que están interactuando con un sistema de Inteligencia Artificial»*.

Tal como pone de manifiesto el Dr. Veale[(69)] esta previsión normativa no constituye una novedad absoluta de la Propuesta pues ya en 2018, en Cali-

(69) Dr. Michael Veale y otros, «Demystifying the Draf EU Artificial Intelligence Act», *cit.*

fornia, se aprobó una normativa que prohibía aquellos bots que interactuaban con individuos con el fin de embaucarlos para que adquirieran algún artículo o para que modificaran el sentido de su voto.

Continúa el apartado eximiendo a los proveedores de la obligación antes señalada en «*situaciones en las que esto resulte evidente debido a las circunstancias y al contexto de utilización*» y termina excluyendo de esta regulación a «*sistemas de Inteligencia Artificial autorizados por la ley para fines de detección, prevención, investigación o enjuiciamiento de infracciones penales, salvo que estos sistemas estén a disposición del público para denunciar una infracción penal*».

Habría que ver cuál es la utilidad que este tipo de sistemas pudiera tener en la investigación de infracciones penales.

Si partimos de que existen dos tipos de bots[70], los que podríamos llamar «*útiles*» que realizan tareas sencillas y repetitivas (como buscadores de webs) y los que podríamos denominar «*malos*», *que* son aquellos que están programados para entrar en las cuentas de los usuarios, escanear la web en busca de información de contacto para enviar spam o llevar a cabo otras actividades malintencionadas parece claro que en el caso de los segundos la autorización judicial (vía 588 septies de nuestra Ley de Enjuiciamiento Criminal, por ejemplo) parece ineludible.

El apartado 2 del mismo artículo 52 de la Propuesta de la Comisión obliga a:

> «*Los usuarios de un sistema de reconocimiento de emociones o de un sistema de categorización biométrica*» a informar del funcionamiento del sistema a las personas físicas expuestas a él[71].

Según el Dr. Veale[72] esta previsión redundaría en la normativa sobre protección de datos dado que, en la mayor parte de los casos, estas herramientas funcionan en base a datos biométricos y el tratamiento de datos bio-

(70) https://www.cloudflare.com/es-es/learning/bots/what-is-a-bot/

(71) Los apartados 34 y 35 del artículo 3 de la Propuesta define ambos sistemas. Un «Sistema de reconocimiento de emociones» sería un «*sistema de IA destinado a detectar o deducir las emociones o las intenciones de personas físicas a partir de sus datos biométricos*» mientras que un «Sistema de categorización biométrica» sería «*un sistema de IA destinado a asignar a personas físicas a categorías concretas, como un sexo, edad, color de pelo, color de ojos, tatuajes, origen étnico u orientación sexual o política, en función de sus datos biométricos*».

(72) Dr. Michael Veale y otros, «Demystifying the Draf EU Artificial Intelligence Act», *cit.*

métricos requiere el consentimiento de su titular algo que, por otro lado, también señala Marcos López Oneto[(73)].

Ya hemos hablado de ejemplos de ambos Sistemas cuando hemos enumerado distintas prácticas de Inteligencia Artificial que han de ser reputadas de Alto Riesgo.

Imaginemos un sistema de reconocimiento de emociones empleado por un supermercado para estudiar la reacción de sus clientes ante la exposición de un determinado producto.

O el empleo de este sistema por un juez para poder verificar si un investigado, en el seno de una declaración, está mintiendo.

De la misma forma si se diseña y entrena un programa informático para que de forma automática diga cómo se siente una persona quienes manejan esos sistemas pueden tomar ciertas decisiones en base a lo que ven o que directamente la tome el propio programa informático.

Pueden determinar, por ejemplo, si una persona es apta para un trabajo en función de cómo haga una entrevista grabada en vídeo.

Parece evidente, como así defiende Fernández Hernández[(74)], que estos sistemas serán siempre, cuando menos, Sistemas de Inteligencia Artificial de Alto Riesgo. Si tenemos en cuenta que se trata de Sistemas que emplean datos biométricos, que son empleados en ámbitos tales como el acceso al empleo o el acceso y disfrute de servicios públicos y privados y que pueden llegar a ser un instrumento *«relacionado con la aplicación de la Ley»* la observancia de todas aquellas normas que, imperativamente, establece el Capítulo 2 del Título III se antoja fundamental.

La exención de información que preveía el apartado 2 relativa, exclusivamente, a *«los sistemas de Inteligencia Artificial utilizados para la categorización biométrica autorizados por la ley para fines de detección, prevención e investigación de infracciones penales»* se extiende, en la Propuesta del Consejo de la Unión Europea a los *«sistemas de reconocimiento de emociones»* previendo, en todo caso, que siempre debe quedar sujeto a salvaguardas para proteger los derechos y libertadas de terceras personas.

(73) López Oneto, «Un análisis crítico-constructivo de la Propuesta de Reglamento de la UE por el que se establecen normas armonizadas sobre la Inteligencia Artificial», *cit.*

(74) Carlos Fernández Hernández, «La futura regulación europea de la Inteligencia Artificial: objetivos, principios y pautas», *cit.*

Esta exención parece, cuando menos, peligrosa pues, por poner un ejemplo, presupone que el empleo de este sistema por un juez para poder verificar si un investigado, en el seno de una declaración, está mintiendo podría hacerse sin previa comunicación de esta circunstancia al sospechoso algo que, desde mi punto de vista, en nuestro sistema, sería difícilmente asumible.

Por último, el apartado 3 se refiere a:

> *«Los sistemas de Inteligencia Artificial que genere o manipule contenido de imagen, sonido o vídeo que se asemeje notablemente a personas, objetos, lugares u otras entidades o sucesos existentes, y que pueda inducir erróneamente a una persona a pensar que son auténticos o verídicos».*

Se impone a los usuarios de estos sistemas que hagan público que el contenido ha sido generado de forma artificial o manipulado.

Como dice Marcos López Oneto[(75)] no se entiende muy bien porque, como parece preverse en el primero de los párrafos, en este caso el usuario no tiene que informar, previamente, del engaño ni tampoco se entiende porque, tal como se hace en el primero de los párrafos del artículo 52, no se prevé una exención a este respecto cuando en el caso sea *«obvio por las circunstancias y el contexto de uso»* que se ha recurrido a esta tecnología.

Se exceptúa de esta obligación de transparencia el empleo de esta tecnología para fines de detección, prevención, investigación y enjuiciamiento de infracciones penales o cuando el contenido es, claramente, parte de un programa o trabajo creativo, satírico, artístico o de ficción.

Esta última referencia sustituye en la Propuesta del Consejo a lo que, originariamente, preveía el texto de la Comisión[(76)].

Por otro lado, dado que conforme al artículo 3 apartado 4 «usuario» es toda persona física o jurídica, autoridad pública, agencia u organismo de otra índole que utilice un sistema de Inteligencia Artificial bajo su propia autoridad salvo cuando su uso se enmarque en una actividad personal de carácter no profesional estas últimas (actividades personales no profesionales) también estarían excluidas de la obligación impuesta.

(75) López Oneto, «Un análisis crítico-constructivo de la Propuesta de Reglamento de la UE por el que se establecen normas armonizadas sobre la Inteligencia Artificial», *cit.*

(76) «Cuando resulte necesario para el ejercicio del derecho a la libertad de expresión y el derecho a la libertad de las artes y de las ciencias».

Para el Dr. Veale[77] no se entiende muy bien cuál es la finalidad de esta previsión legal pues prácticas que pudieran encajar en estas definición gozan de una mayor y más efectiva protección en el ámbito de la defensa de los consumidores y usuarios o pudieran ser objeto de una protección mayor en el campo de la normativa penal que lucha contra el fraude o la falsificación documental.

Tampoco entienden, estos autores, cuál es la razón por la que sólo se impone esta obligación al usuario del Sistema cuando lo normal es que sea el proveedor el que conoce cuáles son las limitaciones y las fallas de dicho Sistema.

3.5. Sistemas de inteligencia artificial que presenten un riesgo a nivel nacional

El artículo 65 de la Propuesta de Reglamento de Inteligencia Artificial se refiere a aquellos Sistemas de Inteligencia Artificial que pueden afectar negativamente a la salud y la seguridad de las personas en general, a la salud y la seguridad en el trabajo, a la protección de los consumidores, al medio ambiente, a la seguridad pública o a otros intereses públicos protegidos por la legislación de armonización de la Unión aplicable, en un grado que vaya más allá de lo que se considere razonable y aceptable en relación con su finalidad prevista o en las condiciones de uso normales o razonablemente previsibles del producto en cuestión, incluida la duración de su utilización y, en su caso, los requisitos de su puesta en servicio, instalación y mantenimiento.

Cuando la Autoridad de Vigilancia de Mercado de un Estado miembro tenga motivos para considerar que un Sistema de Inteligencia Artificial presenta un riesgo en los términos expuestos efectuará una evaluación del sistema.

a. cuando, en el curso de tal evaluación, la Autoridad de Vigilancia del Mercado constate que el Sistema de Inteligencia Artificial **no cumple los requisitos y obligaciones establecidos en el presente Reglamento**[78], *exigirá de inmediato* al operador pertinente que adopte todas las medidas correcto-

(77) Dr. Michael Veale y otros, «Demystifying the Draf EU Artificial Intelligence Act», *cit.*

(78) Si se trata de un Sistema que pueda comprometer derechos fundamentales la autoridad de vigilancia de mercado lo pondrá en conocimiento de las autoridades u organismos públicos nacionales encargados de supervisar o hacer respetar las obligaciones contempladas en el Derecho de la Unión en materia de protección de los derechos fundamentales a las que hicimos referencia *ut supra*.

ras oportunas para adaptar el Sistema de Inteligencia Artificial a los citados requisitos o bien retirarlo del mercado o recuperarlo.

Si el operador del Sistema no cumpliere con tal previsión la Autoridad de Vigilancia del Mercado adoptará todas las medidas provisionales adecuadas para prohibir o restringir la comercialización del Sistema de Inteligencia Artificial en su mercado nacional.

b. Si el Sistema, a pesar de constituir un riesgo para la salud y la seguridad de las personas en general, a la salud y la seguridad en el trabajo, a la protección de los consumidores, al medio ambiente, a la seguridad pública o a otros intereses públicos **cumpliere con los requisitos establecidos en el Reglamento** la Autoridad de Vigilancia de Mercado *pedirá al operador* pertinente que adopte todas las medidas correctoras oportunas para adaptar el sistema de Inteligencia Artificial a los citados requisitos o bien retirarlo del mercado o recuperarlo.

En este último caso será la Comisión la que adoptará una decisión en la que indicará si la medida está justificada o no y, en su caso, propondrá medidas adecuadas.

4. RÉGIMEN SANCIONADOR

Plantea la Propuesta de Reglamento de Inteligencia Artificial en su Considerando 84 que «*los Estados miembros deben tomar todas las medidas necesarias para asegurarse de que se apliquen las disposiciones del presente Reglamento, incluso estableciendo sanciones efectivas, proporcionadas y disuasorias para las infracciones que se cometan*» razón por la cual, a diferencia de lo que ocurre con el Reglamento General de Protección de datos[(79)], en la Propuesta se establece un régimen sancionador de «mínimos» de necesaria observancia para todos los Estados Miembros.

En este sentido, de acuerdo con el artículo 71 de la Propuesta de la Comisión, el incumplimiento de las prohibiciones a las que alude el artículo 5 de la Propuesta (que se refiere a las Prácticas de Inteligencia Artificial prohibidas) o de los requisitos exigidos a los Sistemas de Inteligencia Artificial por el artículo 10 (que se refiere, con carácter general, a que *los conjuntos de datos de entrenamiento, validación y prueba serán pertinentes y representativos, carecerán de errores y estarán completos)* estará sujeto a multas administra-

(79) Carlos Hernández Fernández, «La futura regulación europea de la Inteligencia Artificial: objetivos, principios y pautas», *cit.*

tivas de hasta 30 000 000 EUR o, si el infractor es una empresa, de hasta el 6% del volumen de negocio total anual mundial del ejercicio financiero anterior, si esta cuantía fuese superior[(80)].

El incumplimiento por parte del sistema de Inteligencia Artificial de cualquiera de los requisitos distintos de los mencionados estará sujeto a multas administrativas de hasta 20 000 000 EUR o, si el infractor es una empresa, de hasta el 4% del volumen de negocio total anual mundial del ejercicio financiero anterior, si esta cuantía fuese superior.

Por último, la presentación de información inexacta, incompleta o engañosa a organismos notificados y a las autoridades nacionales competentes en respuesta a una solicitud estará sujeta a multas administrativas de hasta 10 000 000 EUR o, si el infractor es una empresa, de hasta el 2% del volumen de negocio total anual mundial del ejercicio financiero anterior, si esta cuantía fuese superior.

Los Estados miembros decidirán si las autoridades y organismos públicos establecidos en dicho Estado miembro que incumplan cualquiera de las condiciones o requisitos establecidos en materia de Inteligencia Artificial pueden ser multados o sancionados y en qué cuantía.

En el caso de instituciones, agencias y organismos de la Unión comprendidos en el ámbito de aplicación del presente Reglamento y que se encuentren en el supuesto antes citado, esto es, que incumplan las condiciones y requisitos establecidos en la Propuesta, será el Supervisor Europeo de Protección de datos el que, de acuerdo con lo dispuesto en el artículo 73, podrá imponer multas administrativas.

Autores como López Oneto[(81)] critican que sea el Supervisor Europeo de Protección de datos el encargado, en estos casos, de imponer multas administrativas en el marco de la Propuesta cuando en el texto está prevista la creación de un Comité Europeo de Inteligencia Artificial con facultades para garantizar la aplicación coherente del presente Reglamento.

(80) La Propuesta del Consejo limita estas sanciones a los supuestos de incumplimiento de las prohibiciones a las que alude el artículo 5 de la Propuesta (que se refiere a las Prácticas de Inteligencia Artificial prohibidas) considerando menos grave la inobservancia de los requisitos exigidos a los Sistemas de Inteligencia Artificial por el artículo 10.

(81) López Oneto, «Un análisis crítico-constructivo de la Propuesta de Reglamento de la UE por el que se establecen normas armonizadas sobre la Inteligencia Artificial», *cit.*

5. CONCLUSIONES

Como resumen de todo lo expuesto, el texto de la Propuesta de Reglamento de Inteligencia Artificial es mucho más que meramente programático.

Es ambicioso y completo. Sin perjuicio de sus mencionadas carencias presenta un ansia de generalidad y previsión que alcanza gran parte de las prácticas de Inteligencia Artificial que, actualmente, se emplean.

Con este texto la Comisión, además, cumple las promesas efectuadas por su Presidenta, a las que *ut supra* hicimos referencia.

Y lo hace en base a un detallado régimen de prohibiciones y a una pormenorizada relación de condiciones que determinados Sistemas de Inteligencia Artificial, esencialmente aquellos que presentan un mayor riesgo para los derechos fundamentales, han de respetar.

No se queda ahí el texto sino que, más allá de enumerar dichos Sistemas de alto riesgo e individualizar determinados Sistemas de Inteligencia Artificial que, de hecho, presentan especial trascendencia en determinados ámbitos de la vida social, fija unos presupuestos generales y unos principios que han de ser respetados.

Y no obstante ser rígido con el cumplimiento de dichas condiciones y requisitos, pues establece un complejo sistema de gobernanza y un detallado régimen sancionador, es capaz de abrirse al futuro previendo la posibilidad de que nuevos Sistemas de Inteligencia Artificial pueden ser ensayados e incorporarse al tráfico jurídico sin que las disposiciones de la Propuesta mermen la iniciativa privada, la evolución y el desarrollo tecnológico.

Es cierto que dicha Propuesta se ha enfrentado a un larguísimo procedimiento legislativo dilatado, además, por la pandemia mundial que asoló nuestro planeta durante la crisis del COVID-19.

No obstante también parece claro que en el nuevo contexto europeo, siempre preocupado por el respeto a los derechos humanos y las libertades públicas, un régimen de esta naturaleza que discipline nuevas tecnologías de constante e ininterrumpida aparición constituye un mandato imperativo coherente con las políticas de la Unión y que sirve como perfecto complemento al ya aprobado Reglamento General de Protección de datos y a las legislaciones aprobadas en desarrollo de la Directiva de protección de datos en el contexto de la averiguación y prevención de hechos delictivos.

6. BIBLIOGRAFÍA

— «*Inteligencia Artificial: Una Guía Completa sobre la IA, el Aprendizaje Automático, el Internet de las Cosas, la Robótica, el Aprendizaje Profundo, el Análisis Predictivo y el Aprendizaje Reforzado*», Neil Wilkins, Editorial Brevex Publications, 2019.

— *Inteligencia artificial: 101 cosas que debes saber hoy sobre nuestro futuro,* Lasse Rouhiainen, Ed. Alienta Editorial, 2018.

— «La futura regulación europea de la Inteligencia Artificial: objetivos, principios y pautas», Carlos Hernández Fernández, artículo publicado con el título «*Aproximación al futuro marco normativo europeo de la inteligencia artificial*», en el núm. 23 (julio-septiembre de 2021), de la *Revista de Privacidad y Derecho Digital.*

— «Los datos en el sistema de justicia y la propuesta de Reglamento UE sobre Inteligencia Artificial» en «*Uso de la información y de los datos personales en los procesos: los cambios en la Era Digital*», Moreno Catena, Ignacio Colomer Hernández (Director) y otros, Thomson Reuters-Aranzadi, 2021.

— «Demystifying the Draft EU Artificial Intelligence Act», Michael Veale, Frederik Zuiderveen Borgesius, artículo disponible en 2107.03721.pdf (arxiv.org)

— «*Judging the algorithm: A case study on the risk assessment tool for gender-based violence implemented in the Basque country», Dra Ana Valdivia, Cari Hyde Vaamonde y otro, artículo disponible en* Judging the algorithm: A case study on the risk assessment tool for gender-based violence implemented in the Basque country | Montreal AI Ethics Institute (montrealethics.ai).

— «*Armas de destrucción matemática: como el Big data aumenta la desigualdad y amenaza la democracia*», Cathy O´Neil, Editorial Capitán Swing, 2018.

— «La digitalización y la algoritmización, claves del nuevo paradigma de justicia eficiente y sostenible» en «*Uso de la información y de los datos personales en los procesos: los cambios en la Era Digital*», Barona Vilar, Ignacio Colomer Hernández (Director) y otros, Thomson Reuters-Aranzadi, 2021.

— «*Un análisis crítico-constructivo de la Propuesta de Reglamento de la UE por el que se establecen normas armonizadas sobre la Inteligencia Artifi-*

cial», López Oneto, artículo disponible en *https://ceedia.org/2021/07/19/un-analisis-critico-constructivo-de-la-propuesta-de-reglamento-de-la-ue-por-el-que-se-establecen-normas-armonizadas-sobre-la-inteligencia-artificial-artificial-intelligence-act-2/*

12.

PRIVACIDAD Y DATOS PERSONALES

Natalia Jiménez Jiménez
DPO del Canal de Isabel II

1. CONTEXTO Y ANTECEDENTES DE LA LEGISLACIÓN EUROPEA EN MATERIA DE PROTECCIÓN DE DATOS
2. LOS DATOS PERSONALES Y LOS PRINCIPIOS PARA SU TRATAMIENTO
3. LAS TRANSFERENCIAS INTERNACIONALES DE DATOS
4. LA PROTECCIÓN DE DATOS EN REGULACIONES SECTORIALES

1. CONTEXTO Y ANTECEDENTES DE LA LEGISLACIÓN EUROPEA EN MATERIA DE PROTECCIÓN DE DATOS

1.1. Introducción

El modesto objetivo de este Capítulo pretende sintetizar los orígenes de la protección de datos en el seno de la Unión Europea (UE) que ha afectado de lleno al modo en que se tratan los datos personales. Asimismo, se enumerarán los principios más relevantes de protección de datos, deteniéndonos en algunas cuestiones como la relativa a las transferencias internacionales cuestión de complicada aplicación, en un entorno globalizado de datos.

La Unión Europea publicó en su Diario Oficial el Reglamento (UE) 2016/679 relativo a la protección de las personas físicas en lo que respecta al tratamiento de sus datos personales y a la libre circulación de estos datos y por el que se deroga la Directiva 95/46/CE (Reglamento general de protección de datos o RGPD) que, sin perjuicio de la fecha de la entrada en vigor, resulta de aplicación desde el pasado 25 de mayo de 2018.

1.2. El derecho al respeto de la vida privada y el derecho a la protección de los datos personales

Aunque puedan parecer lo mismo, el derecho al respecto a la vida privada y el derecho a la protección de datos son derechos distintos, si bien es cierto que se encuentran estrechamente relacionados. Los antecedentes del derecho a la vida privada o derecho a la privacidad como derecho humano, lo encontramos en la Declaración Universal de Derechos Humanos adoptado en París en 1948, por la Asamblea General de las Naciones Unidas[(1)]. Con posterioridad, el 4 de noviembre de 1950, el derecho a la privacidad fue incluido en el Convenio Europeo de Protección de los Derechos Humanos y

---

(1) Resolución 217 A (III), de la Asamblea General de las Naciones Unidas de 10 de diciembre de 1948. En Internet: https://documents-dds-ny.un.org/doc/RESOLUTION/GEN/NR0/046/82/PDF/NR004682.pdf?OpenElement Consultado el 26 de marzo de 2023.

de las Libertades Fundamentales (CEDH), también conocido como convenio de Roma.

El artículo 8 del CEDH consagró el derecho de toda persona al respeto de la vida privada y familiar, de su domicilio y de su correspondencia y prohibió la injerencia de la autoridad pública en el ejercicio de este derecho, excepto para aquellos casos en los que la misma se encuentre prevista por la ley y sea una medida necesaria para la protección de intereses importantes, como para la seguridad nacional, la seguridad pública, el bienestar económico del país, la defensa del orden y la prevención del delito, la protección de la salud o de la moral, o la protección de los derechos y las libertades de los demás.

El derecho de las personas a la protección de sus datos personales no fue reconocido explícitamente hasta su incorporación el artículo 16 (antiguo artículo 286 TEC) del Tratado de Funcionamiento de la Unión Europea (TFUE) (2) que constituye el «Derecho primario de la Unión Europea».

En el año 1981, se produjo un hito fundamental con la aprobación por el Consejo de Europa del primer texto internacional con carácter vinculante en el ámbito de la protección de datos en Europa, el Convenio n.º 108 del Consejo de Europa, de 28 de enero de 1981, para la protección de las personas con respecto al tratamiento automatizado de datos de carácter personal (3).

Por su parte, el Convenio 108 resulta de aplicación a los tratamientos de datos realizados tanto en el ámbito público como en el privado, incluidas las autoridades judiciales y los cuerpos de seguridad, y es vinculante para todos los países que lo hayan ratificado. Está abierto a la incorporación de países que no sean miembros del Consejo de Europa por lo que resulta un instrumento imprescindible para sentar las bases a nivel mundial y, consta de los siguientes capítulos:

— disposiciones generales;
— principios básicos para la protección de datos;
— normas para los flujos de datos transfronterizos de datos;
— mecanismos de ayuda mutua y consulta entre las Partes;

(2) Tratado de la Unión Europea y del Tratado de Funcionamiento de la Unión Europea. Diario Oficial de la Unión Europea, C2010/83, 30 de marzo de 2010, https://eur-lex.europa.eu/legal-content/ES/TXT/HTML/?uri=CELEX:C2010/083/01&from=EN última consulta 26 de marzo de 2023.

(3) Convenio para la Protección de las personas con respecto al tratamiento automatizado de datos de carácter personal, Estrasburgo, 28 de enero de 1981, Serie de Tratados Europeos n.º 108, en internet: https://rm.coe.int/16806c1abd.Consultado el 26 de marzo de 2023.

— enmiendas y cláusulas finales.

Posteriormente, en el año 1995, como respuesta a la necesidad de armonizar distintas leyes de los Estados miembros se adoptó la Directiva 95/46/CE del Parlamento Europeo y del Consejo, de 24 de octubre de 1995, relativa a la protección de las personas físicas en lo que respecta al tratamiento de datos personales y a la libre circulación de estos datos[(4)] que, hasta el 2018, constituyó el principal instrumento jurídico en la protección de datos personales. Ahora bien, las directivas precisan de una transposición a las legislaciones internas de los Estados miembros, otorgando a los mismos cierta libertad para conseguir los fines establecidos en las directivas de tal forma, que asegure el principio de seguridad jurídica en la Unión Europea.

La UE en el año 2000 proclamó la Carta de los Derechos Fundamentales de la Unión Europea[(5)] que recogió seis Capítulos referidos a derechos comunes en la UE: dignidad, libertades, igualdad, solidaridad, ciudadanía y justicia. En el artículo 8, dentro del apartado libertades, se reconoce que toda persona tiene derecho a la protección de los datos de carácter personal que le conciernan, que los datos se deben tratar de modo leal, para fines concretos y sobre la base del consentimiento de la persona afectada o en virtud de otro fundamento legítimo previsto por la ley y se señala que el respeto de estas normas quedará sujeto al control de una autoridad independiente. No obstante, esta Carta no tuvo el carácter de vinculante hasta la entrada en vigor del Tratado de Lisboa el 1 de diciembre de 2009[(6)].

Como consecuencia de los debates en los que se puso de manifiesto cuestiones como, la necesidad de modernizar la normativa de protección de datos en la UE, garantizar una sólida aplicación del derecho fundamental a la protección de datos y dotar a la normativa de un carácter global, la Comisión realizó diversas Comunicaciones materializándose finalmente en la Propuesta de Reglamento del Parlamento Europeo y del Consejo relativo a la

(4) Directiva 95/46/CE del Parlamento Europeo y del Consejo, de 24 de octubre de 1995, relativa a la protección de las personas físicas en lo que respecta al tratamiento de datos personales y a la libre circulación de estos datos, DO 1995 L 28, Comunidades Europeas núm. 281, de 23 de noviembre de 1995 https://eur-lex.europa.eu/legal-content/ES/TXT/?uri=OJ:L:1995:281:TOC Consultado el 26 de marzo de 2023.

(5) Diario Oficial de las Comunidades Europeas, C 364/1 de 18 de diciembre de 2000 en Internet https://www.europarl.europa.eu/charter/pdf/text_es.pdf Consultado el 26 de marzo de 2023.

(6) Tratado de Lisboa por el que se modifican el Tratado de la Unión Europea y el Tratado constitutivo de la Comunidad Europea, firmado en Lisboa el 13 de diciembre de 2007 Diario Oficial de la Unión Europea, C 306/1 de 17 de diciembre de 2007, en Internet https://eur-lex.europa.eu/legal-content/ES/ALL/?uri=OJ%3AC%3A2007%3A306%3ATOC Consultado el 26 de marzo de 2023.

protección de las personas físicas en lo que respecta al tratamiento de datos personales y a la libre circulación de estos datos de 25 de enero de 2012[(7)].

Finalmente, tras un complejo proceso de tramitación se aprobó el Reglamento (UE) 2016/679 del Parlamento Europeo y del Consejo, de 27 de abril de 2016, relativo a la protección de las personas físicas en lo que respecta al tratamiento de datos personales y a la libre circulación de estos datos y por el que se deroga la Directiva 95/46/CE (Reglamento general de protección de datos) de aplicación desde mayo de 2018. El citado Reglamento tiene por objeto la protección de los datos personales de los ciudadanos, también en relación con las violaciones de la privacidad que se producen. Se reconocen nuevos derechos, como el de la portabilidad y se refuerzan otros como el principio de información y transparencia, el derecho a conocer. Asimismo, se incluye una regulación mucho más pormenorizada de los motivos o bases que legitiman o justifican el tratamiento de los datos, y se define con claridad la figura del consentimiento como una de las posibles bases legitimadoras. En cuanto al ámbito de aplicación, centra su la atención en los tratamientos de datos dirigidos a ciudadanos europeos, con independencia de que el responsable del tratamiento se encuentre fuera de un estado miembro perteneciente a la Unión Europeo. Por otro lado, en lo relativo a los flujos transfronterizos de datos recoge, organiza y unifica las causas en las que se deberán amparar los flujos transfronterizos de datos.

La Comisión, dos años después de la aplicación del RGPD, concretamente el 24 de junio de 2020, presentó un informe sobre la evaluación y revisión del Reglamento General de Protección de Datos[(8)], en particular sobre la aplicación y el funcionamiento de las normas sobre la transferencia de los datos personales a terceros países y organizaciones internacionales y de las normas sobre cooperación y coherencia.

Se había propuesto la adaptación integral del marco normativo sobre protección de datos y privacidad, por ello, aparte del RGPD se aprobaron

(7) Comisión Europea, Propuesta de Reglamento del Parlamento Europeo y del Consejo relativo a la protección de las personas físicas en lo que respecta al tratamiento de datos personales y a la libre circulación de estos datos (Reglamento General de Protección de Datos), Bruselas 25 de enero de 2012, Internet: https://eur-lex.europa.eu/legal-content/ES/TXT/PDF/?uri=CELEX:52012PC0011 Ultima consulta el 26 de marzo de 2023.

(8) Comisión Europea, Comunicación de la Comisión al Parlamento Europeo y al Consejo. La protección de datos como pilar del empoderamiento de los ciudadanos y del enfoque de la UE para la transición digital: dos años de aplicación del Reglamento General de Protección de Datos Bruselas, 24.6.2020 COM (2020) 264 final, {SWD(2020) 115 final} en Internet: https://eur-lex.europa.eu/legal-content/ES/TXT/PDF/?uri=CELEX:52020DC0264&from=ES Ultima consulta el 16 de enero de 2023.

otras normas de protección de datos, como la Directiva (UE) 2016/680 del Parlamento Europeo y del Consejo, de 27 de abril de 2016, relativa a la protección de las personas físicas en lo que respecta al tratamiento de datos personales por parte de las autoridades competentes para fines de prevención, investigación, detección o enjuiciamiento de infracciones penales o de ejecución de sanciones penales, y a la libre circulación de dichos datos y por la que se deroga la Decisión Marco 2008/977/JAI del Consejo[9] (Directiva 2016/680) y Reglamento (UE) 2018/1725 del Parlamento Europeo y del Consejo, de 23 de octubre de 2018, relativo a la protección de las personas físicas en lo que respecta al tratamiento de datos personales por las instituciones, órganos y organismos de la Unión, y a la libre circulación de esos datos, y por el que se derogan el Reglamento (CE) n.º 45/2001 y la Decisión n.º 1247/2002/CE (Reglamento 2018/1725)[10]

En un futuro próximo, el marco europeo se completará con la aprobación del Reglamento sobre la Privacidad y las Comunicaciones Electrónicas que sustituirá a la Directiva 2002/58/CE del Parlamento Europeo y del Consejo, de 12 de julio de 2002, relativa al tratamiento de los datos personales y a la protección de la intimidad en el sector de las comunicaciones electrónicas (Directiva sobre la privacidad y las comunicaciones electrónicas)[11].

2. LOS DATOS PERSONALES Y LOS PRINCIPIOS PARA SU TRATAMIENTO

La definición de datos personales se encuentra en el apartado 1 del artículo 4 del RGPD que define el concepto de datos personales como sigue: *«toda información sobre una persona física identificada o identificable («el interesado»); se considerará persona física identificable toda persona cuya identidad pueda determinarse, directa o indirectamente, en particular mediante un identificador, como por ejemplo un nombre, un número de identificación, datos de localización, un identificador en línea o uno o varios elementos propios de la identidad física, fisiológica, genética, psíquica, económica, cultural o social de dicha persona». Por tanto, se aboga por incluir un concepto amplio, debiendo en muchos supuestos interpretar caso por caso cuando se puede identificar a una persona.*

(9) Diario Oficial de la Unión Europea núm. 119, de 4 de mayo de 2016.

(10) Diario Oficial de la Unión Europea núm. 295 de 21 de noviembre de 2018, en Internet: https://eur-lex.europa.eu/legal-content/ES/TXT/?uri=CELEX:32018R1725 Consultado el 26 de marzo de 2023.

(11) Diario Oficial de la Unión Europea núm. 201, de 31 de julio de 2002, en Internet: https://www.boe.es/buscar/doc.php?id=DOUE-L-2002-81371 Consultado el 26 de marzo de 2023.

Por su parte, el Considerando 26 del citado Reglamento dispone que: «*los principios de la protección de datos deben aplicarse a toda la información relativa a una persona física identificada o identificable», independiente de si los datos personales son tratados por un responsable o por un* encargado de tratamiento. A este respecto, el artículo 5.1 señala que los datos personales serán:

«a) tratados de manera lícita, leal y transparente en relación con el interesado («licitud, lealtad y transparencia»);

b) recogidos con fines determinados, explícitos y legítimos, y no serán tratados ulteriormente de manera incompatible con dichos fines; de acuerdo con el artículo 89, apartado 1, el tratamiento ulterior de los datos personales con fines de archivo en interés público, fines de investigación científica e histórica o fines estadísticos no se considerará incompatible con los fines iniciales («limitación de la finalidad»);

c) adecuados, pertinentes y limitados a lo necesario en relación con los fines para los que son tratados («minimización de datos»);

d) exactos y, si fuera necesario, actualizados; se adoptarán todas las medidas razonables para que se supriman o rectifiquen sin dilación los datos personales que sean inexactos con respecto a los fines para los que se tratan («exactitud»);

e) mantenidos de forma que se permita la identificación de los interesados durante no más tiempo del necesario para los fines del tratamiento de los datos personales; los datos personales podrán conservarse durante períodos más largos siempre que se traten exclusivamente con fines de archivo en interés público, fines de investigación científica o histórica o fines estadísticos, de conformidad con el artículo 89, apartado 1, sin perjuicio de la aplicación de las medidas técnicas y organizativas apropiadas que impone el presente Reglamento a fin de proteger los derechos y libertades del interesado («limitación del plazo de conservación»);

f) tratados de tal manera que se garantice una seguridad adecuada de los datos personales, incluida la protección contra el tratamiento no autorizado o ilícito y contra su pérdida, destrucción o daño accidental, mediante la aplicación de medidas técnicas u organizativas apropiadas («integridad y confidencialidad»).

2. El responsable del tratamiento será responsable del cumplimiento de lo dispuesto en el apartado 1 y capaz de demostrarlo («responsabilidad proactiva»)».

2.1. Principio de licitud

Para que el tratamiento de los datos pueda considerarse lícito, en primer lugar, debe ampararse en, al menos una de las bases legitimadoras que se recogen en el artículo 6 del RGPD, es decir el responsable del tratamiento debe analizar, determinar, explicar y documentar debidamente cuál va a ser el fundamento jurídico de las operaciones de tratamiento de datos personales que vaya a realizar, a saber:

a. con el consentimiento del interesado para el tratamiento de los datos para una o varias finalidades explicitícas y determinadas. No obstante, no es válido cualquier tipo de consentimiento, siendo únicamente válida aquellas *«(...) manifestación de voluntad libre, específica, informada e inequívoca por la que el interesado acepta, ya sea mediante una declaración o una clara acción afirmativa, el tratamiento de datos personales que le conciernen». Para aclarar aún más esta cuestión el* Comité Europeo de Protección de Datos adoptó las Directrices 5/2020 sobre el consentimiento en el sentido del Reglamento (UE) 2016/679(12) en las que proporciona un análisis exhaustivo de la noción de consentimiento.

b. que sea necesario el tratamiento de datos para la ejecución de un contrato o precontrato en el que el interesado es parte.

c. que el tratamiento sea consecuencia de la aplicación de una norma con rango de ley.

d. que el tratamiento sea necesario para proteger intereses vitales de la persona física.

e. que el tratamiento es necesario para el cumplimiento de una misión realizada en interés público o en el ejercicio de poderes públicos conferidos al responsable del tratamiento. Este es una de las bases legitimadoras que con más frecuencia se utiliza en las administraciones públicas, ya que es necesario tratar los datos para el ejercicio de sus competencias y cumplir con la misión en interés público. Ahora bien, es relevante conocer que, la competencia, al igual que para el tratamiento consecuencia de la aplicación de una obligación legal, tiene que estar reconocida en una norma con rango de ley.

f. que el tratamiento de datos sea necesario para la satisfacción de intereses legítimos del responsable del tratamiento o por un tercero. Ahora bien, deben sopesarse esos derechos con los intereses de la persona física, en especial cuando sea un niño. Por tanto, tal y como establece el propio Reglamento en su Considerando 47, para poder utilizar esta base legitimadora, se requiere una evaluación meticulosa, inclusive si un interesado puede prever de forma razonable, en el momento y en el contexto de la recogida de datos personales, que pueda producirse el

(12) Dictamen 06/2014 sobre el concepto de interés legítimo del responsable del tratamiento de los datos en virtud del artículo 7 de la Directiva 95/46/CE, adoptado el 9 de abril de 2014, WP 217. https://ec.europa.eu/justice/article-29/documentation/opinion-recommendation/files/2014/wp217_en.pdf Consultado el 26 de marzo de 2023.

tratamiento con tal fin. Es decir, resulta imprescindible realizar de forma previa a tratar los datos, una prueba de sopesamiento o informe de interés legítimo en el que se deben medir los intereses en liza. El Dictamen 06/2014 sobre el concepto de interés legítimo del responsable del tratamiento de los datos en virtud del artículo 7 de la Directiva 95/46/CE del extinto Grupo de Trabajo del Art. 29, nos ofrece orientaciones y puede servir de base para iniciar una prueba de sopesamiento.

En cualquier caso, el Reglamento señala que los Estados miembros podrán mantener o introducir disposiciones más específicas «a fin de adaptar la aplicación de las normas del Reglamento con respecto al tratamiento en cumplimiento del apartado 1, letras c) y e), fijando de manera más precisa requisitos específicos de tratamiento y otras medidas que garanticen un tratamiento lícito y equitativo, con inclusión de otras situaciones específicas de tratamiento a tenor del capítulo IX». Por tanto, los estados miembros pueden especificar y detallar aquellos casos en los que se considera que un tratamiento es necesario para el cumplimiento de una obligación legal o para el cumplimiento de una misión realizada en interés público. Adicionalmente, se debe señalar que los tratamientos de datos basados en el interés público o interés legítimo deben estar establecidos por el derecho de la Unión Europea o el de los Estados miembros, siempre que aplique al responsable del tratamiento, se persigue que se garantice la información y que se detalle las condiciones, tipologías de datos, finalidades, plazos de conservación.

2.2. Principio de transparencia y lealtad

El requisito de transparencia y lealtad son principios fundamentales, estrechamente relacionado con el de licitud. El Reglamento, en los Considerandos 39 y 58, 60, y la Sección 1 del Capítulo III dispone claramente que el principio de transparencia exige facilitar a la persona física que sus datos van a ser objeto de tratamiento, de la identidad del responsable del tratamiento, el uso o fines específicos que motivan el tratamiento de los datos, las bases legitimadoras, las comunicaciones de datos, las transferencias internacionales de datos, y la posibilidad de ejercitar los derechos del 15 al 22. En definitiva, el responsable debe asegurar que la persona física recibe toda la información que dispone el Reglamento.

En ese sentido, los artículos 13 y 14 regulan pormenorizadamente la información que se debe ofrecer, en función de si los datos se obtienen directamente del interesado o no. Cuando se obtengan directamente del interesado, el responsable del tratamiento es quien debe informar en el momento de la recogida de los datos, en el segundo caso, la información se proporcionará dentro de un mes desde que se facilitaron los datos, en la primera comunicación que se mantenga con la persona física o cuando se vayan a comunicar a otro destinatario a más tardar en el momento en que los datos sean comunicados por primera vez.

No se obliga al responsable del tratamiento a qué informe a través de una forma u otra, la obligación va dirigido a que se informe debidamente. Para informar debidamente se puede utilizar el sistema de información por «capas», es decir en dos momentos, el primero facilitando en el momento de la recogida de datos el contenido siguiente:

— Identidad del responsable y datos de contacto.
— Datos del delegado de protección de datos.
— Fines del tratamiento de los datos y base jurídica que justifique el tratamiento de los datos.
— Si el tratamiento se basa en el artículo 6, apartado 1, letra f), los intereses legítimos del responsable o de un tercero.
— Destinatarios o categorías de destinatarios.
— Transferencias internacionales de datos, indicando si están basadas en una decisión de adecuación o bien si se han implementado garantías adecuadas o apropiaras y los medios para obtener una copia de esas garantías o confirmación del hecho de que se hayan implementado.

Asimismo, además de lo anterior, se deberá facilitar:

— El plazo de conservación de los datos personales o los criterios para determinar ese plazo.
— La posibilidad de ejercitar los derechos de acceso, rectificación, supresión, limitación, oposición, y derecho a la portabilidad. Cuando la base jurídica que justifica o legitima el tratamiento de los datos ha sido el consentimiento, la persona puede revocarlo en cualquier momento.
— Derecho a presentar una reclamación ante la autoridad de control de protección de datos.
— Información clara de cuando la comunicación de los datos sea un requisito legal o un requisito necesario obligatorio para suscribir un contrato y de las consecuencias de no facilitarlos.
— Información de la existencia de decisiones automatizas (sin intervención humana), incluida la elaboración de perfiles y la lógica aplicada para elaborar estos.

Asimismo, cuando el responsable del tratamiento tenga previsto un tratamiento posterior de datos personales para un fin distinto al que motivó la recogida de los datos, y siempre que no haya informado previamente, debe proporcionar información suficiente con anterioridad a la persona física, de las finalidades no previstas y de cualquier información pertinente.

Cuando los datos no hayan sido obtenidos directamente del interesado el artículo 14, señala que aparte del contenido del artículo 13 se deberán informar de las categorías de datos personales de que se trate y la fuente de la que proceden los datos personales y, en su caso, si proceden de fuentes de acceso público.

La información citada debe facilitarse de forma accesible, clara, concisa, que sea fácil de entender y debe poderse visualizar. Por tanto, cuando se informe a los interesados deben utilizarse frases y estructuras gramaticales, simples, sencillas que puedan ser entendibles y en la medida de lo posible considerando el público objetivo al que van dirigidos.

El principio de transparencia y lealtad exige que se informe de la existencia de la operación de tratamiento y de sus finalidades, debiendo facilitar cuanta información complementaria sea necesaria para garantizar un tratamiento leal y transparente, habida cuenta de las circunstancias y del contexto específicos en que se traten los datos personales.

Por último, recientemente la Sentencia del Tribunal de Justicia de la Unión Europea (Sala Primera) de 12 de enero de 2023. Asunto C-154/21 [(13)] ha dispuesto *«el derecho de acceso del interesado a los datos personales que le conciernen, establecido en dicha disposición, implica, cuando esos datos hayan sido o vayan a ser comunicados a destinatarios, la obligación del responsable del tratamiento de facilitar a ese interesado la identidad de esos destinatarios, a menos que no sea posible identificarlos o que dicho responsable del tratamiento demuestre que las solicitudes de acceso del interesado son manifiestamente infundadas o excesivas en el sentido del artículo 12, apartado 5, del Reglamento 2016/679, en cuyo caso este podrá indicar al interesado únicamente las categorías de destinatarios de que se trate»*.

(13) https://curia.europa.eu/juris/document/document.jsf?text=&docid=269146&pageIndex=0&doclang=ES&mode=req&dir=&occ=first&part=1&cid=12397 Consultado el 26 de marzo de 2023.

2.3. Principio de limitación de la finalidad

El artículo 5.1 b) del RGPD señala que los datos personales serán recogidos con «*fines determinados, explícitos y legítimos*». Así, será necesario determinar y especificar con claridad las finalidades en el mismo momento en el que esté proyectando el tratamiento de los datos. En relación con lo anterior, procede recodar que la información referida a las finalidades debe ser transmitida a la persona física en el momento de la recogida de los datos y que los datos no se pueden utilizar con fines incompatibles a los inicialmente previstos.

No obstante, no se considerará incompatible con los fines iniciales previstos, el tratamiento posterior de los datos personales con fines de archivo en interés público, fines de investigación científica e histórica o fines estadísticos.

La Sentencia del Tribunal de Justicia (Sala Primera), de 20 de octubre de 2022. Asunto C-77/21 [(14)] interpreta el principio de finalidad estableciendo en ese caso que el art. 5.1 a) del RGPD «*no se opone a que el responsable del tratamiento registre y conserve, en una base de datos creada para realizar pruebas y corregir errores, datos personales previamente recogidos y conservados en otra base de datos, siempre y cuando el tratamiento ulterior sea compatible con los fines específicos para los que se recogieron inicialmente los datos personales, extremo que ha de determinarse a la luz de los criterios establecidos en el artículo 6, apartado 4, del mismo Reglamento*».

2.4. Principio de minimización de datos

Los datos personales que vayan a ser objeto de tratamiento deben ser adecuados, pertinentes y limitados a lo necesario para los fines para los que sean tratados. En este sentido, será preciso que al proyectar el tratamiento de los datos debe realizarse un estudio de las categorías de datos que se necesitan, y no se deben solicitar más datos que los estrictamente necesarios en relación con los fines que justifican su recogida.

Asimismo, se requiere, garantizar el plazo de conservación de los datos al necesario en relación con los fines que motivaron su tratamiento. Ello obliga al responsable del tratamiento a establecer y documentar los plazos

(14) https://curia.europa.eu/juris/document/document.jsf?text=&docid=267405&pageIndex=0&doclang=ES&mode=lst&dir=&occ=first&part=1&cid=527336 Consultado el 26 de marzo de 2023.

para la supresión o revisión periódica de las operaciones de tratamiento de los datos personales.

2.5. Principio de exactitud y limitación del plazo de conservación

Los datos que sean objeto de tratamiento deberán ser exactos y estar actualizados. Para ello, el responsable del tratamiento debe adoptar medidas y suprimir o rectificar los datos cuando estos no se encuentren actualizados.

En cuanto al principio de limitación del plazo de conservación no se permite que se mantengan los datos personales de tal forma que se identifique a las personas físicas, durante más tiempo del requerido en relación con los fines que motivaron el tratamiento de los datos. El plazo de conservación de los datos es objeto de controversia, dado que no es lo mismo el plazo de las responsabilidades nacidas del tratamiento de los datos y el plazo de prescripción de las acciones derivadas del negocio jurídico que motivo el tratamiento de los datos.

La Sentencia del Tribunal de Justicia (Sala Primera), de 20 de octubre de 2022. Asunto C-77/21 (15) interpreta el principio de «limitación del plazo de conservación», establecido en esa disposición, en el siguiente sentido: «*se opone a que el responsable del tratamiento conserve, en una base de datos creada para realizar pruebas y corregir errores, datos personales recogidos previamente para otros fines, durante un período superior al necesario para la realización de las pruebas y la corrección de los errores*».

Sin perjuicio de lo anterior, los datos personales podrán conservarse durante períodos más largos con fines exclusivamente de archivo en interés público, fines de investigación científica o histórica o fines estadísticos, de conformidad con el artículo 89. 1 del Reglamento.

2.6. Principio de integridad y confidencialidad (seguridad)

Los datos personales deben ser tratados aplicando medidas de seguridad que garanticen que el tratamiento no autorizado o ilícito de los datos y contra su pérdida, destrucción o daño accidental. Este principio de seguridad se desarrolla en el artículo 32 del Reglamento que impone la obligación a los responsables y encargados de tratamiento de determinar y establecer las medidas de seguridad técnicas y organizativas apropiadas para garantizar el

(15) https://curia.europa.eu/juris/document/document.jsf?text=&docid=267405&pageIndex=0&doclang=ES&mode=lst&dir=&occ=first&part=1&cid=527336 Consultado el 26 de marzo de 2023.

nivel de seguridad adecuado al riesgo en función del estado de la técnica, los costes de aplicación y, la naturaleza, el alcance, el contexto y los fines del tratamiento, así como los riesgos de probabilidad y gravedad variables para los derechos y libertades de las personas, pudiendo adoptar medidas como:

— La seudonimización y el cifrado de datos personales.
— Medidas para garantizar la confidencialidad, integridad, disponibilidad y resiliencia permanentes de los sistemas y servicios de tratamiento.
— Medidas para restaurar la disponibilidad y el acceso a los datos personales de forma rápida en caso de incidente físico o técnico.
— Un proceso de verificación, evaluación y valoración regulares de la eficacia de las medidas técnicas y organizativas para garantizar la seguridad del tratamiento.

Por tanto, se exige realizar evaluaciones del riesgo, teniendo en cuanta los riesgos que atenten contra los derechos y libertades de las personas físicas. Para demostrar la diligencia de las organizaciones y seleccionar un conjunto de medidas de seguridad adecuadas se pueden utilizar estándares de seguridad reconocidos y códigos de conducta a tenor del artículo 40(16).

2.7. Principio de responsabilidad proactiva

Este principio establece que el responsable del tratamiento deberá ser capaz de cumplir con los principios expuestos en los apartados precedentes para garantizar la protección de los datos y debe ser capaz de demostrarlo. Por tanto, se le exige la máxima diligencia en el tratamiento de los datos que realice directamente o a través de un encargado de tratamiento, por lo que deberá implementar medidas para la selección de encargados antes de su contratación.

El principio de responsabilidad proactiva ya se introdujo en otros instrumentos, como por ejemplo en la Opinión 3/2010 sobre el principio de responsabilidad proactiva(17) en el que el extinto Grupo de Trabajo del art. 29 manifestaba que la Directiva 95/46 no había logrado plenamente garantizar que los requisitos de protección de datos se traduzcan en mecanismo reales

(16) https://edpb.europa.eu/our-work-tools/accountability-tools/register-codes-conduct-amendments-and-extensions-art-4011_es
(17) https://ec.europa.eu/justice/article-29/documentation/opinion-recommendation/files/2010/wp173_en.pdf

y proponía una propuesta concreta de principio de responsabilidad que exigiría a los responsables del tratamiento el establecimiento de medidas apropiadas y efectivas para garantizar el cumplimiento de los principios y requisitos establecidos en la Directiva y que lo demuestren a las autoridades de control.

3. LAS TRANSFERENCIAS INTERNACIONALES DE DATOS

En un mundo globalizado, digitalizado y conectado cada vez es más habitual y necesario que se produzcan movimientos o flujos transfronterizos de datos personales dentro de la Unión y la transferencia a terceros países y organizaciones internacionales, garantizando al mismo tiempo un elevado nivel de protección de los datos personales. El legislador comunitario, consciente de esa necesidad incluyó una regulación pormenorizada para transferencias internacionales de datos en los artículos 44 a 49 del Reglamento, que analizaremos a continuación.

El RGPD no incluye una definición jurídica de lo que se debe entender por una transferencia internacional de datos, por ello el CEPD aprobó las Directrices 05/2021 sobre las interacciones entre la aplicación del artículo 3 y las disposiciones sobre transferencias internacionales con arreglo al capítulo V del RGPD[18]. El CEPD proporciona las directrices para aclarar los supuestos en los que considera que deben aplicarse los artículos 44 a 49, identificando tres criterios acumulativos para calificar una operación de tratamiento como transferencia.

3.1. Principio general de las transferencias internacionales de datos

Los responsables y encargados del tratamiento podrán realizar transferencias internacionales de datos a terceros países u organizaciones internacionales previo cumplimiento de las condiciones establecidas en los artículos 45 a 49, a fin de asegurar que el nivel de protección de las personas físicas garantizado por el presente Reglamento no se vea menoscabado.

Se considerará que se produce una transferencia internacional de datos cuando los datos personales que se traten en Espacio Económico Europeo (estados miembros de la Unión Europea, Noruega, Islandia y Liechtenstein) son enviados o viajan a un tercer país u organización internacional.

(18) https://edpb.europa.eu/system/files/2021-11/edpb_guidelinesinterplaychapterv_article3_adopted_en.pdf

No se necesitará autorización de la autoridad de control de protección de datos cuando se cumplan los siguientes mecanismos que pasaremos a enumerar.

3.2. Transferencias basadas en una decisión de adecuación

Se permite la realización de transferencias internacionales de datos cuando la Comisión exista Decisión de Adecuación, es decir que se haya decidido que decidido que el tercer país, un territorio o uno o varios sectores específicos de ese tercer país, o la organización internacional de que se trate garantizan un nivel de protección adecuado equivalente al de la Unión Europea. Este mecanismo no precisa de ninguna autorización específica para la realización de la transferencia. La Comisión tendrá en cuenta para evaluar si debe adoptar una decisión de adecuación los siguientes elementos:

a) Evaluación del Estado de Derecho, l respeto de los derechos humanos y las libertades fundamentales, la legislación, incluida la relativa a la seguridad pública, la defensa, la seguridad nacional y la legislación penal, y el acceso de las autoridades públicas a los datos personales, así como la aplicación de dicha legislación, las normas de protección de datos.

b) Existencia de autoridades de control independientes que tengan potestad para hacer cumplir las normas en protección de datos.

c) Los compromisos internacionales asumidos por el tercer país u organización internacional de que se trate, u otras obligaciones derivadas de acuerdos o instrumentos jurídicamente vinculantes, así como de su participación en sistemas multilaterales o regionales, en particular en relación con la protección de los datos personales.

Asimismo, se requiere de un procedimiento formal de adopción exige adicionalmente la emisión de un dictamen por parte del Comité Europeo de Protección de Datos (EDPB).

La Comisión publica en el Diario Oficial de la Unión Europea y en su página web una lista de terceros países, territorios y sectores específicos en un tercer país, y organizaciones internacionales respecto de los cuales haya decidido que se garantiza, o ya no, un nivel de protección adecuado. Algunos de los países y territorios declarados como adecuados han sido: Suiza, Canadá, Argentina, Guernsey, Isla de Man, Jersey, Islas Feroe, Andorra, Israel, Uruguay, Nueva Zelanda, Japón, Reino Unido, República de Corea.

Anteriormente, Estados Unidos contaba con la Decisión (UE) 2016/1250 de la Comisión, de 12 de julio de 2016, que declaraba el nivel adecuado de protección del esquema del Escudo de Privacidad (Privacy Shield) para las transferencias internacionales de datos a EEUU, pero fue invalidado mediante la sentencia del Tribunal de Justicia de la Unión Europea (Gran Sala) de 16 de julio de 2020. Asunto C-311/18[19]. A este respecto debemos recordar que el Escudo de Privacidad sustituía a su vez la Decisión del Puerto Seguro[20], que también fue declarado inválido por el TJUE en octubre de 2015[21].

Ahora bien, la Sentencia de 16 de julio de 2020 reconoce la validez de las cláusulas contractuales estándar adoptadas por la Comisión Europea para realizar transferencias internacionales de datos entre un responsable establecido en la Unión Europea y un encargado del tratamiento fuera de la UE.

3.3. Transferencias basadas en una decisión de adecuación

A falta de decisión de adecuación, el artículo 46 del Reglamento habilita la realización de transferencias cuando se ofrezcan garantías adecuadas, que podrán ser aportadas a través de:

a. Un instrumento jurídicamente vinculante y exigible entre las autoridades u organismos públicos.

b. Normas corporativas vinculantes (BCRs) conforme lo establecido en el artículo 47.

c. Cláusulas tipo de protección de datos adoptadas por la Comisión de conformidad con el procedimiento de examen a que se refiere el artículo 93, apartado 2.

A este respecto la Comisión Europea el 4 de junio de 2021, publicó las Decisiones de Ejecución con el nuevo conjunto de cláusulas contractuales tipo que, se adaptan al RGPD incorporando los principios de responsabilidad proactiva y tratan de adoptar los criterios señalados por el TJUE, y abarcan las transferencias entre responsables, entre responsable y encargado, entre encargados y entre encargado y responsable.

---

(19) https://curia.europa.eu/juris/document/document.jsf?text=&docid=228677&pageIndex=0&doclang=ES&mode=req&dir=&occ=first&part=1&cid=1210735 Consultado el 26 de marzo de 2023

(20) https://eur-lex.europa.eu/legal-content/ES/ALL/?uri=CELEX:32000D0520 Consultado el 26 de marzo de 2023.

(21) https://curia.europa.eu/juris/document/document.jsf?docid=169195&doclang=ES Consultado el 26 de marzo de 2023.

— Decisión de Ejecución (UE) 2021/914 de la Comisión de 4 de junio de 2021 relativa a las cláusulas contractuales tipo para la transferencia de datos personales a terceros países de conformidad con el Reglamento (UE) 2016/679 del Parlamento Europeo y del Consejo[(22)].

— Decisión de Ejecución (UE) 2021/915 de la Comisión de 4 de junio de 2021 relativa a las cláusulas contractuales tipo entre responsables y encargados del tratamiento contempladas en el artículo 28, apartado 7, del Reglamento (UE) 2016/679 del Parlamento Europeo y del Consejo y en el artículo 29, apartado 7, del Reglamento (UE) 2018/1725 del Parlamento Europeo y del Consejo.[(23)]

Ahora bien, el avance del conjunto de cláusulas contractuales no implica que el exportador de los datos, ayudado por el importador, deba analizar el impacto que la legislación del país del importador pueda tener en el nivel de protección europeo ya que es necesario que ese nivel de protección sea esencialmente equivalente al proporcionado en la Unión Europea, es decir, se tienen que llevar a cabo la evaluación de impacto de la transferencias. Para ello, se puede acudir a las directrices del Comité Europeo de Protección de Datos, en concreto a las Recomendaciones 01/2020 sobre medidas que complementan los instrumentos de transferencia para garantizar el cumplimiento del nivel de protección de los datos personales de la UE, adoptadas el 10 de noviembre de 2020[(24)], Recomendaciones 02/2020 sobre las garantías esenciales europeas para medidas de vigilancia Adoptadas el 10 de noviembre de 2020[(25)], y las Directrices 2/2020 relativas a la aplicación del artículo 46, apartado 2, letra a), y del artículo 46, apartado 3, letra b), del Reglamento 2016/679 con respecto a las transferencias de datos personales entre autoridades y

(22) https://www.boe.es/buscar/doc.php?id=DOUE-L-2021-80739#:~:text=Decisi%C3%B3n%20de%20Ejecuci%C3%B3n%20%28UE%29%202021%2F914%20de%20la%20Comisi%C3%B3n,%28UE%29%202016%2F679%20del%20Parlamento%20Europeo%20y%20del%20Consejo. Consultado el 26 de marzo de 2023.

(23) BOE.es - DOUE-L-2021-80738 Decisión de Ejecución (UE) 2021/915 de la Comisión de 4 de junio de 2021 relativa a las cláusulas contractuales tipo entre responsables y encargados del tratamiento contempladas en el artículo 28, apartado 7, del Reglamento (UE) 2016/679 del Parlamento Europeo y del Consejo y en el artículo 29, apartado 7, del Reglamento (UE) 2018/1725 del Parlamento Europeo y del Consejo. Consultado el 26 de marzo de 2023.

(24) https://edpb.europa.eu/sites/default/files/consultation/edpb_recommendations_202001_supplementarymeasurestransferstools_es.pdf Consultado el 26 de marzo de 2023.

(25) https://edpb.europa.eu/sites/default/files/files/file1/edpb_recommendations_202002_europeanessentialguaranteessurveillance_es.pdf Consultado el 26 de marzo de 2023.

organismos públicos del EEE y de fuera de este, adoptada el 15 de diciembre de 2020[(26)].

d. Cláusulas tipo de protección de datos adoptadas por una autoridad de control y aprobadas por la Comisión con arreglo al procedimiento de examen a que se refiere en el artículo 93, apartado 2.

e. Códigos de conducta, junto con compromisos vinculantes y exigibles del responsable o el encargado del tratamiento en el tercer país de aplicar garantías adecuadas, incluidas las relativas a los derechos de las personas interesadas.

Para precisar la aplicación de este apartado el CEPD aprobó las Directrices 4/2021 sobre códigos de conducta como herramienta para las transferencias[(27)] que complementan las Directrices 1/2019 del CEPD sobre códigos de conducta y organismos de supervisión con arreglo al Reglamento (UE) 2016/679[(28)] que establece el marco general para la adopción de códigos de conducta. En ese sentido, las consideraciones expuestas respecto de la admisibilidad, presentación y a los criterios de aprobación, también son válidas en el contexto de la elaboración de los códigos para las transferencias.

f. Mecanismos de certificación, junto con compromisos vinculantes y exigibles del responsable o el encargado del tratamiento en el tercer país de aplicar garantías adecuadas, incluidas las relativas a los derechos de las personas interesadas.

El CEPD aprobó las Directrices 07/2022 respecto de la certificación como una herramienta para las transferencias[(29)].

3.4. Transferencias basadas en una decisión de adecuación

El artículo 47 regula las Normas Corporativas Vinculantes (o BCR —*Binding Corporate Rules*— por sus siglas en inglés), que a tenor de lo dispuesto apartado 20 artículo 4 son «*las políticas de protección de datos personales asumidas por un responsable o encargado del tratamiento establecido en el territorio de un Estado miembro para transferencias o un conjunto de trans-*

(26) https://edpb.europa.eu/system/files/2021-06/edpb_guidelines_202002_art46guidelines_internationaltransferspublicbodies_v2_es.pdf Consultado el 26 de marzo de 2023.

(27) https://edpb.europa.eu/system/files/2022-10/edpb_guidelines_codes_conduct_transfers_after_public_consultation_es.pdf Consultado el 26 de marzo de 2023.

(28) https://edpb.europa.eu/our-work-tools/our-documents/guidelines/guidelines-12019-codes-conduct-and-monitoring-bodies-0_es Consultado el 26 de marzo de 2023.

(29) https://edpb.europa.eu/system/files/2023-02/edpb_guidelines_07-2022_on_certification_as_a_tool_for_transfers_v2_en_0.pdf Consultado el 26 de marzo de 2023.

ferencias de datos personales a un responsable o encargado en uno o más países terceros, dentro de un grupo empresarial o una unión de empresas dedicadas a una actividad económica conjunta».

Por su parte se consideran grupos empresariales aquellos que son «*constituidos por una empresa que ejerce el control y sus empresas controladas*».

Las BCR deben incluir un contenido mínimo y cumplir unos requisitos mínimos, en concreto:

— Estructura, ubicación y datos de contacto del grupo empresariales, indicando la ubicación y detalles de la sede europea.
— Identificación de las transferencias.
— Carácter jurídicamente vinculante de las normas corporativas vinculantes.
— La aplicación al grupo empresarial de los principios generales en materia de protección de datos y la aceptación de la responsabilidad por parte del responsable o del encargado del tratamiento establecidos en el territorio de un Estado miembro de la responsabilidad por cualquier violación de las normas corporativas vinculantes por parte de cualquier miembro de que se trate no establecido en la Unión.
— Los derechos de los interesados en relación con el tratamiento y los medios para ejercerlos y la forma en que se garantiza la información sobre las normas corporativas vinculantes.
— Los procedimientos de reclamación y los procedimientos del grupo para verificar el cumplimento de las normas corporativas vinculantes.
— Las funciones del delegado de protección de datos conforme establece en artículo 37 del RGPD.
— Procedimiento para actualizar la normativa y mecanismos para informar a la autoridad de control competente de cualquier requisito jurídico de aplicación en un país tercero a un miembro del grupo empresarial o de la unión de empresas dedicadas a una actividad económica conjunta, que probablemente tengan un efecto adverso sobre las garantías establecidas en las normas corporativas vinculantes, y
— La formación en protección de datos para el personal.

La autoridad de control, previo el dictamen del mecanismo de coherencia del artículo 64 del Reglamento, aprobará las BCR y se publicarán en la página del CEPD[30].

(30) https://edpb.europa.eu/our-work-tools/documents/public-consultations/2022/recommendations-12022-application-approval-and_en Consultado el 26 de marzo de 2023.

Con independencia del listado anterior, para facilitar el proceso de elaboración y aprobación de las BCR se pueden consultar los siguientes documentos del CEPD:

— Recomendación 1/2022 sobre la solicitud de autorización, elementos y principios de las BCR(31).

— Grupo de Trabajo del Artículo 29, documento de trabajo por el que se establece un cuadro con los elementos y principios que figuran en las normas corporativas vinculantes, revisado y adoptado en último lugar el 6 de febrero de 2018, WP 256 rev. 01(32)

— Grupo de Trabajo del Artículo 29, recomendaciones relativas a los formularios para solicitar la aprobación de normas corporativas vinculantes para responsables del tratamiento en materia de transferencia de datos personales, adoptadas el 11 de abril de 2018, WP264(33).

3.5. Excepciones para situaciones específicas

Cuando no haya sido posible legitimar una transferencia una decisión de adecuación de conformidad con el artículo 45, apartado 3, o de garantías adecuadas de conformidad con el artículo 46, incluidas las normas corporativas vinculantes, una transferencia o un conjunto de transferencias de datos personales a un tercer país u organización internacional únicamente se realizará si se cumple alguna de las condiciones siguientes:

— El interesado haya dado explícitamente su consentimiento a la transferencia propuesta, tras recibir la información pertinente.

— La transferencia sea necesaria para la ejecución de un contrato entre el interesado y el responsable del tratamiento o para la ejecución de medidas precontractuales adoptadas a solicitud del interesado.

— La transferencia sea necesaria para la celebración o ejecución de un contrato, en interés del interesado, entre el responsable del tratamiento y otra persona física o jurídica.

— Sea necesaria por razones importantes de interés público.

— Sea necesaria para la formulación, el ejercicio o la defensa de reclamaciones.

---

(31) https://edpb.europa.eu/our-work-tools/documents/public-consultations/2022/recommendations-12022-application-approval-and_en Consultado el 26 de marzo de 2023.

(32) https://edpb.europa.eu/our-work-tools/our-documents/guidelines/guidelines-personal-data-breach-notification-under_en Consultado el 26 de marzo de 2023.

(33) https://edpb.europa.eu/sites/default/files/files/file2/wp264_art29_wp_bcr-c_application_form.pdf Consultado el 26 de marzo de 2023.

— Sea necesaria para proteger los intereses vitales del interesado.
— Se realice desde un registro público (únicamente datos parciales).

De forma excepcional, cuando una transferencia no pueda basarse en ninguno artículos 45 o 46, normas corporativas vinculantes ni tampoco en las excepciones enumeradas, únicamente se podrá llevar a cabo, si no es repetitiva, afecta a un número limitado de interesados, es necesaria a los fines de intereses legítimos imperiosos perseguidos por el responsable del tratamiento sobre los que no prevalezcan los intereses o derechos y libertades del interesado, y el responsable del tratamiento evaluó todas las circunstancias concurrentes en la transferencia de datos. Por tanto, en este caso, habría que hacer una evaluación y verificar si se ofrecen garantías apropiadas con respecto a la protección de datos personales. En este caso, el responsable debe informar a la persona física de cuáles son los intereses legítimos imperiosos y a la autoridad de control de la transferencia.

El lector puede acudir a las Directrices 2/2018 sobre las excepciones contempladas en el artículo 49 del Reglamento 2016/679 del CEPD que ofrece orientación[(34)].

3.6. Situación para las transferencias a Estados Unidos

El pasado 25 de marzo de 2022, la presidenta de la Comisión Europea, y el presidente de los Estados Unidos, anunciaron que habían llegado a un acuerdo sobre un nuevo marco de privacidad de datos entre la Unión Europea y los Estados Unidos. Para ello, los Estados Unidos dictaron el pasado 7 de octubre de 2022, la Orden Ejecutiva sobre la mejora de las salvaguardas para las actividades de inteligencia de señales de los Estados Unidos[(35)], para impulsar un nuevo marco de privacidad de datos personales entre la UE y los EE.UU.

El CEPD ha adoptado su Dictamen 5/2023[(36)] relativo al borrador de la Decisión de la Comisión Europea sobre la adecuación del nivel de protección de los datos personales dentro del marco de privacidad de datos entre la UE y los EEUU. El CEPD a su juicio, señala deficiencias no resultas que representan riesgos para la protección de datos. El Parlamento Europeo con el dictamen del CEPD proseguirá la tramitación hasta su posible aprobación.

(34) https://edpb.europa.eu/sites/default/files/files/file1/edpb_guidelines_2_2018_derogations_es.pdf Consultado el 26 de marzo de 2023.
(35) https://www.whitehouse.gov/briefing-room/presidential-actions/2022/10/07/executive-order-on-enhancing-safeguards-for-united-states-signals-intelligence-activities/ Consultado el 26 de marzo de 2023.
(36) https://edpb.europa.eu/system/files/2023-02/edpb_opinion52023_eu-us_dpf_en.pdf Consultado el 26 de marzo de 2023.

4. LA PROTECCIÓN DE DATOS EN REGULACIONES SECTORIALES

4.1. El Reglamento (UE) N.º 910/2014 del Parlamento Europeo y del Consejo, de 23 de julio de 2014, relativo a la identificación electrónica y los servicios de confianza en las transacciones electrónicas en el mercado interior y por el que se deroga la Directiva 1999/93/CE (Reglamento eIDAS)

El Reglamento eIDAS[37] tiene como objetivo garantizar que sean posibles la identificación y la autenticación electrónicas seguridad para el acceso a los servicios transfronterizos ofrecidos por los Estados miembros, proporcionando un marco coherente con vistas a garantizar un elevado nivel de seguridad y de certidumbre jurídica, deroga la anterior Directiva de firma electrónica.

El eIDAS reconoce la aplicación de la normativa de protección de datos y en especial de los principios relativos a la protección de los datos personales y en especial el principio de minimización de datos para la utilización de un servicio en línea, de tal forma que se utilizarán los datos que sean estrictamente necesarios para la concesión del acceso al servicio en línea de que se trate. Asimismo, los sistemas de identificación en línea deberán ser interoperables y deberán atender al principio de privacidad desde el diseño y por defecto.

Por otro lado, los prestadores de servicios de confianza deben respetar los requisitos de confidencialidad y seguridad del tratamiento, adoptarán medidas para evitar y reducir al mínimo el impacto de los incidentes de seguridad e informarán a los interesados de los efectos negativos de cualquiera de tales incidentes. Igualmente, deberán comunicar, sin dilaciones indebidas, en el plazo de 24 horas tras tener conocimiento de ellas, los incidentes de seguridad que tengan un impacto significativo en el servicio de confianza prestado o en los datos personales.

Adicionalmente, los organismos de supervisión deberán cooperar con las autoridades de control de protección de datos y en caso de posible infracción de las normas sobre protección de datos personales por parte de los prestadores de los servicios de confianza deberán informar a las autoridades de protección de datos de los resultados de sus auditorías.

Por último, sin perjuicio de los efectos que la legislación nacional contemple permite la utilización de seudónimos en las transacciones comerciales.

(37) https://www.boe.es/buscar/doc.php?id=DOUE-L-2014-81822 Consultado el 26 de marzo de 2023.

4.2. La protección de datos y el Reglamento (UE) 2022/2554 del Parlamento Europeo y del Consejo de 14 de diciembre de 2022 sobre la resiliencia operativa digital del sector financiero y por el que se modifican los Reglamentos (CE) n.º 1060/2009 (UE) n.º 648/2012 (UE) n.º 600/2014 (UE) n.º 909/2014 y (UE) 2016/1011 (Reglamento DORA)

El uso de las TIC ha adquirido en las últimas décadas un papel fundamental en la prestación de servicios financieros. A pesar de los esfuerzos, el riesgo relacionado con las TIC sigue representando un desafío para la resiliencia operativa, el rendimiento y la estabilidad del sistema financiero de la Unión. Es imprescindible garantizar la seguridad tecnológica y en buen funcionamiento, la rápida recuperación de los incidentes y vulneraciones relacionadas con la TIC que, no en pocos casos, pueden verse involucrados datos personales. Al igual que ocurre con el enfoque al riesgo de las operaciones de tratamiento de datos, en Reglamento DORA incluye un enfoque basado en el riesgo, y en medidas respecto a la protección, detección, contención, recuperación y reparación frente a incidentes de las TIC. Este enfoque es similar al previsto en el artículo 32 del RGPD.

Como parte del marzo de gestión del riesgo se impone la obligación de elaborar la política de seguridad que deberá incluir normas para proteger la confidencialidad, disponibilidad, integridad o autenticidad de los datos y activos, medidas que limiten al acceso a los datos, y activos de información, políticas y protocolos de autenticación fuerte, y mantener un programa actualizado para los parches y actualizaciones.

Adicionalmente, hay que considerar que el sector financiero opera en un entorno globalizado, ofreciendo servicios en dentro y fuera de la Unión Europea, por lo que deberán implementarse los requisitos relativas a los flujos de transfronterizos de datos establecidos en el RGPD.

El RGPD en el artículo 28 pone el foco en los encargados de tratamientos. Por su parte, el Reglamento DORA pone en foco en el riesgo relacionado con las TIC derivado de terceros como uno de los más relevantes. Contempla, las dificultades para hacer valer los derechos de acceso o auditoría, aun cuando en muchos casos se haya previsto en la regulación contractual, el obstáculo cuando los proveedores están establecidos en un tercer país, junto con el riesgo de la cadena de subcontrataciones y la dificultad para negociar este tipo de contratos. Para solventar esta cuestión, se establece que los acuerdos contractuales especifiquen descripciones completas de funciones y servicios, lugares en los que se presten tales funciones y en los que se procesarán los datos, indicándose los niveles de servicios, y las garantías para la disponibilidad, integridad, seguridad y la protección de los datos personales.

Al igual que en protección de datos se prevé que se puedan utilizar cláusulas contractuales tipo elaboradas por las autoridades para servicios específicos.

Por otro lado, los proveedores de terceros esenciales de servicios de TIC deben mantener una presencial empresarial adecuada en la Unión, ello no obstará a que los servicios puedan prestarse desde cualquier lugar.

Se alienta a las entidades financieras al intercambio de información de las ciberamenazas para conocer y compartir conocimientos y experiencia, y mejorar sus capacidades, defenderse y responder a las ciberamenazas. Este intercambio de información debe fundamentarse en una o más bases legitimadoras de las previstas en el artículo 6 del RGPD. En este caso, el tratamiento de los datos estaría basado en los intereses legítimos perseguidos por el responsable del tratamiento o por un tercero, conforme lo previsto en el artículo 6.1 f) del RGPD, la obligación legal o para el cumplimiento de una misión realizada en interés público o en el ejercicio de poderes públicos conferidos al responsable del tratamiento, tal como se contempla en el artículo 6, apartado 1, letras c) y e), respectivamente.

En cuanto al tratamiento de los datos por parte de las Autoridades Europeas de Supervisión y las autoridades competentes podrán salvo que se disponga otra cosa, en otros actos sectoriales, conservar los datos personales derivados de sus competencias durante un período máximo de quince años.

4.3. La protección de datos en la Directiva (UE) 2022/2555 del Parlamento Europeo y del Consejo de 14 de diciembre de 2022 relativa a las medidas destinadas a garantizar un elevado nivel común de ciberseguridad en toda la Unión, por la que se modifican el Reglamento (UE) n.º 910/2014 y la Directiva (UE) 2018/1972 y por la que se deroga la Directiva (UE) 2016/1148 (Directiva NIS 2)

Uno de los objetivos de la Directiva (UE) 2016/1148 del Parlamento Europeo y del Consejo[38] relativa a las medidas destinadas a garantizar un elevado nivel común de seguridad de las redes y sistemas de información en la Unión era desarrollar las capacidades en materia de ciberseguridad en toda

(38) https://eur-lex.europa.eu/legal-content/ES/TXT/?uri=celex%3A32016L1148 Consultado el 26 de marzo de 2023.

la Unión, reducir las amenazas para prestar servicios esenciales en sectores fundamentales, y garantizar la continuidad de dichos servicios en caso de incidentes.

La Directiva NIS 2 [39] pretende tratar de superar las deficiencias de la diferenciación realizada entre operadores de servicios esenciales y proveedores de servicios digitales, que ha quedado demostrado que es obsoleta al no reflejar la importancia de los sectores o servicios para las actividades sociales y económicas en el mercado interior y constituye la base para la aplicación de medidas para la gestión de riesgos de ciberseguridad y las obligaciones de notificación en todos los sectores incluidos en su ámbito de aplicación.

Las normas europeas en materia de protección de datos y de la intimidad se aplicarán a todo tratamiento de datos personales realizado en virtud de la presente Directiva NIS que no debe afectar, a las competencias de las autoridades competentes para supervisar el cumplimiento del Derecho de la Unión en materia de protección de datos y de la intimidad aplicables.

En vista de las relacionados entre la ciberseguridad y la seguridad física de las entidades, debe garantizarse un enfoque coherente con la Directiva (UE) 2022/2557 del Parlamento Europeo y del Consejo de 14 de diciembre de 2022 relativa a la resiliencia de las entidades críticas y por la que se deroga la Directiva 2008/114/CE del Consejo[40]. Así, las entidades identificadas como entidades críticas deben ser consideradas entidades esenciales a los efectos de la presente Directiva NIS 2. Las autoridades competentes deben cooperar e intercambiar información, en especial, en lo referido a la identificación de las entidades críticas, los riesgos, las ciberamenazas e incidentes relacionados con la ciberseguridad, así como en lo que se refiere a los riesgos, amenazas e incidentes no relacionados con la ciberseguridad que afecten a las entidades críticas, incluidas las medidas de ciberseguridad y físicas adoptadas por las entidades críticas, así como en lo que se refiere a los resultados de las actividades de supervisión realizadas con respecto a dichas entidades.

Por otra parte, para reducir al mínimo la carga administrativa de las entidades afectadas, las autoridades competentes deben esforzarse por armonizar los modelos de notificación de incidentes y los procesos de supervisión.

(39) https://www.boe.es/buscar/doc.php?id=DOUE-L-2022-81963 Consultado el 26 de marzo de 2023.

(40) https://www.boe.es/buscar/doc.php?id=DOUE-L-2022-81965#:~:text=Documento%20DOUE-L-2022-81965%20Directiva%20%28UE%29%202022%2F2557%20del%20Parlamento%20Europeo,que%20se%20deroga%20la%20Directiva%202008%2F114%2FCE%20del%20Consejo. Consultado el 26 de marzo de 2023.

En su caso, las autoridades competentes con arreglo a la Directiva (UE) 2022/2557 deben poder solicitar a las autoridades competentes de la Directiva NIS que ejerzan sus facultades de supervisión y ejecución respecto a una entidad que esté identificada como entidad crítica con arreglo a la Directiva (UE) 2022/2557. En este sentido las autoridades competentes deben cooperar e intercambiar información, en tiempo real siempre que sea posible.

En otro orden de cosas, los modelos de computación en la nube abarcan diversos elementos de servicios digitales que permiten una administración modulable remota. Entre tales recursos, se pueden encontrar las redes, los servidores u otras infraestructuras, sistemas operativos, software, almacenamiento, aplicaciones y servicios. Los modelos de servicios de computación en nube incluyen, entre otros, la infraestructura como servicio, la plataforma como servicio, el software como servicio, y la red como servicio. Los modelos de despliegue de la computación en nube deben incluir las nubes privadas, comunitarias, públicas e híbridas. La computación en la nube requiere un análisis detallado respecto del régimen de subcontrataciones y de transferencias internacionales de datos ya que cada vez son mayores las interdependencias en la prestación de este tipo de servicios, y resulta crucial hacer frente a los riesgos que provienen de la cadena de suministros. Por otro lado, cualquier uso de tecnología debe permitir el cumplimiento de la normativa de protección de datos y los principios de la protección de datos.

Los incidentes de ciberseguridad a gran escala y las crisis en el ámbito de la Unión requieren una acción coordinada que garantice una respuesta rápida y eficaz, debido al elevado grado de interdependencia entre sectores y Estados miembros, debiéndose garantizar la disponibilidad, confidencialidad e integridad de los datos que son vitales para la seguridad de la Unión y para la protección de sus ciudadanos, empresas e instituciones frente a incidentes y ciberamenazas. Muchos de los ciberataques son de carácter transfronterizo y un incidente significativo puede perturbar y dañar infraestructuras críticas gravemente de las que depende el buen funcionamiento de sectores del mercado interior, como el transporte, la banca, los mercados financieros, servicios de suministros de agua potable, sector sanitario, infraestructura digital, Administración Pública.

La Directiva NIS, al igual que el RGPD, establece que los estados miembros deberán designar puntos de contacto para coordinar las cuestiones de seguridad de los sistemas y las redes y la protección de datos, respectivamente. Se promueven medidas de ciberhiegiene, aspecto que podría tener cierta analogía con el principio de minimización de los datos.

En cuanto a los incidentes, las entidades esenciales o importantes que tengan conocimiento de un incidente significativo deben presentar una alerta temprana en el plazo de 24 que irá seguida de una notificación, en el plazo de 72 horas, en la que ya se notificará el incidente. Con posterioridad, en el plazo de un mes se debe presentar el informe final.

4.4. Reglamento (UE) 2022/868 del Parlamento Europeo y del Consejo de 30 de mayo de 2022 relativo a la gobernanza europea de datos y por el que se modifica el Reglamento (UE) 2018/1724 (Reglamento de Gobernanza de Datos)

Este Reglamento[41] promueve a reutilización de los datos en poderes de los organismos públicos, indicando que, en caso de conflicto con la normativa de protección de datos, prevalecerá este última.

La norma hará disponibles los datos del sector público para su reutilización en las situaciones:

1. en las que los mismos estén sujetos al cumplimiento de obligaciones o instrumentos jurídicos tales como protección de datos, propiedad intelectual o confidencialidad comercial.
2. Promueve el intercambio de datos entre empresas, a cambio de remuneración en cualquiera de sus formas y
3. Permite el permitir el uso y transferencia de datos con motivos altruistas.

La reutilización puede afectar a datos personales o que no tengan tal consideración. Cuando la reutilización afecta a datos personales, y no se disponga de una base legitimadora, el organismo del sector público se apoyará en el resto de las intervinientes para obtener el consentimiento de las personas físicas.

Se crea un Comité Europeo de Innovación en materia de Datos que será un grupo de expertos integrado por representantes de las autoridades competentes en materia de servicios de intermediación de datos y las autoridades competentes para la inscripción en el registro de las organizaciones de gestión de datos con fines altruistas de todos los Estados miembros, el Comité Europeo de Protección de Datos, el Supervisor Europeo de Protección de Datos, ENISA, la Comisión, el representante de la UE para las pymes o un

(41) https://www.boe.es/buscar/doc.php?id=DOUE-L-2022-80835 Consultado el 26 de marzo de 2023.

representante designado por la red de representantes nacionales para las pymes y otros representantes de los organismos pertinentes de sectores específicos, así como organismos con conocimientos especializados.

4.5. El futuro Reglamento sobre la privacidad y comunicaciones electrónicas (e-privacy)

El futuro Reglamento sobre la privacidad y comunicaciones electrónicas tiene como objetivo la regulación de las comunicaciones electrónicas en redes y servicios para los individuos que residen en la Unión Europea, derogará la Directiva 2002/58/CE del Parlamento Europeo y del Consejo, de 12 de julio de 2002[42], relativa al tratamiento de los datos personales y a la protección de la intimidad en el sector de las comunicaciones electrónicas (Directiva sobre la privacidad y las comunicaciones electrónicas) y será de aplicación preferente respecto del RGPD, por ser una norma especial.

Con esta norma el legislador europeo pretende reforzar la privacidad de los ciudadanos en Internet por lo que se introducirán cambios en la forma de gestionar las cookies, se introducen nuevos conceptos, se amplía el ámbito de aplicación, y se refuerza la base legitimadora del consentimiento para cualquier tipo de comunicación electrónica sin dicho consentimiento.

Al igual que en el RGPD se aplicará a usuarios finales que se encuentren en la UE, pudiendo aplicar en aquellos supuestos en los que el tratamiento se lleve a cabo de la Unión Europea o el proveedor de servicios está establecido o ubicado fuera de la UE, pero se dirijan a ciudadanos europeos.

(42) https://www.boe.es/buscar/doc.php?id=DOUE-L-2002-81371